· 高职高专土建类专业系列规划教材 ·

U0736964

主　编　董春南　崔怀祖
副主编　常保光　尹学英　王吉奎

建设法规概论（第2版）

合肥工业大学出版社

书　　名	建设法规概论
主　　编	董春南
责任编辑	陈淮民
出　　版	合肥工业大学出版社
地　　址	合肥市屯溪路 193 号(230009)
发行电话	0551 - 62903163
责编电话	0551 - 62903467
网　　址	www. hfutpress. com. cn
版　　次	2009 年 2 月第 1 版
	2013 年 6 月第 2 版
印　　次	2020 年 8 月第 8 次印刷
开　　本	787 毫米×1092 毫米　1/16
印　　张	20
字　　数	416 千字
书　　号	ISBN 978 - 7 - 5650 - 1344 - 7
定　　价	39.60 元
印　　刷	安徽联众印刷有限公司
发　　行	全国新华书店

图书在版编目(CIP)数据

建设法规概论/董春南主编 . —2 版 . —合肥:合肥工业
大学出版社,2013.6(2020.8 重印)
 ISBN 978 - 7 - 5650 - 1344 - 7

　Ⅰ.①建…　Ⅱ.①董…　Ⅲ.建筑法—中国—高等
职业教育—教材　Ⅳ.D922.297

　中国版本图书馆 CIP 数据核字(2013)第 113085 号

前　言

（第 2 版）

　　市场经济是法制经济。要使我国的工程建设事业健康发展,必须全面掌握国家有关的建设法律、法规。本教材依据现行的《中华人民共和国建筑法》、《中华人民共和国招标投标法》、《中华人民共和国合同法》等与工程建设相关的法律、法规,并结合工程建设实践编写而成。主要作为高职高专的工程管理、建筑工程技术、工程监理、工程造价等专业的教学用书,也可作为工程建设管理人员考证的培训用书。

　　本教材是高职高专土建类专业学生的必修课程。通过本课程的学习,使学生掌握建设法律、法规基本知识,培养学生的工程建设法律意识,使学生具备运用所学建设法律、法规基本理论解决工程建设中实际问题的基本能力。

　　本教材的编写具有以下主要特色:

　　根据国家对高职高专人才的培养要求,结合我国工程建设事业发展的需要和建设行业资格证考试的特点,在编写内容的组织上做到深入浅出,注重学生对法学基础理论的理解和掌握。

　　每章的前面由内容要点和知识链接两大块组成,方便学生把握知识点及其关联性。

　　本教材更强调学生实际操作能力的培养。绪论中拿两个案例进行了评析:先是提供背景资料,再提出需要处理的问题,继而结合法律法规进行分析。学生可以按照这种方法和步骤,对每章的实例题中的案例进行分析。这样既可以帮助学生准确理解法律精神,又可以提高学生分析问题和解决问题的能力。同时书后还附有案例分析题答案,以便于参考学习。

　　本书由董春南和崔怀祖担任主编。参编人员有董春南、崔怀祖、常保光、尹学英、王吉奎、陈小瑞、朱街禄、陈俊、胡敏、王琴等老师;参编的学校包括淮南职业技术学院、江西工程职业技术学院、江西蓝天学院、亳州职业技术学院、滁州职业技术学院、六安职业技术学院和南昌理工学院等院校。

　　在编写过程中,参考和引用了书后所列参考文献中的部分内容,在此表示深切谢意!

　　由于高职高专教材特点和编者水平有限,书中难免有错误和不当之处,敬请读者批评指正。

编　者

2013 年 5 月

目　录

绪 论

一、建设法规的概念和作用

(一)建筑与建筑活动

"建筑"一词有两方面含义,一方面是指人工建造的、固定于地上的、有一定造型和技术特征的建筑物和构筑物;另一方面是指建筑物或构筑物的营造过程,即建筑物或构筑物经过建筑主体进行勘察、设计、施工和设备安装的建筑活动和建筑行为。建筑物和构筑物作为人们从事各种社会化生产、生活的场所,发挥其社会功能。建筑活动是指土木工程和线路、管道、设备的新建、扩建、改建活动及建筑装修装饰活动。建筑工程从广义上来讲,包括房屋建筑工程和各种专业建筑工程,《中华人民共和国建筑法》(以下简称《建筑法》)中所称的建筑活动,就是指各类房屋建筑及其附属设施的建造和与其配套的线路、管道、设备的安装活动。

"建设"一词与建筑密切相关。在古代,建设有建立、设置的含义,也常指兴建营造。在当代,建设的含义主要指国家、集体或其他单位创建新事业或增加新设施。建设与建筑有一定的联系,又有一定的区别。建设可以从项目投资立项开始,直到项目竣工交付使用,发挥其经济效益,外延和内涵比建筑宽泛;而建筑是建设过程中的建设营造阶段。建设活动是人类基本生产活动的具体体现,涉及的行业多,社会性、综合性强,除包括建筑活动从勘察设计到施工的建造安装等基本内容外,还包括建设项目工程的立项决策、计划、资金筹措及建设全过程的系统评价等活动。

[想一想]
建设与建筑有何联系和区别?

本书将侧重对建设活动及其所涉及的法律问题进行论述。

(二)建设法规的概念和调整对象

建设法规是指国家立法机关或其授权的行政机关制定的旨在调整国家及其有关机构、企事业单位、社会团体、公民之间在建设活动中或建设行政管理活动中发生的各种社会关系的法律、法规的统称。

建设法规的调整对象,是在建设活动中所发生的各种社会关系。它包括建设活动中所发生的行政管理关系、经济协作关系及其相关的民事关系。

1. 建设活动中的行政管理关系

建设活动与国家经济发展、人民的生命财产安全、社会的文明进步息息相关,国家对之必须进行全面的严格管理。当国家及其建设行政主管部门在对建设活动进行管理时,就会与建设单位(业主)、设计单位、施工单位、建筑材料和设备的生产供应单位及建设监理等中介服务单位产生管理与被管理关系。在法制社会里,这种关系当然要由相应的建设法规来规范、调整。

2. 建设活动中的经济协作关系

工程建设是非常复杂的活动,要有许多单位和人员参与,共同协作完成。因此,在建设活动中存在着大量的寻求合作伙伴和相互协作的问题,在这些协作过程中所产生的权利、义务关系,也应由建设法规来加以规范和调整。

3. 建设活动中的民事关系

在建设活动中,会涉及土地征用、房屋拆迁、从业人员及相关人员的人身与财产的伤害、财产及相关权利的转让等涉及公民个人权利的问题,由此而产生的国家、单位和公民之间的民事权利与义务关系,应由建设法规中有关法律规定及民法等相关法律来予以规范和调整。

(三)工程建设法规的特征和作用

1. 工程建设法规的特征

工程建设法规作为调整工程建设管理和协作所发生的社会关系的法律规范,除具备一般法律基本特征外,还具有不同于其他法律的特征。

(1)行政隶属性

[问一问]

行政隶属性多采用行政命令的调整方法,其方式包括哪几种?

这是工程建设法规的主要特征,也是区别于其他法律的主要特征。这一特征决定了工程建设法规必然要采用直接体现行政命令的调整方法,即以行政指令为主的方法调整工程建设法律关系。其调整方式包括以下内容。

①授权。国家通过工程建设法律规范,授予国家工程建设管理机关某种管理权限或具体的权利,对工程建设进行监督管理。如规定设计文件的审批权限、工程建设质量监督、工程建设合同的鉴证等。

②命令。国家通过工程建设法律规范赋予工程建设法律关系主体某种作为的权利。如限期拆迁房屋,进行企业资质认定,领取开工许可证等。

③禁止。国家通过工程建设法律规范赋予工程建设法律关系主体某种不作为的义务,即禁止主体某种行为。如严禁利用工程建设承发包索贿受贿,严禁无证设计、无证施工,严禁工程建设转包、肢解发包、挂靠等行为。

④许可。国家通过工程建设法律规范,允许特别的主体在法律允许范围内有某种作为的权利。如房屋建筑工程施工总承包企业资质等级,特级企业可承担各类房屋建筑工程的施工;一级企业可承担40层以下、各类跨度的房屋建筑工程的施工;二级企业可承担30层以下、单跨跨度36m以下的房屋建筑工程的施工;三级企业可承担14层以下、单跨跨度24m以下的房屋建筑工程的施工。

⑤免除。国家通过工程建设法律规范,对主体依法应履行的义务在特定情况下予以免除。如用炉渣、粉煤灰等废渣作为主要原料生产建筑材料的可享有减税、免税的优惠等。

⑥确认。国家通过工程建设法律规范,授权工程建设管理机关依法对争议的法律事实和法律关系进行认定,并确定其是否存在,是否有效。如各级工程建设质量监督站检查受监工程的勘察、设计、施工单位和建筑构件厂的资质等级和营业范围,监督勘察、设计、施工单位和建筑构件厂是否严格执行技术标准,并检查其工程(产品)质量等。

⑦计划。国家通过工程建设法律规范,对工程建设进行计划调节。计划可分为两种:一种是指令性计划,一种是指导性计划。指令性计划具有法律约束力,具有强制性。当事人必须严格执行,违反指令性计划的行为,要承担法律责任。指令性计划本身就是行政管理。指导性计划一般不具有约束力,是可以变动的,但是在条件可能的情况下也是应该遵守的。工程建设必须执行国家的固定资产投资计划。

⑧撤销。国家通过工程建设法律规范,授予工程建设行政管理机关,运用行政权力对某些权利能力或法律资格予以撤销。对没有落实工程建设投资计划的必须停建、缓建。对无证设计、无证施工、转包和挂靠的予以坚决取缔等。

(2)经济性

工程建设法规是经济法的重要组成部分。工程建设活动直接为社会创造财富,为国家增加积累。工程建设法的经济性既包括财产性,也包括其与生产、分配、交换、消费的联系性。如工程建设勘察设计、施工安装等都直接为社会创造财富。随着工程建设的发展,其在国民经济中的地位日益突出。邓小平同志早在 1980 年 4 月曾明确指出:建筑业是可以为国家增加积累的一个重要产业部门。许多国家都把建筑业看做是国民经济的强大支柱产业之一,不是没有道理的。

(3)政策性

[想一想]
为何说工程建设法规与国家的工程建设政策相辅相成?

工程建设法律规体现了国家的工程建设政策。它一方面是国家实现工程建设政策的工具,另一方面也把国家工程建设政策规范化。国家工程建设形势总是处于不断发展变化之中,工程建设法要随着工程建设政策的变化而变化,灵活地适应变化了的工程建设形势的客观需要。如国家人力、财力、物力紧张时,基建投资就要压缩,通过法律规范加以限制;国力储备充足时,就可以适当增加基建投资。同时以法律规范予以扶植、鼓励。

(4)技术性

工程建设的发展与人类社会的生存、发展息息相关,工程建设产品的质量与人民的生命财产紧密相连。为保证工程建设产品的质量和人民生命财产的安全,大量的工程建设法规是以技术规范形式出现的,这些规范直接、具体、严密、系统,便于广大工程技术人员及管理机构遵守和执行。如各种设计规范、施工规范、验收规范、产品质量监测规范等。有些非技术规范的工程建设法律规范中也带有技术性的规定。如城市规划法就含有计量、质量、规划技术、规划编制内容等技术性规范。

2. 工程建设法规的作用

建设业是与社会进步、国家强盛、民族兴衰紧密相连的一个行业。它所从事的生产活动,不仅为人类自身的生存发展提供一个最基本的物质环境,而且反映各个历史时期的社会面貌,反映各个地区、各个民族科学技术、社会经济和文化艺术的综合发展水平。建设产品是人类精神文明发展史的一个重要标志。建筑业是跨越自然科学与社会科学之间的一个特殊产业部门。

[问一问]
　建设法规对建筑行为的规范表现为哪三种?

在国民经济中,建设业是一个重要的物质生产部门,建设法规的作用就是保护、巩固和发展社会主义的经济基础,最大限度地满足人们日益增长的物质和文化生活的需要。具体来讲,建设法规的作用主要有:规范指导建设行为,保护合法建设行为,处罚违法建设行为。

(1)规范指导建设行为

人们所进行的各种具体行为必须遵循一定的准则。只有在法律规定的范围内进行的行为才能得到国家的承认与保护,也才能实现行为人预期的目的。从事各种具体的建设活动所应遵循的行为规范即建设法律规范。建设法规对人们建筑行为的规范性表现为:

①有些建设行为必须做。如《建筑法》第五十八条规定的"建筑施工企业必须按照工程设计图纸和施工技术标准施工",即为义务性的建设行为规定。

②有些建设行为禁止做。如《招标投标法》第三十二条规定的"投标人不得相互串通投标报价,不得排挤其他投标人的公平竞争,损害招标人或者其他投标人的合法权益。""投标人不得与招标人串通投标,损害国家利益、社会公共利益或者他人的合法权益。""禁止投标人以向招标人或者评标委员会成员行贿的手段谋取中标。"即为禁止性的建设行为规定。

③授权某些建设行为。即规定人们有权选择某种建筑行为。它既不禁止人们做出这种建设行为,也不要求人们必须做出这种建设行为,而是赋予了一个权利,做与不做都不违反法律,一切由当事人自己决定。如《建筑法》第二十四条规定的"建筑工程的发包单位可以将建筑工程的勘察、设计、施工、设备采购一并发包给一个工程总承包单位,也可以将建筑工程的勘察、设计、施工、设备采购的一项或者多项发包给一个工程总承包单位"就属于授权性的建设行为。

正是由于有了上述法律的规定,建筑行为主体才明确了自己可以为、不得为和必须为的一定的建筑行为,并以此指导制约自己的行为,体现出建筑法规对具体建筑行为的规范和指导作用。

(2)保护合法建筑行为

建筑法规的作用不仅在于对建筑主体的行为加以规范和指导,还应对一切符合法规的建设行为给予确认和保护。这种确认和保护一般是通过建筑法规的原则规定反映的。如《建筑法》第四条规定的"国家扶持建筑业的发展,支持建筑科学技术研究,提高房屋建筑设计水平,鼓励节约能源和保护环境,提倡采用先进技术、先进设备、先进工艺、新型建筑材料和现代管理方式。"第五条规定的"任何单位和个人都不得妨碍和阻挠依法进行的建筑活动。"即属于保护合法建设行为的规定。

(3)处罚违法建筑行为

建筑法规要实现对建筑行为的规范和指导作用,必须对违法建筑行为给予应有的处罚。

否则,建筑法规所确定的法律制度由于得不到实施过程中强制手段的法律保障,就会变成无实际意义的规范。因此,建筑法规都有对违法建筑行为的处罚规定。如《建筑法》第七十二条:"建设单位违反本法规定,要求建筑设计单位或者建筑施工企业违反建筑工程质量、安全标准,降低工程质量的,责令改正,可以处以罚款;构成犯罪的,依法追究刑事责任。"即属于处罚违法建筑行为的规定。

二、建设法律关系

所谓法律关系,就是由法律规范所确定和调整的人与人之间的权利和义务关系;法律的直接内容就是规定人的权利和义务,这些不同的权利和义务就形成了不同的法律关系。这里的"人",从法律意义讲,包括两种意义:一是指自然人,另一是指法人。自然人是基于出生而成为民事法律关系主体的有生命的人。自然人作为民事法律关系的主体应当具有相应的民事权利能力和民事行为能力。民事权利能力是法律规定民事主体享有民事权利和承担民事义务的资格,自然人的民事权利能力始于出生,终于死亡,是国家法律直接赋予的。而民事行为能力是指民事主体以自己的行为参与民事法律关系,从而取得享受民事权利和承担民事义务的资格。不是所有自然人都具有民事行为能力,根据年龄和智力状态,可将自然人的民事行为能力分为完全民事行为能力人、限制民事行为能力人和无民事行为能力人。法人是法律承认具有民事权利能力和民事行为能力,依法独立享有民事权利和承担民事义务的组织。依据《民法通则》第二十一条的规定:"法人必须依法成立;有必要的财产或者经费;有自己的名称、组织机构和场所;能够独立承担民事责任。"人们在社会生活中结成各种社会关系,当某一社会关系为法律规范所调整并在这一关系的参与者之间形成一定权利义务关系时,即构成法律关系。因此,法律关系是诸多社会关系中的一种特殊社会关系。

社会关系的不同方面需要不同的法律规范去调整,由于各种法律规范所调整的社会关系和规定的权利义务不同,因而形成了内容和性质各不相同的法律关系,如行政法律关系,民事法律关系等。建设法律关系则是由建设法规所确认和调整的,在建设业管理和建设活动过程中所产生的具有相关权利、义务内容的社会关系。它是建设法规与建设领域中各种活动发生联系的途径,建设法规就是通过建设法律关系来实现其调整相关社会关系的目的。

建设法律关系由建设法律关系主体、建设法律关系客体和建设法律关系内容所构成。

［想一想］
建设法律关系由哪三个要素构成?

(一)建设法律关系主体

工程建设法律关系主体是建设法律关系的参加者,即在工程建设管理和建设活动中一定权利的享有者和一定义务的承担者。主要有:

1. 国家机关

国家机关在建设活动中行使监督、管理职能,根据其职权或业务分工的不同,各自负责一定范围内的监督管理工作。如各级人民政府发展计划部门,主要负责编制建设计划,组织计划实施,督促计划执行;各级政府建设行政主管部门,主要负责制定建设行政规章,对城市建设、村镇建设、工程建设、建筑业、房地产业、市政公用事业进行管理监督;其他建设业务主管部门,如铁道部、交通部、水利部等,负责本部门、本行业的建筑管理工作。

2. 中介组织

中介组织是指具有相应的专业服务资质,在建筑市场中受发包方、承包方或政府管理机构的委托,对工程建设进行估算测量、咨询代理、建设监理等高智能服务,并取得服务费用的咨询服务机构和其他建设专业中介服务组织。如建筑业协会及其下属的设备安置、机械施工、装饰装修等专业分会,建设监理协会等;为工程建设服务的专业会计师事务所、律师事务所、资产与资信评估机构、公证机构、招标代理机构、工程质量检测认证机构等。它们是建筑市场中的桥梁和纽带,是专业服务走向市场化、社会化、专业化、现代化的结果,具有政府行政管理不可替代的作用。

3. 银行等金融机构

银行等金融机构为工程建设提供贷款等金融服务。

4. 建设单位

建设单位通常也称业主,是指进行工程建设项目投资和发包的国家机关、企业、事业单位或其他组织。建设单位在我国建筑市场上一般被称为甲方,他们最终取得建筑产品的所有权,既是工程投资的支配者,也是工程建设的组织者和监督者。

建设单位作为建设活动权利主体,是从可行性研究报告批准开始的。任何一个社会组织,当其建设项目的可行性研究报告没有被批准之前,建设项目尚未被正式确认,它是不能以权利主体资格参加工程建设的。当建设项目编有独立的总体设计并单独列入建设计划,获得国家批准时,该社会组织方能成为建设单位,以已经取得的法人资格对外进行经济活动和法律行为。

5. 承包单位

承包单位也称承包商,是指具有从事特定建筑行为的资格和能力,与建设单位订立建设工程合同或以其他形式,完成工程项目建设任务的建筑企业。在我国建筑市场上一般被称为乙方。按照生产的主要形式,承包单位主要有:勘察、设计单位,建筑安装施工企业,建筑装饰施工企业,建筑材料供应企业,建筑机械租赁单位,以及专门提供建筑劳务的企业等;按照其提供的主要建筑产品,还可以分为不同的专业,如水电、铁路、冶金、市政工程等专业公司;按照承包的方式,可以分为总承包企业和专业承包企业。

6. 自然人

自然人(包括本国公民、外国公民和无国籍人)作为建筑市场主体参与建筑活动正日益增多,特别是随着国家对建筑市场规范化管理的加强,要求建筑业从业人员具有相应的资格,如注册建筑师、注册建造师、注册房地产估价师、注册房地产经纪人等,自然人参与建筑活动的范围将更加广泛。自然人同建筑企业单位签订劳动合同时,即成为建筑法律关系的主体。

(二)建设法律关系客体

建设法律关系客体是指建设法律关系主体享有的权利和承担的义务所共同

指向的对象。在通常情况下,建设法律关系主体都是为了某一客体,彼此才设立一定的权利、义务,从而产生建设法律关系。这里的权利、义务所指向的对象,便是建设法律关系的客体。它既包括有形的产品——建筑物,也包括无形的产品——各种服务。在不同的生产交易阶段,建设产品又表现为不同的形态。它可以是中介服务组织提供的咨询报告、咨询意见或其他服务;可以是勘察设计单位提供的设计方案、设计图纸和勘察报告;可以是生产厂家提供的混凝土构件、非标准预制件等产品;也可以是由施工企业提供的,一般也是最终的产品,即各种各样的建筑物、构筑物。具体表现为:

1. 财

财一般是指资金及各种有价证券。在建设法律关系中表现为财的客体主要是建设资金,如基本建设贷款合同的标的,即一定数量的货币。

2. 物

法律意义上的物是指可为人们控制的并具有经济价值的生产资料和消费资料。在建设法律关系中表现为物的客体主要是建筑材料,如钢材、木材、水泥等,以及由其构成的建筑物,另外还有建筑机械等设备。某个具体基本建设项目即是建设法律关系中的客体。

3. 行为

法律意义上的行为是指人的有意识的活动。在建设法律关系中,行为多表现为完成一定的工作,如勘察设计、施工安装、检查验收等活动。

4. 非物质财富

法律意义上的非物质财富是指人们脑力劳动的成果或智力方面的创作,也称智力成果。在建设法律关系中,如果设计单位提供的具有创造性的设计图纸,该设计单位依法享有专有权,使用单位未经允许不能无偿使用。

(三)建设法律关系的内容

建筑法律关系的内容即是建设法律关系的主体对他方享有的权利和负有的义务,这种内容要由相关的法律或合同来确定,它是联结主体的纽带。如开发权、所有权、经营权以及保证工程质量的经济义务和法律责任都是建设法律关系的内容。

根据建设法律关系主体地位不同,其权利义务关系表现为两种不同情况。一是基于主体双方地位平等基础上的对等的权利和义务关系,二是在主体双方地位不平等基础上产生的不对等的权利和义务关系,如政府有关部门对建设单位和施工企业依法进行的监督和管理活动所形成的法律关系。

我国建设法规中大部分的规定都是建设法律关系的内容。

(四)建设法律关系的产生、变更和解除

1. 建设法律关系的产生

建设法律关系的产生是指建设法律关系的主体之间形成了一定的权利和义务关系。如某建设单位与施工单位签订了建筑工程承包合同,主体双方就产生了相应的权利和义务,从而形成一定的法律关系。此时,受建设法规调整的建设

法律关系即告产生。

2. 建设法律关系的变更

建设法律关系的变更是指建设法律关系的三个要素发生变化。

(1)主体变更

主体变更是指建设法律关系主体数目增多或减少,也可以是主体改变。建筑合同中,客体不变,相应权利义务也不变,此时主体改变也称为合同转让。

(2)客体变更

客体变更是指建设法律关系中权利义务所指向的事物发生变化。客体变更可以是其范围变更,也可以是其性质变更。

建设法律关系主体与客体的变更,必然导致相应的权利和义务的变更,即内容的变更。

3. 建设法律关系的解除

建设法律关系的解除是指建设法律关系主体之间的权利义务不复存在,彼此丧失了约束力。

[问一问]

建设法律关系的解除包括哪几种？有何意义？

(1)自然解除

建设法律关系自然解除是指某类建设法律关系所规范的权利义务顺利得到履行,取得了各自的利益,从而使该法律关系达到完结。

(2)协议解除

建设法律关系协议解除是指建设法律关系主体之间协商解除某类建设法律关系规范的权利或义务,致使该法律关系归于消灭。

(3)违约解除

建设法律关系违约解除是指建设法律关系主体一方违约,或发生不可抗力,致使某类建设法律关系规范的权利不能实现。

4. 建设法律关系产生、变更和消灭的原因

建设法律关系并不是由建设法律规范本身直接产生的,它只有在一定的情况下才能产生,而这种法律关系的变更和解除也是由一定的情况决定的。这种引起建设法律关系产生、变更和消灭的情况,即是人们通常所称谓的建设法律事实。建设法律事实是建设法律关系产生、变更和消灭的原因。

(1)建设法律事实的概念

建设法律事实是指能够引起建筑法律关系产生、变更或消灭的客观现象和客观事实。建设法律关系不会自然而然地产生,只有通过一定的建设法律事实,才能在当事人之间产生一定的建设法律关系,或者使原来的建设法律关系变更或消灭。不是任何事实都可成为建设法律事实,只有当建设法规把某种客观情况同一定的法律后果联系起来时,这种事实才被认为是建设法律事实,成为产生建设法律关系的原因,从而和法律后果形成因果关系。

(2)建设法律事实的类型

建设法律事实按是否包含当事人的意志分为两类。

①事件。是指法律规范所规定的不以当事人的意志为转移的法律事实。当

建设法律规范规定把某种自然现象和建设权利义务关系联系在一起的时候,这种现象就成为法律事实的一种,即事件。这是建设法律关系的产生、变更或消灭的原因之一。如洪水灾害导致工程施工延期,致使建设安装合同不能履行等。事件可分为:自然事件,如出生或死亡,地震、海啸、台风等;社会事件,如战争、政府禁令、暴乱等;意外事件,如爆炸事故、触礁、失火等。

②行为。是指能够引起权利义务关系产生、变更或消灭的,以人的意志为转移的法律事实。它包含两层意思:一是法律行为必须是有行为能力的人实施的行为,只有法律特别规定时,才能产生法律后果。二是法律行为必须是有意识的行为,但在许多时候,法律也要求"无意识的行为"承担责任,此时称之为无过错责任。对无过错责任,必须要有法律的规定,否则当事人不承担责任。

[想一想]
1. 作为和不作为有何区别?
2. 建设活动中的行为包括哪几种?

行为依照行为方式的不同分为作为和不作为。作为是指当事人积极实施了某种行为;不作为是指当事人消极地不去实施某种行为。不论是作为还是不作为都具有法律行为的性质,都可以产生、变更或解除法律关系。

在建设活动中,行为通常表现为以下几种:

合法行为:合法行为是指实施了建设法规所要求或允许做的行为,或者没有实施建设法规所禁止做的行为。合法行为要受到法律的肯定和保护,产生积极的法律后果,如根据批准的可行性研究报告进行的初步设计的行为、依法签订建设工程承包合同的行为等。

违法行为:违法行为是指受法律禁止的侵犯其他主体的建设权利和建设义务的行为。违法行为要受到法律的矫正和制裁,产生消极的法律后果,如违反法律规定或因过错不履行建设工程合同;没有国家批准的建设计划,擅自动工建设等行为。

行政行为:行政行为是指国家授权机关依法行使对建筑业管理权而发生法律后果的行为。如国家建设管理机关下达基本建设计划,监督执行工程项目建设程序的行为。

立法行为:立法行为是指国家机关在法定权限内通过规定的程序,制定、修改、废止建筑法律规范性文件的活动。如国家制定、颁布建筑法律、法规、条例、标准定额等行为。

司法行为:司法行为是指国家司法机关的法定职能活动。它包括各级检察机构所实施的法律监督,各级审判机构的审判、调解活动等。如人民法院对建设工程纠纷案件作出判决的行为。

三、建设法规立法的基本原则及法规体系

(一)建设法规立法的基本原则

建设法规立法的基本原则,是指建设立法时所必须遵循的基本准则及要求。现阶段,我国建设法规立法时必须遵循的基本原则如下。

1. 遵循市场经济规律原则

市场经济,是指市场对资源配置起基础性作用的经济体制。社会主义市场

经济,是指与社会主义基本制度相结合的,市场在国家宏观调控下对资源配置起基础性作用的经济体制。

第八届全国人大第一次会议通过的《中华人民共和国宪法修正案》规定"国家实行社会主义市场经济",这不仅是宪法的基本原则,也是建设法规的立法原则。

2. 法制统一原则

法律必须有内在的联系,才能在此基础上构成一国法律体系。建设法规体系是我国法律体系中的一个组成部分。组成本体系的每一个法律都必须符合宪法的精神与要求。建设法规系统内部高层次的法律、法规对低层次的法规、规章具有制约性和指导性。地位相等的建设法规和规章在内容规定上不应相互矛盾。建设法规的立法坚持法制统一原则的基本要求,不仅是对立法本身所应提出的规范化、科学化的要求,更主要的是便于实际操作,不致因法律制度自相矛盾而导致建设法规无所适从。

3. 责权利相一致的原则

责权利相一致是对建设行为主体的权利和义务或责任在建设立法上提出的一项基本要求。具体表现为两个方面。

(1)建设法规主体享有的权利和履行的义务是统一的。任何一个主体享有建设法规规定的权利,同时必须履行法规所规定的义务。

(2)建设行政主管部门行使行政管理权既是其权利,也是其责任或义务。权利和义务彼此结合。

4. 遵循科学技术规律,确保建设工程安全与质量的原则

建设工程安全与质量是整个建设活动的核心,是关系到生命安全、财产安全的重大问题。建设工程的安全是指建设工程对人身的安全和对财产的安全。建设工程质量是指国家规定和合同约定的对建设工程的适用、安全、经济、美观等一系列指标的要求。建设工程的质量与安全管理必须纳入法制化的轨道,建立健全建设技术法规,确保建设活动符合建设技术法规有关安全、质量等各项指标的要求,确保建设工程不能引起人身伤亡和财产损失。

建设法规的立法应大力推动建设领域的科学技术研究,提倡采用先进技术、先进设备、先进工艺、新型建筑材料和现代管理方式,努力提高建设活动的精细度和劳动生产率,鼓励节约能源和环境保护,走可持续发展的建设之路。

5. 民主立法原则

民主立法原则是指行政机关依照法律规定进行建设立法时,应通过各种方式听取各方面的意见,保证民众广泛地参与行政立法。民主立法原则要求:立法草案应提前公布,以便于广泛征求广大民众对特定行政立法事项的意见,并将听取意见作为立法的必经环节和法定程序;要及时向人民群众公布对立法意见的处理结果;应设置专门的立法咨询机关和咨询程序,对特别重要的行政立法进行专门咨询,并作为必经程序;对违反民主立法原则的立法应视为无效。例如,2003年6月8日国务院颁布的《物业管理条例》,在出台前就向全社会征求意见,体现了立法的民主。

(二)建设法规体系的概念

建设法规体系,是指把已经颁布和需要制定的建设法律、建设行政法规和建设部门规章科学的衔接起来,形成一个相互联系、相互补充、相互协调的完整统一的框架结构。就广义的建设法规体系而言,体系中还包括地方性建设法规和建设规章。

所谓法规体系的构成,就是指法规体系采取的结构形式。我国建设法规体系,是以建设法律为龙头,建设行政法规为主干,建设部门规章和地方建设法规、地方建设规章为支干而构成的。建设法律体系的基本框架,由纵向结构和横向结构所组成。从建设法律体系的纵向结构看,根据《中华人民共和国立法法》有关立法权限的规定,我国建设法规体系由五个层次组成:

[问一问]

我国建设法规体系由哪五个层次组成?

1. 建设法律

指由全国人民代表大会及其常委会制定颁行的属于国务院建设行政主管部门主管业务范围的各项法律。主要内容是建设领域的基本方针、政策,涉及建设领域的根本性、长远性和重大的问题,是建设领域法律体系的最高层次,它们是建设法规体系的核心和基础。例如,《中华人民共和国建筑法》、《中华人民共和国招标投标法》、《中华人民共和国合同法》、《中华人民共和国城市规划法》和《中华人民共和国房地产管理法》。

2. 建设行政法规

建设行政法规是指国务院依法制定并颁布的建设领域行政法规的总称。建设行政法规是建设法律制度中的第二层次,一般是对建设法律条款的进一步细化,以便于法律的实施。例如,2003 年 11 月 24 日国务院颁布了《建设工程安全生产管理条例》,2003 年 6 月 8 日国务院颁布了《物业管理条例》,2002 年 3 月 24 日国务院修改了《住房公积金管理条例》,2001 年 6 月 13 日国务院颁布了《城市房屋拆迁管理条例》,2000 年 9 月 25 日国务院颁布了《建设工程勘察设计管理条例》,2000 年 1 月 30 日国务院颁布了《建设工程质量管理条例》等。

3. 建设部门规章

建设部门规章,是指建设部或国务院有关部门根据国务院规定的职责范围,依法制定并颁布的建设领域的各项规章。规章一方面将法律、行政法规的规定进一步具体化,以便其更好地贯彻执行;另一方面规章作为法律、法规的补充,为有关政府部门的行为提供依据。部门规章对全国有关行政管理部门具有约束力,但其效力低于行政法规。2003 年 3 月 8 日七部委联合发布了《工程建设项目施工招标投标办法》,2003 年 2 月 13 日建设部和对外贸易经济合作部联合颁布了《外商投资城市规划服务企业管理规定》,2002 年 12 月 4 日建设部颁布了《建设工程勘察质量管理办法》等。

4. 地方性建设法规

指由省、自治区、直辖市人民代表大会及其常委会制定颁行的或经其批准颁行的由下级人大或常委会制定的建设方面的法规。地方性法规在其所管辖的行政区内具有法律效力，《山东省实施〈中华人民共和国土地管理法〉办法》、《安徽省淮河流域水污染防治条例》、《黄山风景名胜区管理条例》、《安徽省城市房地产交易管理条例》、《江西省城市房地产开发管理条例》、《江西省城市房屋拆迁管理办法》、《安徽省建筑市场管理条例》等。

5. 地方建设规章

指由省、自治区、直辖市人民政府制定颁行的或经其批准颁行的由其所辖城市人民政府制定的建设方面的规章。如《安徽省建筑工程质量管理办法》、《江西省工程建设项目勘察设计招标投标办法》。其中，建设法律的法律效力最高，法律效力低的建设法规不得与法律效力高的建设法规相抵触，否则，其规定无效。

(三)我国建设法规体系的现状与规划

新中国成立初期，建设立法基本上是个空白，为了适应经济建设和发展的需要，国务院(初期为政务院)及其相关行政主管部门制定颁行了许多有关建设程序、设计、施工及成本管理等方面的有关规定，但未形成完整的体系，更无一部建设法律。改革开放以来，尤其是中央确立经济体制由计划经济向社会主义市场经济转变的发展战略以后，随着国家法制建设的加强，建设法规逐步成为国家整个法律体系的重要组成部分，其立法的系统性、迫切性也成为国家法制建设中必须解决的重大问题。1989年建设部组织了建设法规体系的研究、论证工作，并于1991年制定出《建设法律体系规划方案》，使我国建设立法走上了系统化、科学化的健康发展之路。我国建设法规体系采用了梯形结构形式，所以在我国将没有一部《中华人民共和国建设法》这样的基本法律，而由城市规划法、市政公用事业法、村镇建设法、风景名胜区法、工程勘察设计法、建筑法、城市房地产管理法、住宅法等8部关于专项业务的法律构成我国建设法规体系的顶层，并由城市规划法实施条例等38部行政法规对这些法律加以细化和补充。

需要指出的是，与建设活动关系密切的相关法律、行政法规和部门规章，虽不属于建设法规体系，但其有些规定对调整相关的建设活动有着十分重要的作用，对此，我们必须予以密切关注。

(四)建设法规的实施

建设法规的实施，指国家机关及其公务员、社会组织、公民实现建设法律规范的活动，包括建设法规的执法、司法和守法三个方面。

1. 建设行政执法

建设行政执法，指建设行政主管部门和被授权或被委托的单位，依法对各项建设活动和建设行为进行检查监督，并对违法行为执行行政处罚的行为。具体包括：

(1)建设行政决定

指执法者依法对相对人的权利和义务作出单方面的处理。包括行政许可、行政命令和行政奖励。

(2)建设行政检查

指建设行政执法者依法对相对人是否守法的事实进行单方面的强制性了

解。主要包括实地检查和书面检查两种。

(3)建设行政处罚

指建设行政主管部门或其他权力机关对相对人实行惩戒或制裁的行为。主要包括财产处罚、行为处罚和告诫处罚三种。

(4)建设行政强制执行

指在相对人不履行行政机关所规定的义务时,特定的行政机关依法对其采取强制手段,迫使其履行义务。

2. 建设行政司法

建设行政司法,指建设行政机关依据法定的权限和法定的程序进行行政调解、行政复议和行政仲裁,以解决相应争议的行政行为。

(1)行政调解

指在行政机关的主持下,以法律为依据,以自愿为原则,通过说服、教育等方法,促使双方当事人通过协商互谅达成协议。

(2)行政复议

指在相对人不服行政执法决定时,依法向指定的部门提出重新处理申请。

(3)行政仲裁

指国家行政机关以第三者身份,依照法律、法规和协议,对特定的民事、经济的劳动争议进行调解并作出判断和裁决。

3. 专门机关司法

指国家司法机关,主要指人民法院依照诉讼程序对建设活动中的争议与违法建设行为作出的审理判决活动。

4. 建设法规的遵守

指从事建设活动的单位和个人,必须以建设法律、法规的要求为自己的行为准则,依照建设法律、法规的要求行使权利、权力,履行义务的活动。

四、学习本课程的必要性和进行案例分析的方法

(一)学习本课程的必要性

我国的法制建设与市场经济的发展是相辅相成的。随着市场经济的发展,我国的法制建设也在逐步完善与健全,最终形成法制的市场经济。而在市场经济中,建筑市场经济成了其中很重要的组成部分,与法制经济同步,出台了一系列与工程建设有关的法律法规:《中华人民共和国合同法》《中华人民共和国招标投标法》《建设工程质量管理条例》《建设工程勘察设计管理条例》《建设项目环境保护条例》《建设税收法规》等。所以无论是工程招投标、签合同,还是施工现场的管理,在工程建设中的每项活动都是有法可依。如若不懂法,不懂工程建设的法律法规,不仅可能经济上遭受损失,而且要被追究法律责任。

工程建设项目从可行性研究立项到勘察设计、招投标、组织施工到最后竣工验收,交付使用等一系列的过程都必须依照法定的程序。譬如,不能在没有开工许可证的情况下开工,不能边规划边施工等。为了今后工作能胜任,有必要对相

关法规作全面了解,初步形成法制观念,以便在以后的工作中能自觉遵守法律,并能应用法律知识解决分析实际问题。如工程中能合理索赔,签合同前能全面考虑,签合同后严格按合同履约并能依法追究对方违约责任,保护自身权益等。

课程内容与所学专业密切相关,也是今后从事本专业工作必然要求。因工作和职业发展需要,要考建造师、造价师、监理工程师等岗位证书的人必考"工程建设法规"这门课。同学们将来到建筑行业工作,工程项目各个环节涉及的法律法规必须要较好地了解。如施工企业如何投标?国家招投标法有什么规定?等等。课程有具体学习要求,也可根据自己的情况与需要有选择、有目的的学习。

(二)案例分析题应注意的问题

要求全面阐述涉及的基本概念、法学原理,使学生准确掌握相关的法学理论。案例名称;双方当事人;涉及的法律问题;适用的法律法规;处理结果

案例题的出题思路一般是先有所要考查的知识点,然后再据此设计案情和题目。是根据法条编写的案例,或根据法条对真实案子进行简化。在各种考试中,考生得分最少的部分一般是案例题。事实上一个案例题就是数个小的法律关系组成一个或两个大的法律关系而已。如果头脑清晰,概念扎实,对付案例题应不在话下。可为什么得高分的很少呢?通过对历年考生答卷的分析,相当多的考生在试卷四上栽跟头。

以下几个方面的问题常常出现:(1)看完题后,思维混乱,分不清题干中交代的是什么法律关系,找不到做题的切入点;(2)把题读懂了,又不知如何写答案;(3)开始写答案了,又担心写得不够全面,唯恐漏掉闪光点,结果越写越多,时间根本不够用;(4)答题到后面时发现前后矛盾,于是在试卷上涂改,越改越乱。(5)遇到关键性问题吃不准,而该问题又决定其他问题的解答,反复推敲,弄到最后,还差好几道题没做等等。

出现以上这些问题,都是由于基础知识掌握不牢;做题经验不足或做题方法不妥所致。

(三)做好案例分析题的方法

案例分析题也不是特别难,只要从以下几个方面着手即可以做好答题:

1. 掌握好案例题解题的步骤

(1)迅速查看题中所问,初步判断考查方向。

(2)带着问题去看题干。

(3)确定本题考查的是哪一个建设法律法规的内容。从历年建设行业资格考试考题来看,一般考查《建筑法》、《招投标法法》、《合同法》等,交叉考查若干个部门法的案例题并不多见,即使有也只以一个专门法为主,个别问题还涉及其他法律法规。

(4)根据问题的设置来确定所考查的具体知识,如建筑法中的建设行业资格许可、工程发包承包、建设工程质量和安全等,这些都是专门法中最重要、最基本的概念、法律制度。

在分析题干时应注意:一般而言,题干中所给出的信息都是有用的,或是从

正面提供答题线索,或是从反面提供干扰正确答题的信息,故应有足够的敏感度,不能忽略任何一个有用的信息,但也不擅自增加条件。

分析题干时,应随手将题中所交代的法律关系画一个草图,列出题中各种人或物之间的关系、时间点,这样能使你对题目有一个整体、明晰的认识,不漏掉任何一个有用的信息。要记住,无论是多么复杂的法律关系,它们都是由一个一个简单的法律关系组成的。你只要在草图上,将其一一列出,再复杂的题也会变得简单。

(5)在答题时应注意的是:问什么答什么,若没有问"为什么",则不必答理由,答了也得不到分。

(6)答题时也有一些技巧:可根据该题的分数和所问问题数来推断应答要点。假如一个10分的题,有两个问,一般而言,每个问应有5分;此时每个问应回答5个要点或甚10个要点才算完整(一个要点给5分或2.5分的情况很少见)。否则,应检查是否漏答要点了。

下面给出两个案例题,请大家看看答案中的分析是如何书写的。

案例分析1

【背景资料】

某桥梁工程采取公开招标的方式招标,规定工期为24个月内完成,工程采用总价合同。某承包商投标报价为2.5亿人民币。因为该工程时间和工程款都很紧,业主在没有详细地对投标方进行审查的情况下,决定把工程承包给某知名承包商,向其发出了中标函。但在工期过了一半的时候业主发现该承包商施工质量很差,频频和监理工程师发生冲突,对工程师返工等要求熟视无睹,并存在违法分包的问题。最终业主发现该真正的承包商是挂靠于中标的知名施工企业,业主立即要求停工,中途重新招标,最后不仅拖延了工期,也给企业造成了很大的损失。

【问题】

无主体资格签订的合同是否有效?

【分析】

1. 建设工程合同主体的不合格将导致合同无效、撤销、追认等一系列的法律后果,并给企业造成严重经济损失。对工程承包人违反资质条件所签订的建设工程合同,依法应当认定无效,判定撤销合同的合同自始无效,同时业主可以采取追认的方式使合同产生效力。但法院在判决合同无效的情况下,基于对无效合同的处理原则,对合同实际履行人发生的直接间接费用及税金仍然予以支持。

2. 我国的法律对合同主体做了如下规定:在《建筑业企业资质管理规定》第三条规定,建筑业企业应当按照其拥有的注册资本、净资产、专业技术人员、技术装备和已完成的建筑工程业绩等资质条件申请资质,经审查合格,取得相应等级的资质证书后,方可在其资质等级许可的范围内从事建筑活动。最高人民法院于2004年10月25日公布了《关于审理建设工程施工合同纠纷案件适用法律问

题的解释》,对建设工程施工合同的效力作了明确的规定,在坚持《合同法》的基本精神的前提下,规定了以下几种合同无效情形:

(1)承包人未取得建筑施工企业资质或超越资质等级的;

(2)没有资质的实际施工人借用有资质的建筑施工企业名义的。

3. 建设工程合同签订中主体不合格是一种经常出现的情形,比较多的情况是建筑施工企业无资质或者超越资质等级范围,以及借用、冒用、盗用其他企业的营业执照和资质等级证书;不具备相应资质等级的施工企业挂靠具备资质等级的施工企业,其中挂靠的企业主体不合格有一定的隐蔽性,即使发现,许多发包人对此也采取默认的态度。

案例分析2

【背景资料】

某月某日,某市城管综合执法支队直属一大队白云山中队日常巡查白云山风景名胜区时,发现风景名胜区特别保护范围内的市某管理局旧仓库内,一幢简易旧仓库被悄悄拆除,而一幢建筑面积为98.94平方米的混合结构建筑物拔地而起,工程已完成砌砖墙(2.8米高),正安装1层顶部模板。初步了解:此建筑物由林某某负责的施工队承建,由林某某自行设计施工,拟建1层,拟作其施工队办公用房;林某某负责的施工队"挂靠"于广东潮阳某建筑公司,是某管理局长期聘用进行工程建设的施工队。

白云山中队按规范执法程序的要求对该建筑物进行立案调查,及时发出了询问调查通知书,要求施工单位先停工,待调查取证后,才确定能否继续施工。经过询问调查和进一步取证,确认该建筑物为违法建设,遂对违法建设主体发出了责令限期改正通知书,要求其在规定的期限内将违法建设自行拆除,否则依法强制拆除。不久这个违法建设在规定的期限内被当事人自行拆除。

【问题】

此案中的违法建设主体是谁?有几种可能,可能是林某某,可能是潮阳某建筑公司,可能是某管理局,可能是前三者中的任意两者,还可能是林某某、潮阳某建筑公司和某管理局三者共同。那么,到底谁是违法建设的主体呢?

【分析】

让我们结合该案办案过程的实际来做一个认真分析。

谁投资、谁建设,谁就是违法建设的主体,这是认定违法建设主体的一条基本原则。能否把潮阳某建筑公司作为此违法建设的主体,要将潮阳某建筑公司作为此违法建设的主体必须是潮阳某建筑公司对此建筑物投资建设,或者是林某某投资建设,林某某及其施工队是潮阳某建筑公司的下属单位。

在此案中,执法队员调查证实,潮阳某建筑公司对此建筑物没有投资,林某某与潮阳某建筑公司之间是所谓"挂靠"关系,潮阳某建筑公司为林某某提供了资质和营业执照复印件。因此,不能将潮阳某建筑公司作为此违法建设的主体。

能否把某管理局作为此违法建设的主体,要把某管理局作为此违法建设的主体必须是某管理局对此建筑物投资建设，或者林某某负责的施工队是某管理局的下属单位，此建筑物由某管理局批准，林某某投资建设。

在此案的调查过程中，林某某反映此建筑物经某管理局领导口头同意，但口说无凭。执法队员主动与某管理局联系，并进行了深入细致的调查了解，制作询问（调查）笔录，证实某管理局只是长期聘用林某某负责的施工队进行工程建设，而未同意该建筑物的建设，也未投入资金。因此，不能把某管理局作为此违法建设的主体。

能否把潮阳某建筑公司、某管理局、林某某三者同时作为此违法建设的主体。把潮阳某建筑公司、某管理局、林某某三者同时作为此违法建设的主体必须是在三者彼此无关系的情况下，对此建筑物均有资金投入，或者是潮阳某建筑公司与某管理局共同出资由林某某施工建设，林某某负责的施工队为任何一方的下属单位。

此案进一步调查取证的情况是潮阳某建筑公司和某管理局均未投资，某管理局和林某某负责的施工队是聘用关系，林某某负责的施工队与潮阳某建筑公司是非法挂靠关系，某管理局未批准此建筑物的建设。因此，也不能把潮阳某建筑公司、某管理局、林某某三者同时作为此违法建设的主体。

此案中到底谁是违法建设的主体呢？经过深入细致的调查取证，其结果是林某某全额投资、施工建设，因此林某某就是违法建设的主体。

2. 多做案例题，加强训练

通过训练，可以巩固已掌握的基本法律知识，积累做题经验、掌握基本的做题技巧，培养正确的做题方法和分析案例题的思路。

应当牢记，所谓解题技巧都是靠平时多练习培养出来的。故而在平时练习时，必须坚持勤于动笔，不能只动脑不动手，也不可刚想到一个模糊答案就急于翻书求证，而应先自己写出答案，再对照参考答案部分；对照检查，看看自己分析问题的思路是否正确，以求举一反三。

为了让学生更好地进行案例题这方面的训练，本书将案例分析题的答案放到书后的附录中。

本章思考与实训

1. 什么是建设法规？建设法规调整的社会关系有哪些？
2. 建设法律关系由哪些要素构成？
3. 何谓建设法规体系？我国建设法规体系是如何构成的？
4. 什么是与工程建设相关的法律？当前我国与工程建设相关的法律有哪些？
5. 现阶段我国建设立法的基本原则有哪些？
6. 建设法规的实施包括哪几个方面？
7. 如何进行案例分析？

第一章　建设工程许可法规

【内容要点】

1. 建设工程报建制度的概念、内容和程序；
2. 建设工程施工许可、从业单位资格许可制度；
3. 从业人员执业资格许可制度及其有关法律规定。

【知识链接】

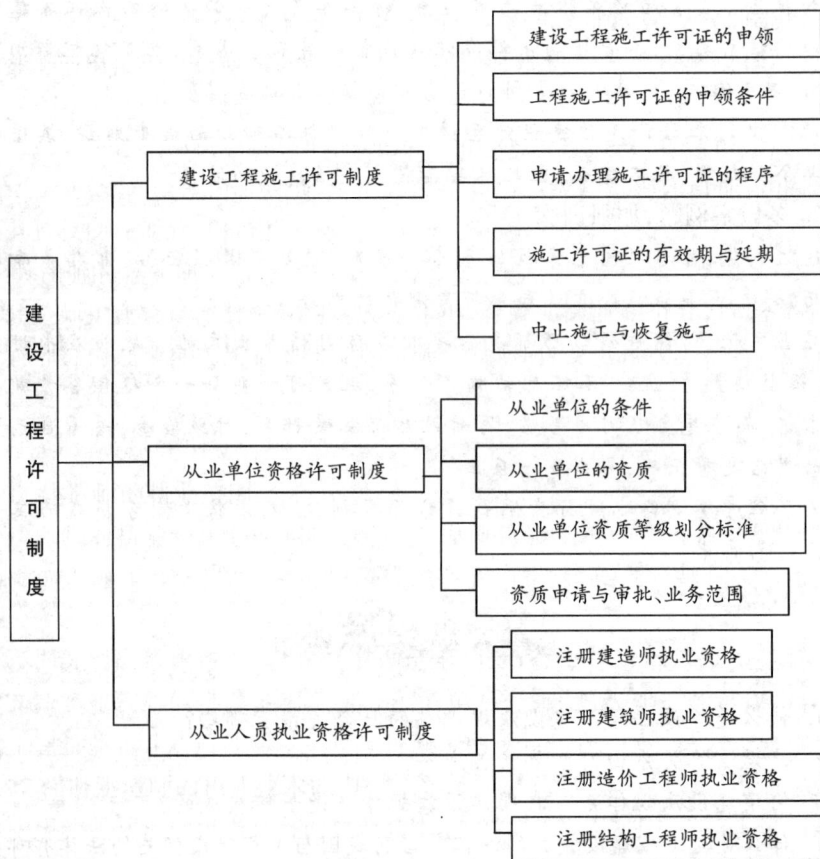

　　　　　　　　　　　　　　建设法规概论（第2版）

第一节　建设工程报建制度概述

工程报建制度,是指建设单位在工程项目通过建设立项、可行性研究、项目评估、选址定点、立项审批、建设用地、规划许可等前期筹备工作结束后,向建设行政主管部门报告工程前期筹备工作结束,申请转入工程建设的实施阶段;建设行政主管部门依法对建筑工程是否具备发包条件进行审查,对符合条件的,准许该工程进行发包的一项制度。

工程报建标志着工程建设的前期准备工作已经结束,工程项目可以进入建筑市场,转入工程建设的实施阶段。为了防止不具备条件的工程项目进入建筑市场,有效地控制建筑规模,规范工程建设实施阶段的程序管理,建设部于1994年8月13日发布了《工程建设项目报建管理办法》,就报建的内容、程序、时间、范围等做出了规定。

一、建设工程报建的范围和时间

(一)报建的范围

所有的工程建设项目都必须报建。工程建设项目是指各类房屋建筑、土木工程、设备安装、管道线路敷设、装饰装修等固定资产投资的新建、扩建、改建以及技改等建设项目,统称为工程建设项目。凡在我国境内投资兴建的项目,包括外国独资、合资、合作的工程项目,都必须实行报建制度,接受当地建设行政主管部门或其授权机构的监督管理。

[想一想]
1. 工程建设项目为什么必须实行报建制度?
2. 工程项目的报建有哪些程序?

(二)报建的时间

报建的时间是在工程建设项目的可行性研究报告或其他立项文件批准后、建筑工程发包前,由建设单位或其代理机构,向工程所在地建设行政主管部门或其授权机构进行报建。报建时要交验工程项目立项的批准文件,包括银行出具的资信证明以及批准的建设用地等其他文件。

二、建设工程报建的内容和程序

(一)报建的内容

工程建设项目报建的主要内容有:(1)工程名称;(2)建设地点;(3)投资规模;(4)资金来源;(5)当年投资额;(6)工程规模;(7)开工、竣工日期;(8)发包方式;(9)工程筹建情况。

(二)报建程序

工程项目的报建按照下列程序进行:

1. 建设单位或项目法人以及工程管理的代理机构,要到有相应管辖权的工程所在地的建设行政主管部门或其授权机构领取"工程建设项目报建表"。

2. 工程项目的报建单位按"工程建设项目报建表"的内容及要求认真填写,

不得马虎、漏填或虚报。

3. 工程项目的报建单位向接受报建的建设行政主管部门或其授权机构报送已填好的"工程建设项目报建表",并按照要求进行招标准备。

4. 接受报建的建设行政主管部门或其授权机构,对报建的文件、资料进行认真核验、审查,合格后,发给《工程发包许可证》。

在建设过程中,工程建设的投资和建设规模发生变化时,建设单位或项目法人应及时到原接受报建的建设行政主管部门或其授权机构进行补充登记。筹建负责人变更时,应重新登记。凡未报建的工程建设项目,不得办理招标手续和发放施工许可证,设计、施工单位不得承接该项工程的设计和施工任务。

(三)建设工程报建的审批权限和职责

工程报建、招标、投标、施工许可、质量监督是工程建设实施阶段的几个重要的管理环节,这几个环节都涉及分级管理的规定。为了使这几个环节的前后管理相衔接,应该实行统一的分级管理规定。由于全国各地的实际情况不同,《建筑法》对分级管理没有作统一的具体规定,《建设部关于修改〈建筑工程施工许可管理办法〉的决定》已于 2001 年 6 月 29 日通过,自发布之日起施行。第二条对申请办理施工许可证的范围作了原则性的规定,也没有对分级管理作统一的具体规定,而是授权予各地政府。各地政府可以根据当地的实际情况制定具体的管理办法。例如《安徽省建筑市场管理条例》第十一条规定:建筑工程实行报建制度。大中型建设项目、国家和省重点工程实行招标、投标。其建设单位应当在工程立项后、发包前,到省建设行政主管部门办理报建手续,经核准领取工程发包许可证后,方可进行发包。其他工程应当到工程所在地的地(市)、县(市、区)建设行政主管部门办理报建手续。

建设行政主管部门或其授权机构在工程报建管理工作中要履行以下五方面的职责:

1. 贯彻实施法律、法规在建筑市场管理方面的规定和国家有关的方针政策;

2. 管理监督工程建设项目的报建登记;

3. 对报建的工程项目进行核实、分类、汇总;

4. 向上级主管机关提供综合的工程建设项目报建情况;

5. 查处隐瞒不报违章建设的行为。

第二节　建设工程施工许可制度

一、建设工程施工许可证的申领时间与范围

(一)建设工程施工许可证的申领时间

在中华人民共和国境内从事各类房屋建筑及其附属设施的建造、装修装饰和与其配套的线路、管道、设备的安装,以及城镇市政基础设施工程的施工,建设

单位在开工前应当依照本办法的规定,向工程所在地的县级以上人民政府建设行政主管部门(以下简称发证机关)申请领取施工许可证。

工程投资额在 30 万元以下或者建筑面积在 300 平方米以下的建筑工程,可以不申请办理施工许可证。省、自治区、直辖市人民政府建设行政主管部门可以根据当地的实际情况,对限额进行调整,并报国务院建设行政主管部门备案。

按照国务院规定的权限和程序批准开工报告的建筑工程,不再领取施工许可证。

开工日期:(1)对于没有桩基础的工程,基础破土挖槽开始为开工日期;(2)对于采取桩基础的工程,原桩位打基础桩开始为开工日期。

[问一问]
所有的建筑工程都必须办理施工许可证吗?

(二)建设工程施工许可证的申领范围

申领施工许可证的范围,是指什么规模的建筑工程需要领取施工许可证。根据《建筑法》第七条的规定,除国务院建设行政主管部门确定的限额以下的小型工程,以及按照国务院规定的权限和程序批准开工报告的建筑工程外,其余所有在我国境内的建筑工程均应领取施工许可证。根据《建筑工程施工许可管理办法》第二条的规定,工程投资额在 30 万元以下或者建筑面积在 300 平方米以下的建筑工程,可以不申请办理施工许可证。省、自治区,直辖市人民政府建设行政主管部门可以根据当地的实际情况,对限额进行调整,并报国务院建设行政主管部门备案。

按照国务院规定的权限和程序批准开工报告的建筑工程不再领取施工许可证。这里的"国务院规定",应当是包括具有行政法律效力的行政法规、规定、通知等。例如,国务院颁布的行政法规、楼堂馆所建设管理条例,即对开工报告作了规定。其中规定:进行楼堂馆所建设必须报批项目开工报告。楼堂馆所的项目开工报告,按下列程序审批:建设总投资 3 000 万元以上的项目,由国家发改委每年 7、8 月统一审查、平衡、汇总后报国务院审批;建设总投资 3 000 万元以下的项目,按隶属关系分别由主管部门或者省、自治区、直辖市和计划单列市人民政府每年 7、8 月统一审批,并报国家发改委备案。国家发改委对不同意建设的项目,在收到备案文件两个月内提出处理意见;北京地区的项目,由首都规划建设委员会统一报国务院审批。

二、建设工程施工许可证的申领条件

申请领取施工许可证,应当具备下列条件:

1. 已经办理该建筑工程用地批准手续;
2. 在城市规划区的建筑工程,已经取得规划许可证;
3. 需要拆迁的,其拆迁进度符合施工要求;
4. 已经确定建筑施工企业;
5. 有满足施工需要的施工图纸及技术资料;
6. 按照规定应该委托监理的工程已委托监理;
7. 有保证工程质量和安全的具体措施;

8. 建设资金已经落实；

9. 法律、行政法规规定的其他条件。

三、申请办理施工许可证的程序

1. 建设单位向发证机关领取《建筑工程施工许可证申请表》。

2. 建设单位持加盖单位及法定代表人印鉴的《建筑工程施工许可证申请表》，并附本办法第四条规定的证明文件，向发证机关提出申请。

3. 发证机关在收到建设单位报送的《建筑工程施工许可证申请表》和所附证明文件后，对于符合条件的，应当自收到申请之日起15日内颁发施工许可证；对于证明文件不齐全或者失效的，应当限期要求建设单位补正，审批时间可以自证明文件补正齐全后作相应顺延；对于不符合条件的，应当自收到申请之日起15日内书面通知建设单位，并说明理由。

建设工程在施工过程中，建设单位或者施工单位发生变更的，应当重新申请领取施工许可证。

四、施工许可证的有效期与延期

[问一问]

1. 施工许可证的延期有何规定？

2. 哪些情况下施工许可证会自动废止？

建设单位应当自领取施工许可证之日起3个月内开工。因故不能按期开工的，应当向发证机关申请延期；延期以两次为限，每次不超过3个月。既不开工又不申请延期或者超过延期时限的，施工许可证自行废止。所谓"领取施工许可证之日"指建设行政主管部门将施工许可证交给建设单位之日。

施工许可证的有效期限。施工许可证的有效期为3个月。如无其他法定原因，在3个月内不开工的，施工许可证就自行废止。所以建设单位应当自领取施工许可证之日起3个月内开工。

领取施工许可证应以建设行政主管部门通知领取之日算起，避免建设单位以不领取施工许可证来拖延时间。

施工许可证的延期。因故不能按期开工的，应当在期满之前向发证机关申请延期，并说明理由，理由是否合理，得经过批准，以建设行政主管部门的认定为准；延期以两次为限，每次不超过3个月。

施工许可证的自动废止，即自动失去法律效力。如果建设单位要组织开工，必须重新领取施工许可证。施工许可证自动失效的情况有两种：一种是既不开工也不申请延期，自领取施工许可证后3个月自动废止。另一种情况是申请延期，申请延期两次后即6个月后不开工，或者申请延期一次后，超过3个月不再申请延期，也不开工的，施工许可证自动废止。

五、中止施工与恢复施工

在建的建筑工程因故中止施工的，建设单位应当自中止施工之日起一个月内向发证机关报告，报告内容包括中止施工的时间、原因、在施部位、维修管理措施等，并按照规定做好建筑工程的维护管理工作。

建筑工程恢复施工时,应当向发证机关报告;中止施工满一年的工程恢复施工前,建设单位应当报发证机关核验施工许可证。

第三节　从业单位资格许可制度

从业单位资格许可包括从业单位的条件和从业单位的资质。为了建立和维护建筑市场的正常秩序,确立进入建筑市场从事建筑活动的准入规则,《建筑法》第十二条和第十三条规定了从事建筑活动的建筑施工企业、勘察单位、设计单位、工程监理单位进入建筑市场应当具备的条件和资质审查制度。

一、从业单位的条件

1. 有符合国家规定的注册资本

注册资本反映的是企业法人的财产权,也是判断企业经济力量的依据之一。从事经营活动的企业组织,都必须具备基本的责任能力,能够承担与其经营活动相适应的财产义务。这既是法律权利与义务相一致、利益与风险相一致的反映,也是保持债权人利益的需要。因此,建筑施工企业、勘察单位、设计单位和工程监理单位的注册资本必须适应从事建筑活动的需要,不得低于最低限额。注册资本由国家规定,既可以由全国人大及其常委会通过制定法律来规定,也可以由国务院或国务院建设行政主管部门来规定。

建设部 2007 年 6 月 26 日以第 158 号部令形式发布的《工程监理企业资质管理规定》对工程监理单位注册资本的最低限额作了明确的规定:

工程监理企业资质分为综合资质、专业资质和事务所资质。其中,专业资质按照工程性质和技术特点划分为若干工程类别。

综合资质、事务所资质不分级别。专业资质分为甲级、乙级;其中,房屋建筑、水利水电、公路和市政公用专业资质可设立丙级。

工程监理企业的资质等级标准如下:

(1)综合资质标准

注册资本不少于 600 万元。

(2)专业资质标准

① 甲级注册资本不少于 300 万元;

② 乙级注册资本不少于 100 万元;

③ 丙级注册资本不少于 50 万元。

2. 有与其从事的建筑活动相适应的具有法定执业资格的专业技术人员

由于建筑活动是一种专业性、技术性很强的活动,所以从事建筑活动的建筑施工企业、勘察单位、设计单位和工程监理单位必须有足够的专业技术人员。建筑工程的规模和复杂程度各不相同,因此,建筑活动所要求的专业技术人员的级别和数量也不同,建筑施工企业、勘察单位、设计单位和工程监理单位必须有与其从事的建筑活动相适应的专业技术人员。

3. 有从事相关建筑活动所应有的技术装备

建筑活动具有专业性强、技术性强的特点,没有相应的技术装备无法进行。没有相应技术装备的单位,不得从事建筑活动。

4. 法律、行政法规的其他条件

略。

二、从业单位的资质

(一)从业单位的类别

根据我国现行法规,我国从事工程建设活动的单位分为房地产开发企业、工程总承包企业、工程勘察设计企业、工程监理企业和建筑业企业。

1. 房地产开发企业

是指在城市及村镇从事土地开发、房屋及基础设施和设备开发经营业务,具有企业法人资格的经济实体。房地产开发企业有专营和兼营两类。专营是指以房地产开发经营为主的企业,兼营企业是指以其他经营项目为主,兼有房地产开发经营业务的企业。

2. 工程总承包企业

是指对工程从立项到交付使用的全过程进行承包的企业。工程总承包企业可以实行工程建设全过程总承包,也可进行分阶段的承包;可独立进行总承包,也可以与其他单位联合总承包。工程总承包是国际上非常重视和推崇的承包方式。目前我国工程总承包还在研究推广过程中,其相应的法律法规也正在制定和完善之中。

3. 工程勘察设计企业

是指依法取得资格,从事工程勘察、工程设计的企业。

(1)工程勘察分为岩土工程、水文地质勘察和工程测量共三个专业。其中岩土工程包括岩土工程勘测、岩土工程设计、岩土工程测试和检测、岩土工程咨询和监理、岩土工程治理。

(2)工程设计按专业分为煤炭、化工石化医药、石油天然气、电力、冶金、军工、机械、商物粮(即原商业、物资、粮食)、核工业、电子信息、广电、轻纺、建材、铁道、公路、水运、民航、市政公用、海洋、水运、农林、建筑21个行业。

4. 工程监理企业

是指取得监理资质证书,具有法人资格的企业。它必须与所有政府机构及事业单位脱钩,进行自主经营、自负盈亏、自担责任。按照工程性质和技术特点,工程监理企业又划分为房屋建筑工程、冶炼工程、矿山工程、化工及石油工程、水利水电工程、林业及生态工程、铁路工程、公路工程、港口与航道工程、航天航空工程、通信工程、市政公用工程、机电安装工程等14类。每一个工程监理企业可以同时申请一类或多类工程监理资质。

5. 建筑业企业

是指从事土木工程、建筑工程、线路、管道及设备安装工程、装修工程等新建、改建及扩建等活动的企业。它又分为施工总承包企业、专业承包企业和劳务分包企业三类。

(1)施工总承包企业

是指从事工程施工阶段总承包活动的企业。它可对工程实行工程总承包或者对主题工程实行施工承包。对其承包的工程,可全部自行施工,也可将主体工程以外的其他工程及劳务作业分包给具有相应专业承包资质或者劳务承包资质的其他建筑业企业。根据专业范围,施工总承包企业又分为房屋建筑工程、铁路工程、公路工程、电力工程、冶炼工程、矿山工程、化工及石油工程、通信工程、市政公用工程、机电安装工程等12类。一个施工总承包企业在获得一类工程施工资质作为本企业专项资质的同时,还可再申请其他工程种类的施工总承包资质,但其他工程种类的资质级别不得高于主项资质的级别。

(2)专业承包企业

是指从事工程施工中的专业分包活动的企业。对其承包的专业工程,它可全部自行施工,也可将劳务作业分包给具有相应劳务分包资质的劳务分包企业,但不得进行工程施工总承包活动,根据专业范围,专业承包企业又分为地基与基础工程、土石方工程、建筑装修装饰工程、建筑幕墙工程、预拌商品混凝土、混凝土预制构件、园林古建筑工程、钢结构工程、高耸构筑物工程、电梯安装工程、消防设施工程、建筑防水工程、防腐保温工程、附着升降脚手架工程、金属门窗工程、预应力工程、起重设备安装工程、机电设备安装工程、爆破与拆除工程、建筑智能化工程、环保工程、电信工程、电子工程、桥梁工程、隧道工程、公路路面工程、公路路基工程、公路交通工程、铁路电务工程、铁路铺轨架梁工程、铁路电气化工、机场场道工程、机场空管工程及航站楼弱电系统工程、机场目视助航工程、港口与海岸工程、港口装卸设备安装工程、航道工程、通航建筑工程、通航设备安装工程、水上交通管制工程、水工建筑物基础处理工程、水工金属结构制作与安装工程、水利水电机电设备安装工程、河湖治理工程、堤防工程、水工大坝工程、水工隧道工程、水电设备安装工程、变送电工程、核工程、冶炼机电设备安装工程、炉窑工程、化工石油设备管道安装工程、管道工程、无损检测工程、海洋石油工程、城市轨道交通工程、城市及道路照明工程、体育场地设施工程、特种专业工程等60类。其中特种专业工程是指没有列入各种专业工程的其他工程,如建筑物纠偏和平移、结构补强、特殊设备的起重吊装、特种防雷技术等。

(3)劳务分包企业

是指从事施工活动中劳务作业的企业,他只能进行劳务分包,不得从事工程施工总承包及专业分包活动。根据其作业范围,劳务分包企业又分为木工专业、砌筑工作业、混凝土作业、脚手架作业、模板作业、焊接作业、水暖电安装作业、钣金作业、架线作业等13类。

专业承包企业、劳务分包企业在获得一类主项资质的同时,还可在各自资质序列内申请类别相近的其他资质。

(二)从业单位的资质等级

1. 工程勘察企业

其资质等级按综合类、专业类、劳务类分别设置,其综合类资质只设甲级一个级别,专业类资质原则上只设甲、乙两个级别,确有必要并在报建设部批准后方可设置丙级,劳务类资质不分级别。

2. 工程设计企业

工程设计企业的资质等级按综合类资质、行业类资质及专项资质分别设置。其综合资质只设甲级,行业资质设甲、乙、丙3个级别,其中除建筑工程、市政公用和公路行业所设工程设计丙级资质可独立进入工程设计市场外,其他行业工程设计丙级资质的对象仅为企业内部所属的非独立法人设计单位,不得进入工程设计市场。工程设计专项资质则根据专业发展的需要,由相关行业部门或授权的行业协会提出,并经由建设部批准,一般都设为甲、乙两级。

3. 工程施工总承包企业

各类施工总承包企业资质等级的划分不尽相同,其中大多数划分为特、一、二、三4级;港口与航道工程、冶炼工程、化工石油工程只划分为特、一、二共3级;而通信工程分为一、二、三3级;机电安装工程则只设为一、二两级。

4. 专业承包企业

60类专业承包在资质等级设置上共有4种类型:分为一、二、三共3级;分为一、二两级;分为二、三两级;不分等级。其中分为一、二、三级的为多,共有38类。分为一、二级的有:电梯安装工程、附着升降脚手架工程、桥梁工程、隧道工程、铁路铺轨工程、机场场道工程、机场空管工程及航站楼弱电系统工程、机场目视助航工程、港口装卸设备安装工程、通航设备安装工程、核工程、冶炼机电设备安装工程、炉窑工程、海洋石油工程等14类。分为二、三级的有:预拌商品混凝土、混凝土预制构件、建筑防水工程、预应力工程等4类。不分资质等级的有公路交通工程、水上交通管制工程、城市轨道交通工程、特种专业工程等共4类。

5. 劳务分包企业

劳务分包企业的资质等级的划分较简单。除木工作业、砌筑作业、钢筋作业、脚手架作业、模板作业、焊接作业部分分为一、二两级外,其他抹灰作业、石制作业、油漆作业、混凝土作业、水电暖安装作业、钣金作业、架线作业都不分等级。

6. 工程监理企业

每类工程监理企业都分为甲、乙、丙共3级。

三、建设工程从业单位资质等级划分标准

[做一做]

请列表比较工程建设从业单位资质等级的标准?

建设工程从业单位资质等级划分标准,是从其拥有的注册资本、专业技术人员数量加等级、技术装备和已完成的建筑工程的业绩等方面来加以规定的。每一类从业单位的资质等级标准,都由相应的法规做出了具体规定。如《建筑业企业资质等级标准》中规定,各级房屋建筑工程施工总承包企业的标准如下:

(一)特级资质标准

1. 企业注册资本金 3 亿元以上;

2. 企业净资产 3.6 亿元以上;

3. 企业近 3 年年平均工程结算收入 15 亿元以上;

4. 企业其他条件达到一级资质标准。

(二)一级资质标准

1. 企业近 5 年承担过下列 6 项中的 4 项以上工程的施工总承包或主体工程承包,工程质量合格:

(1)25 层以上的房屋建筑工程;

(2)高度 100 米以上的构筑物或建筑物;

(3)建筑面积 3 万平方米以上的房屋建筑工程;

(4)单跨跨度 30 米以上的房屋建筑工程;

(5)建筑面积 10 万平方米以上的住宅小区或建筑群体;

(6)单项建安合同额 1 亿元以上的房屋建筑工程。

2. 企业经理具有 10 年以上从事工程管理工作经历或具有高级职称;总工程师具有 10 年以上从事建筑施工技术管理工作经历并具有本专业高级职称,总会计师具有高级会计职称;总经济师具有高级职称。

企业有职称的工程技术和经济管理人员不少于 300 人,其中工程技术人员不少于 200 人;工程技术人员中,具有高级职称的人员不少于 10 人,具有中级职称的人员不少于 60 人。企业具有的一级资质项目经理不少于 12 人。

3. 企业注册资本金 5 000 万元以上,企业净资产 6 000 万元以上。

4. 企业近 3 年最高年工程结算收入 2 亿元以上。

5. 企业具有与承包工程范围相适应的施工机械和质量检测设备。

(三)二级资质标准

1. 企业近 5 年承担过下列 6 项中的 4 项以上工程的施工总承包或主体工程承包,工程质量合格:

(1)12 层以上的房屋建筑工程;

(2)高度 50 米以上的构筑物或建筑物;

(3)单体建筑面积 1 万平方米以上的房屋建筑工程;

(4)单跨跨度 21 米以上的房屋建筑工程;

(5)建筑面积 5 万平方米以上的住宅小区或建筑群体;

(6)单项建安合同额 3 000 万元以上的房屋建筑工程,

2. 企业经理具有 8 年以上从事工程管理工作经历或具有中级以上职称;

技术负责人具有 8 年以上从事建筑施工技术管理工作经历并具有本专业高级职称;财务负责人具有中级以上会计职称。

企业有职称的工程技术和经济管理人员不少于 150 人,其中工程技术人员不少于 100 人;工程技术人员中,具有高级职称的人员不少于 2 人,具有中级职称的人员不少于20人。企业具有的二级资质以上项目经理不少于12人。

3. 企业注册资本金2 000万元以上,企业净资产2 500万元以上。

4. 企业近3年最高年工程结算收入8 000万元以上。

5. 企业具有与承包工程范围相适应的施工机械和质量检测设备。

(四)三级资质标准

1. 企业近5年承担过下列5项中的3项以上工程的施工总承包或主体工程承包,工程质量合格的:

(1)6层以上的房屋建筑工程;

(2)高度25米以上的构筑物或建筑物;

(3)单体建筑面积5 000平方米以上的房屋建筑工程;

(4)单跨跨度15米以上的房屋建筑工程;

(5)单项建安合同额500万元以上的房屋建筑工程。

2. 企业经理具有5年以上从事工程管理工作经历;技术负责人具有5年以上从事建筑施工技术管理工作经历并具有本专业中级以上职称;财务负责人具有初级以上会计职称。企业有职称的工程技术和经济管理人员不少于50人,其中工程技术人员不少于30人;工程技术人员中,具有中级以上职称的人员不少于10人。企业具有的三级资质以上项目经理不少于10人。

3. 企业注册资本金600万元以上,企业净资产700万元以上。

4. 企业近3年最高年工程结算收入2 400万元以上

5. 企业具有与承包工程范围相适应的施工机械和质量检测设备。

四、资质申请与审批

(一)资质申请

建筑业企业应当向企业注册所在地县级以上地方人民政府建设行政主管部门申请资质。

中央管理的企业直接向国务院建设行政主管部门申请资质,其所属企业申请施工总承包特级、一级和专业承包一级资质的,由中央管理的企业向国务院建设行政主管部门申请,同时,向企业注册所在地省级建设行政主管部门备案。新设立的建筑业企业,到工商行政管理部门办理登记注册手续并取得企业法人营业执照后,方可到建设行政主管部门的资质管理部门办理资质申请手续。新设立的企业申请资质时,需提交的资料有:

1. 建筑业企业资质申请表;

2. 企业法人营业执照;

3. 企业章程;

4. 企业法定代表人和企业技术、财务、经营负责人的任职文件、职称证书、身份证;

5. 企业项目经理资格证书、身份证;

6. 企业工程技术和经济管理人员的职称证书;

[问一问]
新设立的企业申请资质时,需准备哪些资料?

7. 需要出具的其他有关证件、资料。

申请施工总承包资质的建筑业企业应当在总承包序列内选择一类资质作为本企业的主项资质,并可以在总承包序列内再申请其他类不同于企业主项资质级别的资质,也可以申请不高于企业主项资质级别的专业承包资质。施工总承包企业承担总承包项目范围内的专业工程可以不再申请相应专业承包资质。专业承包企业和劳务分包企业可以在本资质序列内申请类别相近的资质。

(二)资质审批

建筑业企业的资质实行分级审批:施工总承包序列特级和一级企业、专业承包序列一级企业资质经省级建设行政主管部门审核同意后,由国务院建设行政主管部门审批;其中铁道、交通、信息产业、民航等方面的建筑业企业资质,由省级建设行政主管部门会商同级有关部门审核同意后,报国务院建设行政主管部门,经国务院有关部门初审同意后,由国务院建设行政主管部门审批。审核部门应当对建筑业从业的资质条件和申请资质提供的资料审查核实。

五、各级建设工程从业单位的业务范围

根据各级工程建设从业单位所具备的能力和水平,有关法规对各类从业单位所允许从事的业务范围都做出了具体规定,并严格禁止超越承包业务和无资质等级资格的单位从事建筑活动。

(一)房地产开发企业

一级房地产开发企业承担房地产项目的建设规模不受限制,并可以在全国范围内承揽房地产开发项目。

二级及二级以下的房地产开发企业,只可承担建筑面积 25 万平方米以下的开发建设项目,承担业务的具体范围由省、自治区、直辖市人民政府建设行政主管部门确定。

(二)工程总承包企业

一级工程总承包企业可以承担本专业及与其资质相应的其他专业的大型建设项目的总承包。

二级工程总承包企业可以承担本专业及与其资质相应的其他专业的中型建设项目的总承包。

三级工程总承包企业可以承担普通中小型工业与民用建设项目的总承包。

一级、二级工程总承包企业还可以跨省、自治区、直辖市独立承包工程。大、中、小建设项目的标准,有关法规另有规定。

(三)工程勘察企业

综合类企业可承担工程勘察所有专业的业务,范围和地区不受限制。专业类甲级企业可在本专业范围内承担工程勘察业务,其范围和地区不受限制;专业类乙级企业可承担本专业范围内中小型工程的工程勘察业务,其地区不受限制;专业类丙级企业只可在本省(自治区、直辖市)所辖行政区域内承担本专业范围内小型工程项目的工程勘察业务。

劳务类企业只可承担岩土工程治理、工程钻探、凿井等工程勘察劳务工程，但地区不受限制。

工程项目大、中、小型的划分标准在建设部颁发的《工程勘察资质分级标准》中都由详细规定。

(四)工程设计企业

取得工程设计综合资质的企业,其承接工程设计业务范围不受限制。

取得某行业工程设计甲级资质的企业在相应行业内承担工程设计任务的范围和地区都不受限制;而乙级企业只可承担相应行业的中、小型建设项目的工程设计任务,但不受地区限制;丙级企业则只可在本省和本自治区、直辖市所辖行政区域内承担相应行业小型建设项目的工程设计任务。具有甲、乙级资质的企业,还可承担相应咨询业务和除特殊规定外的相应专项工程设计任务。

可以承接同级别相应行业的工程设计业务;取得工程设计专项资质的企业,可以承接同级别相应的专项工程设计业务。取得工程设计行业资质的企业,可以承接本行业范围内同级别的相应专项工程设计业务,不需再单独领取工程设计专项资质。

取得工程设计综合资质的企业、工程设计行业资质、工程设计专项资质。工程设计综合资质只设甲级;工程设计行业资质和工程设计专项资质根据工程性质和技术特点设立类别和级别。取得工程设计综合资质的企业,其承接工程设计业务范围不受限制;取得工程设计行业资质的企业,可以承接同级别相应行业的工程设计业务;取得工程设计专项资质的企业,可以承接同级别相应的专项工程设计业务。取得工程设计行业资质的企业,可以承接本行业范围内同级别的相应专项工程设计业务,不需再单独领取工程设计专项资质。

第四节 从业人员执业资格许可制度

职业资格是国家按照有利于经济发展、社会公认、国际可比、事关公共利益的原则,在涉及国家、人民生命财产安全的专业技术领域,实行的一种专业技术人员管理制度。专业技术人员职业资格制度是对从事某一职业所必备的学识、技术和能力的基本要求。

[问一问]

1. 职业资格与执业资格有何区别?

2. 为什么要实行执业资格制度?

职业资格包括从业资格和执业资格。从业资格是政府规定技术人员从事某种专业技术性工作的学识、技术和能力的起点标准。从业资格可通过学历认定或考试取得。

执业资格是政府对某些责任较大,社会通用性强,关系公共利益的专业技术工作实行的准入控制,是专业技术人员依法独立开业或独立从事某种专业技术工作学识、技术和能力的必备标准。执业资格通过考试方法取得,执业资格考试由国家定期举行,考试实行全国统一大纲、统一命题、统一组织、统一时间。经职业资格考试合格的人员,由国家授予相应的职业资格证书。职业资格证书是持有证书的专业技术人员的专业水平能力的证明,可以作为求职、就业的凭证和从事特定专业的法定注册凭证。职业资格证书又分为《从业资格证书》和《执业资格证书》两种。

执业资格实行注册登记制度,取得《执业资格证书》后,要在规定的期限内到指定的注册管理机构办理注册登记手续。所取得的执业资格经注册后,全国范围有效。超过规定的期限不进行注册登记的,执业资格证书及考试成绩就不再有效。

自20世纪90年代以来,我国依照有关法律推行了注册会计师、执业医师和律师等资格制度,还建立了23类专业技术人员职业资格证书制度。据人事部有关负责人介绍,一些专业技术职务系列在条件成熟后,可以逐步向执业资格制度转化。根据我国经济社会发展和规范市场经济秩序的需要,我国将着重在质量检验、各类经纪人、咨询服务、金融证券保险等专业领域加快执业资格制度建设,5年左右使我国执业资格制度的实施专业范围达到50个左右,基本形成比较完整的执业资格体系。

对从事建筑活动的专业技术人员实行执业资格制度是非常必要的。《建筑法》第十四条对此做出了规定:"从事建筑活动的专业技术人员,应当依法取得相应的执业资格证书,并在执业资格证书许可的范围内从事建筑活动。"法律做出这样明确的规定,其目的是:一是深化我国建筑工程管理体制改革的需要。我国对从事建筑活动的单位实行资质审查制度比较早。这种管理制度虽然从整体上管住了单位的资格,但对专业技术人员的个人技术资格缺乏定量的评定。专业技术人员的责、权、利不明确,常常出现高资质单位承接的业务,由低水平的专业技术人员来完成的现象,影响了建筑工程质量和投资效益的提高。实行专业技术人员执业资格制度有利于克服上述种种问题,保证建筑工程由具有相应资格的专业技术人员主持完成设计、施工、监理任务。二是我国工程建设领域与国际惯例接轨,适应对外开放的需要。当前世界大多数发达国家对从事涉及公众生命和财产的建筑活动的专业技术都制定了严格的职业资格制度,如美国、英国、日本、加拿大等。我国已经加入了WTO,我国的专业技术人员要走向世界,其他国家和地区的专业技术人员也要进入中国建筑市场,建立专业技术人员执业资格制度有利于对等互认和加强管理。三是加速人才培养,提高专业技术人员业务水平和队伍素质的需要。执业资格制度有一套严格的考试和注册办法和继续教育的要求。这种激励机制有利于促进建筑工程质量、专业技术人员业务水平和从业能力的不断提高。

目前,我国对从事建筑活动的专业技术人员已建立起12种执业资格制度,即:注册建造师、注册结构工程师、注册建筑师、注册监理工程师、注册电器工程师、注册安全工程师、注册造价工程师、注册城市规划师、注册土木工程师(岩土)、注册土木工程师(港口与航道工程)、注册公用设备工程师和注册化工工程师的执业资格制度。下面重点介绍注册建造师、注册结构工程师、注册建筑师、注册监理工程师、注册安全工程师、注册土木工程师(岩土)和注册造价工程师的执业资格制度。

一、注册建造师执业资格制度

(一)建造师的执业定位

建造师是以建设工程项目管理为主业的执业注册人员。注册建造师应是以专业技术为依托,懂管理、懂技术、懂经济、懂法规,综合素质较高的复合型人员,既要有一定的理论水平,更要有丰富的工程管理的实践经验和较强的组织能力。建造师注册后,既可以受聘担任建设工程施工的项目经理,也可以受聘从事其他施工管理工作(如质量监督、工程管理咨询以及法律、行政法规或国务院建设行政主管部门规定的其他业务)。

(二)建造师的级别与专业

建造师分为一级建造师和二级建造师。

建造师分级管理,可以使整个建造师队伍中有一批具有较高的素质和管理水平的人员,便于开展国际互认,也使整个建造师队伍适应我国建设工程项目量大面广,规模差异悬殊,各地经济、文化和社会发展水平差异较大,不同项目对管理人员要求不同的特点。一级注册建造师可以担任《建筑业企业资质等级标准》中规定的特级、一级建筑业企业可承担的建设工程项目施工的项目经理;二级注册建造师只可以担任二级及以下建筑业企业能承担的建设工程项目施工的项目经理。不同类型、不同性质的建设工程项目,有着各自的专业性和技术特点,对项目经理的专业要求有很大不同。建造师实行分专业管理,就是为了适应各类工程项目对建造师专业技术的要求,也为了与现行建设管理体制相衔接,充分发挥各有关专业部门的作用

(三)注册建造师的考试

1. 考试的级别、组织管理、时间和方式

建造师要通过考试获取执业资格。一级建造师执业资格考试,全国统一考试大纲、统一命题、统一组织考试。由人事部、建设部共同组织实施,原则上每年举行一次考试,考试时间定于每年的第三季度。

人事部负责审定一级建造师执业资格考试科目、考试大纲和考试试题、组织实施考务工作;会同建设部对考试考务工作进行检查、监督、指导和确定合格标准。

一级建造师执业资格考试设《建设工程经济》、《建设工程法规及相关知识》、《建设工程项目管理》和《专业工程管理与实务》4个科目。其中《专业工程管理与实务》科目分为房屋建筑、公路、铁路、民航机场、港口与航道、水利水电、电力、矿山、冶炼、石油化工、市政公用、通信与广电、机电安装和装饰装修14个专业类别,考生在报名时可根据实际工作需要选择其一。

一级建造师执业资格考试分4个半天,以纸笔作答方式进行。《建设工程经

济》科目的考试时间为 2 小时,《建设工程法规及相关知识》和《建设工程项目管理》科目的考试时间均为 3 小时,《专业工程管理与实务》科目的考试时间为 4 小时。

二级建造师执业资格考试,全国统一大纲,各省、自治区、直辖市命题并组织考试。

建设部负责拟定二级建造师执业资格考试大纲,人事部负责审定考试大纲。各省、自治区、直辖市人事厅(局),建设厅(委)按照国家确定的考试大纲和有关规定,在本地区组织实施二级建造师执业资格考试。

二级建造师执业资格考试设《建设工程施工管理》、《建设工程法规及相关知识》和《专业工程管理与实务》3 个科目。其中《专业工程管理与实务》科目分为:房屋建筑、矿山、公路、水利水电、电力、冶炼、石油化工、市政公用、机电安装和装饰装修 10 个专业类别,考生在报名时可根据实际工作需要选择其一。

2. 考试报名条件

(1)凡遵守国家法律、法规,具备以下条件之一者,可以申请参加一级建造师执业资格考试:①取得工程类或工程经济类大学专科学历,工作满 6 年,其中从事建设工程项目施工管理工作满 4 年。②取得工程类或工程经济类大学本科学历,工作满 4 年,其中从事建设工程项目施工管理工作满 3 年。③取得工程类或工程经济类双学士学位或研究生班毕业,工作满 3 年,其中从事建设工程项目施工管理工作满 2 年。④取得工程类或工程经济类硕士学位,工作满 2 年,其中从事建设工程项目施工管理工作满 1 年。⑤取得工程类或工程经济类博士学位,从事建设工程项目施工管理工作满 1 年。

已取得一级建造师执业资格证书的人员,也可根据实际工作需要,选择《专业工程管理与实务》科目的相应专业,报名参加考试。考试合格后核发国家统一印制的相应专业合格证明。该证明作为注册时增加执业专业类别的依据。

(2)凡遵纪守法,具备以下条件之一者,可以申请参加二级建造师执业资格考试:①具有建筑学或者相近专业大学本科毕业以上学历,并从事建筑设计或者相关业务 2 年以上;②具有建筑设计技术专业或者相近专业大专毕业以上学历,并从事建筑设计或者相关业务 3 年以上;③具有建筑设计技术专业 4 年制中专毕业学历,并从事建筑设计或者相关业务 5 年以上;④具有建筑设计技术相近专业中专毕业学历,并从事建筑设计或者相关业务 7 年以上;⑤取得助理工程师以上技术职称,并从事建筑设计或者相关业务 3 年以上。

(四)考试合格证书的颁发

参加一级注册建造师执业资格考试合格,由各省、自治区、直辖市人事部门颁发人事部统一印制,人事部、建设部用印的《中华人民共和国一级建造师执业资格证书》。该证书在全国范围内有效。

二级注册建造师执业资格考试合格者,由各省、自治区、直辖市人事部门颁发由人事部、建设部统一格式的《中华人民共和国二级建造师执业资格证书》。该证书在所在行政区域内有效。

(五)建造师的注册

取得建造师的执业资格证书的人员,必须经过注册登记,方可以建造师名义执业。

[问一问]
通过注册建造师资格考试后,能否立即以建造师名义执业?

1. 建造师的注册管理机构

建设部或其授权的机构为一级建造师执业资格的注册管理机构。省、自治区、直辖市建设行政主管部门或其授权的机构为二级建造师执业资格的注册管理机构。

2. 注册的条件

申请注册的人员必须同时具备以下条件:(1)取得建造师的执业资格证书;(2)无犯罪记录;(3)身体健康,能坚持在建造师岗位上工作;(4)经所在单位考核合格。

3. 注册的程序和注册证的发放

一级注册建造师执业资格注册,由本人提出申请,由各省、自治区、直辖市建设行政主管部门或其授权的机构初审合格后,报建设部或其授权的机构注册。准予注册的申请人,由建设部或其授权的注册管理机构发放由建设部统一印制的《中华人民共和国一级建造师注册证》。

二级注册建造师执业资格的注册办法,由各省、自治区、直辖市建设行政主管部门制定,颁发辖区内有效的《中华人民共和国二级建造师注册证》,并报建设部或其授权的注册管理机构备案。

4. 注册的有效期

建造师执业资格注册有效期一般为3年,有效期满前3个月,持证者应到原注册管理机构办理再次注册手续。在注册有效期内,变更执业单位者,应当及时办理变更手续。

(六)注册建造师的执业

1. 建造师的执业范围

建造师的执业范围包括:担任建设工程项目施工的项目经理,从事其他施工活动的管理工作;法律、行政法规或国务院建设行政主管部门规定的其他业务。

不同级别的建造师,其职业范围也是不同的:一级建造师可以担任特级、一级建筑业企业资质的建设工程项目施工的项目经理;二级建造师可以担任二级及以下建筑业企业资质的建设工程项目施工的项目经理

2. 注册建造师的执业技术能力

一级注册建造师应当具备的执业技术能力:具有一定的工程技术、工程管理理论和相关经济理论水平,并具有丰富的施工管理专业知识;能够熟练掌握和运用与施工管理业务相关的法律、法规、工程建设强制性标准和行业管理的各项规定;具有丰富的施工管理实践经验和资历,有较强的施工组织能力,能保证工程质量和安全生产;有一定的外语水平。

二级注册建造师应当具备的执业技术能力:了解工程建设的法律、法规、工

程建设强制性标准及其有关行业管理的规定;具有一定的施工管理专业知识;具有一定的施工管理实践经验和资历,有一定的施工组织能力,能保证工程质量和安全生产。

(七)注册建造师的权利

注册建造师享有以下权利:使用注册建造师名称;在规定范围内从事执业活动;在本人执业活动中形成的文件上签字并加盖执业印章;保管和使用本人注册证书、执业印章;对本人执业活动进行解释和辩护;接受继续教育;获得相应的劳动报酬;对侵犯本人权利的行为进行申述。

注册建造师应当履行以下义务:遵守法律、法规和有关管理规定,恪守职业道德;执行技术标准、规范和规程;保证执业成果的质量,并承担相应责任;接受继续教育,努力提高执业水准;保守在执业中知悉的国家秘密和他人的商业、技术等秘密;与当事人有利害关系的,应当主动回避;协助注册管理机关完成相关工作。

[问一问]

注册建造师应履行哪些义务?

二、注册建筑师执业资格制度

注册建筑师是依法取得注册建筑师资格证书,并从事房屋建筑设计及相关业务的人员。1995年9月国务院发布的《中华人民共和国注册建筑师条例》和1996年建设部发布的《中华人民共和国注册建筑师条例实施细则》,对注册建筑师的执业资格做出了具体规定。我国注册建筑师分为一级注册建筑师和二级注册建筑师。注册建筑师资格原则上通过全国统一考试取得。

(一)注册建筑师的管理体制

我国的注册建筑师的管理体制分为中央和地方两级,是在建设行政主管部门领导和监督下的专门委员会负责制。

在中央,设立全国注册建筑师管理委员会,负责全国注册建筑师考试与注册的管理工作。全国注册建筑师管理委员会由国务院建设行政主管部门、人事行政主管部门、其他有关行政主管部门的代表和建筑设计专家组成。

在地方,设立省、自治区、直辖市注册建筑师管理委员会,负责本行政区域内的注册建筑师的管理工作。省、自治区、直辖市注册建筑师管理委员会由省、自治区、直辖市建设行政主管部门、人事行政主管部门、其他有关行政主管部门的代表和建筑设计专家组成。

在我国实行专门委员会负责制的注册建筑师管理体制,是根据国际惯例和我国的现实情况确定的。目前世界各国注册建筑师管理体制大体有两种方式:一种是由政府主管部门实行宏观领导监督,具体事务授权给专门机构负责,如美国;另一种是由注册建筑师完全实行职业自我管理,如英国。我国设计体制改革正在逐步深化和不断完善,建筑设计行业又具有综合性,加强政府的宏观调控和领导监督是十分必要的。因此,我国目前注册建筑师管理体制实行在政府领导下的专门委员会负责制。这既符合大多数国家对注册建筑师管理的习惯,也符合我国的现实情况。

(二)注册建筑师的考试

1. 考试的级别、时间和方式

注册建筑师考试分为一级注册建筑师考试和二级注册建筑师考试两级。两种考试在标准、内容和参加考试的条件等方面均有所不同。

注册建筑师考试一般每年举行一次。在特殊情况下,也可以每半年或每两年举行一次。

注册建筑师的考试实行全国统一考试制度,由全国注册建筑师管理委员会统一组织、统一命题,在同一时间内在全国同时进行。

2. 报考条件

(1)符合下列条件之一的可以申请参加一级注册建筑师执业资格考试:①取得建筑学硕士学位或研究生毕业,并从事建筑设计或者相关业务三年以上的;②取得建筑学学士学位,并从事建筑设计或者相关业务三年以上的;③具有建筑学专业大学本科毕业学历,并从事建筑设计或者相关业务五年以上的,或者具有建筑学相近专业大学本科毕业学历,并从事建筑设计或者相关业务七年以上的;④1970年(含1970年)以前取得建筑学及相近专业中专以上学历,从事建筑设计工作一年以上;⑤不具备规定学历的人员,从事建筑设计工作累计十五年以上,且具备下列条件之一:作为项目负责人或专业负责人,完成建筑工程分类标准三级以上项目四项(全过程设计),其中二级以上项目不少于一项;作为项目负责人或专业负责人,完成综合性中型以上项目四项(全过程设计),其中大型项目或特种建筑项目不少于一项。

(2)符合下列条件之一的,可以申请参加二级注册建筑师执业资格考试:①具有建筑学或者相近专业大学本科毕业以上学历,从事建筑设计或者相关业务两年以上的;②具有建筑设计技术专业或者相近专业大学专科毕业以上学历,从事建筑设计或者相关业务三年以上的;③具有建筑设计技术四年制中专毕业学历,并从事建筑设计或者相关业务五年以上的;④具有建筑设计技术相近专业中专毕业学历,并从事建筑设计或者相关业务七年以上的;⑤取得助理工程师以上技术职称,并从事建筑设计或者相关专业三年以上的。上述规定学历中,大学本科及以上学历建筑设计相近专业包括城市规划和建筑工程专业,大学专科学历建筑设计的相近专业包括城乡规划、房屋建筑工程、风景园林和建筑装饰专业,中专学历建筑设计的相近专业包括工业与民用建筑、建筑装饰、城镇规划和村镇建设专业⑥不具备上述规定学历人员,从事建筑设计工作累计十三年以上,且作为项目负责人或专业负责人完成建筑工程分类标准四级以上四项项目(全过程设计),其中三级以上项目(或中型工业项目)不少于一项者。

(三)考试合格证书的颁发

一级注册建筑师考试合格者,由全国注册建筑师管理委员会核发《一级注册建筑师考试合格证书》。二级注册建筑师考试合格者,由省、自治区、直辖市注册建筑师管理委员会核发《二级注册建筑师考试合格证书》。《注册建筑师考试合格证书》式样由国务院建设行政主管部门统一制定。

(四)考试科目

一级注册建筑师考试科目:设计前期工作、场地设计(知识)、建筑设计(知识)、建筑结构、环境控制与建筑设备、建筑材料与构造、建筑经济、施工与设计业务管理、建筑设计与表达、场地设计。

二级注册建筑师考试科目:建筑设计与表达、建筑结构与设备、建筑法规、经济与施工。

(五)注册建筑师的注册

持有有效期的《注册建筑师执业资格证书》者,即具有申请注册的资格,未经注册,不得称为注册建筑师,不得执行注册建筑师业务。

有下列情况之一者不予注册:(1)不具有完全民事行为能力的;(2)因受刑事处罚、自刑罚执行完之日起至申请注册之日不满五年的;(3)在建筑设计或者相关业务中犯有错误,受到行政处罚或者撤职以上行政处分,自处罚决定之日起至申请注册之日止不满二年的;(4)受吊销注册建筑师证书的行政处罚,自处罚决定之日起至申请注册之日止不满五年的;(5)有国务院规定的不予注册的其他情形的。

对准予注册的申请人,分别由全国注册建筑师管理委员会和省、自治区、直辖市注册建筑师管理委员会审查合格后,予以注册,并发给相应等级的注册建筑师注册证明。

一级注册建筑师考试合格成绩有效期为五年,在有效期内全部科目合格的,由全国注册建筑师管理委员会核发《中华人民共和国一级注册建筑师执业资格证书》;二级注册建筑师考试合格成绩有效期为二年,在有效期内全部科目考试合格的,由省、自治区、直辖市注册建筑师管理委员会核发《中华人民共和国二级注册建筑师执业资格证书》。

(六)注册的申请程序与机构

注册建筑师的申请程序采取个人注册与单位统一办理手续相结合的程序,即申请注册建筑师注册,由申请注册人向注册建筑师管理委员会提出申请,由聘用的设计单位统一办理注册手续。申请者能否注册决定于其是否具备注册的条件,设计单位无权决定。经注册建筑师管理委员会审查合格后,予以注册,并发给相应等级的注册建筑师注册证明。

(七)注册的监督和管理

国务院建设行政主管部门对注册建筑师管理委员会的注册是否符合法律进行监督,发现注册不符合法律规定的,应当通知有关的注册建筑师管理委员会撤销注册。

一次注册的有效期为 2 年。已经注册的注册建筑师需继续注册的,应在注册有效期终止日期前 30 日内向注册建筑师管理委员会提出注册申请。

已取得注册建筑师注册证书的人员,注册后有下列情形之一的,由准予注册的全国注册建筑师管理委员会或省、自治区、直辖市注册建筑师管理委员会撤销

注册,收回注册建筑师注册证书:

1. 完全丧失民事行为能力;
2. 受刑事处罚的;
3. 因在建筑设计或者相关业务中犯有错误受行政处罚或者撤职以上行政处分;
4. 自行停止注册建筑师业务满2年;
5. 被撤销注册的人员可以依照规定重新注册。

(七)注册建筑师的执业

1. 注册建筑师的执业范围

注册建筑师的执业范围包括:建筑设计;建筑设计技术咨询;建筑物调查与鉴定;对本人主持设计的项目进行施工指导和监督;国务院建设行政主管部门规定的其他业务。

一级注册建筑师的执业范围与二级注册建筑师的执业范围有所不同。

一级注册建筑师的执业范围不受建筑规模和工程复杂程度的限制。二级注册建筑师的执业范围限定在国家规定的建筑规模和工程复杂程度范围内。

2. 执业的机构和收费

注册建筑师执行业务,应当加入建筑设计单位。由设计单位统一接受业务并统一收费。注册建筑师不得私自承接业务和私自收费。

(八)注册建筑师的权利和义务

1. 注册建筑师的权利

注册建筑师的权利有:(1)专有名称权:注册建筑师有权以注册建筑师的名义执行注册建筑师业务。非注册建筑师不得以注册建筑师的名义执行注册建筑师业务。二级注册建筑师不得以一级注册建筑师的名义执行业务,也不得超越国家规定的二级注册建筑师的执业范围执行业务。(2)建筑设计主持权:国家规定的一定跨度、跨径和高度以上的房屋建筑,应当由注册建筑师进行设计。(3)设计独立权:任何单位和个人修改注册建筑师的设计图纸,应当征得该注册建筑师同意;但是,因特殊情况不能征得该注册建筑师同意的除外。

2. 注册建筑师的义务

注册建筑师应当履行下列义务:(1)遵守法律、法规和职业道德,维护社会公共利益;(2)保证建筑设计的质量,并在其负责的设计图纸上签字;(3)保守在执业中知悉的单位和个人的秘密;(4)不得同时受聘于两个以上建筑设计单位执行业务;(5)不得准许他人以本人名义执行业务;(6)按规定接受必要的继续教育,定期进行业务和法规培训。

三、注册造价工程师执业资格制度

国家在工程造价领域实施造价工程师执业资格制度。凡从事工程建设活动的建设、设计、施工、工程造价咨询、工程造价管理等单位和部门,必须在计价、评估、审查(核)、控制及管理等岗位配备有造价工程师执业资格的专业技术人员。

2000年1月21日建设部以部令第75号发布了《造价工程师注册管理办法》,对造价工程师的执业资格做出了规定。

(一)造价工程师的考试

1. 考试组织管理

造价工程师执业资格考试实行全国统一大纲、统一命题、统一组织的方法,原则上每年举行一次。

2. 考试报名条件

凡中华人民共和国公民,遵纪守法并具备以下条件之一者,均可申请参加造价工程师执业资格考试:(1)工程造价专业大专毕业后,从事工程造价业务工作满五年;工程或工程经济类大专毕业后,从事工程造价业务工作满六年;(2)工程造价专业本科毕业后,从事工程造价业务工作满四年;工程或工程经济类本科毕业后,从事工程造价业务工作满五年;(3)获上述专业第二学士学位或研究生班毕业和获硕士学位后从事工程造价业务工作满三年;(4)获得上述专业博士学位后,从事工程造价业务工作满两年。

[问一问]
报考造价工程师,要具备哪些基本条件?

3. 考试科目

工程造价管理基础理论与相关法规、工程造价计价与控制、建设工程技术与计量(土建或安装)、工程造价案例分析。

造价工程师考试报名时间是每年的6月份,考试时间一般是每年的10月中旬。

(二)造价工程师的注册

1. 注册管理机关

国务院建设行政主管部门负责全国造价工程师的注册管理工作,造价工程师注册的具体工作可以委托有关协会办理。

省、自治区、直辖市人民政府建设行政主管部门负责本行政区域内造价工程师的注册管理工作。

特殊行业的主管部门(以下简称部门注册机构)经国务院建设行政主管部门认可,负责本行业内造价工程师的注册管理工作。

2. 注册条件

申请注册的人员必须同时具备下列条件:(1)遵纪守法,恪守造价工程师职业道德;(2)取得造价工程师执业资格证书;(3)身体健康,能坚持在造价工程师岗位工作;(4)所在单位考核同意。

3. 初始注册

初始注册经全国造价工程师执业资格统一考试合格的人员,应当在取得造价工程师执业资格考试合格证书后三个月内,到省级注册机构或者部门注册机构申请初始注册。

(1)申请造价工程师初始注册应当提交下列材料:①造价工程师注册申请表;②造价工程师执业资格考试合格证书;③工作业绩证明。④超过规定期限申请初始注册的,除提交上述材料外,还应当提交国务院建设行政主管部门认可的造价工程师继续教育证明。

(2)有下列情形之一的，不予注册：①丧失民事行为能力的；②受过刑事处罚，且自刑事处罚执行完毕之日起至申请注册之日不满五年的；③工程造价业务中有重大过失，受过行政处罚或者撤职以上行政处分，且处罚、处分决定之日至申请注册之日不满两年的；④在申请注册过程中有弄虚作假行为的。

(3)申请造价工程师初始注册，按照下列程序办理：①申请人向聘用单位提出申请；②聘用单位审核同意后，连同本办法第五条规定的材料一并报省级注册机构或者部门注册机构；③省级注册机构或者部门注册机构对申请注册的有关材料进行初审，签署初审意见，报国务院建设行政主管部门；④国务院建设行政主管部门对初审意见进行审核，对无本办法第六条规定情形的，准予注册，并颁发《造价工程师注册证》和造价工程师执业专用章。⑤造价工程师初始注册的有效期限为两年，自核准注册之日起计算。

续期注册有效期满要求继续执业的，造价工程师应当在注册有效期满前两个月向省级注册机构或者部门注册机构申请续期注册。

4. 续期注册的有效期

续期注册的有效期限为两年。自准予续期注册之日起计算。

5. 变更注册

造价工程师变更工作单位，应当在变更工作单位后两个月内到省级注册机构或者部门注册机构办理变更注册。

变更注册的程序是：

(1)申请人向聘用单位提出申请；

(2)聘用单位审核同意后，连同申请人的申请与聘用单位的解聘证明，一并上报省级注册机构或者部门注册机构；

(3)省级注册机构或者部门注册机构对有关情况进行审核，情况属实的，准予变更注册；

(4)省级注册机构或者部门注册机构应当在准予变更注册之日起30日内，将变更注册人员情况报国务院建设行政主管部门备案。

未按规定办理变更的，其变更注册无效。

造价工程师办理变更注册后1年内再次申请变更的，不予办理。

(三)造价工程师的执业

造价工程师只能在一个单位执业。造价工程师的执业范围包括：(1)建设项目投资估算的编制、审核及项目经济评价；(2)工程概算、工程预算、工程结算、竣工决算、工程招标标底价、投标报价的编制、审核；(3)工程变更和合同价款的调整和索赔费用的计算；(5)工程经济纠纷的鉴定；(6)工程造价计价依据的编制、审核；(7)与工程造价有关的其他事项。

工程造价成果文件，应当由造价工程师签字，加盖执业专用章和单位公章。经造价工程师签字的工程造价成果文件，应当作为办理审批、报建、拨付工程价款和工程结算的依据。

(四)造价工程师的权利与义务

1. 造价工程师的权利

造价工程师的权利包括:(1)造价工程师名称;(2)独立执行业务;(3)工程造价文件、加盖执业专用章;(4)设立工程造价咨询单位;(5)违反国家法律、法规的不正当计价行为,有权向有关部门举报。

[问一问]
造价工程师有哪些权利和义务?

2. 造价工程师的义务

造价工程师应当履行下列业务:(1)须熟悉并严格执行国家有关工程造价的法律法规和规定。(2)职业道德和行为规范,遵纪守法、秉公办事。对经办的工程造价文件质量负有经济的和法律的责任。(3)掌握国内外新技术、新材料、新工艺的发展应用,为工程造价管理部门制定、修订工程定额提供依据。(4)接受继续教育,更新知识。积极参加职业培训,不断提高业务技术水平。(5)与经办工程有关的其他单位有关本项工程的经营活动。(6)保守执业中得知的技术和经济秘密。

四、注册结构工程师执业资格制度

注册结构工程师是指取得中华人民共和国注册结构工程师执业资格证书和注册证书,从事房屋结构、桥梁结构及塔架结构等工程设计及相关业务的专业技术人员。1997 年 9 月 1 日建设部、人事部联合发布的《注册结构工程师执业资格制度暂行规定》,对注册结构工程师的执业资格做出了规定。我国注册结构工程师也是分为两级:即一级注册结构工程师和二级注册结构工程师。

(一)结构工程师的考试

注册结构工程师考试实行全国统一大纲、统一命题、统一组织的方法,原则上每年举行一次。

一级注册结构工程师资格考试由基础考试和专业考试两部分组成。通过基础考试的人员从事结构工程设计或相关业务满规定年限,方可申请参加专业考试。

注册结构工程师资格考试合格者,颁发注册结构工程师执业证书。

[问一问]
结构工程师注册时,应注意哪些问题?

(二)结构工程师的注册

1. 注册的条件

经注册结构工程师考试合格,取得注册结构工程师执业资格证书者,要从事结构工程设计业务的,须申请注册。

不予注册的情形是:(1)不具备完全民事行为能力;(2)受刑事处罚,自处罚执行完毕之日起至申请注册之日止不满 5 年;(3)结构工程设计或者相关业务中犯有错误受行政处罚或者撤职以上行政处分,自处罚、处分决定之日起至申请注册之日止不满 2 年;(4)吊销注册结构工程师注册证书处罚,自处罚决定之日起至申请注册之日止不满 5 年;(5)国务院和建设部有关部门规定不予注册的其他情形。

对准予注册的申请人,分别由全国注册结构工程师管理委员会和省、自治区、直辖市注册结构工程师管理委员会核发注册结构工程师注册证书。

2. 管理

注册结构工程师注册后,有下列情形之一的,由全国或省、自治区、直辖市注册结构工程师管理委员会撤销注册,收回注册证书:(1)完全丧失民事行为能力;(2)受刑事处罚;(3)因在工程设计或者相关业务中造成工程事故,受到行政处罚或者撤职以上行政处分;(4)自行停止注册结构工程师业务满 2 年。

被撤销注册的当事人对撤销注册有异议的,可以自接到撤销注册通知之日起 15 日内向建设部或省、自治区、直辖市人民政府建设行政主管部门申请复议。被撤销注册的人员可依照本规定的要求重新注册。

注册结构工程师注册有效期为 2 年,有效期届满需要继续注册的,应当在期满前 30 日内办理注册手续。

(三)结构工程师的执业

注册结构工程师的执业范围包括:结构工程设计;技术咨询;建筑物、构筑物、工程设施等调查与鉴定以及对本人主持设计的项目进行施工指导和监督;国务院和建设部有关部门规定的其他业务。

一级注册结构工程师的执业范围不受建筑规模和工程复杂程度的限制。

注册结构工程师执行业务,应当加入一个勘察设计单位,由勘察设计单位统一接受业务并统一收费。

因结构设计质量造成的经济损失,由勘察设计单位承担赔偿责任并向签字的注册结构工程师追偿。

(四)结构工程师的权利和义务

1. 结构工程师的权利

(1)专有名称权

注册结构工程师有权以注册结构工程师的名义执行注册结构工程师业务。非注册结构工程师不得以注册结构工程师的名义执行注册结构工程师业务。

(2)结构工程设计主持权

国家规定的一定跨度、高度等以上的结构工程设计,应当由注册结构工程师主持设计。

(3)独立设计权

任何单位和个人修改注册结构工程师的设计图纸,应当征得该注册结构工程师同意;但是,因特殊情况不能征得该注册结构工程师同意的除外。

2. 结构工程师的义务

注册结构工程师的义务有:(1)遵守法律、法规和职业道德,维护社会公共利益;(2)保证工程设计的质量,并在其负责的设计图纸上签字盖章;(3)保守在执业中知悉的单位和个人的秘密;(4)不得同时受聘于两个以上勘察设计单位执行业务;(5)不得准许他人以本人名义执行业务;(6)按规定接受必要的继续教育,定期进行业务和法规培训。

本章思考与实训

一、思考题

1. 什么是建筑许可？我国的建筑许可包括哪些制度？

2. 施工许可证的申领条件有哪些？

3. 从事建筑活动的单位应当具备哪些条件？

4. 工程监理企业资质相应许可的业务范围是如何规定的？

5. 什么是建筑业企业？建筑业企业资质分为哪些序列？

6. 不同资质等级的房屋建筑工程施工总承包企业应具备哪些条件？

7. 目前,我国对从事建筑活动的专业技术人员已建立起哪些执业资格制度？

8. 什么是注册建造师？它的资质分为几级？不同资质等级的注册建造师的业务范围有什么区别？

9. 建造师的执业技术能力包括哪些内容？

10. 注册建造师违法从事相关活动应承担哪些法律责任？

11. 注册建造师与项目经理有什么关系？

二、案例分析题

案例 1

【背景资料】

某中学教学楼工程由 A 市规划设计院设计(项目负责人宋某),B 市建筑工程总公司施工(项目经理杜某),于 2008 年 7 月 6 日施工,2009 年 10 月 31 日竣工验收,2010 年 4 月 4 日正式投入使用,该工程为 6 层外廊式砖混结构,建筑面积 3 535 平方米,楼层为预应力多孔板混凝土梁结构。6 月 5 日,校方发现部分大梁及部分多功能厅、阶梯挑梁出现不同程度的裂缝,最宽处达 1.5 米左右。经省质量安全监督总站组织省设计院、省检测中心专家对事故进行全面分析鉴定,并经建设部建设质量管理司质量技术处、勘察设计司技术质量处负责同志现场查看,一致认为,造成质量事故的主要原因是:施工图设计文件未严格按该地区 6 度抗震设防的规定进行设计,结构体系不合理,整体性差,构造措施不符合要求;施工单位施工的混凝土梁不能满足设计混凝土强度等级的要求,梁的质量不均匀,离差太大。

事故发生后,某省建设厅、A 市建设局等有关部门非常重视,采取了一系列有效措施保证师生的安全,并对事故进行了认真的调查处理。2011 年 8 月 3 日,某省建设厅就此事故的处理情况发出了《关于某中学教学楼质量事故的通报》,并对有关责任单位和责任人做出了严肃处理。

【问题】

1. 你认为对事故主要责任方 A 市规划设计院和该项目设计负责人宋某应如何处理？

2. 你认为对事故次要责任方 B 市建筑工程总公司和项目经理三级项目经理应如何处理?

3. 对未认真履行建设单位职责、向 B 市建筑工程总公司介绍不符合条件的联营单位,并对事故负有一定责任的某中学应该如何处理?

4. 对既无施工企业资质又无企业法人营业执照的某县东关建筑队,应如何处理?

5. 对在质量监督过程中把关不严的某县质监站应如何处理?

案例 2

【背景资料】

某工程在实施过程中发生如下事件:

事件 A:由于工程施工工期紧迫,建设单位在未领取施工许可证的情况下,要求项目监理机构签发施工单位报送的《工程开工报审表》。

事件 B:在未向项目监理机构报告的情况下,施工单位按照投标书中打桩工程及防水工程的分包计划,安排了打桩工程施工分包单位进场施工,项目监理机构对此做了相应处理后书面报告了建设单位。建设单位以打桩施工分包单位资质未经其认可就进场施工为由,不再允许施工单位将防水工程分包。

【问题】

1. 指出事件 A 和事件 B 中建设单位做法的不妥之处,说明理由。

2. 针对事件 B,项目监理机构应如何处理打桩工程施工分包单位进场存在的问题?

第二章　建设工程发包与承包法规

【内容要点】

1. 建设工程发包与承包的特征、原则；
2. 建设工程发包与承包的一般规定；
3. 建设工程发包与承包的方式。

【知识链接】

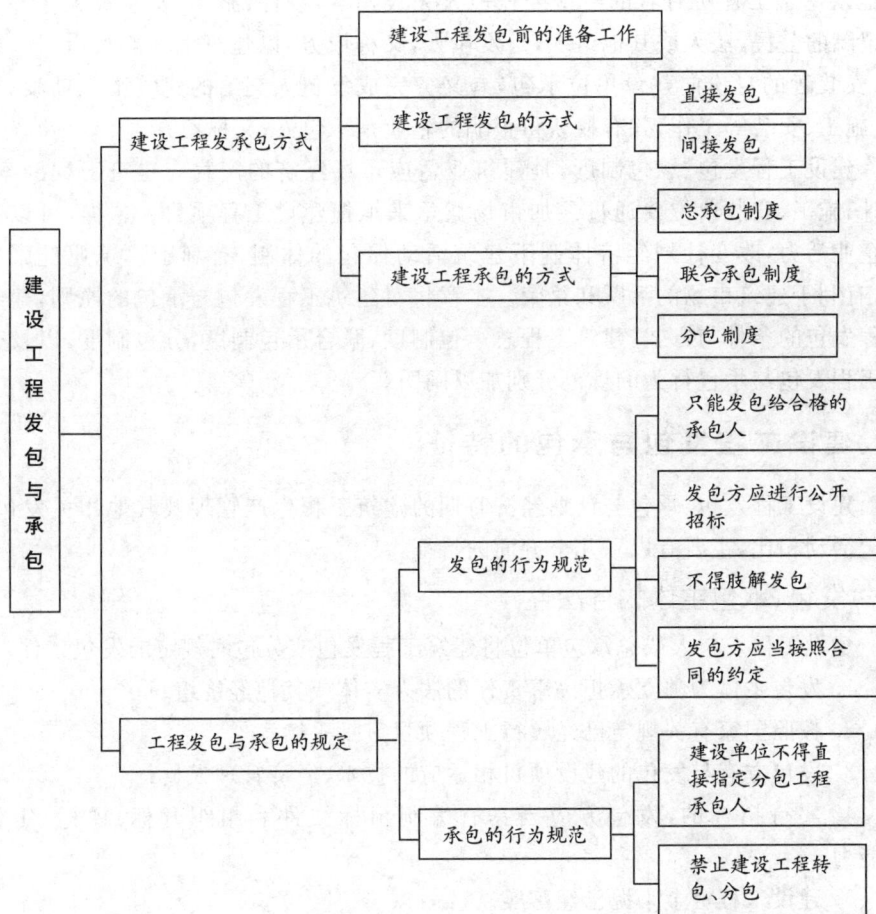

第一节　建设工程发包与承包概述

一、建设工程发包与承包的含义

[想一想]

推行建筑工程承包与承包制度的意义？

所谓发包、承包是指一方当事人为另一方当事人完成某项工作，另一方当事人接受工作成果并支付工作报酬的行为。其中，把某项工作交给他人完成并有义务接受工作成果，支付工作报酬，是发包，承担他人交付某项工作，并完成某项工作，是承包。发包与承包构成发包、承包经济活动的不可分割的两个方面、两种行为。

建设工程发包、承包，是指经济活动中，作为交易一方的建设单位，将需要完成的建筑工程勘察、设计、施工等工作全部或者其中一部分工作交给交易的另一方勘察、设计、施工单位去完成，并按照双方约定支付报酬的行为。其中，建设单位是以建筑工程所有者的身份委托他人完成勘察、设计、施工、安装等工作并支付报酬的公民、法人或其他组织，是发包人，又称甲方；以建筑工程勘察、设计、施工、安装者的身份向建设单位承包，有义务完成发包人交给的建筑工程勘察、设计、施工、安装等工作，并有权获得报酬的企业是承包人，又称乙方。

建设工程发包、承包制度，是建筑业适应市场经济的产物。建筑工程勘察、设计、施工、安装单位要通过参加市场竞争来承揽建设工程项目。这样，可以激发企业活力，改变计划经济体制下建筑活动僵化的体制，有利于建筑业健康发展，有利于建筑市场的活跃和繁荣。本章将对建筑工程发包与承包的原则，建筑工程发包的条件与方式，建筑工程总承包制度、联合承包制度、分包制度，以及建筑工程发包与承包行为的规范分别加以阐明。

二、建设工程发包与承包的特征

建设工程发包、承包与计划经济时期的建筑工程生产管理及其他相关发包、承包活动相比，主要有以下几个方面的特征：

(一)发包、承包主体的合法性

建设工程发包人或总承包单位将建筑工程发包或分包时规定的发包条件：

1. 发包主体为独立承担民事责任的法人实体或其他经济组织；

2. 按照国家有关规定已经履行工程项目审批手续；

3. 发包方有与发包的建设项目相适应的技术、经济管理人员；

4. 实行招标的，发包方应当具有编制招标文件和组织开标、评标、定标的能力；

5. 建设工程资金来源已经落实。

不具备第 3、4 项条件的必须委托具有相应资格的建设管理咨询单位等代理。

承包人必须是依法取得资质证书，具备法人资格的勘察、设计、施工等单位，并且在其资质等级许可的业务范围内承揽工程。

(二)发包、承包活动内容的特定性

建设工程发包、承包的内容涉及建筑工程的全过程,包括建设项目可行性研究的承发包。工程勘察设计的承发包、建筑材料及设备采购的承发包、工程施工的承发包、工程劳务的承发包、工程项目监理的承发包等建筑工程勘察设计、施工的承发包。

(三)发包、承包行政监控的严格性

建设工程发包、承包活动具有工期长、造价高、涉及金额巨大、技术难度大等特点,并且建筑工程使用寿命长,成品后对建设过程中的问题难以补救,尤其是建筑工程质量安全关系到国家利益、社会利益和广大人民群众的生命财产安全。因此国家加强了对建筑工程发包、承包的管理、监督和控制,必须严格执法,保障建筑工程发包、承包依法进行,实行工程报建制度,招标、投标制度,建筑工程承包合同制度及其他监督管理措施,以确保建筑工程质量,维护良好的建筑市场秩序。

三、建设工程发包与承包的原则

建设工程发包、承包活动是一项特殊的商品交易活动,同时又是一项重要的法律活动,因此,承发包双方必须共同遵循交易活动的一些基本原则,才能确保活动顺利、高效、公平地进行。《建筑法》将这些基本原则以法律的形式作了如下规定:

(一)承发包双方依法订立书面合同和全面履行合同义务的原则

这是国际通行的原则。这里所称的书面合同是指建筑工程承包合同。由于建筑工程承包合同所涉及的内容特别复杂,合同履行期较长,为便于明确各自的权利与义务,减少纷争,《建筑法》和《合同法》都明确规定,建筑工程承包合同应当采用书面形式。这包括建筑工程合同的订立、合同条款的变更,均应采用书面形式。

承发包双方应根据建筑工程承包合同约定的时间、地点、方式、内容及标准等要求,全面、准确地履行合同义务。一旦发生不按照合同约定履行义务的情况,违约方将依法承担违约责任。

[做一做]
建筑工程承包合同在承包、发包过程中的作用?

(二)建设工程发包、承包实行以招标、投标为主,直接发包为辅的原则

工程发包可以分为招标发包与直接发包两种形式。招标发包是一种科学先进的发包方式,也是国际通用的形式,受到社会和国家的重视,因此,《建筑法》规定;建筑工程依法实行招标发包,对不适于招标发包的可以直接发包。由于我国已于 2000 年 1 月 1 日起,开始实施《中华人民共和国招标投标法》,因此,对于符合该法要求招标范围的建筑工程,必须依照《招标投标法》实行招标发包。招标投标活动,应该遵循公开、公正、公平的原则,择优选择承包单位。

(三)禁止承发包双方采取不正当竞争手段的原则

发包单位及其工作人员在建筑工程发包中不得收受贿赂、回扣或者索取其他好处。承包单位及其工作人员不得利用向发包单位及其他工作人员行贿、提供回扣或者给予其他好处等不正当手段承揽工程。

(四)建设工程确定合同价款的原则

建设工程确定合同价款应当按照国家有关规定,由发包单位与承包单位在合同中约定。

2001 年 11 月 5 日中华人民共和国建设部以第 107 号部令形式,发布了《建筑工程施工发包与承包计价管理办法》,自 2001 年 12 月 1 日起施行。根据该《办法》,工程发承包计价包括编制施工预算、招标标底、投标报价、工程结算和签订合同价等活动。该《办法》还对以上工程发承包计价活动的原则以及具体方法做出了详细规定。

第二节　建设工程发包与承包的方式

建设工程承发包方式也称"工程承发包方式",指建筑工程承发包双方之间经济关系的形式。建筑工程承发包制度是我国建筑经济活动中的一项基本制度。《中华人民共和国建筑法》规定:建筑工程的发包单位与承包单位应当依法订立书面合同,明确双方的权利和义务。

一、建设工程发包的方式

建设工程的发包方式可分为招标发包和直接发包两种。

(一)招标发包

是指建设单位通过招标确定承包单位的一种发包方式。招标发包又有两种方式:一种是公开招标发包。即由建设单位按照法定程序,在规定的公开的媒体上发布招标公告,公开提供招标文件,使所有潜在的投标人都可以平等参加投标竞争,从中择优选定中标人。另一种方式是邀请招标发包,即招标人根据自己所掌握的情况,预先确定一定数量的符合招标项目基本要求的潜在投标人并发出邀请,从中确定承包单位。

(二)直接发包

是指发包方直接与承包方签订承包合同的一种发包方式。如建设单位直接同一个有资质证书的建筑施工企业商谈建筑工程的事宜,通过商谈来确定承包单位。

建筑工程一般应实行招标发包,不适于招标发包的保密工程。特殊专业工程等可以直接发包。

二、建设工程发包前的准备工作

依据工程报建制度,建筑工程发包前,大中型建设项目的建设单位须向工程所在地的省、自治区、直辖市人民政府行政主管或其授权的机构办理报建手续。其他建设项目按国家和地方的有关规定向相应的建设行政主管申请办理报建手续。另外,还需要完成工程项目建设的其他前期准备工作,如建设用地的征用工作已经完成,建设资金已经落实,施工前施工现场至少完成了"三通一平"等。

三、建设工程承包的方式

(一)承包单位的资质管理

根据《建筑法》第二十六条规定,承包建筑工程的单位应当持有依法取得的资质证书,并在其资质等级许可的业务范围内承包工程。

所谓资质证书,是指承包建筑工程的单位承包建筑工程所必需的凭证。承包建筑工程的单位,包括建筑施工企业、监理单位、勘察设计单位。因其单位性质和技术、设备不同,其资质等级也不完全一样。级别不同,所从事的业务范围也不完全相同。在一般情况下,高资质等级的企业可以从事低资质等级企业的业务,但低资质等级的企业不能从事高资质等级企业的业务。如果低资质等级单位从事高资质等级单位的业务,则会因其不具备从事高资质等级单位的业务条件,而给承揽的工作带来质量与安全问题。

《建筑法》第二十六条还规定:"禁止建筑施工企业超越本企业资质等级许可的业务范围或者以任何形式用其他建筑施工企业的名义承揽工程。""禁止建筑施工企业以任何形式允许其他单位或者个人使用本企业的资质证书、营业执照,以本企业的名义承揽工程。"

这就要求建筑施工企业必须根据自己所具备的资质等级从事建筑承揽活动,不能以借用其他建筑施工企业的资质或者以挂靠等形式以其他建筑施工企业的名义来承揽工程。另外,建筑施工企业也不得出借自己的资质证书、营业执照,不得出租自己的资质证书、营业执照,不得允许其他建筑施工企业挂靠在自己企业之下。这些规定都是强制性规定,建筑施工企业必须遵守,否则应承担法律责任。

(二)建设工程总承包制度

《建筑法》第二十四条规定,国家提倡建筑工程实行总承包制度。建筑工程总承包,是指建设工程任务的总承包,即发包人将建设工程的勘察、设计、施工等工程建设的全部任务一并发包给一个具备相应的总承包资质条件的承包人,由该承包人对工程建设的全过程向发包人负责,直至工程竣工,向发包人交付经验收合格符合发包人要求的建设工程的承包方式。

[想一想]

我国为何提倡建筑工程实行总承包制度?

在建筑工程总承包中,有以下两种情况:全部建筑工程的总承包。即建筑工程的发包单位将建筑工程的勘察、设计、施工、设备采购和试运行一并发包给一个工程总承包单位,由总承包单位直接向发包单位负责。总承包单位可以自己负责整个建筑工程的全过程,也可以依法再分包给若干个专业分包单位来完成。

分项总承包,即建筑工程的发包单位将建筑工程勘察、设计、施工、设备采购的一项或者多项发包给一个工程总承包单位。

工程总承包是国内外建设活动中多有使用的承包方式，有利于理清工程建设中业主与承包商、勘察设计与业主、总包与分包、执法机构与市场主体之间的各种复杂关系。比如，在工程总承包条件下，业主选定总承包商后，勘察、设计以及采购、工程分包等环节直接由总承包确定分包，从而业主不必再实行平行发包，避免了发包主体主次不分的混乱状态，也避免了执法机构过去在一个工程中要对多个市场主体实施监管的复杂关系。

(三)建设工程联合承包制度

《建筑法》第二十七条规定：大型建筑工程或者结构复杂的建筑工程，可以由两个以上的承包单位联合共同承包。共同承包的各方对承包合同的履行承担连带责任。两个以上不同资质等级的单位实行联合共同承包的，应当按照资质等级低的单位的业务许可范围承揽工程。

1. 联合承包的前提条件

联合共同承包的前提条件是大型建筑工程或者结构复杂的建筑工程。也就是说，一些中、小型工程以及结构不复杂的不可以采取联合承包工程的方式。至于什么是大型建筑工程和结构复杂的建筑工程，应当以国务院、地方政府或者国务院有关部门确定的标准为准。一般来讲，大型建筑工程的划分应当以建筑面积或者总造价来划分为宜；结构复杂的建筑工程一般应是结构为专业性较强的建筑工程。

[想一想]

联合承包各方的责任应如何确定？

2. 联合承包的责任分担

共同承包的各方对承包合同的履行应承担连带责任。所谓连带责任，是指依照法律规定或者当事人的约定，两个或者两个以上当事人对其共同债务全部承担或部分承担，并能因此引起其内部债务关系的一种民事责任。也就是说，是指一方不能履行义务时，由另一方来承担责任。因此，发包方可要求参加联合承包的任何一方履行承包合同的全部义务，联合承包各方不得拒绝。此种责任形式有力地维护了联合承包形式中发包人的合法权益，避免联合承包各方相互推诿责任。

3. 高资质与低资质联合承包

在联合承包过程中，如果企业资质等级不同，要按照资质等级低的业务许可范围来承包工程。这样规定是为了防止低资质等级企业通过联合承包这种形式进行投机行为，确保业主的利益。这一规定是一个义务性规定，联合承包各方应当履行这一义务。

4. 不同类别资质联合承包

两个以上资质类别不同的承包单位实行联合承包的，应当按照联合体的内部分工，各自按资质类别及等级的许可范围承担工程。

四、建设工程分包制度

所谓分包，是指从事工程总承包的单位将所承包的建筑工程的一部分依法发包给具有相应资质的承包单位的行为。

1. 建筑工程总承包单位可以将承包工程中的部分工程分包给具有相应资质的分包单位。但主体结构工程不能分包出去，必须由总承包单位自行完成。

2. 分包工程承包人必须具有相应的资质，并在其资质等级许可的范围内承揽业务。严禁个人承揽分包工程业务。

3. 专业工程分包除在施工总承包合同中有约定外，必须经建设单位认可。专业分包工程承包人必须自行完成所承包的工程。

4. 劳务作业分包由劳务作业发包人与劳务作业承包人通过劳务合同约定。劳务作业承包人必须自行完成所承包的任务。

5. 分包工程发包人和分包工程承包人应当依法签订分包合同，并按照合同履行约定的义务。分包合同必须明确约定支付工程款和劳务工资的时间、结算方式以及保证按期支付的相应措施，确保工程款和劳务工资的支付。

6. 分包工程发包人应当在订立分包合同后 7 个工作日内，将合同送工程所在地县级以上地方人民政府建设行政主管部门备案。分包合同发生重大变更的，分包工程发包人应当自变更后 7 个工作日内，将变更协议送原备案机关备案。

7. 分包工程发包人应当设立项目管理机构，组织管理所承包工程的施工活动。项目管理机构应当具有与承包工程的规模、技术复杂程度相适应的技术、经济管理人员。其中，项目负责人、技术负责人、项目核算负责人、质量管理人员、安全管理人员必须是本单位的人员。具体要求由省、自治区、直辖市人民政府建设行政主管部门规定。

8. 分包工程发包人可以就分包合同的履行，要求分包工程承包人提供分包工程履约担保；分包工程承包人在提供担保后，要求分包工程发包人同时提供分包工程付款担保的，分包工程发包人应当提供。

9. 分包工程发包人对施工现场安全负责，并对分包工程承包人的安全生产进行管理。专业分包工程承包人应当将其分包工程的施工组织设计和施工安全方案报分包工程发包人备案，专业分包工程发包人发现事故隐患，应当及时做出处理。

10. 建筑工程总承包单位按照总承包合同的约定对建设单位负责，分包单位按照分包合同的约定对总承包单位负责。

11. 建筑工程总承包单位应当按照分包合同的约定对其承包的工程向分包工程发包人负责。分包工程发包人和分包工程承包人就分包工程对建设单位承担连带责任。

第三节　建设工程发包与承包的规范

一、发包与承包的一般规定

建筑工程的发包单位与承包单位应当依法订立书面合同，明确双方的权利和义务。

发包单位和承包单位应当全面履行合同约定的义务。不按照合同约定履行义务的,依法承担违约责任。

建筑工程发包与承包的招标投标活动,应当遵循公开、公正、平等竞争的原则,择优选择承包单位。

建筑工程的招标投标,本法没有规定的,适用有关招标投标法律的规定。

发包单位及其工作人员在建筑工程发包中不得收受贿赂、回扣或者索取其他好处。

承包单位及其工作人员不得利用向发包单位及其工作人员行贿、提供回扣或者给予其他好处等不正当手段承揽工程。

建筑工程造价应当按照国家有关规定,由发包单位与承包单位在合同中约定。公开招标发包的,其造价的约定,须遵守招标投标法律的规定。

发包单位应当按照合同的约定,及时拨付工程款项。

二、建设工程发包行为的规范

建筑工程发包单位必须依照法规规定的发包要求发包建筑工程。

1. 发包单位应当将建筑工程发包给合格的承包人

《建筑法》第二十二条规定,实行招标发包的建筑工程,发包人应当将建筑工程发包给依法中标的承包人;实行直接发包的建筑工程,发包人应将建筑工程发包给具有相应资质的承包人。

所谓依法中标的单位,一是中标的单位是经过《中华人民共和国招标投标法》法定程序选中的;二是中标的单位符合招标要求且具备建造该工程的相应资质条件。

直接发包的随意性比较大,为保证建筑工程质量和安全,承包单位必须具备:(1)资质证书;(2)所建工程的要求和承包单位的资质证书的级别相一致。

2. 发包单位应当按照合同的约定,及时拨付工程款

这是《建筑法》第十八条第二款的规定。拖欠工程款,是目前规范建筑市场的难点问题,它不仅严重地影响了企业的生产经营,制约了企业的发展,而且也影响了工程建设的顺利进行,制约了投资效益的提高。法律对此作出规定,不仅规范了发包单位拖欠工程款的行为。同时也为施工企业追回拖欠工程款提供了法律依据。

3. 发包单位及其工作人员不得在发包过程中收受贿赂、回扣或者索取其他好处

根据《建筑法》第十七条规定,发包人应当公开、公平、公正地进行工程发包,不得利用工程发包机会接受承包人提供的贿赂、回扣或者向承包人索取其他好处。

收受贿赂、回扣或者向承包人索取其他好处均属于违法行为。如果允许这些行为存在,对于建筑市场的建立极为不利,特别是不利于保证建筑工程的质量与安全、不利于保护国家利益。因此,对此行为应予以禁止。

4. 发包单位应当依照法律、法规规定的程序和方式进行公开招标并接受有关行政主管部门的监督

发包工程虽是民事活动，不受政府直接领导和安排，但发包并不是毫无约束的。为了确保发包活动符合法律规定，不危害社会公共利益和国家利益，《建筑法》第二十一条规定，建筑工程实行公开招标的，发包单位应当依照法律程序和方式，发布招标公告，提供载有招标工程的主要技术要求、主要的合同条款、评标的标准和方法以及开标、评标、定标的程序等内容的招标文件。开标应当在招标文件规定的时间、地点公开进行，并接受有关行政主管部门的监督。开标后应当按照招标文件规定的评标标准和程序对标书进行评价、比较，在具备相应资质条件的投标者中，择优选定中标者。

5. 发包人不得将建筑工程肢解发包

肢解发包是指发包人将应当由一个承包人完成的建筑工程肢解成若干部分分别发包给几个承包人。这种行为可导致建筑工程管理上的混乱，不能保证建筑工程的质量与安全，容易造成建筑工期的延长，增加建设成本。肢解发包是我国目前建筑市场混乱的重要诱因，危害公共安全，因此，《建筑法》第二十四条规定，禁止发包人将建筑工程肢解发包。

禁止肢解发包并不等于禁止分包。比如在工程施工中，总承包单位有能力并有相应资质承担上下水、暖气、电气、电讯、消防工程和清运渣土的，就应由其自行组织施工和清运；

若总承包单位需将上述某种工程分包的，根据合同约定在征得建设单位同意后，亦可以分包给具有相应资质的企业，但必须由总承包单位统一进行管理，切实承担总承包责任。建设单位要加强监督检查，明确责任，保证工程质量和施工安全。

6. 发包人不得向承包人指定购入用于建筑工程的建筑材料、建筑构配件和设备或指定生产厂、供应商

建筑材料、建筑构配件和设备的采购问题应当是合同的一项内容，这项内容在合同中应当做出明确的规定。建筑材料、建筑构配件和设备的采购可以由发包单位采购，也可以由承包单位采购。但是，合同一经确定就必须依照合同的约定进行。这里需要说明的是，建筑材料、建筑构配件和设备，应主要由承包单位负责采购，并明确责任，择优选购，加强检查验收，切实保证材料、设备的质量。发包单位需要自己订货采购的，要在合同中明确其责任和要求。对可能影响工程质量和使用功能的劣质材料、建筑构配件和设备，承包单位还有权拒绝使用。

三、建设工程承包行为的规范

1. 建设单位不得直接指定分包工程承包人

任何单位和个人不得对依法实施的分包活动进行干预。

2. 承包单位及其工作人员不得利用向发包单位及其工作人员行贿、提供回扣或者给予其他好处等不正当手段承揽工程

略。

[想一想]

肢解发包有哪些危害？

3. 禁止转让、出借企业资质证书或者以其他方式允许他人以本企业名义承揽工程

分包工程发包人没有将其承包的工程进行分包,在施工现场所设项目管理机构的项目负责人、技术负责人、项目核算负责人、质量管理人员、安全管理人员,不是工程承包人本单位人员的,视同允许他人以本企业名义承揽工程。

4. 禁止将承包的工程进行违法分包

下列行为,属于违法分包:(1)分包工程发包人将专业工程或者劳务作业分包给不具备相应资质条件的分包工程承包人的;(2)施工总承包合同中未有约定,又未经建设单位认可,分包工程发包人将承包工程中的部分专业工程分包给他人的。禁止总承包单位将工程分包给不具备相应资质条件的单位。

5. 禁止建筑工程转包

所谓转包,是指承包单位不行使承包者的管理职能,将所承包的工程完全转手给他人承包的行为。转包的形式有两种:一种是承包单位将其承包的全部建筑工程转包给他人;另一种是承包单位将其承包的全部工程肢解以后以分包的名义发包给他人即变相的转包。分包工程发包人将工程分包后,未在施工现场设立项目管理机构和派驻相关人员,并为对该工程的施工活动进行组织管理的,视同转包行为。

转包工程容易使建设单位失去对其承包人的控制和监督,造成投机行为,引起建筑工程质量与安全事故等,是一种违反双方合同的行为。因此,《建筑法》第二十八条明确规定,禁止转包工程,禁止以分包名义将工程肢解后分别转包给他人。

[想一想]

为何禁止将建筑工程转包他人?

本章思考与实训

一、思考题

1. 建设工程发包、承包的特征和原则是什么?
2. 建设工程发包有哪些方式,各用于什么情况?发包前应做哪些准备工作?
3. 建设工程的承包单位应当具备哪些条件?
4. 什么是建设工程总承包制度?总承包的方式有哪些?
5. 什么是联合承包制度?联合承包的前提条件是什么?
6. 何谓转包?为什么法律要禁止转包?
7. 何谓分包?分包必须遵守哪些规定?

二、案例分析题

案例1

【背景资料】

某综合楼工程项目采用总承包模式,总包单位为 A 承包商,根据总包合同,总包单位将地基基础工程分包给 3 分包商。总包单位在自购钢筋进场之前按要求向专业监理工程师提交了质量保证资料,在监理员的见证下取样送检,经法定检测单位检测证明钢筋性能检测结果合格,工程师经审查同意该批钢筋进场使用,但在基础工程柱子钢筋工程隐蔽验收时,工程师发现分包商未做钢筋焊接性能试验,工程师责令A承包商在监理人员见证下取样送检,试验发现钢筋焊接性能结果不合格。经过钢筋重新检验,最终确认是由该批钢筋性能不合格而造成的钢筋焊接性能不合格。工程师随即发出不合格项目通知,要求A承包商拆除不合格钢筋工程,同时报告了业主代表。A承包商以本批钢筋已经监理人员验收,不同意拆除;并提出若拆除,应延长工期10天、补偿直接损失40万元的索赔要求。

【问题】

1.《施工合同示范文本》对承包人采购材料的进场程序和相关责任是如何规定的?

2. 如果钢筋是由发包人采购的,进场程序和相关责任是如何规定的?

3. A承包商是否承担质量责任,为什么?该质量问题存在哪些索赔关系?

案例2

【背景资料】

某综合办公楼工程,建设单位甲通过公开招标确定本工程由乙承包商为中标单位,双方签订了工程总承包合同。由于乙承包商不具有勘察、设计能力,经甲建设单位同意,乙分别与丙建筑设计院和丁建筑工程公司签订了工程勘察设计合同和工程施工合同。勘察设计合同约定由丙对甲的办公楼及附属公共设施提供设计服务,并按勘察设计合同的约定交付有关的设计文件和资料。施工合同约定由丁根据丙提供的设计图纸进行施工,工程竣工时根据国家有关验收规定及设计图纸进行质量验收。合同签订后,丙按时将设计文件和有关资料交付给丁,丁根据设计图纸进行施工。工程竣工后,甲会同有关质量监督部门对工程进行验收,发现工程存在严重质量问题,是由于设计不符合规范所致。原来丙未对现场进行仔细勘察即自行地设计导致设计不合理,给甲带来了重大损失。并以与甲方没有合同关系为由拒绝承担责任,乙又以自己不是设计人为由推卸责任,甲遂以丙为被告向法院提起诉讼。

【问题】

1. 本案例中,甲与乙、乙与丙、乙与丁分别签订的合同是否有效?并分别说明理由。

2. 甲以丙为被告向法院提起诉讼是否妥当?为什么?

3. 根据我国法律法规的规定,承包单位将承包的工程转包或违法分包应承担什么法律后果。

第三章　建设工程招标与投标法规

【内容要点】

1. 建设工程招标投标立法宗旨、适用范围；
2. 开标、评标过程中的相关程序；
3. 招标人、投标人的含义；
4. 招标文件、投标文件的编制；
5. 招标投标活动应遵循的原则、招标方式。

【知识链接】

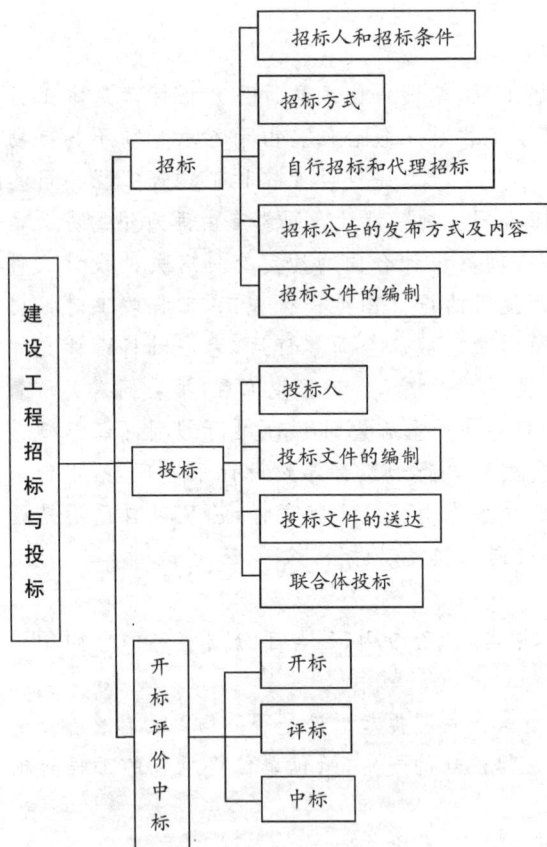

第一节　建设工程招投标概述

建筑工程招标投标,是在市场经济条件下进行工程建设项目的发包与承包时,所采用的一种交易方式。采用招标投标方式进行交易活动的最显著特征,是将竞争机制引入了交易过程,它具有公平竞争、减少或杜绝行贿受贿等腐败和不正当竞争行为、节省和合理使用资金、保证建设项目质量等明显的优越性。为了规范这种交易方式,确立招标投标的法律制度,是十分必要的。1999 年 8 月 30日,第九届全国人大常委会第十一次会议审议并通过了《中华人民共和国招标投标法》,标志着我国的招标投标活动在法制的轨道上,已经进入到了一个规范的、公平竞争的崭新阶段。整部法律体现了鼓励和保护公平竞争的精神,限制了不利于公平竞争的行政干预,排除了地方、部门的保护主义,确立了以效率、质量取胜的机制,加大了对干扰破坏招标投标秩序行为的惩罚力度。《招标投标法》是招标投标法律体系中的基本法律。继《招标投标法》发布之后,国家发展改革计划委员会于 2000 年 5 月 1 日发布了《工程建设项目招标范围和规模标准规定》;2000 年 7 月 1 日发布了《招标公告发布暂行办法》和《工程建设项目自行招标试行办法》,建设部于 2000 年 6 月 30 日发布了《工程建设项目招标代理机构资格认定办法》;2000 年 10 月 18 日发布了《建筑工程设计招标投标管理办法》;2001 年6 月 1 日发布了《房屋建筑和市政基础设施工程施工招标投标管理办法》;2001年 7 月 5 日建设部、国家发展改革计划委员会等七部(委)联合发布了《评标委员会和评标方法暂行规定》。目前,招标投标法律制度还正处于实施的起始阶段,其现实和长远的意义必将在今后的实施中进一步显现出来,本章将对建筑工程招标投标活动中的招标、投标、评标、定标应遵循的法律程序和规定进行分析和阐述。

[问一问]
　确立招标投标法律制度的意义?

一、《招标投标法》的立法宗旨

立法宗旨,又称立法目的,是一部法律所要达到的目标。制定《招标投标法》的根本目的,是维护市场平等竞争秩序,完善社会主义市场经济体制。而其直接立法目的是:规范招标投标活动,保护国家利益、社会公共利益和招标投标活动当事人的合法权益,提高经济效益,保证项目质量。

二、《招标投标法》的适用范围

《招标投标法》适用于在中华人民共和国进行的一切招标投标活动。不仅包括本法列出必须进行招标的活动,而且包括必须招标以外的所有招标投标活动。也就是说,凡是在中国境内进行的招投标活动,不论招标主体的性质、招标采购项目的性质如何,都要适用《招标投标法》的有关规定。

在中华人民共和国境内进行招投标活动,适用本法。由于香港、澳门特别行政区实行"一国两制",按照我国香港、澳门两个特别行政区基本法的规定,只有列入这两个基本法附件三的法律,才能在这两个特别行政区适用。而《招标投标法》没有列入这两个基本法附件三中,因此,《招标投标法》不适用香港、澳门两个特别行政区。

三、招标投标活动应遵循的原则

［问一问］
招标投标活动中应遵守哪些基本原则?

《招标投标法》第五条规定了招标投标活动必须遵循的基本原则:公开、公平、公正和诚实信用。

"公开"原则,就是要求招标投标活动具有较高的透明度,实行招标信息、招标程序公开,即发布招标公告,公开开标,公开中标结果,使每一个投标人获得同等的信息,知悉招标的一切条件和要求。

"公平"原则,就是要给予所有投标人平等的机会,使其享有同等的权利并履行相应的义务,不歧视任何一方。

"公正"原则就是要求评标按事先公布的标准对待所有的投标人。

"诚实信用"原则也称诚信原则,是民事活动的基本原则之一。这条原则的含义是,招标投标当事人应以诚实、善意的态度行使权利,履行义务,以维持双方的利益平衡,以及自身利益与社会利益的平衡。在当事人与社会的利益关系中,诚信原则要求当事人不得通过自己的活动损害第三人和社会的利益,必须在法律范围内以符合其社会经济目的的方式行使自己的权利。从这一原则出发,《招标投标法》规定了不得在招标中串通投标、泄露标底、骗取中标、转包合同等诸多义务,要求当事人遵守,并规定了相应的罚则。

第二节　建设工程招标

一、招标人

《招标投标法》第八条规定:"招标人是依照本法规定提出招标项目、进行招标的法人或者其他组织。"正确理解法律意义上的招标人的含义,应当把握以下几点:

［问一问］
如何理解"招标人"的含义?

1. 招标人应当是法人或者其他组织,而自然人则不能成为该法意义上的招标人。根据我国《民法通则》的有关规定,法人是指具有民事权利能力和民事行为能力,依法独立享有民事权利和承担民事义务的组织。其他组织,是指除法人以外的不具备法人条件的其他实体。包括合伙企业、个人独资企业和外国企业以及企业的分支机构等。

2. 依法提出招标项目。这里有两层含义:一是要提出招标项目,即根据招标人的实际情况以及《招标投标法》的有关规定确定需要招标的具体项目,办理有关审批手续,落实项目的资金来源等。二是进行招标,即根据《招标投标法》规定的程序和实质内容确定招标方式,编制招标文件,发布招标公告,审查潜在投标人资格,进行开标、评标、确定中标人及订立书面合同等。

二、招标条件

《招标投标法》第九条规定,招标项目按照国家有关规定需要履行项目审批手续的,应当先履行审批手续,取得批准。招标人应当有进行招标项目的相应资金或者资金来源已经落实,并应当在招标文件中如实载明。所以,在招标程序开始前应完成两项准备工作:一是履行审批手续,二是落实资金来源。

[问一问]
招标程序开始前应进行哪些准备工作?

(一)审批

依法必须进行招标的项目,大都关系国计民生,涉及全社会固定资产投资规模,因此,多数项目根据国家有关规定需要经过国务院、国务院有关部门或省市有关部门的审批。

审批的主要内容有:立项(可行性)审批,投资规模审批,资金来源审批,安全性审批,环境保护审批以及进口指标或计划的审批等。只有经过有关部门审核批准后,而且建设资金或资金来源已经落实,才能开始进行招标。需要指出的是,并非所有的招标项目都需要进行审批,只有那些"按照国家有关规定需要履行审批手续的",才应当先履行审批手续。依据国家有关规定应审批而未经审批的项目或违反审批权限批准的项目均不得进行招标。在项目审批前擅自开始招标工作,因项目未被批准而造成损失的,招标人应承担责任。对于国家未规定必须进行审批的项目,招标人可自行决定招标时间。

(二)资金

招标项目所需资金能否落实,不仅关系到招标人提出的招标项目能否最终顺利实现,对投标人来讲也关系重大。在项目实施过程中,经常发生资金不到位的情况,招标人无法支付投标人的款项,项目成了半拉子工程,招标人无法顺利实现招标项目的最终目的,而投标人为了参加投标竞争,通常要进行大量的准备工作,花费大量的时间和金钱,一旦中标后没有项目资金作保障,投标人也无法实现其预期的利益。因此,法律规定了招标人应当有进行招标项目的资金或资金来源已经落实。这条规定尤其对建筑工程的招标具有较强的针对性。近年来,我国的建筑市场一直处于买方市场,长期处于僧多粥少的状态,一些招标单位利用投标人急于找到工程项目的心理,迫使投标人垫资施工,这不仅损害了投标人的利益,而且也难以保证施工的顺利进行并按期完成。实践中,招标项目的资金或资金来源主要有:财政资金、自有资金、贷款等。招标人在招标前应当确保其拥有相应资金或资金来源。另外,招标投标活动作为一种民事活动必然要遵守诚实信用的原则,招标文件的内容应当真实,其中关于资金数额和资金来源的情况必须如实载明,不能弄虚作假。

三、招标方式

从世界各国的情况看,招标主要有公开招标和邀请招标两种方式。

(一)公开招标

是招标人在指定的报刊、电子网络或其他媒体上发布招标公告,吸引众多的投标人参加投标竞争,公开提供招标文件,使所有符合条件的潜在投标人都可以平等参加投标竞争,从中择优选定中标人的一种招标方式

(二)邀请招标

[问一问]

公开招标与邀请招标有何区别?

也称选择性招标,是指招标方根据自己所掌握的情况,预先确定一定数量的符合招标项目基本要求的潜在投标人并向其发出投标邀请书,由被邀请的潜在投标人参加投标竞争,招标人从中择优确定中标人的一种招标方式。

这两种方式的区别主要在于:

1. 发布信息的方式不同

公开招标采用公告的形式发布,邀请招标采用投标邀请书的形式发布。

2. 选择的范围不同

公开招标因使用招标公告的形式,针对的是一切潜在的对招标项目感兴趣的法人或其他组织,招标人事先不知道投标人的数量;邀请招标针对已经了解的法人或其他组织,而且事先已经知道投标者的数量。

3. 竞争的范围不同

由于公开招标使所有符合条件的法人或其他组织都有机会参加投标,竞争的范围较广,竞争性体现得也比较充分,招标人拥有绝对的选择余地,容易获得最佳招标效果;邀请招标中投标人的数目有限,竞争的范围有限,招标人拥有的选择余地相对较小,有可能提高中标的合同价,也有可能将某些在技术上或报价上更有竞争力的承包商漏掉。

4. 公开的程度不同

公开招标中,所有的活动都必须严格按照预先指定并为大家所知的程序和标准公开进行,大大减少了作弊的可能;相比而言,邀请招标的公开程度逊色一些,产生不法行为的机会也就多一些。

5. 时间和费用不同

由于邀请招标不发公告,招标文件只送几家,使整个招投标的时间大大缩短,招标费用也相应减少。公开招标的程序比较复杂,从发布公告,投标人做出反应,评标,到签订合同,有许多时间上的要求,要准备许多文件,因而耗时较长,费用也比较高。由此可见,两种招标方式各有千秋,从不同的角度比较,会得出不同的结论。在实际中,各国或国际组织的做法也不尽一致。有的未给出倾向性的意见,而是把自由裁量权交给了招标人,由招标人根据项目的特点,自主决定采用公开或邀请方式,只要不违反法律规定,最大限度地实现了"公开、公平、公正"即可。例如,"欧盟采购指令"规定,如果采购金额达到法定招标限额,采购单位有权在公开和邀请招标中自由选择。实际上,邀请招标在欧盟各国运用得非常广。世界贸易组织"政府采购协议"也对这两种方式孰优孰劣采取了未置可否的态度。但是,"世行采购指南"却把国际竞争性招标(公开招标)作为最能充分实现资金的经济和效率要求的方式,要求借款国以此作为最基本的采购方式。只有在国际竞争性招标不是最经济和有效的情况下,才可采用其他方式。

四、自行招标和代理招标

从招标行为实施主体的自主性来看,招标有自行招标和代理招标两种。

(一)自行招标

自行招标指的是招标方独自进行的招标活动。国家发展改革计划委员会于2000年7月1日发布了《工程建设项目自行招标试行办法》。该办法第四条对自行招标方必须具备的条件做出了规定:(1)具有项目法人资格(或者法人资格);(2)具有与招标项目规模和复杂程度相适应的工程技术、专业技术力量;(3)有从事同类工程建设项目招标的经验;(4)设有专门的招标机构或者拥有3名以上专职招标业;(5)熟悉和掌握招标投标法及有关法规规章。

(二)代理招标

若不具备自行招标条件时,应当采用代理招标的方式。

1. 代理招标和招标代理机构

[问一问]
如何理解"代理招标"的含义?

所谓代理招标,是指招标代理机构接受招标人的委托,代为办理招标事宜。招标代理机构是"依法设立、从事招标代理业务并提供相关服务的社会中介组织。"这里有几层含义:

(1)招标代理机构的性质既不是一级行政机关,也不是从事生产经营的企业,而是以自己的知识、智力为招标人提供服务的独立于任何行政机关的组织。它可以以多种组织形式存在,如可以是有限责任公司,也可以是合伙等。从我国目前情况看,自然人一般不能从事招标代理业务。

(2)招标代理机构须依法设立。任何社会组织,由于其性质、业务经营范围的不同,其成立的程序有所不同,但都必须依法成立。即机构的设立目的和宗旨要符合国家和社会公共利益的要求;组织机构、设立方式、经营范围、经营方式要符合法律的要求;依照法律规定的审核和登记程序办理有关成立手续。2000年6月30日建设部令第79号发布了《工程建设项目招标代理机构资格认定办法》,对招标代理机构的申请设立程序作了具体规定。

(3)招标代理机构需从事招标代理业务并提供相关服务。其主要业务包括:为招标人编制招标文件、审查投标人的资质、组织评标活动、协调招标人与中标人的关系、提供与招标活动有关的咨询、代书及其他服务性工作。招标代理机构可根据自己提供服务量的大小,向招标委托人收取一定的费用。

2. 招标代理机构应当具备的条件

根据《工程建设项目招标代理机构资格认定办法》第七条的规定,申请工程招标代理机构资格的单位应当具备下列条件:(1)是依法设立的中介组织;(2)与行政机关和其他国家机关没有行政隶属关系或者其他利益关系;(3)有固定的营业场所和开展工程招标代理业务所需设施及办公条件;(4)有健全的组织机构和内部管理的规章制度;(5)具备编制招标文件和组织评标的相应专业力量;(6)具有可以作为评标委员会成员人选的技术、经济等方面的专家库。

根据上述条件,无论哪种组织形式的代理机构都必须有固定的营业场所,这是开展业务所必需的物质条件,也是招标代理机构成立的外部条件。还要具有编制招标文件和组织评标的专业力量,这是招标代理机构必须具备的实质条件,是投标、评标的依据。招标文件一般包括:招标邀请、投标人须知、投标表格、合同条件、技术规范、物品清单及投标担保格式等。招标文件是关系到招标成败的最重要的一环。组织评标,即组织成立评标委员会,严格按照法律和招标文件所确定的标准和方法,对投标文件进行评审和比较,从中确定中标人。可以作为评标委员会成员的人选,必须符合法定的条件,即专家是应当从事相关领域工作满八年并具有高级职称或者具有同等专业水平的人员。

招标代理机构的资格认定资格,是从事某种活动应具备的条件。法律规定对招标代理机构进行资格认定,也是规范招标行为,保证招标代理机构货真价实,有足够的能力从事招标业务的措施。招标业务的性质不同决定了招标代理机构业务范围的不同以及招标代理机构资格认定部门的不同。《招标投标法》第十四条规定了招标代理机构资格认证的基本原则。从事工程建设项目招标代理业务以外的代理业务的招标代理机构,其资格由国务院规定的主管部门认定。鉴于工程建设项目的特殊性,法律特别规定了从事工程建设项目招标代理业务的招标代理机构,其资格认定由国务院以及省级建设行政主管部门负责。

《工程建设项目招标代理机构资格认定办法》规定,从事工程建设项目招标代理业务的机构,必须依法取得国务院建设行政主管部门或者省、自治区、直辖市建设行政主管部门认定的工程建设项目招标代理机构资格。工程招标代理机构资格分为甲、乙两级。甲级工程招标代理机构资格按行政区划,由省、自治区、直辖市人民政府建设行政主管部门初审,报国务院建设行政主管部门认定。乙级工程招标代理机构资格由省、自治区、直辖市人民政府建设行政主管部门认定,报国务院建设行政主管部门备案。国务院建设行政主管部门将认定的甲级工程招标代理机构名单在认定后的 15 日内通报国务院发展计划部门和有关部门。工程招标代理机构可以跨省、自治区、直辖市承担工程招标代理业务。

五、招标公告的发布方式及内容

(一)公开招标应当发布招标公告

招标公告是招标人以公告方式邀请不特定的潜在投标人就招标项目参加投标的意思表示。公开招标的招标信息必须通过公告的途径予以通知,使所有合格的投标人都有同等机会了解招标要求。招标公告是公开招标的第一步,也是决定竞争的广泛程度,保证招标质量的关键性一步。同时,招标公告的发布方式对信息能否广泛传播也起着决定性作用,直接影响招标公告的发布结果。因此,对公告发布的方式做出法律规定是十分必要的。

(二)招标公告的发布方式

[问一问]
如何发布招标公告?

依法必须进行招标的项目的招标公告,应当通过国家指定的报刊、信息网络或者其他媒介发布。国内招标公告应使用中国文字,国际招标公告还应同时使用英文或相关国家的文字。国际招标还可以在发布招标公告的同时,向有关国家的使馆或驻招标国的外国机构发出通知。"国家指定"主要是指由法律、行政法规做出的规定。2000年7月1日国家发展改革计划委员会令第4号发布了《招标公告发布暂行办法》，同时指定《中国日报》、《中国经济导报》、《中国建设报》、《中国采购与招标网》(http://www.Chinabidding.com.cn)为发布依法必须招标项目的招标公告的媒介。其中，依法必须招标的国际招标项目的招标公告应在《中国日报》发布。随着科学技术的发展，可能还会出现一些新的发布方式，为此，《招标投标法》第十六条规定了"其他媒介"，作为报刊和信息网络的补充。

(三)招标公告的主要内容

招标公告的主要目的是发布招标项目的有关信息，使那些有兴趣的潜在投标人知道与项目有关的主要情况，来决定其是否参加投标。因此，招标公告的内容对潜在投标人是至关重要的。

《招标投标法》第十六条第二款规定了招标公告应包含的内容：(1)招标人的名称和地址；(2)招标的性质，是用于工程项目的采购还是货物或服务的采购；(3)项目的数量，是招标项目具体地加以量化，如设备的供应量、土建工程量等；(4)目的实施地点的提供地点，通常是材料、设备的供应地点，土建工程的建设地点，服务等；(5)招标项目的实施时间，是指设备、材料等货物的交货期，工程的工期，服务的提供时间等；(6)获取招标文件的办法；(7)投标截止日期。

投标邀请书与招标公告一样，都是招标人向潜在的投标人发出邀请其参加投标的意思表示。《招标投标法》第十六条第二款规定的招标公告的内容同样适用于投标邀请书。此外，招标项目的投标人应当具有承接该项目的能力，这是保证项目中标后，中标人能够切实履行合同义务，保质、保量地完成招标目的的前提，是招标成功与否的关键。所以，招标人有权并且应当对投标人的投标资格进行审查，以确认其是否有胜任某一招标项目的能力。根据《招标投标法》第十八条的规定，招标人可以根据招标项目本身的要求，在招标各个公告或投标邀请书中，要求潜在投标人提供有关资质证明文件和业绩情况，并对潜在投标人就投标合法性及投标能力两个方面进行资格审查。

六、招标文件的编制

在一般情况下，在发布招标公告或发出投标邀请书前，招标方就应根据招标项目的特点和要求编制招标文件并确定标底(标底一经审定，应封标至开标，在此之前要绝对保密)。在发布招标公告或发出投标邀请书的基础上，按照招标公告中载明的时间和地点，向有意参加投标的供应商或承包商提供招标文件。与招标公告、投标邀请书不同，招标文件是招标人向供应商或承包商发出的，为其提供编写投标文件的资料并向其通报招标投标将依据的规则和程序等项内容的书面文件。

[问一问]
如何编制招标文件？

1. 根据建设部2000年10月18日发布的《建筑工程设计招标投标管理办法》设计招标文件应当包括下列内容：(1)工程名称、地址、土地面积、建筑面积等；(2)已批准的项目建议书或者可行性研究报告；(3)工程经济技术要求；(4)城市规划管理部门确定的规划控制条件和用地红线图;(5)可供参考的工程地质、水文地质、工程测量等建设场地勘察成果报告;(6)供水、供电、供气、供热、环保、市政道路等方面的基础资料;(7)招标文件答疑、踏勘现场的时间和地点;(8)投标文件编制要求及评标原则;(9)投标文件送达的截止时间;(10)拟签订合同的主要条款;(11)未中标方案的补偿办法。

    2. 根据建设部 2001 年 6 月 1 日发布的《房屋建筑和市政基础设施工程施工招标投标管理办法》,工程招标文件应当包括下列内容:(1)投标须知,包括工程概况,招标范围,资格审查条件,工程资金来源或者落实情况(包括银行出具的资金证明),标段划分,工期要求,质量标准,现场踏勘和答疑安排,投标文件编制、提交、修改、撤回的要求,投标报价要求,投标有效期,开标的时间和地点,评标的方法和标准等;(2)招标工程的技术要求和设计文件;(3)采用工程量清单招标的,应当提供工程量清单;(4)投标函的格式及附录;(5)拟签订合同的主要条款;(6)投标过程中,如果投标人投标后擅自撤回投标,或者投标被接受后由于投标人的原因不能签订合同,那么招标人就可能遭受损失(如重新进行招标的费用和招标推迟造成的损失等)。因此,招标人可以在招标文件中要求投标人提供投标保证金或其他形式的担保,以防投标人违约,并在投标人违约时得到补偿。投标保证金可以是支票、现金、银行汇票等。为避免影响投标人的积极性,投标保证金的金额不宜太高,一般不超过投标总价的 2%,最高不超过 50 万元。中标人确定后,对落标的投标人应及时将其投标保证金退还。

    两个招标投标管理办法还规定,依法必须进行招标的工程,招标人应当在招标文件发出的同时,将招标文件报县级以上地方人民政府建设行政主管部门备案。建设行政主管部门发现招标文件有违反法律、法规内容的,应当责令招标人改正。

    此外,招标文件不得要求或标明特定的生产供应者以及含有倾向或排斥潜在投标人的其他内容。

    最后,需要指出,招标人对招标文件中遗漏、词义表述不清或容易产生误解的内容进行澄清,或对招标文件中出现的问题进行必要的改变和修正,均是允许的,这也是国际上通常的做法。但是招标文件的澄清或者修改,必须在规定的时间里,即在招标文件要求提交投标文件截止时间至少 15 日前,以书面形式通知所有招标文件收受人。并同时报工程所在地的县级以上地方人民政府建设行政主管部门备案。该澄清或者修改的内容为招标文件的组成部分。

第三节　建设工程投标

一、投标人

[问一问]
   自然人能否参与所有的投标活动?

(一)投标人的含义

    《招标投标法》第二十五条规定:"投标人是响应招标、参加投标竞争的法人或者其他组织","依法招标的科研项目允许个人参加投标的,投标的个人适用本法有关投标人的规定。"所有对招标公告或投标邀请书感兴趣的并有可能参加投标的人，称为潜在投标人。所谓响应招标，是指潜在投标人获得了招标的信息或者投标邀请书以后购买招标文件，接受资格审查，并编制投标文件，按照招标人的要求参加投标。参加投标竞争是指按照招标文件的要求并在规定的时间内提交投标文件的活动。

按照法律规定，投标人必须是法人或者其他组织，不包括自然人。但是，考虑到科研项目的特殊性，法律条文中增加了个人对科研项目投标的规定，个人可以作为投标主体参加科研项目投标活动。这是对科研项目投标的特殊规定。

长期以来，我国的科技工作主要是依靠计划和行政手段来进行管理和调整。从科研课题的确定，到研究开发、试验生产直至推广应用，都是由国家指令性计划安排。国家用于发展科学技术事业特别是科研项目的经费，主要来自于财政拨款，并且通过指令性计划的方式来确定经费的投向和分配。科研项目及其经费的确定，往往是采用自上而下或自下而上的封闭方式，这一做法在计划经济体制下曾经发挥了重大作用，但已不再适应当前市场经济体制的要求。科研单位缺乏竞争意识和风险意识，上级行政主管部门鼓励联合多于鼓励竞争，不是择优支持。因此，不仅在决策上具有一定的盲目性，而且在具体实施过程中，还存在着项目重复、部门分割、投入分散、信息闭塞、人情照顾等弊端，使有限的科技资源难以发挥功效。1995年5月6日中共中央、国务院《关于加速科技进步的决定》规定："要在科技工作的运行管理中引入竞争机制。国家以及行业、地方的科研任务实行公开竞争，通过公开招标选择承担单位。"1996年9月15日国务院《关于"九五"期间深化科技体制改革的决定》也规定："要选择一批对国民经济发展有重大带动作用、拥有一定基础和优势、能增强我国综合国力的重大项目，采取竞争招标的方式，组织和推动科研机构、高等学校、企业，集中力量，联合攻关，""科技计划项目主要实行招标制，面向社会公开招标，保证立项的科学性和竞标的公开、公正性。"《招标投标法》规定允许个人参加科研项目的投标竞争，对发挥个人的主观能动性起到了积极推动作用。

(二)投标人应具备的条件

参加投标活动必须具备一定的条件。不是所有感兴趣的法人或经济组织都可以投标。根据《招标投标法》第二十六条规定："投标人应当具备承担招标项目的能力；国家有关规定对投标人资格条件或者招标文件对投标人资格有规定的，投标人应当具备规定的资格条件。"从广义上理解，投标人可以认为是按照招标文件的规定参加投标竞争的自然人、法人和其他组织，但这只是基本的前提，某一个法人或经济组织是否适合做一个招标项目的投标人，关键还要看其是否具备承担该招标项目的能力或在必要时是否符合国家规定所要求的资格条件。

首先，投标人应当具备承担招标项目的能力，具体包括：(1)与招标文件要求相适应的人力、物力和财力；(2)招标文件要求的资质证书和相应的工作经验与业绩证明；(3)法律、法规规定的其他条件。

其次，国家有关规定对投标人资格条件或招标文件对投标人资格有规定的，

[问一问]

投标人应具备哪些条件？

投标人应当具备规定的资格条件。比如说按照《建筑法》的规定，从事房屋建筑活动的建筑施工企业、勘察单位、设计单位和工程监理单位，应当具备下列条件：有符合国家规定的注册资本，有与其从事的建筑活动相适应的具有法定执业资格的专业技术人员，有从事相关建筑活动所应有的技术装备以及法律、行政法规规定的其他条件。从事建筑活动的建筑施工企业、勘察单位、设计单位和工程监理单位，按照其拥有的注册资本，专业技术人员，技术装备和已完成的建筑工程业绩等资质条件，划分不同的资质等级，经资质审查合格，取得相应等级的资质证书后，方可在其资质等级许可的范围内从事建筑活动。法律对投标人的资格条件作出规定，对保证招标项目的质量，维护招标人的利益乃至国家和社会公共利益，都是很有必要的。不具备相应的资格条件的承包商、供应商，不能参加有关的招标项目的投标；招标人也应当按照《招标投标法》和国家有关规定及招标文件的要求，对投标人进行必要的资格审查，不具备规定的资格条件的，不能中标。法律对投标人应具备的资格条件作出规定，也可以使潜在的投标人以此判断自己有无资格参加投标，以避免花费不必要的投标费用，这对潜在投标人也是有益的。

二、投标文件的编制

(一)基本要求

[问一问]

编制投标文件有哪些要求?

根据《招标投标法》第二十七条的规定，编制投标文件应当符合下述两项要求：

1. 投标人应当按照招标文件的要求编制投标文件。

2. 投标文件应当对招标文件提出的实质性要求和条件做出响应。这里"实质性要求和条件"，是指招标文件中有关招标项目的技术要求、投标报价要求和评标标准、合同的主要条款等。投标人必须严格按招标文件的要求一一作答；不得对招标文件进行修改，不得遗漏或回避招标文件中的问题，更不能提出任何附带条件，否则将有可能失去中标机会。

投标人应当按照招标文件的要求编制投标文件。投标文件应当对招标文件提出的实质性要求和条件做出响应。招标项目属于建设施工的，投标文件的内容应当包括拟派出的项目负责人与主要技术人员的简历、业绩和拟用于完成招标项目的机械设备等。

投标文件应当对招标文件提出的实质性要求和条件做出响应。投标人要到指定的地点购买招标文件，并准备投标文件。在招标文件中，通常包括招标须知、合同的一般条款、合同特殊条款，价格条款、技术规范以及附件等。投标人在编制投标文件时必须按照招标文件的这些要求编写投标文件。投标人应认真研究、正确理解招标文件的全部内容，并按要求编制招标文件。投标文件应当对招标文件提出的实质性要求和条件做出响应，"实质性要求和条件"是指招标文件中有关招标项目的价格、项目的计划、技术规范、合同的主要条款等，投标文件必须对这些条款作出响应。

投标文件通常可分为：

1. 商务文件

这类文件是用以证明投标人履行了合法手续及招标人了解投标人商业资信、合法性的文件。一般包括投标保函、投标人的授权书及证明文件、联合体投标人提供的联合协议、投标人所代表的公司的资信证明等，如有分包商，还应出具资信文件供招标人审查。

2. 技术文件

技术复杂的项目对技术文件的编写内容及格式均有详细要求，投标人应当认真按照规定填写。

3. 价格文件

这是投标文件的核心，全部价格文件必须完全按照招标文件的规定格式编制，不允许有任何改动，如有漏填，则视为其已经包含在其他价格报价中。

为了保证投标人能够在中标以后完成所承担的项目，招标投标法还要求"招标项目属于建设施工的，投标文件的内容应当包括拟派出的项目负责人与主要技术人员的简历、业绩和拟用于完成招标项目的机械设备等"。这样的规定有利于招标人控制工程发包以后所产生的风险，保证工程质量，项目负责人和主要技术人员在项目施工中，起到关键的作用。

机械设备是完成任务的重要工具，这一工具的技术装备直接影响了工程的施工工期和质量，所以要求投标人在投标文件中要写明计划用于完成招标项目的机械设备。

(二)特殊要求

根据《招标投标法》第二十七条第二款的规定，编制建设施工项目的投标文件，除符合上述两项基本要求外，还应当包括如下的特殊要求。

1. 拟派出项目负责人的简历

包括项目负责人的姓名、年龄、文化程度、职称、参加工作时间、担任负责人的年限、参加过的施工项目（包括建设单位、项目名称、建设规模、开竣工日期和工程质量等）等情况。

2. 主要技术人员的简历

主要技术人员是下列人员：总的项目主管、现场的项目正副主管、材料主管、计划主管、安全主管等。这些专业技术人员简历应当包括姓名、年龄、文化程度、参加过的施工项目等情况。

3. 业绩

一般是指近三年承建的施工项目。具体应写明建设单位、项目名称与建设地点、结构类型、建设规模、开竣工日期、合同价格和质量达标情况等。

4. 拟用于完成招标项目的机械设备

这部分应将投标方自有的拟用于完成招标项目的机械设备以表格的形式列出。主要内容包括机械设备的名称、型号规格、数量、国别产地、制造年份、额度功率、生产能力、备注等内容。

5. 其他

比如近两年的财务会计报表,资金平衡表和负债表,下一年的财务预测报告等情况;全体员工人数特别是技术工人数量;现有的主要施工任务,包括在建或尚未开工的工程;工程进度;等等。

(三)施工投标报价

1. 投标报价的编制原则

投标报价的编制主要是投标单位对承建招标工程所发生的各种费用的计算。在进行投标计算时,必须首先根据招标文件进一步核算工程量。作为投标计算的必要条件,应预先确定施工方案和施工进度,此外,投标报价还必须与合同的形式相协调。报价是投标的关键工作,报价是否合理直接关系到投标的成败。

投标报价的原则主要如下:(1)招标文件中设定的发承包双方责任划分,作为考虑到投标报价费用项目和费用计算的基础;根据工程发承包模式考虑投标报价的费用内容和计算深度;(2)以施工方案、进度或措施等作为投标报价计算的基本条件;(3)以反映企业技术和管理水平的企业定额作为计算人工、材料和机械台班消耗量的基本依据;(4)充分利用现场考察、调研成果、市场价格信息等行情资料,编制基价,确定调价办法;(5)报价计算方法要科学严谨、简明适用;(6)投标报价的计算依据;(7)招标单位提供的招标文件;(8)招标单位提供的设计图纸、工程量清单及有关的技术说明书等;(9)国家及地区颁发的现行建筑、安装工程预算定额及与之相配套执行的各种费用定额规定等;(10)地方现行材料预算价格、采购地点及供应方式等;(11)因招标文件及设计图纸等不明确,经咨询后由招标单位书面答复的有关资料;(12)企业内部制定有关取费、价格等的规定、标准;(13)其他与报价计算有关的各项政策、规定及调整系数等;(14)在标价的过程中,对于不可预见费用的计算必须慎重考虑,不得遗漏。

2. 工程量清单计价模式下的投标报价

[问一问]

如何进行工程量清单计价模式下的投标报价?

以工程量计价模式下的投标报价是与市场经济相适应的投标报价方法,也是国际通用的竞争性招标方式所要求的。一般由标底编制单位根据业主委托,将拟建招标工程全部项目和内容相关的计算规则计算出工程量,列在清单上作为招标文件的组成部分,供投标人逐项填报单价,计算出总价,作为投标报价,然后通过评标竞争,最终确定合同价。工程量清单报价由业主给出工程清单,投标者填报单价,单价应完全依据企业技术、管理水平等企业实力而定,以满足市场竞争的需要。

采取工程量清单综合计算投标报价时,投标人填入工程量清单中的单价是综合单价,应包括人工费、材料费、机械费、管理费、利润、税金及风险金等全部费用,将工程量与该单价相乘得出合价,将全部合价汇总后即得出投标总报价。分部分项工程费、措施项目费和其他项目费用均采用综合单价计价。工程量清单计价的投标报价应由分部分项工程功能费、措施项目费、其他项目费、规费和税金构成。

分部分项工程费是指完成"分部分项工程量清单"项目所需的费用。投标人负责填写分部分项工程量清单中的金额一项。金额按照综合单价填报。分部分项工程量清单中的合价等于工程数量和工程单价的乘积。

措施项目费是指分部分项项目施工必须采取的措施所需要的费用。投标人负责填写措施项目清单中的金额。措施项目清单中的措施项目包括通用项目、建筑工程措施项目、安装工程措施项目和市政工程措施项目等四类。措施项目清单中费用金额也是一个综合单价,包括人工费、材料费、机械费、管理费、利润、风险因素等项目。

其他项目费指的是分部分项工程费和措施项目费用以外,该工程项目施工中可能发生的其他费用。其他的项目费包括的项目分为招标人部分和投标人部分工程量清单计价模式下的投标总价。

(四)对投标文件的补充、修改和撤回

《招标投标法》第二十九条规定:"投标人在招标文件要求提交投标的截止时间前,可以补充、修改或者撤回已提交的投标文件,并书面通知招标人。补充、修改内容为投标文件的组成部分。"

补充是指对投标文件中遗漏和不足的部分进行增补。修改是指对投标文件中已有的内容进行修订。撤回是指收回全部投标文件,或者放弃投标,或者以新的投标文件重新投标。

三、投标文件的送达

(一)送达的方式

通常,送达包括直接送达、邮寄送达和委托送达三种方式:直接送达,即派人将投标文件送到招标地点;邮寄送达,即通过邮局将投标文件送到招标地点;委托送达,即委托他人将投标文件带到招标地点。从投标的严肃性和安全性来讲,直接送达更为适宜。

[想一想]
何谓送达?有哪些方式和要求?

(二)送达要求

在招标文件中一般都包含有递交投标文件的时间和地点,这是送达文件的两个基本要求。投标人不能将投标文件送交招标文件规定地点以外的其他地点,如果因此而延误了投标时间,将被视为无效标而被拒收。如果以邮寄方式送达的,投标人必须留出邮寄的时间,保证投标文件能够在截止日之前送达招标人指定的地点,即送达时间以送至招标文件所要求地点的时间为准,而不是以"邮戳为准"。

(三)送达签收

在投标人按照送达要求,将投标文件送达以后,招标人应当签收。签收时应有签收的书面证明,证明上应载明签收时间、地点、具体的签收人、签收的包数和密封状况等,同时直接送达的送达人也应当签字。签收人签收时应检查投标文件是否按招标文件的要求进行了密封和加写了标志,如果没有按照要求密封和

加写标志的,招标人或招标的代理人员应予拒收,或者告知投标人招标人不承担提前开封的责任,以防给以后的开标、评标带来不必要的争议。履行完签收手续后,应登记、备案,并加以妥善保存,任何人不得在开标前启封。

四、联合体投标

(一)联合体投标的概念

联合体投标是一种新型的投标方式,即由两个以上法人或者其他组织自发组成的联合体,以一个投标人的身份参与投标的投标方式。对于联合体投标可作以下理解:

[问一问]

如何理解联合体投标?

1. 联合体承包建筑工程的联合各方为法人

形式可以是两个以上法人组成的联合体,组成各方应具备一定的条件。根据规定,联合体各方均应具备招标项目的相应能力,由同一专业的各方组成的联合体,按照资质等级较低的单位确定资质等级。这一规定的目的是防止资质较低的一方借用资质等级较高的一方的名义取得中标人资格,造成中标后不能保证建筑工程项目质量现象的发生。

2. 联合体不具有法人资格

联合体是一个临时性的组织,组成联合体的目的是增强投标竞争能力,减少联合体各方因支付巨额履约保证而产生的资金负担,分散联合体各方的投标风险,弥补有关各方技术力量的相对不足,提高共同承担的项目完成的可靠性。

3. 联合体是自愿组成的

投标人组成联合体属于投标人自己的事情,是否组成,如何组成完全由投标人自己确定,招标人不能强迫投标人组成联合体共同投标。

4. 联合体以一个投标人身份投标

联合体虽然不是一个法人组织,但是对外应以所有组成联合体各方的名义进行投标,并与招标人签订合同。共同签订合同是指联合体各方均应参加合同的订立,并应在合同书上签字或者盖章,联合体各方就中标项目向招标人承担连带责任。联合体内部之间权利、义务、责任的承担等问题则以联合体内各方订立的合同为依据。

5. 联合体共同投标

一般适用于大型建设项目和结构复杂的建设项目。

(二)共同投标的联合体应具备的条件

联合体各方均应当具备本法或者国家规定的资格条件和承担招标项目的相应能力。

对投标联合体资历质条件的要求是:(1)联合体各方均应具有承担招标项目必备的条件如相应的人力、物力、资金等。(2)国家或招标文件对招标人资格条件有特殊要求的,联合体各个成员都应当具备规定的相应资格条件。(3)同一专业的单位组成的联合体,应当按照资质等级较低的单位确定联合体的资质等级。如在三个投标人组成的联合体中,有两个是甲级资格,有一个是乙级资格,按照本条规定,联合体的资质等级就低不就高,这个联合体的资质等级只能定为乙级。之所以这样规定,是促使资质优等的投标人组成联合体,防止以优等资质获取招标项目,而由资质等级差的供货商或承包商来完成,保证招标质量。

(三)联合体内外关系的确定

共同投标的联合体,其联合体各方的内部关系以及联合体对外部的关系问题,《招标投标法》第三十一条第三款对此做出了规定。

1. 内部关系以协议的形式确定

为此,联合体各方在确定组成共同投标的联合体前,应当依法订立投标协议。协议内容有如下要求:一是在协议中要约定联合体各方拟承担的具体工作,比如是主体工程还是非主体工程等;二是各方准备承担的责任,即中标后对中标项目有什么样的权利、义务和违反义务应当承担的责任等内容。上述两项要求均应明确。为减少纠纷,便于工作,协议应以书面形式为宜。在提交投标文件的同时,还应附上联合体协议,以便招标人在开标、评标时对联合体各成员方的责任承担有所了解。

2. 共同投标的联合体对外关系的确定

包括两个方面:一是中标的联合体各方应当共同与招标人签订合同。这里所讲的共同"签订合同",是指联合体各方均应参加合同的订立,并在合同上签字盖章。二是就中标项目向招标人承担连带责任,如果届时联合体不能依合同完成该投标项目,则每一个联合体成员方不管在联合体协议中约定承担的份额多少,也不分其先后次序,都应根据招标人的请求,全部或部分承担责任,被要求的联合体的任何一方不得以"内部订立的权利义务关系"为由拒绝承担责任。当然就联合体的内部关系上讲,代他人履行义务或承担责任的一方,具有求偿权,即有就其已承担的超出自己应承担的责任部分,请求其他联合体成员给予补偿的权利。

第四节 建设工程开标、评标和定标

开标、评标和定标,是招投标过程中非常重要的环节,是决定投标人能否最后中标的关键阶段,同时,也是最容易产生腐败的一个阶段,对于体现招标投标的公开、公平、公正原则,也具有极其重要的意义。

一、开标

(一)开标的含义

就是投标人在提交投标截止时间,招标人依据招标文件规定的时间和地点,开启投标人提交的投标文件,公开宣布投标人的名称、投标价格及其他主要内容的行为。

当众公开拆开投标资料(包括投标函件),宣布投标人(或单位)的名称、投标价格以及投标价格的修改的过程。开标一般在公证员的监督下进行。

近年来,我国国内开标方式有以下 3 种,招标企业可任选一种:(1)在有招标单位自愿参加的情况下,公开开标,但当场不宣布中标结果;(2)在公证员的监督下开标,确定预选中标人;(3)在有投标单位自愿参加的情况下,公开开标,当场确定预选中标人。

(二)开标时间、地点

[问一问]
如何确定开标时间与地点?

开标应当在招标文件确定的提交投标文件截止时间的同一时间公开进行,是指提交投标文件截止之时(如某年某月某日几时几分),即是开标之时(也是某年某月某日几时几分)。之所以这样要求,是为了防止投标截止时间之后与开标之前仍有一段时间间隔。如有间隔,也许会给不端行为造成可乘之机(如在指定开标时间之前泄露投标文件中的内容),即使供应商或承包商等到开标之前最后一刻才提交投标文件,也同样存在这种风险。

开标地点应与招标文件中规定的地点相一致。这样规定,目的在于使所有投标人都能事先知道开标的地点,事先做好充分准备。若开标地点有变,则应按照《招标投标法》第二十三条的规定,对招标文件做出修改,作为招标文件的补充文件,书面通知每一个提交投标文件的人。

(三)开标程序

[做一做]
假如你负责某一工程的开标,请你列出开标的程序表?

1. 主持人宣布开标开始,宣布参加开标人员名单和开标后的程序安排。参加开标人员包括:招标方代表、投标方代表、公证员、法律顾问、拆分人、唱标人、监标人以及记录人员名单;主持人宣布评标、决标的原则和纪律;开标后的程序安排。

2. 验证:在公证员的监督下,投标人或者其推选的代表检查投标文件的完整性和密封性,确定无误后由双方在登记表上签字,然后才能开标。也可以由招标人委托的公证机构检查并公证。

3. 检查无误后,当众拆封,宣读投标人名称、投标价格和投标文件的其他主要内容,并在事先备好的唱标记录上登记。在招标文件要求提交投标文件的截止时间前收到的所有投标文件,都应当众予以拆封、宣读,在必要时,还可以宣读投标书中的其他主要内容。

4. 唱标结束后,由主持人、唱标人、投标人等参与人在唱标记录表上签名,并存档备查。

在开标过程中,一般不允许投标人提问或作任何解释,但允许记录或录音。投标人或其代表应在会议签到簿上签名,以证明其在场。

开标过程应当记录,并存档备查。开标结束后,应编写一份开标会议纪要,其内容包括:开标日期,时间,地点;开标会议主持者;出席开标会议的全体工作人员名单,到场的投标商代表和各有关部门代表名单;截止时间前收到的标书、收到日期和时间及其报价一览表;迟到标书的处理等等。开标的会议记录应送有关方面,包括:业主、工程师、项目主管部门,如果是世界银行贷款项目,还应送交世界银行。

(四)不予受理或作废的投标文件

1. 设计投标文件有下列情形之一的,投标文件作废:(1)投标文件未经密封的;(2)无相应资格的注册建筑师签字的;(3)无投标人公章的;(4)注册建筑师受聘单位与投标人不符的。

2. 施工投标文件有下列情形之一的,招标人不予受理:逾期送达的或者未送达指定地点的;未按招标文件要求密封的。

3. 投标文件有下列情形之一的,由评标委员会初审后按废标处理:(1)投标人名称或组织结构与资格预审时不一致的;(2)无单位盖章并无法定代表人授权的代理人签字或盖章的;(3)未按规定的格式填写,内容不全或关键字模糊、无法辨认的;(4)投标人递交两份或多份内容不同的投标文件,或在一份投标文件中对同一招标项目报有两个或多个报价,且未声明哪一个有效的(按招标文件规定提交备选投标方案的除外);(5)投标人名称或组织结构与资格预审时不一致的;(6)未按招标文件要求提交投标保证金的;(7)联合体投标未附联合体各方共同投标协议的。

二、评标委员会

评标是一项重要而复杂的综合性工作。它是关系到整个招标过程是否体现公平竞争的原则,招标结果是否能使招标人得到最大效益的关键。因此,《招标投标法》以及 2001 年 7 月 5 日七部、委联合发布的《评标委员会和评标方法暂行规定》规定,评标必须由专门的评标委员会来负责,以确保评标结果的科学性和公正性。

评标委员会依法组建,负责评标活动,向招标人推荐中标候选人或者根据招标人的授权直接确定中标人。评标委员会由招标人负责组建。

评标委员会成员名单一般应于开标前确定。评标委员会成员名单在中标结果确定前应当保密。评标委员会由招标人或其委托的招标代理机构熟悉相关业务的代表,以及有关技术、经济等方面的专家组成,成员人数为五人以上单数,其中技术、经济等方面的专家不得少于成员总数的三分之二。

[问一问]
评标委员会成员的确定标准是什么?

评标委员会设负责人的,评标委员会负责人由评标委员会成员推举产生或者由招标人确定。评标委员会负责人与评标委员会的其他成员有同等的表决权。评标委员会的专家成员应当从省级以上人民政府有关部门提供的专家名册或者招标代理机构的专家库内的相关专家名单中确定。

确定评标专家,可以采取随机抽取或者直接确定的方式。一般项目,可以采取随机抽取的方式;技术特别复杂、专业性要求特别高或者国家有特殊要求的招标项目,采取随机抽取方式确定的专家难以胜任的,可以由招标人直接确定。

评标专家应符合下列条件:(1)从事相关专业领域工作满八年并具有高级职称或者同等专业水平;(2)熟悉有关招标投标的法律法规,并具有与招标项目相关的实践经验;(3)能够认真、公正、诚实、廉洁地履行职责。

有下列情形之一的,不得担任评标委员会成员:(1)投标人或者投标人主要负责人的近亲属;(2)项目主管部门或者行政监督部门的人员;(3)与投标人有经济利益关系,可能影响对投标公正评审的;(4)曾因在招标、评标以及其他与招标投标有关活动中从事违法行为而受过行政处罚或刑事处罚的。评标委员会成员有前款规定情形之一的,应当主动提出回避。评标委员会成员应当客观、公正地履行职责,遵守职业道德,对所提出的评审意见承担个人责任。

评标委员会成员不得与任何投标人或者与招标结果有利害关系的人进行私下接触,不得收受投标人、中介人、其他利害关系人的财物或者其他好处。

评标委员会成员和与评标活动有关的工作人员不得透露对投标文件的评审和比较、中标候选人的推荐情况以及与评标有关的其他情况。

与评标活动有关的工作人员,是指评标委员会成员以外的因参与评标监督工作或者事务性工作而知悉有关评标情况的所有人员。

三、评标的标准与方法

《招标投标法》第四十条规定,评标委员会应当按照招标文件确定的评标标准和方法,对投标文件进行评审和比较。国务院对特定招标项目的评标有特别规定的,从其规定。

(一)评标的标准

一般包括价格标准和价格标准以外的其他有关标准(又称"非价格标准"),以及如何运用这些标准来确定中选的投标。非价格标准应尽可能客观和定量化,并按货币额表示,或规定相对的权重(即"系数"或"得分")。通常来说,在货物评标时,非价格标准主要有运费和保险费、付款计划、交货期、运营成本、货物的有效性和配套、零配件和服务的供给能力、相关的培训、安全性和环境效益等。在服务评标时,非价格标准主要有投标人及参与提供服务的人员的资格、经验、信誉、可靠性、专业和管理能力等。在工程评标时,非价格标准主要有工期、质量、施工人员和管理人员的素质、以往的经验等。

(二)评审指标

建设工程施工评标时的评审指标一般设技术标和商务标。

1. 技术标的设置

技术标一般指施工组织设计,主要内容应包括施工方案、方法、进度计划,采用新技术、新工艺的可行性,质量、安全施工保证体系与保证措施,现场平面布置,文明施工措施的合理性、可靠性、先进性,主要机具、劳动力配置,项目经理及主要技术、管理人员配备等。

2. 商务标的设置

(1)投标报价

评标时依评标标准价合理确定最优投标报价。评标标准价,是指对招标项目价格进行评审的对比价格,是合理范围内的投标报价的平均值。

(2)施工工期

招标要求工期应满足工期定额的规定,招标文件要求提前工期的,投标人应满足其要求,但要求提前工期超出定额工期15％以上时,招标人应给予必要的赶工措施费。

(3)工程质量

工程质量应达到国家建设工程质量检验评定标准的质量等级。

(三)评标的方法

评标的方法,是运用评标标准评审、比较投标的具体方法。评标方法有以下4种:

1. 打分法

采取这种方法,将评标要考虑的因素(如价格、质量、信誉、服务等),按重要程度不同,确定其占评标总分数的比重或权数,评审委员会按照评标标准分别对每一投标的各个部分进行评价、打分;计算各部分相应的加权分值,汇总各部分的相应加权分值,即计算每个投标人的得分。汇总评标委员会对每个投标人的打分,得分最高的投标即为最佳投标,可作为中选投标候选人或中选投标人。采用打分法,通常应该考虑的因素包括:投标价格;运输费用、保险费用及其他费用;交货期或竣工期;偏离合同条款规定的付款条件;备件价格及售后服务;标的性能、质量;技术服务和技术培训等。其中投标价格的分数权数一般都占全部因素的60％以上。打分法的优点是综合考虑,方便易行,能从难以用金额表示的各个投标中选择最好的投标,因此应用范围较广;缺点是难以十分准确和客观地确定不同技术性能的分值权数和每一性能应得的分值,有时可能会忽视一些重要指标。打分法在实际评标工作中最为常用。

[问一问]

4种评标方法各有何特点?

2. 最低投标价法

采取这种方法,将价格作为评标时考虑的唯一重要因素。以能够满足招标文件的各项要求且投标价格最低的投标为中选投标。如评标委员会一致认为最低投标价或某些分项报价明显不合理,有降低质量不能诚信履约的可能时,评标委员会有权通知投标人限期进行解释。如投标人未在规定期限内做出解释,或所做解释不够合理,经评标委员会取得一致意见后,可确定该投标不作为中选投标,评标委员会可将第二个最低投标作为中选投标。如果第二个最低投标也存在上述情况,则依此类推。最低投标价法适用于标的物技术含量不高于其他物品关联度不强的报标项目,如简单商品、半成品和原材料等采购项目的评标。对于计算机、汽车、空调等标准产品,也可采用最低投标报价法评标。但要对其报价进行质疑、答辩和说明。

3. 最低评标价法

最低评标价法与最低投标价法的基本原则相同,都是将价格作为评标时考虑的唯一重要因素,价格最低的投标为中选投标。但两者区别在于后者是以投标人的报价为基础进行评标;前者是以评标委员会按照规定的价格计算标准,对投标人的投标进行重新计算,计算出每一个投标的评标价格,以此为基础进行评审,评标价格最低的投标作为中选投标。

最低评标价法有其价格计算标准,评标价格等于成本加利润,其中,利润为预先确定的投标人应得的合理利润,成本的计算则有其特定的计算口径。如货物由国外进口,其评标的成本以包括货物购买成本、保险在内的到岸价为基础;对国内商品,以出厂价格为基础,等等。最低评标价法的适用范围与最低投标价法基本相同。

4. 寿命周期成本法

采用这种方法,需将以后运行期各项后续费用(零配件、油料、燃料、维修保养等)折现并与投标报价合并考虑,以此为基础,选择总成本最低的投标作为中选投标。在计算寿命周期成本时,可以根据实际情况,在投标文件报价的基础上,加上全部运行期内的各项后续费用,再扣除标的物净残值,得出寿命周期成本。其中各年度的后续费用及标的物净残值,应当按照投标文件确定的规章折算为净现值。

寿命周期成本法适用于大型建筑构筑物、大型成套设备等运行期内后续费用较高的报标项目的评标。

报标、评标中要根据实际情况,收取一定的投标保证金及合同履约保证金,用以约束投标人的不正当竞争行为。

评标标准的实际应用,通常以表格打分方式完成:(1)评委在评标会上,首先在报价对比表上记录每一投标单位的报价,有些投标可以多轮报价,选最后一轮报价为该单位报价;(2)评委根据企业信誉、实力、资本、价格、质量、工期、服务和承诺等因素,按照提供的评标标准,给每一位供应商打分;(3)对有标底的招标项目(如工程招标项目)要设标底,并以标底价格为基础上浮 5％下浮 10％为入围供应商,超出此范围即视为废标,同时规定价格分在标底价格基础上,上升一个百分点扣 1 分,下降一个百分点加 1 分,上升最多扣 5 分,下降最多加 10 分;(4)其他的方面根据实际情况给分;(5)将所有评委所评分数加权平均,即可得出最佳投标单位,确定中选投标。

四、初步评审

(一)评标的准备

评标委员会成员应当编制供评标使用的相应表格,认真研究招标文件,至少应了解和熟悉以下内容:

(1)招标的目标;

(2)招标项目的范围和性质;

(3)招标文件中规定的主要技术要求、标准和商务条款;

(4)招标文件规定的评标标准、评标方法和在评标过程中考虑的相关因素。

招标人或者其委托的招标代理机构应当向评标委员会提供评标所需的重要信息和数据。

招标人设有标底的,标底应当保密,并在评标时作为参考。

(二)初步评审

评标委员会应当根据招标文件规定的评标标准和方法,对投标文件进行系

［问一问］
初步评审应完成哪些内容?

统的评审和比较。招标文件中没有规定的标准和方法不得作为评标的依据。

招标文件中规定的评标标准和评标方法应当合理,不得含有倾向或者排斥潜在投标人的内容,不得妨碍或者限制投标人之间的竞争。

评标委员会应当按照投标报价的高低或者招标文件规定的其他方法对投标文件排序。以多种货币报价的,应当按照中国银行在开标日公布的汇率中间价换算成人民币。招标文件应当对汇率标准和汇率风险作出规定。未作规定的,汇率风险由投标人承担。

评标委员会可以书面方式要求投标人对投标文件中含义不明确、对同类问题表述不一致或者有明显文字和计算错误的内容作必要的澄清、说明或者补正。澄清、说明或者补正应以书面方式进行并不得超出投标文件的范围或者改变投标文件的实质性内容。

投标文件中的大写金额和小写金额不一致的,以大写金额为准;总价金额与单价金额不一致的,以单价金额为准,但单价金额小数点有明显错误的除外;对不同文字文本投标文件的解释发生异议的,以中文文本为准。

1. 废标处理

下列情况的投标应作废标处理:

(1)在评标过程中,评标委员会发现投标人以他人的名义投标、串通投标、以行贿手段谋取中标或者以其他弄虚作假方式投标的,该投标人的投标应作废标处理。

(2)在评标过程中,评标委员会发现投标人的报价明显低于其他投标报价或者在设有标底时明显低于标底,使得其投标报价可能低于其个别成本的,应当要求该投标人做出书面说明并提供相关证明材料。投标人不能合理说明或者不能提供相关证明材料的,由评标委员会认定该投标人以低于成本报价竞标,其投标应作废标处理。

(3)评标委员会应当审查每一投标文件是否对招标文件提出的所有实质性要求和条件做出响应。未能在实质上响应的投标,应作废标处理。

2. 投标的否决

投标人资格条件不符合国家有关规定和招标文件要求的,或者拒不按照要求对投标文件进行澄清、说明或者补正的,评标委员会可以否决其投标。

因有效投标不足三个使得投标明显缺乏竞争的,评标委员会可以否决全部投标,招标人应当依法重新招标。

(三)投标偏差

评标委员会应当根据招标文件,审查并逐项列出投标文件的全部投标偏差。投标偏差分为重大偏差和细微偏差。

1. 重大偏差

下列情况属于重大偏差:(1)没有按照招标文件要求提供投标担保或者所提供的投标担保有瑕疵;(2)投标文件没有投标人授权代表签字和加盖公章;(3)投标文件载明的招标项目完成期限超过招标文件规定的期限;(4)明显不符合技术

规格、技术标准的要求;(5)投标文件载明的货物包装方式、检验标准和方法等不符合招标文件的要求;(6)投标文件附有招标人不能接受的条件;(7)不符合招标文件中规定的其他实质性要求。

投标文件有上述情形之一的,为未能对招标文件做出实质性响应,应作为废标处理。招标文件对重大偏差另有规定的,从其规定。

2. 细微偏差

细微偏差是指投标文件在实质上响应招标文件要求,但在个别地方存在漏项或者提供了不完整的技术信息和数据等情况,并且补正这些遗漏或者不完整不会对其他投标人造成不公平的结果。细微偏差不影响投标文件的有效性。

评标委员会应当书面要求存在细微偏差的投标人在评标结束前予以补正。拒不补正的,在详细评审时可以对细微偏差作不利于该投标人的量化,量化标准应当在招标文件中规定。

五、详细评审

1. 经初步评审合格的投标文件,评标委员会应当根据招标文件确定的评标标准和方法,对其技术部分和商务部分作进一步评审、比较。

评标委员会对各个评审因素进行量化时,应当将量化指标建立在同一基础或者同一标准上,使各投标文件具有可比性。

对技术部分和商务部分进行量化后,评标委员会应当对这两部分的量化结果进行加权,计算出每一投标的综合评估价或者综合评估分。

2. 根据指标文件的规定,允许投标人投备选标的,评标委员会可以对中标人所投的备选标进行评审,以决定是否采纳备选标。不符合中标的投标人的备选标不予考虑。

3. 对于划分有多个单项合同的招标项目,招标文件允许投标人为获得整个项目合同而提出优惠的,评标委员会可以对投标人提出的优惠进行审查,以决定是否将招标项目作为一个整体合同授予中标人。将招标项目作为一个整体合同授予的,整体合同中标人的投标应当最有利于招标人。

4. 评标和定标应当在投标有效期结束30个工作日前完成。不能在投标有效期结束日30个工作日前完成评标和定标的,招标人应当通知所有投标人延长投标有效期。拒绝延长投标有效期的投标人有权收回投标保证金。同意延长投标有效期的投标人应当相应延长其投标担保的有效期,但不得修改投标文件的实质性内容。因延长投标有效期造成投标人损失的,招标人应当给予补偿,但因不可抗力需延长投标有效期的除外。

招标文件应当载明投标有效期。投标有效期从提交投标文件截止日起算起。

5. 评标委员会完成评标后,应当向招标人提出书面评标报告,并抄送有关行政监督部门。评标报告应当阐明评标委员会对各投标文件的评审和比较意见,并按照招标文件中规定的评标方法,推荐不超过3名有排序的合格的中标候选人或中标候选方案。招标人根据评标委员会提出的书面评标报告和推荐的中标候选人或中标候选方案,结合投标人的技术力量和业绩确定中标人或中标方案。

评标报告应当如实记载以下内容:(1)基本情况和数据表;(2)评标委员会成员名单;(3)开标记录;(4)符合要求的投标一览表;(5)废标情况说明;(6)评标标准、评标方法或者评标因素一览表;(7)经评审的价格或者评分比较一览表;(8)经评审的投标人排序;(9)推荐的中标候选人名单与签订合同前要处理的事宜;(10)澄清、说明、补正事项纪要。

[问一问]
　　评标报告应包含哪些内容?

评审报告由评标委员会全体成员签字。对评标结论持有异议的评标委员会成员可以用书面方式阐述其不同意见和理由。评标委员会成员拒绝在评标报告上签字不陈述其不同意见和理由的,视为同意评标结论。评标委员会应当对此做出书面说明并记录在案。

向招标人提交书面评标报告后,评标委员会即告解散。评标过程中使用的文件、表格以及其他资料应当即时归还招标人。

六、中标

(一)推荐中标候选人

根据经评审的最低投标价法,能够满足招标文件的实质性要求,并且经评审的最低投标价的投标,应当推荐为中标候选人。

根据综合评估法,最大限度地满足招标文件中规定的各项综合评价标准的投标,应当推荐为中标候选人。

衡量投标文件是否最大限度地满足招标文件中规定的各项评价标准,可以采取折算为货币的方法、打分的方法或者其他方法。需量化的因素及其权重应当在招标文件中明确规定:评标委员会推荐的中标候选人应当限定在一至三人,并标明排列顺序。

(二)中标

在确定中标人之前,招标人不得与投标人就投标价格、投标方案等实质性内容进行谈判。

中标人的投标应当符合下列条件之一:(1)能够最大限度地满足招标文件中规定的各项综合评价标准;(2)能够满足招标文件的实质性要求,并且经评审的投标价格最低;(3)但是投标价格低于成本的除外。

使用国有资金投资或者国家融资的项目,招标人应当确定排名第一的中标候选人为中标人。排名第一的中标候选人放弃中标,因不可抗力提出不能履行合同,或者招标文件规定应当提交履约保证金而在规定的期限内未能提交的,招标人可以确定排名第二的中标候选人为中标人。

排名第二的中标候选人因前款规定的同样原因不能签订合同的,招标人可以确定排名第三的中标候选人为中标人。

(三)中标通知书

所谓中标通知书,是指招标人在确定中标人后向中标人发出的通知其中的书面凭证。中标人一经确定,招标人应尽快向中标人发出中标通知,包括以电话、电报或电传等快捷方式。中标通知书的内容应当简明扼要,一般只需告知进一步签订合同的时间地点;招标投标是以订立合同为目的的民事活动。从合同法的意义上讲,招标人发出的招标公告或者投标邀请书,是吸引法人或者其他组织向自己投标的意思表示,属于要约邀请;投标人向招标人送达的投标文件,是投标人希望与招标人就招标项目订立合同的意思表示,属于要约;而招标人向中标的投标人发出的中标通知书,则是招标人同意接受中际的投标人的投标条件,即同意接受该投标人要约的意思表示,属于承诺。因此,中际通知书发出后产生承诺的法律效力,此法律效力主要是指民事上的法律约束力。

中际通知书一经发出,承诺生效,而并非自中标人收到中标通知书时生效。所以,如果中标通知书发出后,正传递邮寄过程中并非因招标人的过错发生的延误,错投甚至丢失的情况,中标通知书对招标人和中标人仍具有法律效力。

《招标投标法》第四十六条规定,招标人与中标人应当自中标通知书发出之日起 30 日内,按照招标文件和中标人的投标文件签订书面合同。招标人和中标人在合同上签字盖章后合同生效。

签订书面合同是招标人和中标人的法定义务,任何一方违反了,都要承担相应的法律责任;签订书面合同的目的,一方面可以弥补中标通知书过于简明扼要的缺陷,另一方面,可以进一步明确合同双方当事人的权利义务,并以合同形式统一固定下来,体现了合同的法律严肃性。

应该注意的是,招标人与中标人双方签订的书面合同要依据招标文件和中标人的投标文件,不得再行订立背离合同实质性内容的其他协议。这里所说的"实质性内容",主要指投标价格、投标方案等涉及招标人和投标人权利义务关系的实质性内容。

对招标文件要求投标人提交履约保证金的,投标人应当提交。招标人与中标人签订合同后 5 个工作日内,应当向中标人和未中标的投标人退还投标保证金。

七、招标投标备案制度

[问一问]
推行招标投标备案制度有何意义?

《建筑工程设计招标投标管理办法》第七条和《房屋建筑和市政基础设施工程施工招标投标管理办法》第十二条均规定,招标人自行组织招标的,应当在发布招标公告或者发出投标邀请书前,持有关材料到县级以上地方人民政府建设行政主管部门备案;招标人委托招标代理机构进行招标的,招标人应当在委托合同签订 15 日内,持有关材料到县级以上地方人民政府建设行政主管部门备案。

备案机关对有关材料进行审核后,发现招标人不具备自行招标条件、代理机构无相应资格、招标前期条件不具备、招标公告或者投标邀请书有重大瑕疵的,可以责令招标人暂时停止招标活动。

《招标投标法》第四十七条规定,依法必须进行招标的项目,招标人应当自确定中标人之日起 15 日内,向工程所在地的县级以上地方人民政府建设行政主管部门提交施工招标投标情况的书面报告:招标范围;招标方式和发布招标公告的媒介;指标文件中投标人须知、技术条款、评标标准和方法、合同主要条款等内容;评标委员会的组成和评标报告;中标结果。

八、重新招标

评标委员会按照招标文件中规定的评标标准,对每一份投标文件的各项指标进行评审后,如果认为所有的投标都不符合招标文件要求,即所有投标均被否决,或者投标人少于三个,招标人应当依法重新招标。

对于依法必须进行招标的项目,如果出现这些情况,招标人不能再从落选的投标中进行挑选,也不能找另外的人进行一对一的谈判,自己确定中标人。而是应当按照《招标投标法》规定的招标程序,重新进行招标。当然,如果是原招标条件规定不当,致使所有投标废标的情况,招标人还应重新修改招标文件,然后再进行新的招标。如果重新招标时间较紧来不及时,经批准,也可采用其他采购方式。对于非强制性招标的项目,则可不受必须重新招标的限制,招标人可以重新招标,也可以采用其他采购方式。

本章思考与实训

一、思考题

1. 具备哪些条件才能自行招标?工程建设项目招标代理机构的资格如何认定?

2. 招标文件一般应载明哪些内容?招标公告的发布方式和主要内容有哪些?

3. 什么是投标人?如何编制投标文件?

4. 什么是共同投标?共同投标的联合体应具备的条件是什么?它的内外关系如何确定?

5. 简述初步评审和详细评审的内容。

二、案例分析题

案例1

【背景资料】

某房地产公司计划在北京开发某住宅项目,采用公开招标的形式,有A、B、C、D、E、F六家施工单位领取了招标文件。本工程招标文件规定:2004年10月20日下午17:30为投标文件接收终止时间。在提交投标文件的同时,投标单位需提供投标保证金20万元。

在2004年10月20日,A、B、C、D、F五家投标单位在下午17:30前将投标文件送达,E单位在次日上午8:00送达。各单位均按招标文件的规定提供了投标保证金。在10月20日上午10:25时,B单位向招标人递交了一份投标价格下降 5%的书面说明。

开标时,由招标人检查投标文件的密封情况,确认无误后,由工作人员当众拆封,并宣读了 A、B、C、D、F 五家承包商的名称、投标价格、工期和其他主要内容。在开标过程中,招标人发现 C 单位的标袋密封处仅有投标单位公章,没有法定代表人印章或签字。

评标委员会委员由招标人直接确定,共有 4 人组成,其中招标人代表 2 人,经济专家 1 人,技术专家 1 人。招标人委托评标委员会确定中标人,经过综合评定,评标委员会确定 A 单位为中标单位。

【问题】

1. 在招标投标过程中有何不妥之处?说明理由。

2. B 单位向招标人递交的书面说明是否有效?

3. 在开标后,招标人应对 C 单位的投标书作何处理,为什么?

4. 投标书在哪些情况下可作为废标处理?

5. 招标人对 E 单位的投标书作废标处理是否正确,理由是什么?

案例 2

【背景资料】

某市政设施工程全部由政府投资兴建。该项目为该省建设规划的重点项目之一,且已列入地方年度固定投资计划,概算已经主管部门批准,征地工作尚未全部完成,施工图纸及有关技术资料齐全。现决定对该项目进行施工招标。招标人在国家级报刊发布招标公告因估计除本市施工企业参加投标外,还可能有外省市施工企业参加投标,故招标人委托咨询单位编制了两个标底,准备分别用于对本省和外省市施工企业投标价的评定。招标人于 2009 年 8 月 5 日向具备承担该项目能力的 A、B、C、D、E 五家承包商发出资格预审合格通知,其中说明,8 月 10~11 日在招标人总工程师室领取招标文件,9 月 5 日 14 时为投标截止时间。该五家承包商均领取了招标文件。8 月 18 日招标人对投标单位就招标文件提出的所有问题统一作了书面答复,随后组织各投标单位进行了现场踏勘。9 月 5 日这五家承包商均按规定的时间提交了投标文件。但承包商 A 在送出投标文件后发现报价估算有较严重的失误,遂赶在投标截止时间前半小时递交了一份书面声明,撤回已提交的投标文件。

开标时,由招标人委托的市公证处人员检查投标文件的密封情况,确认无误后,由工作人员当众拆封。由于承包商 A 已撤回投标文件,故招标人宣布有 B、C、D、E 四家承包商投标,并宣读该四家承包商的投标价格、工期和其他主要内容。

评标委员会委员由招标人直接确定,共由 7 人组成,其中招标人代表 2 人,技术专家 3 人,经济专家 2 人。

按照招标文件中确定的综合评标标准,四个投标人综合得分从高到低的依次顺序为 A、C、D、E,故评标委员会确定承包商 A 为中标人。由于承包商 A 为外地企业,招标人于9月8日将中标通知书寄出,承包商8于9月18日收到中标通知书。最终双方于10月13日签订了书面合同。

【问题】

1.《招标投标法》中规定的招标方式有哪几种?

2. 该工程若采用邀请招标方式是否违反有关规定,为什么?

3. 从招标投标的性质来看,本案例中的要约邀请、要约和承诺的具体表现是什么?

4. 招标人对投标单位进行资格预审应包括哪些内容?

5. 根据《招标投标法》的有关规定,判断该项目在招标投标过程中有哪些不妥之处? 并说明理由。

案例3

【背景资料】

某发包代理单位在接受委托后根据工程的情况,编写了招标文件,其中的招标日程安排如下:

序号	工作内容	日期	
(1)	发布公开招标信息	2008.4.30	
(2)	公开接受施工企业报名	2008.5.4	上午9:00—11:00
(3)	发放招标文件	2008.5.10	上午9:00
(4)	答疑会	2008.5.10	上午9:00—11:00
(5)	现场踏勘	2008.5.11	下午13:00
(6)	投标截止	2008.5.16	
(7)	开标	2008.5.17	
(8)	询标	2008.5.18—21	
(9)	决标	2008.5.24	下午14:00
(10)	发中标通知书	2008.5.24	下午14:00
(11)	签订施工合同	2008.5.25	下午14:00
(12)	进场施工	2008.5.26	上午8:00
(13)	领取标书编制补偿费、保证金	2008.6.8	

【问题】

发包代理单位编制的招投标日程安排有哪些不妥之处?

第四章　建设工程监理法规

【内容要点】

1. 建设工程监理的概念；
2. 建设工程监理工作的程序及内容，工程建设监理各方的关系；
3. 建设工程监理合同当事人的权利、义务和责任，以及工程建设监理合同的签订和履行。

【知识链接】

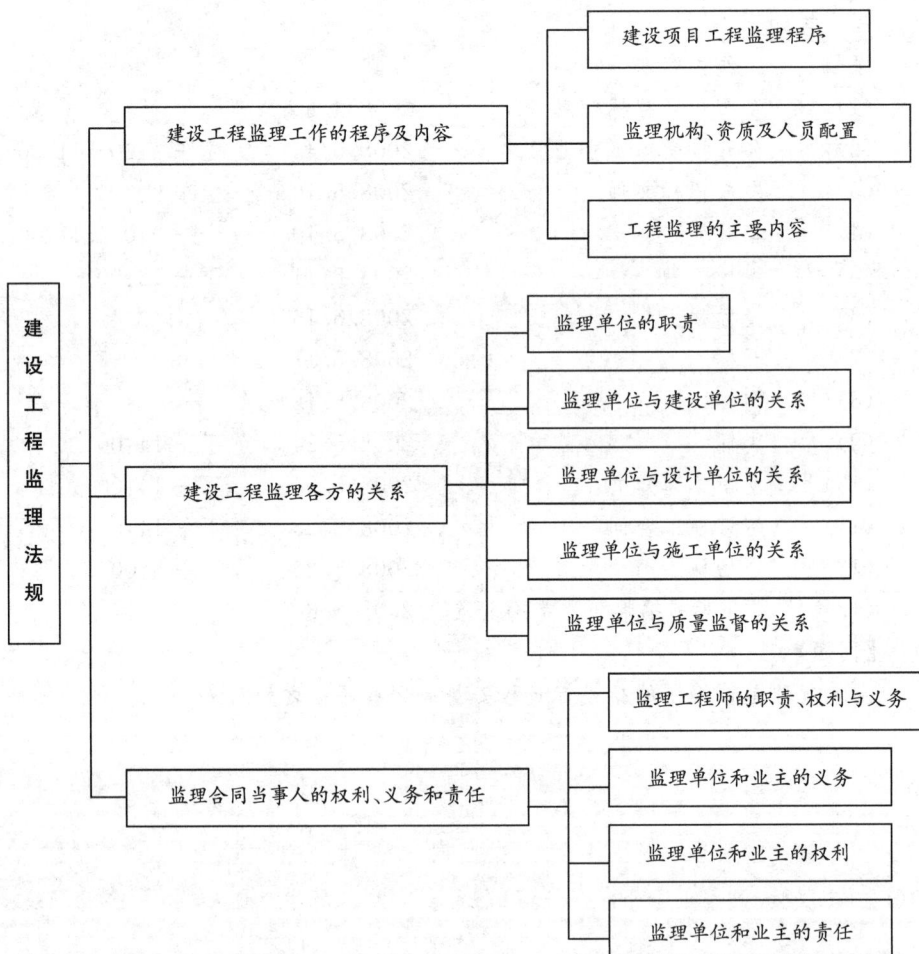

第一节 建设工程监理法规概述

一、建设工程监理的概念

监理即监督和管理。建设工程监理,是指社会化、专业化的工程建设监理单位接受业主的委托和授权,根据国家批准的了程项目建设文件、有关工程建设的法律、法规和工程建设监理合同以及其他有关法规、规范,对工程建设的参与者的行为所进行的监督、控制、督促、评价和管理活动。以保证建设行为符合国家法律、法规和有关政策,防止建设行为的随意性和盲目性,促使工程建设的进度、投资、质量等按合同进行,确保建设行为的合法性、科学性、合理性和经济性。

我国的建设工程监理是指监理单位受项目法人的委托,依据国家批准的工程项目建设文件、有关工程建设的法律、法规和工程监理合同及其他工程建设合同,对工程建设实施的监督管理。这一表述与国际惯例基本一致,包含有以下内容:

1. 建设工程监理是针对工程项目建设所实施的监督管理活动

这就是说工程项目是监理活动的前提条件,工程建设监理是围绕着工程建设项目开展工作的,离开工程项目,就无法开展监理活动。

2. 建设工程监理是一种微观管理活动

它是针对具体的工程项目而实施的。这一点明显地区别于政府主管部门进行的行政性监督管理活动。政府的监督管理是宏观的,它的主要功能是通过强制性的立法、执法来规范建筑市场,实行建设监理制度,对具体工程项目的管理由建筑市场主体承担。建设监理是一种微观的管理活动。

3. 建设工程监理的行为主体是工程监理企业

按照国家的有关法规,建设工程监理必须由工程监理企业组织实施。工程监理企业是工程建设监理的行为主体。只有工程监理企业才是专门从事工程建设监理和其他技术服务活动的具有独立性、社会化、专业化特点的组织。其他任何单位进行的监督管理活动(如政府有关部门进行的监督管理以及业主自行的监督管理等)均不能称为工程建设监理。

4. 建设工程监理需要有业主的委托和授权

建设工程监理是市场经济条件下社会的需要。市场由买卖双方和第三方——中介机构组成,工程监理企业就是其中的第三方。但工程监理企业要成为市场的第三方就必须有业主的委托和授权。这也是工程建设监理与政府对工程建设的监督管理的重要区别。

5. 建设工程监理有明确的依据

建设工程监理是严格地按照国家有关法规和其他有关准则实施的。工程建设监理的依据主要有:工程建设法规、工程建设项目建设文件、工程建设技术标准、工程建设价格标准、工程建设合同等。工程监理企业必须按上述依据实施监理。参加工程建设的其他各方也应遵守这些法规、准则和文件等。

二、建设工程监理制度

建设工程监理是国际上通行的对工程项目建设行为的监督和管理,它是商品经济发展到一定历史阶段的必然产物,其监督管理制度也有一个逐步形成完善的过程。通过几年的试点工作,国家确定从1996年起全国普遍推行工程建设监理制度。

《中华人民共和国建筑法》规定:"国家推行建筑工程监理制度。""建筑工程监理应当依据法律、行政法规及有关的技术标准、设计文件和建筑工程合同,对承包单位在施工质量、建设工期和建设资金等方面,代表建设单位实施监督。"由此可见,国家从法律上明确了监理制度的法律地位。

建设工程监理制度的实施,是我国工程建设领域中项目管理体制的重大改革举措之一,它是与投资体制、承包经济责任制、开放建筑市场、招投标制、项目业主责任制等改革制度相匹配的改革制度,是我国工程建设事业走上健康、快速、持久、稳定发展道路的有效保障管理体制。

1. 建立监理制度的目的

(1)提高工程建设项目管理水平;

(2)改善和提高工程建设项目的投资效益;

(3)促进承包企业提高技术与管理水平。

2. 建设工程监理的主体与方式

监理单位是实施工程建设项目的监理主体。监理单位受项目法人委托,依据国家批准的工程项目文件、有关法律、法规和工程建设监理合同以及其他工程建设合同,对工程建设实施以合同为目标的监督管理;监理单位与被监理单位是监理与被监理关系,监理单位应当公正地维护项目法人和被监理单位的合法权益;监理工程师是监理单位的主力,全面负责受委托的监理工作。

监理方式可以由建设单位按照国家有关资质规定自行组建相对独立的监理机构承担工程监理;也可以由建设单位依法委托社会化、专业化的监理单位承担监理;监理单位与业主(建设单位)无隶属关系。

三、实施建设工程监理制度的必要性

建设工程监理是我国建设领域改革中建立的一项重要制度,自1988年开始试点,1993年开始稳步推行,1996年开始全面推行,1997年纳入《建筑法》。2001年发布《建设工程监理规范》,其发展速度是非常快的。其必要性主要有以下几点:

1. 改革传统的工程建设管理体制,即改变建设单位的自筹自管小生产方式,改变工程指挥部的政企不分管理方式。

2. 解决投资主体对技术和管理服务的社会需求问题,即形成一支社会化、专业化的支持力量,为投资者提供专门的高智能服务,提高其投资管理水平和承担风险的能力。

3. 建立社会主义建筑市场需要有中介组织以形成协调约束机制,维护市场经济秩序,即建立工程监理制度形成建筑市场的中介组织,监督承包者的建设行为,依法保护买卖双方的合法权益,从而促进规范化、有序化建筑市场的建立。

4. 与国际建筑市场接轨。国际上进行工程建设的惯例是实行咨询制度。我国无论是开展对外工程承包或引进外资进行建设,都要与国际惯例沟通,为了改善投资环境、增强国际承包的竞争能力,均需要建立建设工程监理制度。

四、建设工程监理的依据

[想一想]
工程建设监理的依据和必要性是什么?

根据《建筑法》的规定,进行建设项目监理主要有以下依据:(1)法律、行政法规;国家批准的有关工程建设的政策、法规及政府、行业部门批准的建设计划、规划等;(2)有关国家及行业颁布的技术标准、规范及结合本建设项目专门编制的技术规程等;(3)主管部门批准的设计文件、施工图纸及技术要求等;(4)业主与承包商签订的合同文件;包括施工合同、采购合同;监理单位与业主签订的委托监理合同和其他相关合同。

第二节　建设工程监理工作的程序及内容

一、建设项目工程监理程序

1. 制定监理工作程序的一般规定

(1)制定监理工作总程序应根据专业工程特点,并按工作内容分别制定具体的监理工作程序;

(2)制定监理工作程序应体现事先控制和主动控制的要求;

(3)制定监理工作程序应结合工程特点,注重监理工作效果。监理工作程序中应明确工作内容,行为主体、考核标准、工作时限;

(4)当涉及建设单位和承包单位的工作时,监理工作程序应符合委托监理合同和施工合同的规定;

(5)在监理工作实施过程中,应根据实际情况的变化对监理工作程序进行调整和完善。

2. 建设项目实施建设监理程序

(1)确定项目总监理工程师,成立项目监理组织;

(2)搜集监理依据,编制项目监理规划;

(3)根据监理规划和监理实施细则,规范地开展监理工作,使监理工作的时序性、职责分工的严密性和工作目标的明确性均呈良好状态;

(4)参加项目的竣工预验收,签署监理意见;

(5)进行监理工作总结,主要包括的内容是:①向建设单位提交的工作总结;

监理委托合同履行情况;监理任务或监理目标的完成情况;由建设单位提供的用品清单;表明监理工作终结的说明;②向监理单位提交的工作总结,包括:监理工作经验;监理方法经验;技术经济措施经验;协调关系的经验;③存在的问题及改进意见。

二、监理机构、资质及人员配置

(一)监理机构的设置

监理单位应根据工程规模、难易程度、技术含量、合同工期及现场条件等因素,建立或选择相应的监理机构。

监理机构的层次,监理机构可按工程招标合同内容、自然段或按工程实际情况分为基层监理机构及一级、二级与三级监理机构。

1. 基层监理机构

一般按工程招标的合同段设置。

2. 一级监理机构

设总监理工程师办公室(简称总监办)。

3. 二级监理机构

设置总监理工程师办公室和高级驻地监理工程师办公室(简称总监办和驻地办)。

4. 三级监理机构

当工程项目为两个以上的独立项目或跨省、区时,则设置三级监理机构,即总监办、项目监理部(代表处)和驻地办。

(二)监理机构的资质与监理工程师资格

1. 监理机构资质

承担建筑工程施工监理业务的单位,必须是经建设部及其他行业主管部门或省级部门审批,并取得建设工程施工监理资质等级证书具有法人资格的监理单位。具有相应资质等级资格证书的监理单位在承担监理业务时,应按照批准资质等级的工程监理业务范围开展监理工作。

2. 监理工程师资格

凡在国家基本建设工程项目中,从事监理业务的监理工程师,必须由建设部及其他行业主管部门审定资格,经批准注册并持有统一颁发的监理工程师证书者,方可上岗工作;上述任一级监理单位的主要负责人员,从事监理业务必须持证上岗;凡持有证书的监理工程师才具有签认(或签字)的权限,否则,签认(或签字)的书面文件、试验检测资料一律无效。

(三)监理人员的类别与配置

1. 监理人员的类别

监理人员包括监理工程师、监理员及行政事务管理人员。监理工程师指总监理工程师(简称总监)、总监代表、高级驻地监理工程师及专业监理工程师。监理员指测量、试验及现场旁站人员。

总监、总监代表及高级驻地监理工程师,要求具有高级技术职称,必须持证上岗。专业监理工程师要求具有中级技术职称,也必须持证上岗。未获得监理工程师证书,尽管具有高级专业技术职称的人员,一般只能从事监理员或监理单位的管理工作。

监理人员的构成比例:监理单位各专业部门负责人及驻地监理工程师等各类高级监理人员,一般应占监理总人数的10%以上;中级技术职称的各类专业监理人员一般占监理总人数的40%;初级技术职称的各类专业监理人员一般占监理总人数的40%;行政事务管理人员占10%以内。

2. 监理人员的配置

监理人员的配置原则,应根据承担监理工程的类别、规模、技术复杂程度和实施监理的业务范围配置不同类别的监理人员。监理人员的数量可由业主及监理单位依据建设部颁发的《建设工程监理规范》中有关指导性的规定确定,并应明确写入"施工监理服务合同"中。

3. 监理人员的素质

[想一想]
一名合格的监理人员应具备哪些素质?

工程监理是高层次的咨询工作,也是一项技术性、政策性、经济性、社会性很强的综合监管工作,要求监理人员必须具备以下素质:(1)掌握完整的知识结构,会管理、通经济、知法律、懂技术及专业外语知识;(2)具有丰富的工程实践经验;(3)具有较强的协调能力;(4)具备高尚的道德情操和敬业精神;(5)具备良好的文化素养;(6)具备健康的身心。

这样,才能遵循"严格监理、热情服务、秉公办事、一丝不苟"的监理原则,有效地控制工程质量、工程进度、工程费用。

三、工程监理的主要内容

工程监理作为一种以严密制度为特征的综合管理行为,按照国际惯例,以FIDIC管理模式为基础,强调对工程建设项目在特定时空范围内的全方位及全过程的监督与管理,以期达到项目建设的预期目标。因此,工程监理活动属于一种法律、法规、政策及技术性强的综合行为,它要求管理者(工程监理人员)随着项目的实施和发展,对处于动态变化过程中的工程项目,要按一定的标准、规范进行调整控制,以保证工程项目按合同顺利进行。

工程监理的主要内容,可分为工程质量监理、工程进度监理、工程费用监理;合同管理、信息管理;协调有关单位之间的工作关系,即"三控、两管、一协调"。

(一)工程质量监理

1. 工程建设项目质量的特点

建设工程项目是一种涉及面广、建设周期长、影响因素多的建设产品。由于其自身具备的群体性、固定性、协作性、复杂性和预约性等特点,决定了工程项目质量难以控制的特点:(1)影响质量的因素多;(2)容易产生质量波动;(3)容易产生系统因素变异;(4)容易产生第二判断错误;(5)质量检查时不能解体、拆卸。

2. 建设工程项目质量控制的概念

国际标准(ISO)中对质量控制的定义是:为满足质量要求所采取的作业技术和活动。工程项目的质量控制按其控制的主体可分为:业主的质量控制、承包单位的质量控制和政府的质量控制。其中,业主的质量控制通过委托社会监理形式实现,也就是业主通过合同形式委托工程监理单位而实施的监理工程师质量目标管理,又称为工程质量监理。

〔做一做〕

监理人员应如何进行工程质量监理?

采用国际惯例的监理工程师制度,监理工程师对工程质量的监理权利受法律保护。在承包人和业主签订的承包合同中详细地、明确地规定了监理工程师在质量控制中的作用和权力,这就以合同形式赋予了监理工程师采取各种手段进行工程质量控制的权力,使质量管理有法可依和依法办事。

3. 建设工程施工质量监理程序

建设工程施工质量监理与单纯的工程质量验收不一样,不仅仅是最后的检验,而是对施工全过程的监理。这就要求监理工程师从承包人提出"开工申请"到"中间交工证书"的签发,都应严格执行监理程序。

监理程序是用来指导、约束监理工程师工作,协调监理和承包人工作关系的规范性文件,拟订的依据主要是合同文件和技术规范。施工监理程序按监理工作的目标管理可分为:工程开工;进度管理监理程序;质量监理工作程序;计量与支付程序;合同管理工作程序;信息管理工作程序;合同段工程交工验收程序等。其中质量监理工作程序中,主要包括质量控制检查程序;质量缺陷与事故处理程序;监理试验工作程序。

(1)质量控制的基本程序

在开工前,监理工程师应向承包人提出适用所有工程项目质量控制的程序及说明,以供所有监理人员、承包人的自检人员和施工人员共同遵循,使质量控制工作程序化。质量控制一般应按以下程序进行:

① 开工报告。在各单位工程、分部工程或分项工程开工之前,高级驻地监理工程师应要求承包人提交工程开工报告并进行审批;

② 工序自检报告。监理工程师应要求承包人的自检人员按照监理工程师批准的工艺流程和提出的工序检查程序。在每道工序完工之后首先进行自检,自检合格后,报监理工程师进行检查认可;

③ 工序检查认可。监理工程师应紧接承包人的自检或承包人的自检同时,对每道工序完工后进行检查验收并签字认可,对不合格的工序指示承包人进行缺陷修补或返工。前道工序未经检查认可,后道工序不得进行;

④ 中间交工报告。当工程的单位、分部或分项工程完工后,承包人的自检人员应再进行一次系统的自检,归总各道工序的检查记录及测量和抽样试验的结果提出交工报告。自检资料不全的交工报告,监理工程师应拒绝验收;

⑤ 中间交工证书。监理工程师应对按工程量清单的分项完工的单项工程进行一次系统的检查验收,必要时应做测量或抽样试验。检查合格后,提请高级驻地监理工程师签发"中间交工证书"。未经中间交工检验或检验不合格的工程,

不得进行下一项工程项目的施工；

⑥ 中间计量。对填发了"中间交工证书"的工程，方可进行计量并由高级驻地监理工程师签发"中间计量表"。完工项目的竣工资料不全可暂不计量支付。

从质量控制流程图可以看出，分项工程开工前，承包人必须向监理工程师提出开工申请并说明施工材料、设备、人员的准备及施工方案，开工申请得到监理工程师批准后才能开工。同时在施工过程中承包人必须要有自己的内部质量管理系统，对施工质量进行检查，发现不合格的工程，自己就进行修补或返工，直到达到规范标准后才填写"质量检验通知单"，报请监理人员验收。监理人员对报请验收的工程再进行质量检查，不合格的工程仍要进行修补或返工，直到达到规范标准为止。对合格的工程，监理工程师签发"中间交工证书"，进入中间计量。

(2)质量缺陷与事故处理

质量缺陷是指施工中存在的质量问题。由于各种因素的干扰，在施工过程中，质量缺陷的出现是难免的。但是，质量缺陷是可以尽可能减少的，特别是质量事故甚至是可以完全避免的。因此，在各项工程的施工过程中或完工以后，现场监理人员如发现工程项目存在着技术规范所不允许的质量缺陷，应根据质量缺陷的性质和严重程度，按如下方式处理：①当质量缺陷处在萌芽状态时，应及时制止；②当因施工而引起的质量缺陷已出现时，应立即向承包人发出暂停施工的指令（先口头后书面），待承包人采取了能足以保证施工质量的有效措施，并对质量缺陷进行了正确的补救处理后，再书面通知恢复施工；③当质量缺陷发生在某项工序或单项工程完工以后，而且质量缺陷的存在将对下道工序或分项工程质量产生影响时，监理工程师应在对质量缺陷的原因及责任作出了判断并确定了补救方案后再进行质量缺陷的处理或下道工序或分项的施工；④在交工使用后的缺陷责任期内发现施工质量缺陷时，监理工程师应及时指令承包人进行修补、加固或返工处理。

[想一想]
监理人员发现施工中存在的质量问题应如何处理？

对因施工原因而产生的质量缺陷的修补与加固，应先由承包人提出修补方案及方法，经监理工程师批准后方可进行；对因设计原因而产生的质量缺陷，应通过业主提出处理方案及方法，由承包人进行修补，修补措施及方法要保证质量控制指标和验收标准，并应是技术规范允许的或是行业公认的良好工程技术。

(3)监理试验工作程序

试验监督检查的任务，是对各个工程项目的材料、配合比和强度、密度等进行有效的控制，以确保各项工程的物理、力学及化学性能达到规定要求，试验的监督检验工作应由试验（材料）监理工程师及其领导下的监理工程师中心试验室专门负责，中心试验室是整个工程项目进行数据控制和数据测定的中心。当监理工程师中心试验室结果与承包人的试验结果出现允许误差以外的差异时，一般应以监理工程师中心试验室的试验结果为准。如果承包人拒绝接纳监理工程师中心试验室的结果，试验监理工程师可以与承包人在有资格的政府监督部门的试验室进行校核试验，并应以此作为批准或认定的依据，其试验费用按合同条款规定处理。

各种试验均应采用统一的表格进行记录、报告和统一的方法进行整理、保存。监理试验包括：

① 验证试验。验证试验是对材料或商品构件进行预先鉴定，以决定是否可用于工程。

② 标准试验。标准试验是对各项工程的内在品质进行施工前的数据采集，是控制和指导施工的科学依据，包括各种标准击实试验、集料的筛析试验、混合料的配合比试验、结构的强度试验等。

③ 工艺试验。工艺试验是依据技术规范的规定，在动工之前对需要通过预先试验方能正式施工的分项工程预先进行的试验，然后依其试验结果全面指导施工。

④ 抽样试验。抽样试验是对各项工程实施中的内在品质进行符合性的检查，内容包括各种材料的物理性能、施工的密实度、混凝土的强度等的测定和试验。

⑤ 验收试验。验收试验是对已完工程的实际内在品质作出评定。

4. 建设工程施工质量监理的主要方法

(1)旁站

旁站就是在工程施工过程中监理人员对工程的重要环节或关键部位实施全过程的现场察看监理。这是驻地监理人员的一种主要现场检查方式。对承包人施工的隐蔽工程、重要工程部位、重要工序及工艺，应由监理工程师或其助理人员实行全过程的旁站监督，及时清除影响工程质量的不利因素。

(2)测量

测量是监理人员在质量监理中对几何尺寸控制和检查的重要手段。开工前监理人员要对施工放线进行检查，测量不合格不准开工。验收时，要对验收部位各项几何尺寸进行测量，不符合要求的要进行测量控制和检查。

(3)试验

试验是监理工程师确认各种材料和工程部质量的主要依据。工程施工过程中的每道工序，包括材料的性能、各种混合料的配比、成品的强度等都要有试验数据，没有试验数据的工程一律不予验收。

(4)指令文件

指令文件也是监理的一种方法。监理过程中，监理工程师的各种指令都要有文字记载，并作为主要技术资料存档，使各项事情处理有根有据。这是按照FIDIC条款进行监理的一个特点，也是监理人员对工程施工过程实施控制和管理不可缺少的手段。如质量问题通知单、工作指令、工程变更令等，用以指出施工中各种问题，提请承包人注意，以达到控制之目的。

(5)抽查

抽查是指工程项目的高层监理机构为了支付所完成工程的费用，对工程质量进行复核的一种方式。通常情况下，工程项目总监代表处为保证重点工程和

[问一问]

什么叫"旁站"？起到哪些作用？

关键工程的质量,根据对各种报表、申请等分析结果,决定抽查密度。这种随机的抽查形式,也是工程施工质量得以保证的措施之一。

(6)工序控制

工序控制是监理工程师对施工质量进行有效控制的重要手段之一,必须按"质量控制程序流程"和前述的质量控制的"四不准"原则进行严格控制,以确保工程质量达到建设要求。

(二)工程进度监理

工程进度监理包括:(1)编制工程施工进度计划;(2)审批工程进度计划;(3)检查与调整进度计划;(4)找出影响工程进度的主要原因。

(三)工程费用监理

工程费用一般指修建工程项目所投入的建设资金,它是工程建设项目在施工过程中形成的工程价值的货币表现形式,可分为预算工程费用和实际工程费用,它具有以下特点:(1)预先定价;(2)以工程成本为基础;(3)由监理工程师签认;(4)由承包人使用;(5)由业主支付。

从各种款额的支付中可以看出,每笔费用的支付必须有监理工程师的证明和签认,而费用的支付又涉及业主和承包人的利益。这就要求监理工程师必须严格按合同规定,公正、准确地进行工程计量与支付,以体现公平交易的原则。

(四)信息管理

建设工程监理的信息管理,是指以工程项目作为目标系统的管理信息系统。它通过对工程项目建设监理过程中信息的采集、加工和处理,也即通过统计分析、对比分析、趋势预测等处理过程,为监理工程师的决策提供依据,对工程的费用、进度、质量进行控制;同时它也为确定索赔内容、索赔金额及反索赔提供确凿的事实依据。因此,信息管理是监理工作的一项重要内容。

第三节　建设工程监理各方的关系

1996 年以来,我国的工程建设全面推行了项目法人制、招标投标制和建设监理制,实现了新旧体制的转变。随着"三制"改革的不断深入,参建各方的职责和任务越来越明确。正确理解监理与参建各方的关系,对监理单位更好地开展监理工作,协调各方面的关系起着非常重要的作用。

一、监理单位的职责

建设工程监理是指监理单位受建设单位的委托,依据国家有关工程建设的法律、法规、批准的项目建设文件、施工合同及监理合同,对工程建设实行现场管理。其主要职责是进行工程建设合同管理,按照合同控制工程建设的投资、工期和质量,协调各方面的工作关系。

二、监理单位与建设单位的关系

[想一想]

监理单位有哪些职责?

建设单位是项目建设的责任主体,对工程质量负总责,其主要职责是按项目建设的规模、投资总额、建设工期、工程质量,实行项目建设的全过程管理,办理工程建设用地、招标申请、质量监督手续、组织工程验收等。建立健全质量检查体系,解决工程建设中的有关问题,为施工单位创造良好的外部环境。

建设单位与监理单位之间是委托与被委托、授权与被授权的合同关系。建设单位是工程项目建设的直接组织者和实施者,负有建设中征地、移民、协调地方关系等职责,对工程项目建设向国家、项目主管部门负责。监理单位依据监理合同,在建设单位授权范围内,公正监督管理施工承包合同,解决和报告合同实施过程中出现的各种情况,完成所负任务,保证工程按合同正常进展。一般情况下,监理单位应是建设单位唯一的现场施工管理者,建设单位的决策和意见应通过监理单位贯彻执行,避免现场指挥系统的混乱。

三、监理单位与设计单位的关系

设计单位的主要职责是受建设单位的委托,向建设单位提供设计文件、图纸和其他资料,派驻设计代表参与工程项目的建设,进行设计交底和图纸会审,及时签发工程变更通知单,参与工程验收并提交设计报告。

在建设单位委托监理单位进行设计监理时,监理单位与设计单位之间的关系是监理与被监理的关系;在没有委托设计监理时,是分工合作的关系。在监理过程中,监理单位应及时按照合同和有关规定处理设计变更,设计单位的有关通知、图纸、文件等须通过监理单位下发到施工单位。施工单位需要修改设计时,也必须通过监理单位、建设单位向设计单位提出设计变更或修改。

四、监理单位与施工单位的关系

施工单位是工程项目的承建者,是依法成立并具有独立法人地位的施工企业。其主要职责是参加工程项目的投标,签订施工合同,依据国家和行业规范、规定、设计文件和施工合同,编制施工方案,组织与所承包工程项目建设规模相适应的管理、技术、施工人员及施工机械进行施工,按工期要求完成施工任务。推行全面质量管理,建立健全质量保证体系,制订和完善岗位责任制,对工程质量负责。加强自检工作,认真执行"三检制",严格质量评定标准,及时做好单元、分部、单位工程的自评及报验工作,向建设单位提交工程建设资料。

在工程建设中,监理单位与施工单位的关系是监理与被监理的关系。按照建设监理制度,在工程建设的三方关系中,监理单位与施工单位之间不是合同关系,他们之间不得签订任何合同或协议。他们二者之间的关系是通过施工合同确立的,合同中明确授权了监理单位监督管理的权力。监理单位依照国家、部门颁发的有关法律、法规、技术标准及批准的建设计划、施工合同等进行监理。施工单位在执行施工合同的过程中,必须自觉接受监理单位的监督、检查和管理,并为监理工作的开展提供合作与方便,按规定提供完整的技术资料。

施工单位应按照施工合同和监理工程师的要求施工。监理单位按照建设单位的委托权限,并在这个权限范围内检查施工单位是否履行合同职责,是否按合同规定的技术、进度和投资要求进行施工建设。在工程建设中,监理单位作为公正、公平的第三方,要注意维护施工单位的合法利益,正确处理工程款支付、验收签证、索赔和工程设计变更等问题。

五、监理单位与质量监督的关系

质量监督是由政府行政部门授权、代表政府对工程质量实行强制性监督的专职机构。其主要职责是复核监理、设计、施工及有关产品制造单位的资质,监督参建各方质量体系的建立和运行情况,监督设计单位的现场服务,认定工程项目划分,监督检查技术规程、规范和质量标准的执行情况及施工、监理、建设单位对工程质量的检验和评定情况。对工程质量等级进行核定,编制工程质量评定报告,并向验收委员会提出工程质量等级建议。

[想一想]
监理单位与政府质量监督部门的关系?

质量监督与监理单位都属于工程建设领域的监督管理活动,两者之间的关系是监督与被监督的关系。质量监督是政府行为,建设监理是社会行为。建设监理是发生在项目组织系统范围内平等主体之间的横向监督管理,质量监督是项目组织系统外监督管理主体对项目系统内建设行为主体进行的一种纵向监督管理行为。两者的性质、职责、权限、方式和内容有原则性的区别。

1. 从性质上看

质量监督是代表政府,从保障社会公共利益和国家法规执行角度对工程质量进行第三方认证,其工作体现了政府对建设项目管理的职责。建设监理是一种委托性的服务活动,是在建设单位授权范围内进行现场目标控制。

2. 从工作深度和广度上看

建设监理所进行的质量控制包括对项目质量目标详细规划,实施一系列主动控制措施。在控制过程中,既要做到全面控制,又要做到事前、事中、事后控制,这种控制持续在整个项目建设的过程中。质量监督主要在项目建设的施工阶段,对工程质量的监督、抽查和等级认定,把住工程质量关。

3. 从工作范围上看

建设监理的工作范围伸缩性较大,它因建设单位委托范围的大小而变化。如果是全过程、全方位的监理,其范围则远远大于质量监督。此时的建设监理包括整个建设项目的目标规划、动态控制、组织协调、合同管理、信息管理等一系列活动。质量监督只限于施工阶段的工程质量监督,工作范围变化较小,且相对稳定。

4. 从工作依据看

质量监督主要以国家的法律、法规、规程和工程质量条例等为基本依据。监理单位除依据上述法规外,更要以设计文件、监理合同及施工合同为主要依据。

5. 从工作方法和手段上看

质量监督主要依靠行政管理的方法和手段,包括责令返工、警告、通报、罚款,甚至降低工程质量等级等。建设监理主要采用组织管理的方法,从多方面采取措施进行质量控制,虽然有时也使用返工、停工等强制手段,但主要是依据合同约束的经济手段,包括拒绝进行工程质量认证、工程量的签证、拒签支付凭证等。

在监理过程中,监理单位要正确理解、灵活掌握,公正、公平地处理与参建各方的关系,使参建各方在工程建设过程中相互配合、相互支持,更好地实施"三控制、两管理、一协调",创造良好的监理环境,搞好工程项目的监理工作,共同完成工程的建设任务。

第四节　建设工程监理合同当事人的权利、义务和责任

根据工程建设监理合同(GF—95—0202)的规定,工程建设监理合同当事人各方的权利、义务和责任如下所述。

一、监理工程师的职责、权利与义务

监理工程师的职权依据,应严格按照业主与监理单位签订的监理服务合同所授予的职权范围和业主与承包商签订的合同文件中明确规定的监理单位的职权范围执行。

[想一想]
监理工程师有哪些职责?

监理工程师在从事工程质量监理、计划进度监理、工程计量与费用监理及合同管理等监理业务活动中,对不同类别的监理工程师一般都享有下列职权:审查权、审批权、签认权、质量否决权、支付权、监督权及发布各项指令的权限。

监理工程师是中介服务第三方,在从事监理活动过程中应尽到以下义务:

监理单位有义务向业主提交一份本项目开展监理工作的详细实施计划;在执行监理服务合同期间有义务定期向业主报告(口头或书面)监理工作的执行情况;应公正地维护业主和承包商的合法权益。

二、监理单位和业主的义务

(一)监理单位的义务

[问一问]
监理单位有哪些权利和义务?

1. 向业主报送委派的总监理工程师及其监理机构主要成员名单、监理规划,完成监理合同专用条件中约定的监理工程范围内的监理业务。

2. 监理机构在履行本合同的义务期间,应运用合理的技能,为业主提供与其监理机构水平相适应的咨询意见,认真、勤奋地工作。帮助业主实现合同预定的目标,公正地维护各方的合法权益。

3. 监理机构使用业主提供的设施和物品属于业主的财产。在监理工作完成或中止时,应将其设施和剩余的物品库存清单提交给业主,并按合同约定的时间和方式移交此类设施和物品。

4. 在本合同期内或合同终止后,未征得有关方同意,不得泄露与本工程、本合同业务活动有关的秘密。

(二)业主的义务

1. 业主应当负责工程建设的所有外部关系的协调,为监理工作提供外部条件。

2. 业主应当在双方约定的时间内免费向监理机构提供与工程有关的为监理机构所需要的工程资料。

3. 业主应当在约定的时间内就监理单位书面提交并要求作出决定的一切事宜作出书面决定。

4. 业主应当授权一名熟悉本工程情况、能迅速作出决定的常驻代表,负责与监理单位联系。更换常驻代表,要提前通知监理单位。

5. 业主应当将授予监理单位的监理权利,以及监理机构主要成员的职能分工,及时书面通知已选定的第三方,并在与第三方签订的合同中予以明确。

6. 业主应为监理机构提供如下协助:(1)获取本工程使用的原材料、构配件、机械设备等生产厂家名录;(2)提供与本工程有关的协作单位、配合单位的名录。

7. 业主免费向监理机构提供合同专用条件约定的设施,对监理单位自备的设施给予合理的经济补偿。

8. 如果双方约定,由业主免费向监理机构提供职员和服务人员,则应在监理合同专用条件中增加与此相应的条款。

三、监理单位和业主的权利

(一)监理单位的权利

1. 业主在委托的工程范围内,授予监理单位以下监理权利:

(1)选择工程设计单位和施工总承包单位的建议权;

(2)选择工程分包设计单位和施工分包单位的确认权与否定权;

(3)工程建设有关事项包括工程规模、设计标准、规划设计、生产工艺设计和使用功能要求,向业主的建议权;

(4)工程结构设计和其他专业设计中的技术问题,按照安全和优化的原则,自主向设计单位提出建议,并向业主提出书面报告;如果由于拟提出的建议会提高工程造价,或延长工期,应当事先取得业主的同意;

(5)工程施工组织设计和技术方案,按照保质量、保工期和降低成本的原则,自主向承建商提出建议,并向业主提出书面报告;如果由于拟提出的建议会提高工程造价、延长工期,应当事先取得业主的同意。

(2)工程建设有关的协作单位的组织协调的主持权,重要协调事项应当事先向业主报告;

(7)报经业主同意后,发布开工令、停工令、复工令;

(8)工程上使用的材料和施工质量的检验权。对于不符合设计要求及国家质量标准的材料设备,有权通知承建商停止使用;不符合规范和质量标准的工序、分项分部工程和不安全的施工作业,有权通知承建商停工整改、返工。承建商取得监理机构复工令后才能复工。发布停工、复工令应当事先向业主报告,如在紧急情况下未能事先报告时,则应在 24 小时内向业主作出书面报告。

(9)工程施工进度的检查、监督权,以及工程实际竣工日期提前或超过工程承包合同规定的竣工期限的签订权;

(10)在工程承包合同约定的工程价格范围内,工程款支付的审核和签订权,以及结算工程款的复核确认权与否定权。未经监理机构签字确认,业主不支付工程款。

2. 监理机构在业主授权下,可对任何第三方合同规定的义务提出变更。如果由此严重影响了工程费用,或质量、进度,则这种变更须经业主事先批准。在紧急情况下未能事先报业主批准时,监理机构所作的变更也应尽快通知业主。在监理过程中如发现承建商工作不力,监理机构可提出调换有关人员的建议。

3. 在委托的工程范围内,业主或第三方对对方的任何意见和要求(包括索赔要求),均必须首先向监理机构提出,由监理机构研究处置意见,再同双方协商确定。当业主和第三方发生争议时,监理机构应根据自己的职能,以独立的身份判断,公正地进行调解。当其双方的争议由政府建设行政主管部门或仲裁机关进行调解和仲裁时,应当提供作证的事实材料。

(二)业主的权利

1. 业主有选定工程总设计单位和总承包单位,以及与其订立合同的签订权;

2. 业主有对工程规模、设计标准、规划设计、生产工艺设计和设计使用功能要求的认定权,以及对工程设计变更的审批权;

3. 监理单位调换总监理工程师须经业主同意;

4. 业主有权要求监理机构提交监理工作月度报告及监理业务范围内的专项报告。

5. 业主有权要求监理单位更换不称职的监理人员,直到终止合同。

四、监理单位和业主的责任

(一)监理单位的责任

1. 监理单位的责任期即监理合同有效期。在监理过程中,如果因工程建设进度的推迟或延误而超过约定的日期,双方应进一步约定相应延长的合同期。

2. 监理单位在责任期内,应当履行监理合同中约定的义务。如果因监理单位过失而造成了经济损失,应当向业主进行赔偿。累计赔偿总额不应超过监理酬金总数(除去税金)。

3. 监理单位对第三方违反合同规定的质量要求和完工(交图、交货)时限,不承担责任。

因不可抗力导致监理合同不能全部或部分履行,监理单位不承担责任。

4. 监理单位向业主提出赔偿要求不能成立时,监理单位应当补偿由于该索赔所导致业主的各种费用支出。

(二)业主的责任

1. 业主应当履行监理合同约定的义务,如有违反则应当承担违约责任,赔偿给监理单位造成的经济损失。

2. 业主如果向监理单位提出的赔偿要求不能成立,则应当补偿由该索赔所引起的监理单位的各种费用支出。

第五节　建设工程监理合同的签订和履行

一、建设工程监理合同的签订和履行

建设工程监理合同自签字之日起生效。

由于业主或第三方的原因使监理工作受到阻碍或延误,以致增加了工作量或持续时间,则监理单位应当将此情况与可能产生的影响及时通知业主。由此增加的工作量视为附加工作,完成监理业务的时间应当相应延长,并得到额外的酬金。

在监理合同签订后,实际情况发生变化,使得监理单位不能全部或部分执行监理业务时,监理单位应当立即通知业主。该监理业务的完成时间应予延长。当恢复执行监理业务时,应当增加不超过 42 天的时间用于恢复执行监理业务,并按双方约定的数量支付监理酬金。

业主如果要求监理单位全部或部分暂停执行监理业务或终止监理合同,则应当在 56 天前通知监理单位,监理单位应当立即安排停止执行监理业务。

当业主认为监理单位无正当理由而又未履行监理义务时,可向监理单位发出指明其未履行义务的通知。若业主发出通知后 21 天内没收到满意答复,可在第一个通知发出后 35 天内发出终止监理合同的通知,监理合同即行终止。

监理单位在应当获得监理酬金之日起 30 天内仍未收到支付单据,而业主又未对监理单位提出任何书面意见时,或根据第 32 条或第 33 条已暂停执行监理业务时限超过半年时,监理单位可向业主发出终止合同的通知。如果终止监理合同的通知发出后 14 天内未得到业主答复,可进一步发出终止合同的通知,如果第二次通知发出后 42 天内仍未得到业主答复,可终止合同,或自行暂停或继续暂停执行全部或部分监理业务。

监理单位由于非自己的原因而暂停或终止执行监理业务,其善后工作以及恢复执行监理业务的工作,应当视为额外工作,有权得到额外的时间和酬金。

合同的协议终止并不影响各方应有的权利和应当承担的责任。

二、监理酬金

正常的监理业务、附加工作和额外工作的酬金,按照监理合同专用条件约定的方法计取,并按约定的时间和数额支付。

如果业主在规定的支付期限内未支付监理酬金,自规定支付之日起,应当向监理单位补偿应支付的酬金利息。利息额按规定支付期限最后一日银行贷款利息率乘以拖欠酬金时间计算。

支付监理酬金所采用的货币币种、汇率由合同专用条件约定。

如果业主对监理单位提交的支付通知书中酬金或部分酬金项目提出异议,应当在收到支付通知书 24 小时内向监理单位发出异议通知,但业主不得拖延其他无异议酬金项目的支付。

三、其他权益

委托的工程建设监理所必要的监理人员出外考察,经业主同意其所需费用随时向业主实报实销。

监理单位如需另聘专家咨询或协助,在监理业务范围内其费用由监理单位承担,监理业务范围以外,其费用由业主承担。

监理机构在监理工作中提出的合理化建议,使业主得到了经济效益,业主给予适当的物质奖励。

未经对方的书面同意,无论业主或监理单位均不得转让本合同约定的权利和义务。

除业主书面同意外,监理单位及职工不应接受监理合同约定以外的与监理工程项目有关的报酬。

监理单位不得参与可能与合同规定的与业主的利益相冲突的任何活动。

四、争议的解决

因违反或终止合同而引起的损失和损害的赔偿,业主与监理单位之间应当协商解决,如未能达成一致,可提交主管部门协调,仍不能达成一致时,根据双方约定提交仲裁机关仲裁,或向人民法院起诉。

本章思考与实训

一、思考题

1. 什么是建设工程监理和建设工程监理制度?
2. 建设工程监理的原则有哪些?
3. 简述建设工程监理的程序。
4. 建设工程监理的内容包括哪些方面?
5. 简述监理单位与施工单位的关系。
6. 监理单位与质量监督的区别体现在哪些方面?
7. 简述监理单位的责任、权利及义务。
8. 监理酬金如何计算?

二、案例分析题

案例 1

【背景资料】

监理单位承担了某工程的施工阶段监理任务,该工程由甲施工单位总承包。甲施工前段时间选择了经建设单位同意并经监理单位进行资质审查合格的乙施工单位作为分包。施工过程中发生了以下事件:

事件 A:专业监理工程师在熟悉图纸时发现,基础工程部分设计内容不符合国家有关工程质量标准和规范。总监理工程师随即致函设计单位要求改正并提出更改建议方案。设计单位研究后,口头同意了总监理工程师的更改方案,总监理工程师随即将更改的内容写成监理指令通知甲施工单位执行。

事件 B:施工过程中,专业监理工程师发现乙施工前段时间施工的分包工程部分存在质量隐患,为此,总监理工程师同时向甲、乙两施工前段时间发出了整改通知。甲施工单位回函称:乙施工单位施工的工程是经建设单位同意进行分包的,所以本单位不承担该部分工程的质量责任。

事件 C:专业监理工程师在巡视时发现,甲施工前段时间在施工中使用未经报验的建筑材料,若继续施工,该部位将被隐蔽。因此,立即向甲施工单位下达了暂停施工的指令(因甲施工单位的工作对乙施工单位有影响,乙施工单位也被迫停工)。同时,指示甲施工单位将该材料进行检验,并报告了总监理工程师。总监理工程师对该工序停工予以确认,并在合同约定的时间内报告了建设单位。检验报告出来后,证实材料合格,可以使用,总监理工程师随即指令施工单位恢复了正常施工。

事件 D:乙施工单位就上述停工自身遭受的损失向甲施工前段时间提出补偿要求,而甲施工单位称:此次停工是执行监理工程师的指令,乙施工单位应向建设单位提出索赔。

事件 E:对上述施工单位的索赔建设单位称:本次停工是监理工程师失职造成,且事先未重复建设单位同意。因此,建设单位不承担任何责任,由于停工造成施工单位的损失应由监理单位承担。

【问题】

1. 请指出总监理工程师上述行为的不妥之处并说明理由。总监理工程师应如何正确处理?

2. 甲施工单位的答复是否妥当?为什么?总监理工程师签发的整改通知是否妥当?为什么?

3. 专业监理工程师是否有权签发本次暂停令?为什么?下达工程暂停令的程序有无不妥之处?请说明理由。

4. 甲施工单位的说法是否正确?为什么?乙施工单位的损失应由谁承担?

5. 建设单位的说法是否正确?为什么?

案例 2

【背景资料】

为了加强我国与国际上各国的政治、经济交往与合作,决定由政府投资在某市修建一个高标准、高质量、供国际高层人员集会活动的国际会议中心。该工程项目位于该市环境幽雅、风景优美的地区。该工程项目已通过招标确定由某承包公司 A 总承包并签订了施工合同,还与监理公司 B 签订了委托监理合同。监理机构在该工程项目实施中遇到了以下 6 种情况。

(1)该地区地质情况不良,且极为复杂多变,施工可能十分困难,为了保证工程质量,总承包商决定将基础工程施工发包给一个专业基础工程公司 C。

(2)整个工程质量标准要求极高,建设单位要求监理机构要把住所使用的主要材料、设备进场的质量关。

(3)建设单位还要求监理机构对于主要的工程施工,无论是钢筋混凝土主体结构,还是精美的装饰工程,都要求严格把好每一道工序施工质量关,要达到合同规定的高标准和高的质量保证率。

(4)建设单位要求必须确保所使用的混凝土拌和料、砂浆材料和钢筋混凝土承重结构及承重焊缝的强度达到质量要求的标准。

(5)在修建沟通该会议中心与该市市区和主干高速公路相衔接的高速公路支线的初期,监理工程师发现发包该路基工程的施工队填筑路基的质量没有达到规定的质量要求。监理工程师指令暂停施工,并要求返工重做。但是,承包方对此拖延,拒不进行返工,并通过有关方面"劝说"监理方同意不进行返工,双方坚持不下持续很久,影响了工程正常进展。

(6)在进行某层钢筋混凝土楼板浇注混凝土施工过程中,土建监理工程师得悉该层楼板钢筋施工虽已经过监理工程师检查认可签证,但其中设计预埋的电气暗管却未通知电气监理工程师检查签证。此时混凝土已浇筑了全部工程量的五分之一。

【问题】

1. 监理工程师进行施工过程质量控制的手段主要有哪几个?

2. 针对上述 6 种情况,你认为监理工程师应当分别运用什么手段以保证质量?请逐项作出回答。

3. 为了确保作业质量,在出现什么情况下,总监理工程师有权行使质量控制权、下达停工令,及时进行质量控制?

第五章 建设工程安全生产管理法规

【内容要点】

1. 建设工程安全生产的概念及管理方针、安全生产管理机构及职责；
2. 建设工程安全生产的责任制度、教育培训制度、检查监督制度、劳动保护制度和建设行为主体的安全生产责任；
3. 建设项目环境保护管理、生产安全事故的应急救援和调查处理制度。

【知识链接】

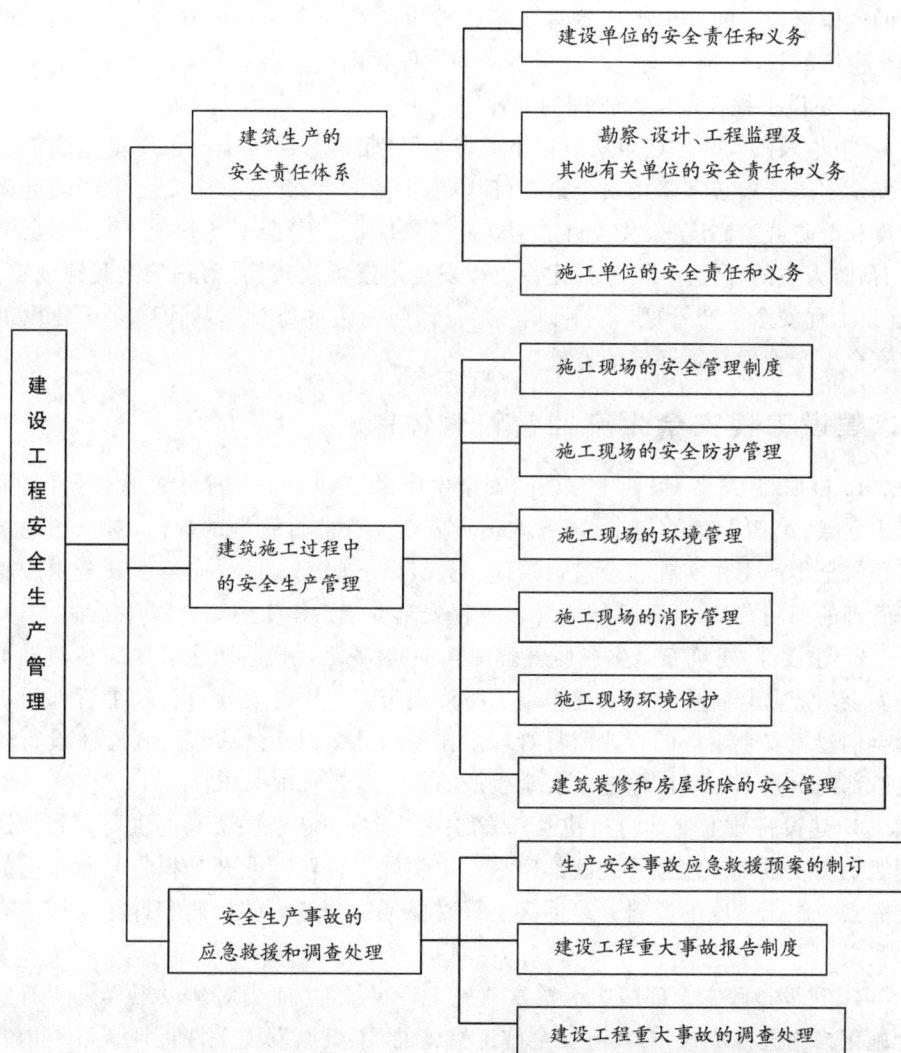

第一节　建设工程安全生产管理概述

一、建设工程安全生产管理的概念与方针

1. 建设工程安全生产管理的概念

所谓建设工程安全生产管理,是指为保证建设工程生产安全所进行的计划、组织、指挥、协调和控制等一系列管理活动,目的在于保护职工在生产过程的安全与健康,保证国家和人民的财产不受到损失,保证建设工程生产任务的顺利完成。

建设工程安全管理是对工程建设活动过程中所涉及的安全进行的管理,包括建设行政主管部门对建设活动中的安全问题所进行的行业管理和从事建设活动的主体对自己所进行的建设活动的安全生产所进行的企业管理。从事建设活动的主体所进行的安全生产管理包括建设单位对安全生产的管理,设计单位对安全生产的管理,施工单位对安全生产的管理等。

2. 建设工程安全生产管理的方针

《中华人民共和国建筑法》(以下简称为《建筑法》)第三十六条规定:"建筑工程安全生产管理必须坚持安全第一、预防为主的方针,建立健全安全生产的责任制度和群防群治制度。"《安全生产法》第三条规定:"安全生产管理,坚持安全第一、预防为主的方针"。同时,《建设工程安全生产管理条例》第三条也明确规定:"建设工程安全生产管理,坚持安全第一、预防为主的方针",从而确立了建设工程安全生产管理必须坚持的方针。

二、建设工程安全生产监督管理体制

[想一想]
　建设工程安全生产监督管理的体制是怎样建立?

1. 根据《建筑法》第四十三条、《安全生产法》第九条、《安全生产管理条例》第三十九条、第四十条的规定:国务院负责安全生产监督管理的部门,对全国建设工程安全生产工作实施综合监督管理。县级以上地方人民政府负责安全生产监督管理的部门,对本行政区域内建设工程安全生产工作实施综合监督管理。

2. 建设部《建筑安全生产监督管理规定》对各级建设行政主管部门在建设工程安全生产监督管理中的职责作出了明确规定:(1)国务院建设行政主管部门主管全国建筑安全生产的行业监督管理工作;(2)县级以上地方人民政府建设行政主管部门负责本行政区域建筑安全生产的行业监督管理工作。

3. 建设行政主管部门和其他有关部门应当将下述有关资料的主要内容抄送同级负责安全生产监督管理的部门:(1)申领施工许可证或开工报告时所报送的有关安全施工措施的资料;(2)拆除工程时保证安全施工的措施和拆除工程的有关资料。

4. 建设行政主管部门在审核发放施工许可证时,应当对建设工程是否有安全施工措施进行审查,对没有安全施工措施的,不得颁发施工许可证。审查内容

主要包括施工组织设计中的安全防护和环境污染防护措施、专项安全技术方案等。

5. 县级以上人民政府负有建设工程安全生产监督管理职责的部门在各自的职责范围内履行安全监督检查职责时,享有下列监督检查权:(1)调阅被检查单位有关建设工程安全生产的文件和资料的权力;(2)进入施工现场进行检查的权力;(3)对安全生产违法行为的处理权;(4)对事故隐患的处理权。

6. 建设行政主管部门或者其他有关部门可以将施工现场的监督检查委托给建设工程安全监督机构具体实施。

7. 县级以上人民政府建设行政主管部门和其他有关部门应当及时受理对建设工程生产安全事故及安全事故隐患的检举、控告和投诉。

三、建设工程安全生产管理基本制度

1. 安全生产责任制度

安全生产责任制度是建筑生产中最基本的安全管理制度,是所有安全规章制度的核心。

这一制度是"安全第一、预防为主"方针的具体体现。它包括行业主管部门建立健全建设安全生产的监督管理体系,制定建设安全生产监督管理工作制度,组织落实各级领导分工负责的建筑安全生产责任制;参与建设活动各方的建设单位、设计单位,特别是建筑施工企业的安全生产责任制;施工现场的安全责任制;《建筑法》还明确规定了建筑施工企业的法定代表人对本企业的安全生产负责等。

[想一想]
建设工程安全生产管理基本制度包括哪些?

2. 群防群治制度

所谓群防群治制度是职工群众进行安全预防和治理工作的一种制度,是在建筑安全生产中,充分发挥广大职工的积极性,加强监督检查工作的群众性,以预防和治理建筑生产中的伤亡事故。它是群众路线在安全生产工作中的具体体现,也是企业进行民主管理的重要内容。这一制度要求建筑企业职工在施工中应当遵守有关法律、法规和建筑行业安全规章、操作规程,不得违章作业,对于危及人民群众身体健康和生命财产安全的行为有提出批评、检举和控告的权利。

3. 安全生产教育培训制度

近年来,我国建筑业发展较快,从事建筑施工的人员增加较多,其中不少人员文化素质偏低,更缺乏有关保证建筑工程施工安全的专门知识。建筑施工企业中有相当一批职工没有经过建筑安全生产知识的教育培训,不懂安全知识、不熟悉安全操作规范,不会防止建筑工程安全事故,这也是造成建筑工程安全事故时常发生的原因之一。为了依法加强对建筑企业职工的安全生产教育,保证生产安全,《建筑法》第四十六条对此作了专门规定:"建筑施工企业应当建立健全劳动安全生产教育培训制度,加强对职工安全生产的教育培训;未经安全生产教育培训的人员,不得上岗作业。"

安全生产教育培训的对象有施工单位的主要负责人、项目负责人、专职安全生产管理人员和其他企业职工。培训的主要内容包括安全生产的法律、法规知识和安全科学技术知识。

4. 安全生产检查制度

安全生产检查制度是上级管理部门或企业自身对安全生产状况进行定期或不定期检查的制度。通过检查可以及时发现问题,查出隐患,从而采取有效措施,堵塞漏洞,把事故消灭在萌芽状态,做到防患于未然,这也是贯彻"预防为主"方针的具体体现。通过检查,还可总结出好的经验加以推广,为进一步搞好安全工作打下基础。安全生产检查制度是安全生产的有力保障。

5. 伤亡事故处理报告制度

《建筑法》第五十一条规定:"施工中发生事故时,建筑施工企业应当采取紧急措施减少人员伤亡和事故损失,并按照国家有关规定及时向有关部门报告。"事故处理必须遵循一定的程序,做到三不放过(事故原因查不清不放过,事故责任者和群众没有受到教育不放过,没有防范措施不放过)。通过对事故的严肃处理,可以总结出教训,为制定规程、规章提供第一手素材,做到亡羊补牢。

6. 安全责任追究制度

《建筑法》第七章法律责任中,规定了建设单位、设计单位、施工单位、监理单位,由于没有履行职责造成人员伤亡和事故损失的,视情节给予相应处理。情节严重的,责令停业整顿,降低资质等级或吊销资质证书,构成犯罪的,依法追究刑事责任。

第二节　建设生产的安全责任体系

随着国家投资体制改革的深化,投资主体日趋多元化,除国家投资、国有企业投资外,私人投资和外资(包括港澳台)日益增多,经济成分多样化带来了利益多元化。这就为建筑业的安全生产管理带来了错综复杂的挑战。同时,建筑业是一个涉及多专业、跨学科的社会生产活动,参与建筑生产活动的主体包含建设单位、勘察设计单位、监理单位、建筑施工企业等。为了保障建筑生产的安全,参与建筑生产活动的各方均应承担相应的安全生产的责任和义务。

一、建设单位的安全责任和义务

[想一想]
建设单位的安全责任和义务有哪些?

在工程建设领域中,投资主体多以项目法人的形式参与市场经营活动。建设单位(业主)作为工程项目的投资主体,有选择勘察、设计、施工、工程监理单位的权利,并可自行选购工程所需的主要建筑材料,在施工中有检查验收工程质量、控制工程进度、监督工程款项使用的权利,对各个环节负责综合管理,在整个工程建设活动中居于主导地位。

《建筑法》和《安全生产管理条例》将建设单位列入安全责任主体之中,对建设单位在工程建设活动中应承担的安全责任和义务,以及违法行为应承担的法律责任都作出了明确规定,为工程建设的安全生产管理提供了强有力的法律保证。

1. 建设单位应向建筑施工企业提供与施工现场相关的地下管线、气象水文、相邻建(构)筑物、地下工程等资料

《建筑法》第四十条规定:"建设单位应当向建筑施工企业提供与施工现场相关的地下管线资料,建筑施工企业应当采取措施加以保护。"

《安全生产管理条例》第六条规定:"建设单位应当向施工单位提供施工现场及毗邻区域内供水、排水、供电、供气、供热、通信、广播电视等地下管线资料,气象和水文观测资料,相邻建筑物和构筑物、地下工程的有关资料,并保证资料的真实、准确、完整。"

(1)建设工程在开始施工前,施工单位需要搞清楚施工现场及周边地区地下的详细情况。所谓施工现场及毗邻区域,是指施工单位从事工程建设活动时经批准占用的施工现场。虽然法规未具体规定毗邻区域的范围,但在实际工作中应当明确与施工现场相连的、有共用地下管线、有相邻建筑物和构筑物和地下工程的区域,都包含在这个范围之中。所谓地下管线,包括供水、排水、供电、供气、供热、通信、广播电视等管线,资料包括线路管道在地下的走向及其地下埋设深度等数据。同时,建设单位还应当提供气象和水文观测资料,这也是考虑到施工周期比较长,大部分时间又是露天作业,受气候条件的影响相当大,在不同的季节和天气下,对施工安全需要采取不同的措施,涉及的安全生产费用也是不同的;同样,水文观测资料对施工安全也是至关重要的,不同的水文条件下,所采取的措施和所需要的费用都是不同的。法规还明确了建设单位应当提供相邻建筑物和构筑物、地下工程的有关资料,这是从实践中发生事故的教训中总结出来的。过去,建设单位和施工单位只重视施工现场的地下情况,而对于与施工现场相邻的区域则不予关心,导致对相邻建筑物和构筑物以及地下工程的损坏,情况严重的,发生了安全事故,特别是城市中的房屋建筑和市政工程,这样的问题非常突出。因此,为了保证施工过程中的安全生产,建设单位必须向施工单位提供上述有关资料。

[想一想]
施工现场及毗邻区域、地下管线的含义是什么?

(2)建设单位必须保证资料的真实、准确、完整。所谓真实,就是指建设单位是通过合法途径取得的,不是伪造、篡改的。所谓准确,是指资料的科学性,能够反映实际情况,数据精度能够满足施工的需要。所谓完整,是指这些资料齐全,满足施工作业的需要。

(3)建设单位在提供与建设工程有关的资料有困难时,可以向有关部门或者单位查询,有关部门或者单位应当及时提供。在我国目前的体制下,有关的资料并不是由一个部门或者单位保管,如城市里的地下管线资料,有的在城市档案馆,有的在市政部门或者专业部门;一些专业工程的资料是由专业部门保管的;房屋的有关资料则由城市的房地产部门负责。尽管法规规定了建设单位有义务提供相关资料,但一个建设单位很难掌握这么多资料,需要向有关部门或者单位去查询。因此,法规给这些部门和单位也设定了义务,必须及时提供。当然这些单位和部门也应当保证提供的资料是真实、准确的。

2. 建设单位不得对勘察、设计、施工、工程监理等单位提出不符合建设工程安全生产法律、法规和强制性标准规定的要求,不得压缩合同约定的工期

国家关于建设工程安全生产方面的法律、法规和工程强制性标准中的许多内容是关于工程建设中保证人民群众生命和财产安全、环境保护和公共利益的规定,参与工程建设的建设、勘察、设计、施工、工程监理等各方均必须严格执行。建设单位不得对勘察、设计、施工、工程监理等单位提出任何违反建设工程安全生产法律、法规和强制性标准规定的要求。否则,要承担相应的法律责任。

合同约定的工期是建设单位和施工单位共同签订的、具有法律效力的合同内容。在实际工作中,盲目赶工期,简化工序,不按规程操作,诱发了很多施工安全事故和工程结构安全隐患,不仅损害了承包单位的利益,也损害了建设单位的根本利益,具有很大的危害性。所以,建设单位不得压缩合同约定的工期。

3. 建设单位应当提供建设工程安全生产作业环境及安全施工措施所需的费用

《安全生产法》第十八条规定:"生产经营单位应当具备的安全生产条件所必需的资金投入,由生产经营单位的决策机构、主要负责人或者个人经营的投资人予以保证,并对由于安全生产所必需的资金投入不足导致的后果承担责任。"

《安全生产管理条例》第八条规定:"建设单位在编制工程概算时,应当确定建设工程安全作业环境及安全施工措施所需费用。"

[想一想]
安全作业环境及施工措施所需费用应由建设单位承担,为什么?

工程建设中改善安全作业环境、落实安全生产措施一般均由施工单位来实施,保证安全生产条件的资金投入也由施工单位来使用,但安全作业环境及施工措施所需费用应当由建设单位承担。这是因为:第一,安全作业环境及安全施工措施所需费用是保证建设工程安全和质量的重要条件,该费用应是工程总造价的组成部分,应当由建设单位支付。实践中,由于建设单位压价,在工程预算中没有确定安全作业环境及安全施工措施费用,施工企业无法保证安全施工所需投入,诱发了不少安全生产事故的发生。因此,建设单位在编制建设工程概算时,应当充分考虑并确定工程建设过程中安全作业环境及安全施工措施所需的费用,并在工程建设过程中足额支付给施工单位,是合理的和必要的。第二,建设工程产品单一,体积庞大,露天生产,高处作业,环境多变,危险性较高,需要复杂的、大量的安全设施,并且大多数为一次性的,要保证安全生产,需要大量的资金投入,这一条的实施为建筑施工现场改善安全作业环境、完善安全生产措施提供了资金保证。

4. 建设单位不得明示或者暗示施工单位购买、租赁、使用不符合安全施工要求的安全防护用具、机械设备、施工机具及配件、消防设施和器材

在以往发生的质量、安全事故中,因使用不符合安全生产要求的安全防护用具、机械设备、施工机具及配件、消防设施和器材的案例屡见不鲜。其中许多是由于建设单位干预施工单位采购造成的。究其原因,一是市场经济发育不够完善,由于经济利益的驱动,建设单位为了降低投资成本,不考虑安全问题,明示施工单位选购、租赁价格较低的但不符合安全施工要求的安全防护用具、机械设备、施工机具及配件、消防设施和器材；二是个别建设单位的人员受个人利益驱动，非法接受生产厂家、供应商、租赁单位的贿赂或者回扣，在施工单位选购安全防护用具、机械设备、施工机具及配件、消防设施和器材时，滥用权利、以权谋私，明示或者暗示施工单位选购某品牌、某厂家产品，施工单位出于多种缘由，往往违心服从。这些建设单位的行为干预了施工单位的正常采购工作，妨碍了供应商的公平竞争，扰乱了市场秩序；而且这些产品往往不同程度地存在质量问题，使用后对工程质量、施工安全构成隐患，危害到建设工程的施工安全和使用安全，所以法规对此作了禁止性的规定。

5. 建设单位在办理施工许可证或者开工报告时，必须报送安全施工措施

《安全生产管理条例》第十条规定："建设单位在申请领取施工许可证时，应当提供建设工程有关安全施工措施的资料。依法批准开工报告的建设工程，建设单位应当自开工报告批准之日起 15 日内，将保证安全施工的措施报送建设工程所在地的县级以上地方人民政府建设行政主管部门或者其他有关部门备案。"

施工许可证制度是《建筑法》确立的一项重要制度。《建筑法》第八条对申请领取施工许可证的条件作了明确规定，其中第 6 项规定：有保证工程质量和安全的具体措施。建设单位在申请领取施工许可证时，应当按照建设行政主管部门的要求提供与工程项目有关的安全生产文明施工条件、措施资料。一般包括：工程中标通知书，工程施工合同，施工现场总平面布置图，临时设施规划方案和已搭建情况，施工现场安全防护设施搭设计划、施工进度计划、安全措施费用计划，专项安全施工组织设计，拟进入施工现场使用的施工起重机械设备（塔式起重机、物料提升机、外用电梯）的型号、数量，工程项目负责人、安全管理人员及特种作业人员持证上岗情况，建设单位安全监督人员名册、工程监理单位人员名册及其他应提交的材料。

报送的安全生产资料应当真实、有效，能够反映建设工程的安全生产准备情况、达到的条件和施工实施阶段的具体措施。根据《安全生产管理条例》第四十二条的规定，建设行政主管部门在发放施工许可证时对是否有安全措施进行审查，没有安全措施的，不得颁发施工许可证。

6. 建设单位拆除房屋应该履行的职责

为了规范房屋拆除活动，提高拆除工程的技术水平，避免发生安全事故，根据《建筑法》第五十条和《安全生产管理条例》第十一条的规定，拆除工程无论规模大小都必须发包给具有相应资质等级的施工单位来承担。同时，在拆除工程施工 15 日前，必须将下列资料报送建设工程所在地的县级以上地方人民政府建设行政主管部门或者其他有关部门备案。

备案时，需要提供下列资料：(1)房屋拆除施工单位资质等级证明；(2)拟拆除建筑物、构筑物及可能危及毗邻建筑的说明；(3)拆除施工组织设计方案；(4)堆放、清除废弃物的措施。实施爆破作业的，应当遵守国家有关民用爆炸物品管理的规定。建设部 2001 年颁布的《建筑业企业资质管理规定》也将爆破与拆除工程列为专业承包工程资质序列，并对取得该资质的具体条件、承包工程范

[问一问]

为什么建设单位在办理施工许可证或开工报告时，必须报送安全施工措施？

围作了严格的规定。

7. 按规定办理特殊作业的申请批准手续

[想一想]

按照国家规定,建设单位有哪些情形的需要办理特殊作业的申请批准手续?

《建筑法》第四十二条规定:有下列情形之一的,建设单位应当按照国家有关规定办理申请批准手续:(1)需要临时占用规划批准范围以外场地的;(2)可能损坏道路、管线、电力、邮电通讯等公共设施的;(3)需要临时停水、停电、中断道路交通的;(4)需要进行爆破作业的;(5)法律、法规规定需要办理报批手续的其他情形。

场地的占用,公共设施的保护,水、电、交通的畅通,爆破作业等,涉及物质生产和人民生活的正常进行以及国家财产和公民生命财产的安全。因此,国家制定了相应的法律、法规和规章制度,对此严加保护或严格规范,不得随意占用、损坏、中断或擅自进行作业。因此,在施工现场确实需要进行这些特殊作业时,建设单位应当按照国家有关规定办理申请批准手续。

(1)临时占用规划批准范围以外场地的审批

建筑施工应当在批准的施工场地内组织进行。需要临时占用规划批准范围以外场地的,建设单位须向城市规划行政主管部门申请临时用地,经审核批准后,发给临时建设用地许可证。

(2)可能损坏道路、管线、电力、邮电通讯等公共设施的审批

因工程建设可能损坏道路的,建设单位须根据《城市道路管理条例》等法规的规定,到市政工程行政主管部门和公安交通管理部门办理审批手续,经批准后,方可挖掘。因工程建设可能损坏管线的,建设单位应根据《城市供水条例》等法规,报县级以上人民政府城市规划、城市供水行政主管部门批准,并采取相应的补救措施。因工程建设可能损坏电力设施的,建设单位应根据《电力法》、《电力设施保护条例》的规定,向当地电力管理部门及其他有关部门提出申请,经批准并采取确保电力设施安全的措施后,方可进行作业。因工程建设可能损坏邮电通讯等设施的,建设单位应依据有关法规,向邮电通讯等管理部门提出申请,获批准并采取相应措施后,方可进行作业。

(3)临时停水、停电、中断道路交通的审批

由于建筑施工原因需要临时停水的,应经城市供水行政主管部门批准,并提前24小时通知用水单位和个人。需要临时停电,建设单位需按照规定程序向电力管理部门办理审批手续。需要中断道路交通的,应按规定向道路交通主管部门办理审批手续。

(4)爆破作业的审批

建筑施工中需要爆破作业的,必须经上级主管部门同意,并持有说明使用爆破器材的地点、品名、数量、用途、四邻距离的文件和安全操作规程,向所在地县、市公安局申请《爆破物品使用许可证》。进行爆破作业时,必须遵守爆破安全操作规程。

(5)法律法规规定需要办理报批手续的其他情况

由于各地情况不同,并且客观情况总是在不断地变化,凡是法律、行政法规

或地方性法规现在及今后规定需要办理报批手续的其他情况,建设单位均应按规定办理报批手续。

二、勘察、设计、工程监理及其他有关单位的安全责任和义务

建设工程具有投资规模大、建设周期长、生产环节多、参与主体多等特点。安全生产贯穿于工程建设的全过程,勘察、设计、工程监理及其他有关单位的活动,对建设工程的安全生产有着重大影响。勘察单位的勘察文件是设计和施工的基础材料和重要依据,勘察文件的质量又直接关系到设计工程质量和安全性能。设计单位的设计文件质量又关系到施工安全操作、安全防护以及作业人员和建设工程的主体结构安全。工程监理单位是保证建设工程安全生产的重要一方,对保证施工单位作业人员的安全起着重要的作用。因此,为规范上述单位的市场行为,加强监督管理,法律法规有必要对勘察、设计、工程监理单位和施工机械设备生产、租赁、安装单位以及检验检测机构在工程建设活动中应履行的义务和因违规应承担的法律责任予以明确规定。

(一)勘察单位的安全责任和义务

《安全生产管理条例》第十二条规定:"勘察单位应当按照法律、法规和工程建设强制性标准进行勘察,提供的勘察文件应当真实、准确,满足建设工程安全生产的需要。""勘察单位在勘察作业时,应当严格执行操作规程,采取措施保证各类管线、设施和周边建筑物、构筑物的安全。"

[想一想]
勘察单位的安全责任和义务有哪些?

建设工程勘察是指根据工程要求,查明、分析、评价建设场地的地址地理环境特征和岩土工程条件,编制建设工程勘察文件的活动。

1. 勘察单位的注册资本、专业技术人员、技术装备和业绩应当符合规定,取得相应等级资质证书后,在许可范围内从事勘察活动。

2. 勘察必须满足工程强制性标准的要求。工程建设强制性标准是指工程建设标准中,直接涉及人民生命财产安全、人身健康、环境保护和其他公共利益的、必须强制执行的条款。只有满足工程强制性标准,才能满足工程对安全、质量、卫生、环保等多方面的要求。因此,必须严格执行。如房屋建筑部分的工程建设强制性标准主要由建筑设计、建筑防火、建筑设备、勘察和地质基础、结构设计、房屋抗震设计、结构鉴定和加固、施工质量和安全等8个方面的相关标准组成。

3. 勘察单位提供的勘察文件应当真实、准确,满足安全生产的要求。工程勘察就是要通过测量、测绘、观察、调查、钻探、试验、测试、鉴定、分析资料和综合评价等工作查明场地的地形、地貌、地质、岩型、地质构造、地下水条件和各种自然或者人工地质现象,并提出基础、边坡等工程设计准则和工程施工的指导意见,提出解决岩土工程问题的建议,进行必要的岩土工程治理。

4. 勘察单位应当严格执行操作规程、采取措施保证各类管线、设施和周边建筑物、构筑物的安全。一是勘察单位应当按照国家有关规定,制定勘察操作规程和勘查钻机、精探车、经纬仪等设备和检测仪器的安全操作规程,并严格遵守,防止生产安全事故的发生。二是勘察单位应当采取措施,保证现场各类管线、设施

和周边建筑物、构筑物的安全。

(二)设计单位的安全责任和义务

《建筑法》第三十七条规定:"建筑工程设计应当符合按照国家规定制定的建筑安全规程和技术规范,保证工程的安全性能。"

《安全生产管理条例》第十三条规定:"设计单位应当按照法律、法规和工程建设强制性标准进行设计,防止因设计不合理导致生产安全事故的发生。设计单位应当考虑施工安全操作和防护的需要,对涉及施工安全的重点部位和环节在设计文件中注明,并对防范生产安全事故提出指导意见。采用新结构、新材料、新工艺的建设工程和特殊结构的建设工程,设计单位应当在设计中提出保障施工作业人员安全和预防生产安全事故的措施建议。设计单位和注册建筑师等注册执业人员应当对其设计负责。"

设计是保证建筑工程的安全性能的前提。建筑工程的安全性能,包括两层含义:一是在建造过程中的安全,这主要是指建造者即施工作业人员的安全;二是建成后的安全,这主要是指建筑物的安全。因此,建筑工程设计应当符合按照国家规定制定的建筑安全规程和技术规范。这些规程和规范是建筑工程的安全性能、建筑职工的安全健康的可靠保障,在工程设计时,必须遵循。

[想一想]

设计单位的安全责任和义务是什么?

1. 设计单位必须取得相应的等级资质证书,在许可范围内承揽设计业务。

2. 设计单位必须按照法律、法规和工程建设强制性标准进行设计。特别是工程建设强制性标准是工程建设技术和经验的总结、积累,对保证建设工程质量和安全起着重要作用。从目前发生生产安全事故的原因分析,其中涉及设计单位责任的,主要是没有按照强制性标准进行设计。有些设计单位和设计人员为了承揽工程,盲目听从建设单位的指令,或者为了标新立异,不顾国家的法律、法规、强制性标准和客观规律,由于设计的不合理导致工程施工过程中发生安全事故。因此,法规强调设计单位在设计过程中必须考虑生产安全,强制性标准是设计工作的技术依据,应当严格执行。

3. 设计单位在编制设计文件时,应当结合建设工程的具体特点和实际情况,考虑施工安全操作和防护的需要,为施工单位制定安全防护措施提供技术指导。对涉及施工安全的重点部位和环节应当在设计文件中注明,施工单位作业前,设计单位应当就设计意图、设计文件向施工单位作出说明和技术交底,并对防范生产安全事故提出指导意见:

(1)地下管线的防护

地下管线的种类和具体位置,地下管线的安全保护措施。

(2)外线电路防护

施工现场临时用电中外线电路与建筑物的距离,外线电路电压,应采用的防护措施,设置防护设施施工时应注意的安全作业事项,施工作业中的安全注意事项等。

(3)深基坑工程

基坑侧壁选用的安全系数、基坑支护结构选型,地下水控制方法及验算,承载能力极限状态和正常使用极限状态的设计计算和验算,支护结构计算和验算,质量检测及施工监控要求,安全防护设施的设置以及安全作业注意事项等。对于特殊结构的混凝土模板支护,设计单位应当提供模板支撑系统结构图及计算书。

4. 采用新结构、新材料、新工艺的工程以及特殊结构的工程,设计单位应当在设计中提出保障施工作业人员安全和预防生产安全事故的措施建议。

5. 施工单位在施工过程中,发现设计文件存在违反强制性标准,或者按照设计文件进行施工,无法满足安全防护和施工安全,或者设计文件存在错、漏、碰、缺的问题时,设计单位有责任、有义务及时、无偿地修改设计文件,解决施工中存在的安全问题。

6. 按照"谁设计谁负责"的原则,设计单位和注册建筑师等注册执业人员应当对其设计负责。设计单位的责任主要是指由于设计责任造成事故的,设计单位除承担行政责任外,还要对造成的损失进行赔偿;注册执业人员应当在设计文件上签字,对设计文件负责。我国目前对设计行业已经实行了注册建筑师和注册结构工程师的个人执业注册制度,并规定注册建筑师、注册结构工程师必须在规定的执业范围内对本人负责的建设工程设计文件实行签字盖章制度。

(三)工程监理单位的安全责任和义务

《安全生产管理条例》第十四条规定:"工程监理单位应当审查施工组织设计中的安全技术措施或者专项施工方案是否符合工程建设强制性标准。工程监理单位在实施监理过程中,发现存在安全事故隐患的,应当要求施工单位整改;情况严重的,应当要求施工单位暂时停止施工,并及时报告建设单位。施工单位拒不整改或者不停止施工的,工程监理单位应当及时向有关主管部门报告。工程监理单位和监理工程师应当按照法律、法规和工程建设强制性标准实施监理,并对建设工程安全生产承担监理责任。"

工程监理单位是工程建设的责任主体之一,工程监理单位接受建设单位委托,代表建设单位对承包单位进行监督。安全生产贯穿于工程施工的全过程,涉及每个环节、每个部位。监理的职责就是对施工的各个环节起到把关的作用。

1. 工程监理单位应当审查施工组织设计中的安全技术措施或者专项施工方案是否符合工程建设强制性标准

[想一想]

工程监理单位的安全责任和义务有哪些?

按照规定,施工单位应当编制施工组织设计和专业性较强的施工方案。施工组织设计就安全生产而言,它是在工程建设中,根据安全生产标准规范,提出各部位各工序的包括施工安全方法与手段的安全技术措施,也是建设单位委托监理单位进行监理业务的主要内容。

建设工程的监理工程师首先应当熟悉设计文件,对图纸中存在的有关问题提出书面的意见和建议,并按照《建设工程监理规范》的要求,在工程项目开工前,由总监理工程师组织专业监理工程师对施工单位报送的施工组织设计(方案)提出审查意见,并经过总监理工程师审核、签字后报送建设单位。监理工程师对施工组织设计中的安全技术措施的审核一般包括以下内容：①安全管理、质量管理和安全保证体系的组织机构，包括项目经理、工长、安全管理人员、特种作业人员配备的人员数量及安全资格培训持证上岗情况；②施工安全生产责任制、安全管理规章制度、安全操作规程的制定情况；③起重机械设备、施工机具和电器设备等设置是否符合规范要求？④基坑支护、模板、脚手架工程、起重机械设备和整体提升脚手架拆装等专项方案是否符合规范要求？⑤事故应急救援预案的制订情况；⑥冬期、雨期等季节性施工方案的制订情况；⑦施工总平面图是否合理？办公、宿舍、食堂等临时设施的设置以及施工现场场地、道路、排污、排水、防火措施是否符合有关安全技术标准规范和文明施工的要求？

2. 工程监理单位在实施监理过程中，发现存在安全事故隐患的，应当要求施工单位整改，情节严重的，应当要求施工单位暂时停止施工，并及时报告建设单位。施工单位拒不整改或者不停止施工的，工程监理单位应当及时向有关主管部门报告

监理工程师在实施监理工作时，应当按照《建设工程监理规范》对建筑材料、建筑构配件和设备以及施工工序进行检验、检查。根据检验、检查结果，决定是否允许建筑材料、建筑构配件和设备在施工中使用和决定能否进行下一道工序的施工。对不能保证建筑物结构安全的建筑材料、建筑构配件和设备，有权要求施工单位停止使用；对不符合安全技术规范和标准的工序、分部分项工程，以及违反强制性标准，形成危及作业人员人身安全的事故隐患，应以下达整改指令书的形式，通知施工单位立即整改；发现重大安全事故隐患的，监理工程师应当要求施工单位暂时停止施工，并及时报告建设单位，重大安全事故隐患消除后，经监理工程师确认达到安全施工要求，监理单位下达恢复施工命令，施工单位方可继续施工。

监理单位下达停工指令书后，施工单位仍对重大安全事故隐患拒不整改或者不停止施工的，监理单位应当立即向建设行政主管部门或其他有关主管部门报告，建设行政主管部门或其他有关主管部门应依法作出处理，以保证施工安全。

3. 工程监理单位和监理工程师应当按照法律、法规和工程建设强制性标准实施监理，并对建设工程安全生产承担监理责任

按照《建设工程监理规范》的规定，工程监理实行总监理工程师负责制。总监理工程师享有合同赋予监理单位的全部权利，全面负责受委托的监理工作。总监理工程师应当对工程项目的安全监理负总责。工程项目的监理人员按照职责分工，确定安全监理的范围及重点，履行监督检查的职责，并对各自承担的安全监理工作负责。

(四)其他有关单位的安全责任和义务

1. 为建设工程提供机械设备和配件的单位的安全责任和义务

《安全生产管理条例》第十五条规定："为建设工程提供机械设备和配件的单位，应当按照安全施工的要求配备齐全有效的保险、限位等安全设施和装置。"一是向施工单位提供安全可靠的起重机械、挖掘机械、土方铲运机械、凿岩机械、基

[想一想]
　为建设工程提供机械设备和配件的单位的安全责任和义务是什么？

础及凿井机械、钢筋和混凝土机械、筑路机械以及其他施工机械设备。二是应当依照国家有关法律法规和安全技术规范进行有关机械设备和配件的生产经营活动。生产单位应当具有与其生产的产品相适应的生产条件、技术力量和产品检测手段,建立健全质量管理制度和安全责任制度。为建设工程提供施工机械设备和配件的生产、经营单位,所生产的产品属于生产许可证或国家强制认证、核准、许可管理范围的,应取得生产许可证或强制性认证、核准、许可证书。生产、经营单位在为建设工程提供上述产品时,应同时提供生产许可证或强制性认证、核准、许可证书,产品合格证,产品使用说明书,整机形式检验报告,安全保护装置形式检验合格证等;对未纳入生产许可证或国家强制认证、核准、许可管理范围的机械设备,必须通过省级以上建设行政主管部门组织的产品鉴定。三是施工机械设备和配件的生产制造单位应当严格按照国家标准进行生产,保证产品的质量和安全性能。

生产、经营单位对提供的机械设备及配件未按照安全施工的要求,配备齐全有效的保险、限位等安全设施和装置的,要承担相应的法律责任。

2. 现场安装、拆卸单位的安全责任和义务

《安全生产管理条例》第十七条规定:"在施工现场安装、拆卸施工起重机械和整体提升脚手架、模板等自升式架设设施,必须由具有相应资质的单位承担。安装、拆卸施工起重机械和整体提升脚手架、模板等自升式架设设施,应当编制拆装方案、制定安全施工措施并由专业技术人员现场监督。施工起重机械和整体提升脚手架、模板等自升式架设设施安装完毕后,安装单位应当自检,出具自检合格证明,并向施工单位进行安全使用说明,办理验收手续并签字。"

一是在施工现场安装、拆卸施工起重机械和整体提升脚手架、模板等自升式架设设施,必须由具有相应资质的单位承担。施工起重机械和自升式架设设施等的安装、拆卸是特殊专业施工,具有高度的危险性,安装拆卸水平对本作业和其他相关分部分项的施工安全有重要影响,容易造成群死群伤的重大安全事故,因此必须由具有相应资质的单位来承担。

二是安装、拆卸施工起重机械和整体提升脚手架、模板等自升式架设设施,应当编制拆装方案,制定安全施工措施,并由专业技术人员现场监督。施工起重机械和整体提升脚手架、模板等自升式架设设施的安装单位在进行安装、拆卸作业前,应当根据施工起重机械和自升式架设设施的安全技术标准、使用说明书、施工现场环境、辅助起重机械设备条件等,编制拆装方案和制定施工安全技术措施。所制订的拆装方案和安全技术措施要严格遵循国家标准、行业标准和生产厂家使用说明书。

三是施工起重机械和整体提升脚手架、模板等自升式架设设施安装完毕后,安装单位应当自检,出具自检合格证明,并向施工单位进行安全使用说明,办理验收手续并签字。施工起重机械和整体提升脚手架、模板等自升式架设设施安装单位应在安装完毕后对零部件、构件、总成、安全保护装置等按照安全技术规范进行严格的自检,自检应有记录,自检合格后应当向施工单位出具检验合格证明,并以书面形式将有关安全性能和使用过程中应注意的安全事项向施工单位作出说明。安装单位和施工单位应当按照国家有关标准规定的检验项目进行验收,做好验收记录,并严格履行双方交接验收签字手续。

三、建筑施工企业的安全责任和义务

建筑施工企业是建筑活动的主体,是企业生产经营的主体,在施工安全生产中处于核心地位。近年来建设工程中发生的重、特大生产安全事故分析表明,施工单位是绝大多数安全事故的直接责任方。为遏止安全事故的发生,确保建设工程安全生产,法律法规对施工单位的市场准入、施工单位的安全生产行为规范和安全生产条件以及施工单位主要负责人、项目负责人、安全管理人员、作业人员的安全责任等方面,作出了明确的规定。

(一)不具备安全生产条件的施工单位,不得颁发资质证书

《安全生产法》第十六条规定:"生产经营单位应当具备本法和有关法律、行政法规和国家标准或者行业标准规定的安全生产条件;不具备安全生产条件的,不得从事生产经营活动。"

《安全生产管理条例》第二十条规定:"施工单位从事建设工程的新建、扩建、改建和拆除等活动,应当具备国家规定的注册资本、专业技术人员、技术装备和安全生产等条件,依法取得相应等级的资质证书,并在其资质等级许可的范围内承揽工程。"

[想一想]
什么是安全生产条件?
包括哪些内容?

"安全生产条件"是指施工单位能够满足保障生产经营安全的需要,在正常情况下不会导致人员伤亡和财产损失所必需的各种系统、设施和设备以及与施工相适应的管理组织、制度和技术措施等。具体包括以下内容:(1)具备安全生产的管理制度;(2)有负责安全生产的机构和人员;(3)对于施工单位的管理人员和其他作业人员进行安全培训的制度;(4)对已经发生的安全事故的处理情况及整改情况。

施工单位具备了相应的安全生产条件,发生安全生产事故的可能性就会大大降低;相反,施工单位如果不具备相应的安全生产条件,就会存在安全事故隐患,甚至发生安全生产事故。因此,对于不具备安全生产条件的施工单位,不得颁发资质证书,这就从根本上防止了安全事故的发生。

(二)施工单位主要负责人对本单位的安全生产工作全面负责

《建筑法》第四十四条规定:"建筑施工企业的法定代表人对本企业的安全生产负责";《安全生产法》第五条规定:"生产经营单位的主要负责人对本单位的安全生产工作全面负责";《安全生产管理条例》第二十一条规定:"施工单位主要负责人依法对本单位的安全生产工作全面负责。"

施工单位的主要负责人在本单位安全生产工作的主要职责包括:(1)建立、健全本单位安全生产责任制;(2)组织制定本单位安全生产规章制度和操作规程;(3)保证本单位安全生产投入的有效实施;(4)督促本单位的安全生产工作,及时消除生产安全事故隐患;(5)组织制订并实施本单位的生产安全事故应急救

援预案;(6)及时、如实报告生产安全事故。

(三)施工单位的项目负责人应当由取得相应执业资格的人员担任,对建设工程项目的安全施工负责

《安全生产管理条例》第二十一条规定:"施工单位的项目负责人应当由取得相应执业资格的人员担任,对建设工程项目的安全施工负责,落实安全生产责任制度、安全生产规章制度和操作规程,确保安全生产费用的有效使用,并根据工程的特点组织制定安全施工措施,消除安全事故隐患,及时、如实报告生产安全事故。"

1. 项目负责人即施工单位的项目经理在项目施工活动中占有举足轻重的地位

项目负责人代表施工企业法人代表,对项目组织实施中劳动力的调配、资金的使用、建筑材料的购进等行使决策权。因此,施工单位的项目经理(项目负责人)应当对建设工程项目施工的安全生产负全面责任,是本项目安全生产的第一责任人。

2. 施工单位的项目负责人应当由取得相应执业资格的人员承担

项目负责人应当按规定取得《建筑施工企业项目经理资质证书》,在资质等级许可范围内承担工程项目施工管理,并按要求接受安全管理与安全技术教育培训,具备一定的安全生产知识和管理能力。这不仅是为了确保工程质量,维护工程投资方和施工企业的合法利益,同时也是保证安全生产的需要。随着建筑施工企业项目经理资质管理制度逐步向建造师执业资格制度的过渡,项目经理作为施工单位的一个工作岗位,必须由取得相应注册建造师执业资格的人员担任。

3. 项目负责人应当认真履行安全生产职责

项目负责人作为施工单位施工项目的承包管理者,不但要认真贯彻执行企业的安全生产管理制度,而且还是项目部安全生产规章制度的制定者和执行者,其主要安全生产职责:一是在组织、指挥施工生产过程中,认真执行安全生产的方针政策、法律、法规和相关制度;二是按照安全技术标准和规程要求落实各项安全防护措施,确保安全生产费用有效使用;三是建立施工项目部的安全生产管理机构,审查安全生产技术措施,解决施工中的安全生产问题;四是建立施工项目部的安全生产责任制,组织对施工现场的安全生产,并落实隐患整改措施;五是在施工现场进行安全宣传,组织对施工现场的职工进行安全生产教育;六是发生事故后,按照国家有关法律、法规的规定,及时、如实地报告生产安全事故,及时组织救援工作,防止事故扩大和蔓延。同时,应保护事故现场,积极配合事故的调查处理工作。发生事故后不得隐瞒不报、谎报或者拖延不报,不得故意破坏事故现场、毁灭有关证据,否则,须承担相应的法律责任。

[想一想]
施工单位项目负责人的安全生产职责有哪些?

(四)编制安全技术措施和施工现场临时用电方案以及专项施工方案

《建筑法》第三十八条规定:"建筑施工企业在编制施工组织设计时,应当根据建筑工程的特点制定相应的安全技术措施;对专业性较强的工程项目,应当编

制专项安全施工组织设计,并采取安全技术措施。"

《安全生产管理条例》第二十六条规定:施工单位应当在施工组织设计中编制安全技术措施和施工现场临时用电方案。对下列达到一定规模的危险性较大的分部分项工程编制专项施工方案,并附具安全验算结果,经施工单位技术负责人、总监理工程师签字后实施,由专职安全生产管理人员进行现场监督:(1)基坑支护与降水工程;(2)土方开挖工程;(3)模板工程;(4)起重吊装工程;(5)脚手架工程;(6)拆除、爆破工程;(7)国务院建设行政主管部门或者其他有关部门规定的其他危险性较大的工程。对上述所列工程中涉及深基坑、地下暗挖工程、高大模板工程的专项施工方案,施工单位还应当组织专家进行论证、审查。

施工组织设计是组织工程施工的纲领性文件,是保证安全生产的基础。但是从近年来发生的重大安全事故的分析来看,多数工程项目在施工组织设计上存在着严重问题:一是未编制施工组织设计;二是未按照工程建设强制性标准进行施工组织设计;三是编制的施工组织设计中未制定安全技术措施或专项施工方案;四是制定的安全技术措施或方案缺乏针对性;五是在施工过程中未严格按照安全技术措施或方案组织实施。针对这些问题,法律法规专门就施工组织设计、安全技术措施和专项施工方案的编制、审批和实施作出了明确规定。

1. 施工单位在施工组织设计中应当编制安全技术措施和施工现场临时用电方案

(1)为确保施工安全,施工单位在组织施工前,应当按照有关法律、法规和技术标准编制施工组织设计。施工组织设计,是指导施工准备和组织施工的全面性的技术、经济文件,是进行安全技术交底和实施安全技术措施的依据。

[想一想]

什么是安全技术措施?如何制定它?

安全技术措施是施工方案中的重要组成部分。安全技术措施,是指针对建筑安全生产过程中已知的或潜在的危险因素,采取的消除或控制的技术性措施。在编制施工组织设计时,施工单位应当根据工程概况、施工工期、场地环境等条件,以及机械设备、施工机具和变配电设施的配备计划等,编制安全技术措施,并将安全技术措施纳入施工组织设计中。

(2)由于建设工程结构复杂多变,各施工项目所处的地理位置、环境条件不完全相同,对安全技术措施应当从工程项目所处位置、施工环境条件、结构特点、施工工艺、设备机具配备以及安全生产目标等方面进行全面、充分的考虑,并结合本单位的技术条件和管理经验而制定。安全技术措施应当覆盖施工全过程,是具体的、有针对性和可操作性的技术措施。为保证分部分项工程的顺利进行,对专业性较强的分部分项工程应当单独编制安全技术措施。

(3)施工现场露天的作业环境,决定了施工现场临时用电工程的复杂性和危险性。因此,施工单位应当根据工程项目的实际情况编制施工现场临时用电施工方案。按照《施工现场临时用电安全技术规范》(JGJ46—88)的规定,临时用电设备在5台及5台以上或设备总容量在50kW及50kW以上者,应编制临时用电施工组织设计。

编制施工现场临时用电方案应包括以下主要步骤:进行现场勘察;根据拟进

入的施工现场的用电设备情况,确定电源进线,变电所、配电室、总配电箱、分配电箱等的位置和线路走向;进行用电负荷计算;选择变压器容量以及配电箱、开关箱、线缆和电器元件的规格、型号;绘制电器平面图、立面图和接线系统图;制定安全用电技术措施和电气防火措施等。

2. 对达到一定规模的危险性较大的分部分项工程,施工单位应当编制专项施工方案,并附具安全验算结果

根据工程项目的具体情况,对于规模较大,施工工艺复杂的建设工程,对于达到一定规模的危险性较大的分部分项工程,因其复杂性和危险性,在施工过程中易发生人身伤亡事故,施工单位应当根据各分部分项工程的不同特点,有针对性地编制专项施工方案。这些工程主要包括:基坑支护与降水工程;土方开挖工程;模板工程;起重吊装工程;脚手架工程;拆除、爆破工程以及国务院建设行政主管部门或者其他有关部门规定的其他危险性较大的工程。对于上述专项施工方案,施工单位还应当进行安全验算,确保各专项工程安全施工方案的准确性和安全性。

3. 施工组织设计、安全技术措施(方案)的编制、审批和现场监督执行

施工组织设计、各项安全技术措施(方案)由施工单位的专业工程技术人员编制,施工单位的技术和安全等部门的专业人员以及工程监理单位的监理工程师根据各自的职能进行审核。审核合格,由施工单位技术负责人、监理单位总监理工程师批准签字后方可实施。在实施过程中,施工单位必须严格执行审批程序,不得擅自修改经过审批或专家论证、审查过的技术方案。施工单位的专职安全生产管理人员和工程监理单位的监理人员要进行现场监督检查,发现不按照施工组织设计、安全技术措施(方案)进行施工的行为要予以制止,以保证各分部分项工程按照施工组织设计顺利进行。

(五)严格履行安全生产义务,维护施工作业人员的合法权益

《建筑法》第四十七条规定:"建筑施工企业和作业人员在施工过程中,应当遵守有关安全生产的法律、法规和建筑行业安全规章、规程,不得违章指挥或者违章作业。作业人员有权对影响人身健康的作业程序和作业条件提出改进意见,有权获得安全生产所需的防护用品。作业人员对危及生命安全和人身健康的行为有权提出批评、检举和控告。"

《安全生产管理条例》第三十二条规定:"施工单位应当向作业人员提供安全防护用具和安全防护服装,并书面告知危险岗位的操作规程和违章操作的危害。作业人员有权对施工现场的作业条件、作业程序和作业方式中存在的安全问题提出批评、检举和控告,有权拒绝违章指挥和强令冒险作业。在施工中发生危及人身安全的紧急情况时,作业人员有权立即停止作业或者在采取必要的应急措施后撤离危险区域。"第三十三条规定:"作业人员应当遵守安全施工的强制性标准、规章制度和操作规程,正确使用安全防护用具、机械设备等。"

上述法条规定了施工单位为保障施工作业人员人身安全应尽的基本义务和作业人员为维护自己的合法权益所享有的权利。

[想一想]
施工单位为保障作业人员人身安全应履行哪些义务?

1. 建筑施工企业的作业人员有义务遵守有关安全生产的法律、法规和建筑行业安全施工的强制性标准、规章制度和操作规程,正确使用安全防护用具、机械设备等

工程建设强制性标准是保证建设工程结构安全和施工安全的最基本要求,施工单位的安全生产规章制度和安全操作规程是针对本单位的实际情况制定的,对保护作业人员的安全施工具有很强的针对性和可操作性。施工单位应当教育和督促作业人员遵守有关安全生产的法律、法规和工程建设强制性标准,执行本单位的安全生产规章制度和安全操作规程。作业人员应当自觉遵守和执行工程建设强制性标准、安全生产规章制度和安全操作规程,这是其在安全生产方面的一项基本义务。

2. 施工单位应当向作业人员提供安全防护用具和安全防护服装,作业人员有权获得安全生产所需的防护用品

向作业人员提供安全防护用具和安全防护服装,是施工单位的一项法定义务。安全防护用具,是指在施工作业过程中能够对作业人员的人身起保护作用,使作业人员免遭或减轻各种人身伤害或职业危害的用品。作业人员使用的安全防护用具主要包括:安全帽、安全带、安全绳及特种作业使用的防护镜、焊接面罩等个人安全防护用品。安全防护服装主要包括:工作服、防滑鞋、绝缘鞋、绝缘手套等。施工单位应当安排专项经费,专门用于配备安全防护用具和安全防护服装,并不得挪作他用。施工单位购置的安全防护用具和安全防护服装必须符合国家标准或者行业标准。

3. 施工单位应当向作业人员书面告知危险岗位的操作规程和违章操作的危害

建设工程多为露天作业,高处与交叉作业多、作业环境复杂,作业场所和工作岗位存在着一定的危险因素。施工单位有义务告知作业人员作业场所和工作岗位存在的危险因素以及应当采取的防范措施和事故应急措施,这一方面有利于作业人员心中有数,提高安全生产意识和事故防范能力,减少事故发生,降低事故损失;另一方面这也是对作业人员的知情权的尊重。施工单位应当以书面形式如实告知作业人员危险岗位的操作规程、违章操作的危害以及应当采取的防范措施和事故应急措施,不得隐瞒、省略,更不能欺骗作业人员。

4. 作业人员有权对施工现场的作业条件、作业程序和作业方式中存在的安全问题提出批评、检举和控告,有权拒绝违章指挥和强令冒险作业

(1)作业人员有对施工现场的作业条件、作业程序和作业方式中存在的安全问题提出批评、检举和控告的权利。对作业人员的检举、控告,建设行政主管部门和有关部门应当查清事实,认真处理,不得压制和打击报复。检举、控告人如不愿公开自己姓名的,有关机关应当采取切实可行的措施为其保密。

(2)任何人不得违章指挥或违章作业,作业人员有权拒绝违章指挥和强令冒险作业。违章指挥,是指施工单位有关管理人员违反国家关于安全生产的法律、法规和有关安全规程、规章制度的规定,对作业人员具体的生产活动进行指挥;

强令冒险作业,是指施工单位有关管理人员明知开始或者继续作业会有重大危险,仍然强迫作业人员进行作业的行为。违章指挥、强令冒险作业,侵犯了作业人员的合法权益,是严重的违法行为,也是直接导致安全事故的重要原因。现实中,许多安全事故的发生都与违章指挥、强令冒险作业有关。因此,规定作业人员有权拒绝违章指挥和强令冒险作业,对于维护正常的生产秩序,有效防止安全事故的发生,保护作业人员的人身安全,具有十分重要的意义。

5. 在施工中发生危及人身安全的紧急情况时,作业人员有权立即停止作业或者在采取必要的应急措施后撤离危险区域

工程建设活动具有不可预测的风险,作业人员在施工过程中有可能会突然遇到直接危及人身安全的紧急情况,此时,如果不停止作业或者撤离作业场所,就会造成重大的人身伤亡事故。因此,赋予作业人员在上述紧急情况下可以停止作业以及撤离作业场所的权利,对于保证作业人员的人身安全是十分重要的。作业人员发现直接危及人身安全的紧急情况,如果继续作业就会发生重大事故时(例如深基坑支护倾倒,即将出现大面积坍塌),有权停止作业;或者事故即将发生,不撤离作业场所就会造成重大伤亡时,可以在采取可能的应急措施后撤离作业场所。

第三节　建筑施工过程中的安全生产管理

一、施工现场的安全管理制度

《建筑法》第四十五条、《安全生产管理条例》第二十七条、第三十五条及有关法规对施工现场的安全生产管理制度作出了明确的规定,这些制度包括现场安全责任制度,现场安全技术交底制度,施工起重机械和整体提升脚手架、模板等自升式架设设施的检验、验收、登记备案制度和安全检查制度等。

(一)现场安全责任制度

《建筑法》第四十五条规定:"施工现场安全由建筑施工企业负责。实行工程总承包的,由总承包单位负责。分包单位向总承包单位负责,服从总承包对施工现场的安全生产管理。"

《想一想》
施工现场的安全责任是如何划分的?

《安全生产管理条例》第二十四条规定:"建设工程实行施工总承包的,由总承包单位对施工现场的安全生产负总责。""总承包单位依法将建设工程分包给其他单位的,分包合同中应当明确各自的安全生产方面的权利、义务。总承包单位和分包单位对分包工程的安全生产承担连带责任。分包单位应当服从总承包单位的安全生产管理,分包单位不服从管理导致生产安全事故的,由分包单位承担主要责任。"

上述法条明确了建设工程承包中施工总承包单位和分包单位的安全责任。

1. 建设工程实行施工总承包的,由总承包单位对施工现场的安全生产负总责。施工总承包是指建筑工程的施工由一个建筑施工企业全面负责,总承包单位不仅要负责建筑工程质量、建设工期、造价控制,而且要对施工现场的施工组织和安全生产进行统一管理和全面负责。总承包单位负责整个建筑工程施工组织设计的编制和施工总平面图的布置,监督检查分包单位的施工现场活动。因此,实行施工总承包的建设工程,按照法律规定,由总承包单位对建设单位负全面责任。

2. 总承包单位依法将建设工程分包给其他单位的,分包合同中应当明确各自的安全生产方面的权利、义务。总承包单位和分包单位对分包工程的安全生产承担连带责任。当然,仅靠分包合同的约定,对施工现场的安全生产管理来讲是远远不够的,应当是总承包单位负总责,分包单位向总承包单位负责,即对施工现场的安全生产管理,总承包单位和分包单位负有共同责任,对分包的建设工程,双方均负有连带责任。

3. 总承包单位既然对施工现场的安全生产负总责,就要求分包单位服从总承包单位的管理。施工现场情况复杂,有时在一个施工工地上,会同时有几个不同的分包单位在施工,因此,从保障安全生产来说,需要分包单位服从总承包单位的安全生产管理,包括制定安全生产责任制度,遵守相关的规章制度和操作规程等。如果由于分包单位不服从总承包单位的管理,导致生产安全事故发生的,应当由分包单位承担主要责任。

(二)现场安全技术交底制度

《安全生产管理条例》第二十七条规定:"建设工程施工前,施工单位负责项目管理的技术人员应当对有关安全施工的技术要求向施工作业班组、作业人员作出详细说明,并由双方签字确认"

施工现场高空与交叉作业及手工操作多、劳动强度大、作业环境复杂,作业人员的素质又普遍偏低,施工单位有必要对工程项目的概况、危险部位和施工技术要求、作业安全注意事项等向作业人员作出详细说明,以保证施工质量和安全生产。

1. 安全技术交底的基本要求

安全技术,即确保安全所需要的技术,包括研究建筑施工中各种特定工程项目各个环节中的不安全因素和安全保证要求,相应采取消除隐患以及警示、限控、保险、防护、救助等的技术措施。安全技术交底,是指将上述预防和控制安全事故发生及减少其危害的技术以及工程项目、分部分项工程概况,向作业人员作出说明;即工程项目在进行分部分项工程作业前和每天作业前,工程项目的技术人员和各施工班组长要将工程项目和分部分项工程概况、施工方法、安全技术措施及要求向全体施工人员进行说明。

[想一想]
安全技术交底的基本要求是什么?

安全技术交底的基本要求如下:(1)逐级交底,由总承包单位向分包单位、分包单位工程项目的技术人员向施工班组长、施工班组长向作业人员分别进行交底;(2)交底必须具体、明确、针对性强;(3)技术交底的内容应针对分部分项工程施工给作业人员带来的潜在危险因素和存在的问题;(4)应优先采用新的安全技术措施;(5)各工种的安全技术交底一般与分部分项安全技术交底同步进行。对施工工艺复杂、施工难度较大或作业条件危险的,应当单独进行各工种的安全技术交底;(6)交底应当采用书面形式,即将每天参加交底的人员名单和交底内容记录在班组活动记录中。

2. 安全技术交底的主要内容

安全技术交底的主要内容包括:(1)工程项目和分部分项工程的概况;(2)工程项目和分部分项工程的危险部位;(3)针对危险部位采取的具体预防措施;(4)作业中应注意的安全事项;(5)作业人员应遵守的安全操作规程和规范;(6)作业人员发现事故隐患应采取的措施和发生事故后应及时采取的躲避和急救措施。

(三)施工起重机械和整体提升脚手架、模板等自升式架设设施的检验、验收、登记备案制度

《安全生产管理条例》第三十五条规定:"施工单位在使用施工起重机械和整体提升脚手架、模板等自升式架设设施前,应当组织有关单位进行验收,也可以委托具有相应资质的检验检测机构进行验收;使用承租的机械设备和施工机具及配件的,由施工总承包单位、分包单位、出租单位和安装单位共同进行验收。验收合格的方可使用。《特种设备安全监察条例》规定的施工起重机械,在验收前应当经有相应资质的检验检测机构监督检验合格。施工单位应当自施工起重机械和整体提升脚手架、模板等自升式架设设施验收合格之日起 30 日内,向建设行政主管部门或者其他有关部门登记。登记标志应当置于或者附着于该设备的显著位置。"

本条法规明确了施工起重机械和整体提升脚手架、模板等自升式架设设施的检验、验收、登记备案制度。

[想一想]

施工起重机械、整体提升脚手架、模板等自升式架设设施的检验、验收、登记备案制度的具体内容是什么?

1. 施工单位在使用施工起重机械和整体提升脚手架、模板等自升式架设设施前,应当组织有关单位进行验收。

(1)施工起重机械和整体提升脚手架、模板等自升式架设设施在使用前,施工单位应当组织产权(生产、租赁)单位、安装单位的安全、设备管理人员和其他技术人员参加验收。参与验收的单位和人员应当按照国家、行业的安全技术标准、检验规则等规定的检验项目进行验收。验收过程中应作记录,验收记录应当真实、准确。验收完毕后各参加验收方应签署验收结论意见。验收合格后,方可投入使用。

(2)施工单位不具备检验检测条件的,可以委托经国家有关部门核准的具有相应资质的检验检测机构对施工起重机械和整体提升脚手架、模板等自升式架设设施进行验收。在验收前,施工单位应当同检验检测机构签订验收合同(协议),确定验收项目、验收质量以及双方各自的责任和义务等,验收完毕后,检验检测机构应当将验收记录、验收结论、出具的验收报告等技术资料交给施工单位,并对验收结果负责。

2. 使用承租的机械设备和施工机具及配件的,由施工总承包单位、分包单位、出租单位和安装单位共同进行验收,各自承担相关责任,共同对验收结果负责,以保证机械设备和施工机具的正常运转和安全使用。

3.《特种设备安全监察条例》规定的施工起重机械,在验收前应当经有相应资质的检验检测机构监督检验合格。监督检验不合格的,施工单位不得进行验收。

(四)对验收合格的施工起重机械和整体提升脚手架、模板等自升式架设设施,施工单位向建设行政主管部门或者其他有关部门登记制度

施工起重机械和整体提升脚手架、模板等自升式架设设施属危险性较大的设备、设施,特别是在高层、超高层工程项目上使用时,其带来的不安全因素尤为突出。为加强对施工起重机械和整体提升脚手架、模板等自升式架设设施的管理,法规规定,施工单位应当自施工起重机械和整体提升脚手架、模板等自升式架设设施验收合格之日起 30 日内,向建设行政主管部门或者其他有关部门登记。这一方面便于建设行政主管部门掌握本行政区域内施工起重机械和整体提升脚手架、模板等自升式架设设施的生产(制造)单位、产品规格型号、数量以及产品结构形式、安全保护装置的形式和可靠程度等情况,并根据所掌握的情况,制定防范安全事故的有效措施;另一方面,也便于建设行政主管部门对起重机械和整体提升脚手架、模板等自升式架设设施等产品的质量和使用情况等进行监督抽查,并向社会公布监督抽查结果。

建设行政主管部门或者其他有关部门对施工单位的申请登记资料进行审核,合格的发给登记标志。施工单位应当按照规定将登记标志置于或者附着于该设备(设施)的显著位置。设置登记标志有两层含义:一是表明该设备(设施)是经检验和验收合格并经有关部门登记备案的;二是警示操作人员和作业人员此设备(设施)是属于危险性较大的设备,在操作时要特别注意。

(五)现场安全检查制度

[想一想]
现场安全检查制度的主要内容是什么?

施工现场除应经常进行安全生产检查外,还应组织定期检查。企业(公司)每季进行一次,工区每月进行一次,施工队每半月进行一次,班组每周进行一次。

检查要发动群众,以自查为主,互查为辅。以查思想、查制度、查纪律、查领导、查隐患为主要内容。要结合季节特点开展防洪、防雷电、防坍塌、防高处坠落、防煤气中毒等"五防"检查。发现隐患,立即整改。对因特殊情况不能立即整改的要建立登记、整改、检查、销项制度。要制订整改计划,定人、定措施、定经费、定完成日期。在隐患没有消除前,必须采取可靠的防护措施,如有危及人身安全的紧急险情,应立即停止作业。

二、施工现场的安全防护管理

《建筑法》第三十九条规定:"建筑施工企业应当在施工现场采取维护安全、防范危险、预防火灾等措施;有条件的,应当对施工现场实行封闭管理。""施工现场对毗邻的建筑物、构筑物和特殊作业环境可能造成损害的,建筑施工企业应当采取安全防护措施。"

《安全生产管理条例》第二十八条规定:"施工单位应当在施工现场入口处、施工起重机械、临时用电设施、脚手架、出入通道口、楼梯口、电梯井口、孔洞口、

桥梁口、隧道口、基坑边沿、爆破物及有害危险气体和液体存放处等危险部位,设置明显的安全警示标志。安全警示标志必须符合国家标准。

施工单位应当根据不同施工阶段和周围环境及季节、气候的变化,在施工现场采取相应的安全施工措施。施工现场暂时停止施工的,施工单位应当做好现场防护,所需费用由责任方承担,或者按照合同约定执行。"

《安全生产管理条例》第三十条规定:"施工单位对因建设工程施工可能造成损害的毗邻建筑物、构筑物和地下管线等,应当采取专项防护措施。在城市市区内的建设工程,施工单位应当对施工现场实行封闭围挡。"

根据法律、法规的上述规定,施工现场安全防护管理的主要内容包括:

[想一想]
施工现场安全防护管理的内容有哪些?

1. 建筑施工企业应当在施工现场采取维护安全、防范危险、预防火灾等措施

这些措施包括:

(1)施工现场道路、上下水及采暖管道、电气线路、材料堆放、临时和附属设施等的平面布置,都要符合安全、卫生、防火要求,并要加强管理。

(2)各种机电设备的安全装置和起重设备的限位装置,都要齐全有效,没有这些装置的不能使用;要建立定期维修保养制度,检修机械设备要同时检修防护装置。

(3)脚手架、井字架(龙门架)、安全网,搭设完后必须经工长验收合格,方能使用。使用期间要指定专人维护保养,发现有变形、倾斜、摇晃等情况,要及时加固。

(4)施工现场入口处、施工起重机械、临时用电设施、脚手架、出入通道口、楼梯口、电梯井口、孔洞口、桥梁口、隧道口、基坑边沿、爆破物及有害危险气体和液体存放处等危险部位,应当设置明显的安全警示标志。在施工现场的沟、坎、深基坑等处,夜间要设红灯示警。这些安全警示标志未经施工负责人批准,不得移动和拆除。同时,安全警示标志还应当明显,便于作业人员识别。如果是灯光标志,则应该明亮显眼;如果是文字图形标志,则要求明确易懂。所有的安全警示标志必须符合国家标准。

(5)实行逐级安全技术交底制度。开工前,技术负责人要将工程概况、施工方法、安全技术措施等情况向全体职工进行详细交底;两个以上施工队或工种配合施工时,施工队长、工长要按工程进度定期或不定期地向有关班组长进行交叉作业的安全交底;班组每天要对工人进行施工要求、作业环境的安全交底。

(6)混凝土搅拌站、木工车间、沥青加工点及喷漆作业场所等,都要采取措施,限期使尘毒浓度不超过国家标准规定的限值。

(7)加强季节性劳动保护工作。夏季要防暑降温;冬季要防寒防冻,防煤气中毒;雨季和台风到来之前,应对临时设施和电气设备进行检修,沿河流域的工地要做好防洪抢险准备;雨雪过后,要采取防滑措施。

(8)施工现场和木工加工厂(车间)和贮存易燃易爆器材的仓库,要建立防火管理制度,备足防火设施和灭火器材,要经常检查,保持良好。

总之,要根据不同施工阶段和周围环境及季节、气候的变化,在施工现场采取相应的安全施工措施。

2. 施工现场暂时停止施工的,施工单位应当做好现场防护,所需费用由责任方承担,或者按照合同约定执行

施工现场因特殊原因需要暂停施工的,建设单位或施工单位应当将停工原因及停工时间向县级以上人民政府建设行政主管部门报告。停工前,施工单位应当对施工现场的安全防护设施进行检查,针对施工现场实际情况,采取相应措施,保证施工现场停工期间的安全,如切断施工总电源,所有配电箱、开关箱上锁;封闭进入建筑物、构筑物的通道;对机械设备、施工机具进行封存;在易燃、易爆品及有害危险气体和液体存放处派专人监护;安排值班人员做好现场保护等。

因季节(寒冷地区的冬季)、节假日、秋收、麦收等原因暂时停工的,施工单位也应按照上述要求做好现场防护。停工期间所发生的各种费用、损失,由造成停工的责任方来承担。建设单位和施工单位在施工合同中已有明确约定的,按照合同约定执行。

3. 有条件的,应当对施工现场实行封闭管理

[想一想]

为什么说施工现场实行封闭管理很有必要?

(1)施工单位对施工现场实行封闭围挡,包含两个方面的内容:一是对在建的建筑物、构筑物使用密目式安全网封闭,这样既能保护作业人员的安全,防止高处坠物伤人,消除施工过程中的不安全因素,防止将不安全因素扩散到场外,又能减少扬尘外泄;二是对施工现场实行封闭式管理,在施工现场设置大门,现场周围设置围墙、围挡,将施工现场与外界隔离,无关人员不能随意进入。采取这些措施,既解决了"扰民"和"民扰"两个问题,也起到保护环境、美化市容和文明施工的作用。因此,施工现场实行封闭式管理是很有必要的。

(2)施工现场的作业条件差,不安全因素多,在作业过程中既容易伤害到作业人员,也容易伤害到施工现场以外的人员。因此,对城市市区内的建设工程,施工单位应当设置硬质围挡。施工现场围挡应沿工地四周连续设置,并根据地质、气候、围挡材料进行设计与计算,确保围挡的安全性,并做到坚固、稳定、整洁、美观。施工现场位于一般路段的围挡应高于 1.8m,在市区主要路段的围挡应高于 2.5m。

4. 施工现场对毗邻的建筑物、构筑物、地下管线以及特殊作业环境可能造成损害的,建筑施工企业应当采取专项防护措施

(1)施工单位应当采取保护措施,保证毗邻建筑物、构筑物的安全

建设工程在进行深基础施工、桩基础施工或爆破作业时,对周围环境特别是毗邻建筑物、构筑物等可能造成一定程度的损害。为此,施工前,施工单位应当对照建设、勘察单位提供的毗邻建筑物、构筑物等勘察文件,对施工现场毗邻建筑物、构筑物等进行实地查勘,根据勘察文件和实地查勘情况,制订专项防护和保护方案,并纳入施工组织设计。在施工过程中,施工单位应当按照方案中规定的监测方法、监测点的布置、监测周期等,对毗邻建筑物、构筑物和道路进行监测,并由监测责任人做好监测记录。在监测过程中,要特别注意基坑外地面和周边建筑物的沉降情况,监测人员发现异常情况的,应当及时报告建设单位和建设

行政主管部门,并采取有效措施,确保毗邻建筑物、构筑物和道路的安全。

(2)施工单位应当采取保护措施,保护地下管线的安全

地下管线是重要的基础设施,地下管线能否安全、完好、正常运行,直接关系到城市居民能否正常工作和生活,因而必须对地下管线严加保护。当前,在施工过程中,由于违章施工,施工现场内地下管线屡遭破坏,以致造成断水、断电、通讯中断等事故,严重损害了公众利益和人民群众的合法权益,给国家和人民群众造成重大的经济损失。因此,施工单位有责任和义务采取相应的防护措施,对地下管线进行保护。施工单位应当根据建设单位提供的地下管线资料,制定相应的安全技术措施,并按照施工组织设计和相应的安全技术措施组织施工,保护好地下管线。

三、施工现场生活区和作业区环境的管理

《安全生产管理条例》第二十九条规定:"施工单位应当将施工现场的办公、生活区与作业区分开设置,并保持安全距离;办公、生活区的选址应当符合安全性要求。职工的膳食、饮水、休息场所等应当符合卫生标准。施工单位不得在尚未竣工的建筑物内设置员工集体宿舍。施工现场临时搭建的建筑物应当符合安全使用要求。施工现场使用的装配式活动房屋应当具有产品合格证。"

[想一想]
施工现场生活区和作业区环境管理的内容有哪些?

1.《建筑施工安全检查标准》(JGJ59—99)中对施工现场的临时设施和员工的生活条件,均制定了相关的强制性条款。法规从建设工程安全管理的角度,为了确保员工的生命安全与身体健康,制定了相应的规定:

(1)施工作业区与办公区和生活区应有明显的划分隔离,并设有防护措施,保持一定的安全距离

所谓安全距离,是指即使发生事故,也不致损害员工的人身安全的最小距离。办公区和生活区应当处于在建建筑物的坠落半径之外。建筑物高度2~5m,坠落半径为2m;高度30m,坠落半径为5m(因条件限制,办公区和生活区设置在坠落半径区域内的,必须有防护措施);根据《施工现场临时用电安全技术规范》(JGJ46—88)的规定,1kV以下,安全距离为4m;330~550kV,安全距离为15m。办公区和生活区与作业区应当有隔离,以避免人员误入危险区。

(2)办公区和生活区的选址应当符合安全性要求

办公区和生活区首先应考虑与作业区相隔离,保持安全距离,其所处位置的周边环境,必须具有安全性。例如,办公区和生活区不得设置在高压线下,也不得设置在沟边、崖边、河流边、强风口处、高墙下等,以保证办公区和生活区的安全可靠。

(3)职工的膳食、饮水、休息场所等应符合卫生标准

职工的膳食、饮水、休息场所的卫生条件,直接影响职工的身心健康,因而必须符合国家规定的卫生标准。施工单位应尽可能地给员工创造一个良好的生活环境,这对保证安全生产也是十分重要的。基本要求是:①食堂应远离厕所、垃圾站、有毒有害场所;必须取得卫生许可证,炊事人员必须持有身体健康证;卫生

条件必须符合国家卫生防疫部门规定的标准等。②员工的饮水应当设置符合卫生标准的饮水器,饮水器具应定期消毒,并有专人负责。③员工宿舍内不得睡通铺、地铺,每个人的居住面积不得小于 $2m^2$,室内应当限定人数,应设置外开门。寒冷季节应当有保暖和防煤气中毒措施;炎热季节应当有消暑和防蚊虫叮咬措施等。

(4)施工单位不得在尚未竣工的建筑物内设置员工集体宿舍

尚未竣工的建筑物内设置员工宿舍会带来各种危险,如建筑物本身在没有验收合格前很难确定其是否存在质量和结构安全问题,而防护不到位容易发生坠物伤人、触电、高处坠落等事故。

2. 施工现场临时搭设的办公室、员工宿舍、厕所、娱乐室等临时设施,必须符合国家标准,并符合消防、卫生要求。施工现场使用的装配式活动房屋,生产厂家应按照国家规定的相关标准进行生产,房屋的结构、消防、环保、卫生、材料的选用等方面必须符合国家规定的设计规范标准,出厂时应附有产品合格证等相关资料。

四、施工现场的消防管理

[想一想]
施工单位如何做好施工现场的消防管理?

《安全生产管理条例》第三十一条规定:"施工单位应当在施工现场建立消防安全责任制度,确定消防安全责任人,制定用火、用电、使用易燃易爆材料等各项消防安全管理制度和操作规程,设置消防通道、消防水源、配备消防设施和灭火器材,并在施工现场入口处设置明显标志。"

根据上述法规条文,建筑施工企业应当在施工现场建立健全消防安全责任制度。

(一)施工单位应当在施工现场建立消防安全责任制,确定消防安全责任人

确保消防安全的关键是建立健全消防安全责任制度,消防安全责任落实到人。消防安全责任制度应当明确以下内容:消防安全要求、消防安全管理程序、消防安全责任人、消防安全培训要求等。要明确施工现场的工程项目负责人对本项目的消防安全工作全面负责,并在项目内部实行并逐级落实防火责任制、岗位防火责任制等。切实做到"谁主管,谁负责;谁在岗,谁负责",保证消防法律、法规的贯彻执行,保证消防安全措施落到实处。通过消防安全责任制度的落实,从源头上消除消防事故隐患,从制度上预防消防安全事故的发生。

(二)施工单位应当在施工现场建立健全各项消防安全管理制度和操作规程

施工单位应当在施工现场制定用火用电制度、易燃易爆危险物品管理制度、消防安全检查制度、消防设施维护保养制度、消防值班制度、职工消防教育培训制度等消防安全管理制度。同时,要结合施工现场的实际情况,制订用火用电、使用电焊、气焊等岗位的消防安全操作规程,如禁止在具有火灾、爆炸危险的场所使用明火,既包括焊接、切割、热处理、烘烤、熬炼等明火作业,也包括炉灶及灼热的炉体、烟筒、电热器等生活用火及吸烟、明火取暖、明火照明等。作业人员要

严格按照消防安全操作规程进行作业,确保消防安全。

(三)施工单位在施工现场应当设置消防通道、消防水源,配备消防设施和灭火器材

"消防通道",是指供消防人员和消防车辆等消防装备进入或穿越建筑物或在建筑物内能够通行的道路。规划建设消防通道应当达到:保证道路的宽度、净高和平面设置,满足消防车通行和灭火作战的基本要求。"消防水源",是指市政消火栓、天然水源取水设施、消防蓄水池和消防供水管网等消防供水设施。规划建设消防供水设施应当达到:保证消防供水设施的数量、水量、水压等满足灭火需要,保证消防车到达火场后能够就近利用消防供水设施,及时扑救火灾,控制火势蔓延的基本要求。"消防设施",一般是指固定的消防系统和设备,如火灾自动报警系统、各类自动灭火系统、消火栓、防火门等。"消防器材",是指移动的灭火器材、自救逃生器材,如灭火器、防烟面罩、缓降器等。

按照国家有关规定配置的消防设施和器材,应当定期组织检验、维修。主要包括两方面内容:第一,任何单位都应按照消防法规和国家工程建筑消防技术标准配置消防设施和器材、设置消防安全标志。各类消防设施、器材和标志均应与建筑物同时验收并投入使用。第二,定期组织对消防设施、器材进行检验、维修,确保其完好、有效,这是施工单位的重要职责。建筑消防设施能否发挥预防火灾和扑灭初期火灾的作用,关键是日常的维修保养,应当经常检查,定期维修。

施工单位应当在施工现场入口处设置明显的消防安全标志。"消防安全标志",是指用其表达与消防有关的安全信息的图形符号或者文字标志,包括火灾报警和手动控制的标志、火灾时疏散途径的标志、灭火设备的标志、具有火灾爆炸危险的物质或场所的标志等。消防安全标志的设置应当符合国家有关标准。

[想一想]
消防安全标志的含义是什么?

此外,施工单位还应当结合本单位防火工作的特点,有重点地进行消防安全知识的宣传教育,增强作业人员的消防安全意识,使作业人员了解本岗位的火灾特点,会使用灭火器材扑救初期火灾,会报火警,会自救逃生。

五、施工现场的环境保护

《建筑法》第四十一条规定:"建筑施工企业应当遵守有关环境保护和安全生产的法律、法规的规定,采取控制和处理施工现场的各种粉尘、废气、废水、固体废物以及噪声、振动对环境的污染和危害的措施。"

《安全生产管理条例》第三十条规定:"施工单位应当遵守有关环境保护法律、法规的规定,在施工现场采取措施,防止或者减少粉尘、废气、废水、固体废物、噪声、振动和施工照明对人和环境的危害和污染。在城市市区内的建设工程,施工单位应当对施工现场实行封闭围挡"

根据上述法律条文,建筑施工企业应当在施工现场采取措施防止环境污染和危害。

(一)环境保护

所谓环境,根据《环境保护法》第二条规定,是指影响人类生存和发展的各种

天然的和经过人工改造的自然因素的总体,包括大气、水、海洋、土地、矿藏、森林、草原、野生生物、自然遗迹、人文遗迹、自然保护区、风景名胜区、城市和乡村等。所谓环境保护,是指对上述环境的保护,防止对上述环境的污染和危害。

(二)防止环境污染和危害须遵守的法律、法规

建筑施工企业应当遵守下述两个方面的法律、法规:

1. 环境保护方面的法律、法规。为了保护和改善环境,防治污染,保障人体健康,国家和地方政府制定了一系列环境保护的法律法规。国家的法律有:《中华人民共和国环境保护法》、《中华人民共和国大气污染防治法》、《中华人民共和国水污染防治法》、《中华人民共和国固体废物污染环境防治法》、《中华人民共和国环境噪声污染防治法》等。国务院及各行政部门的行政法规有:《国务院关于环境保护若干问题的决定》、《防治海岸工程建设项目污染损害海洋环境管理条例》、《中华人民共和国水污染防治法实施条例》、《中华人民共和国大气污染防治法实施条例》、《监控化学品管理条例》等。

2. 安全生产方面的法律、法规。为了加强安全生产管理,保护人身财产安全,国家或有关部门制定了《中华人民共和国劳动法》、《女职工劳动保护规定》、《工厂安全卫生规程》、《建筑安装工程安全技术规程》等法律法规。

(三)建筑施工企业应当积极采取保护环境的相关措施

[想一想]
施工单位如何做好施工现场的环境保护?

施工单位应当根据上述法律的有关规定,积极采取保护环境的相关措施。这些措施主要包括:(1)使用密目式安全网对在建建筑物、构筑物进行封闭;(2)采取有效措施控制施工过程中的扬尘;(3)对产生噪声和振动的施工机械和施工机具,应当采取消声、吸声、隔声等有效控制措施,减少噪声扰民;(4)不在施工现场烧熔沥青或者焚烧含有有毒、有害化学成分的装饰废料、油毡、油漆、垃圾,防止有害气体污染环境;(5)排水系统设置沉淀池,使施工产生的泥浆和生活污水不溢流到沿街路面、城市排水设施和河流;(6)施工车辆运输砂石、土方、渣土和建筑垃圾,采取密封、覆盖措施,避免泄露、遗散,并按指定地点倾卸,防止固体废物污染环境;(7)夜间施工严格按照建设行政主管部门和有关部门的规定执行,对施工照明器具的种类、灯光亮度加以严格控制,特别是在城市市区居民居住区内,应减少施工照明对城市居民的危害等。

六、建筑装修和房屋拆除的安全管理

(一)涉及建筑主体和承重结构变动装修的安全管理

随着我国经济的发展和城乡居民生活条件的改善,房屋建筑的装饰装修活动规模不断扩大,但也出现了随意拆改建筑主体结构和承重结构等危及建筑工程安全和人民生命财产安全的问题。因此,《建筑法》第四十九条对此作出了明确规定:"涉及建筑主体和承重结构变动的装修工程,建设单位应当在施工前委托原设计单位或者具有相应资质条件的设计单位提出设计方案;没有设计方案的,不得施工。"

建筑主体是指砖混结构的墙体与楼板、钢筋混凝土结构的框架。承重结构是指建筑工程中的屋盖、楼盖、墙、柱、基础等。建筑装修是指为使建筑物、构筑物内、外空间达到一定的环境质量要求,使用装饰装修材料,对建筑物、构筑物外表和内部进行修饰处理的工程建筑活动。涉及建筑主体和承重结构变动的装修,直接关系到建筑工程的安全性能。因此,涉及建筑主体和承重结构变动的装修工程的施工,必须有设计方案。涉及建筑主体和承重结构变动的装修活动,直接关系到装修工程的安全和居民的人身财产安全,对其施工,必须依据设计方案进行。建筑设计方案是根据建筑物的功能要求,具体确定建筑标准、结构形式、建筑物的空间和平面布置以及建筑群体的安排。设计方案是施工的依据,没有设计方案的,不得施工。

[想一想]

为什么涉及建筑主体和承重结构变动的装修工程的施工必须有设计方案?

设计方案的好坏对装修工程的安全等有直接影响。因此,建设单位应当委托原设计单位或者具有相应资质条件的设计单位提出设计方案。原设计单位对该项工程的情况、结构形式等比较熟悉,一般情况下应委托其进行该建筑工程的装修设计。在难以委托原设计单位的情况下,应委托与原设计单位有同等资质以上的设计单位承担设计任务。

(二)房屋拆除的安全管理

房屋拆除是建筑活动的一项重要内容。近年来,随着国民经济的快速发展,旧城改造任务扩大,拆除工程逐渐增多。在房屋拆除作业中,因拆除施工造成的倒塌、伤亡事故时有发生,这给国家和人民群众的生命财产造成了很大损失,给社会带来了不良影响。造成事故的原因除了缺乏管理和技术安全措施外,主要是建设单位随意将工程发包给农民工。这些农民工不了解工程结构,也缺乏安全意识和拆除工程的基本知识,做事求快、图省事,常常是冒险蛮干。

[想一想]

房屋拆除安全管理的主要内容有哪些?

1. 建设部关于房屋拆除安全管理的规定

针对上述问题,建设部于 1994 年发出了《关于防止拆除工程中发生伤亡事故的通知》,以加强对房屋拆除的管理,其主要内容有:

(1)建设行政主管部门对所辖区域内的拆除工程(指建筑物和构筑物)要建立健全制度,实行统一管理,明确职责,强化监督检查工作,确保拆除施工安全。

(2)拆除工程施工,实行许可证制度。拆除工程的单位,应在动工前向工程所在地县以上的地方建设行政主管部门办理手续,取得拆除许可证明。

申请拆除许可证明,应具有下列资料:①拟拆除建(构)筑物的结构、体积及现状说明书或竣工图;②周围环境的调查情况及说明;③施工队伍状况;④施工组织设计或施工方案(包括对拆除垃圾的处理及对环境污染的处理措施)。

未取得拆除许可证明的单位,不得擅自组织拆除施工。

(3)拆除工程应由具备资质的队伍承担,不得转包。需要变更施工队伍时,应到原发证部门重新办理拆除许可证手续,并经同意后,才能施工。

(4)拆除工程在施工前,应组织施工人员认真学习施工组织设计和有关的安全操作规程;应将被拆除工程的电线、煤气管道、上下水管道、供热管线等切断或转移。施工中必须遵守有关的规章制度,不得违章冒险作业。

（5）拆除建（构）筑物，通常应该自上而下对称顺序进行，不得数层同时拆除。当拆除一部分时，应先采取加固或稳定措施，防止另一部分倒塌。当用控制爆破拆除工程时，必须经过爆破设计，对起爆点、引爆物、用药量和爆破程序进行严格计算，以确保周围建筑和人员的绝对安全。

（6）拆除工程应设置信号，有专人监护，并在周围设置围栏，夜间应红灯示警。在高处进行拆除工作时要设置溜放槽，较大的和沉重的材料，要用吊绳和起重机械吊下和运走，禁止向下抛掷。

（7）拆除建筑物一般不应采用推倒法，因特殊情况不得不采用该方法时，应遵照《建筑安装工程安全技术规程》的要求，必须符合下列条件：①砍切墙根的深度不能超过墙厚度的1/3，墙的厚度小于两块半砖的时候，不许进行掏掘；②在掏掘前，要用支撑撑牢；③推倒前，应该发出信号，等待全体人员躲避到安全地方后，方可进行。

2.《建筑法》关于房屋拆除安全管理的规定

为了进一步加强房屋拆除的安全管理，《建筑法》第五十条、《安全生产管理条例》第二十条对此都作出了专门规定，其内容包括：

（1）房屋拆除由具备保证房屋拆除安全条件的建筑施工单位承担，不具备保证房屋拆除安全条件的建筑施工单位和非建筑施工单位不得承担房屋拆除任务。这里的安全条件主要包括：有编制房屋拆除安全技术措施的能力；有相应的专业技术人员；有相应的机械设备等。

（2）建筑施工单位负责人对房屋拆除的安全负责。建筑施工单位的负责人是建筑施工企业的行政管理人员，他不仅对拆除业务活动负责，还应当对拆除过程中的安全负责。为了保证安全，建筑施工企业必须执行国家的有关安全的规定；必须对拆除人员进行安全教育；必须为拆除人员准备防护用品等。在施工前，要组织技术人员和工人学习施工组织设计和安全操作规程；必须对拆除工程的施工进行统一领导和经常监督。

（3）对于一些需要爆破作业的特殊拆除工程，应当按照《中华人民共和国民用爆炸物品管理条例》的规定，进行大型爆破作业，或在城镇与其他居民聚居的地方、风景名胜区和重要工程设施附近进行控制爆破作业，施工单位必须事先将爆破作业方案，报县、市以上主管部门批准，并征得所在地县、市公安局同意，才能实施爆破作业。

第四节　生产安全事故的应急救援和调查处理

建筑业属于典型的事故多发性行业之一，建设工程中生产安全事故的发生不可能完全杜绝，在加强建筑施工生产安全监督管理，坚持"安全第一、预防为主"方针的同时，还必须建立建设工程生产安全事故应急救援体系，以减少建设工程安全事故中的人员伤亡和财产损失。

《安全生产管理条例》第四十七条规定："县级以上地方人民政府建设行政主管部门应当根据本级人民政府的要求，制订本行政区域内建设工程特大生产安全事故应急救援预案"。《安全生产管理条例》第四十八条规定："施工单位应当制订本单位生产安全事故应急救援预案,建立应急救援组织或者配备应急救援人员,配备必要的应急救援器材、设备,并定期组织演练。"

一、生产安全事故应急救援预案的制订

(一)政府相关部门应制订本行政区域内特大生产安全事故应急救援预案

《安全生产法》第六十八条和《安全生产管理条例》第四十七条均规定了县级以上地方各级人民政府有组织有关部门制订本行政区域内特大生产安全事故应急救援预案和建立应急救援体系的义务。

根据国务院《特别重大事故调查程序暂行规定》、建设部《工程建设重大事故报告和调查程序规定》及相关文件的规定,特别重大事故,是指造成特别重大人身伤亡或者巨大经济损失以及性质特别严重,产生重大影响的事故。特大生产安全事故往往具有突发性、紧迫性的特点,如没有事先做好充分的应急准备工作,很难在短时间内组织起有效的抢救,防止事故扩大或减少人员伤亡和财产损失。因此,事先制订应急救援预案,形成应急救援体系的工作十分重要。

应急救援预案是指事先制订的关于特大生产安全事故发生时进行紧急救援的组织、程序、措施、责任以及协调等方面的计划和方案。为了保证救援工作的有效实施,制订应急救援预案应当做到以下几点:

第一,突出重点,具有针对性。应结合本行政区域内建设工程安全生产的实际情况,确定易发生事故的情况和单位;分析可能导致发生事故的原因,有针对性地制订应急救援预案。

第二,程序简单,步骤明确,可操作性强。在安全事故发生时,应急救援预案能及时启动,快速实施。

第三,统一指挥,分工明确,责任明晰,各部门配合协调密切。

(二)施工单位生产安全事故应急救援预案的制订和责任的落实

1. 施工单位生产安全事故应急救援预案的制订

《安全生产法》第六十九条规定:"危险物品的生产、经营、储存单位以及矿山、建筑施工单位应当建立应急救援组织;生产经营规模较小,可以不建立应急救援组织的,应当指定兼职的应急救援人员。""危险物品的生产、经营、储存单位以及矿山、建筑施工单位应当配备必要的应急救援器材、设备,并进行经常性维护、保养,保证正常运转。"

《安全生产管理条例》第四十八条规定:"施工单位应当制订本单位生产安全事故应急救援预案,建立应急救援组织或者配备应急救援人员,配备必要的应急救援器材、设备,并定期组织演练。"

2. 施工单位在施工现场落实应急预案责任的划分

《安全生产管理条例》第四十九条规定:"施工单位应当根据建设工程施工的特点、范围,对施工现场易发生重大事故的部位、环节进行监控,制订施工现场生

产安全事故应急救援预案。实行施工总承包的，由总承包单位统一组织编制建设工程生产安全事故应急救援预案，工程总承包单位和分包单位按照应急救援预案，各自建立应急救援组织或者配备应急救援人员，配备救援器材、设备，并定期组织演练。"本法条明确规定了施工单位在施工现场应急预案的责任划分。

为了贯彻"安全第一、预防为主"的方针，施工单位应根据工程特点、施工范围，在开工前对施工过程进行安全策划，对可能出现的危险因素进行识别，列出重大危险源，制订消除或减小危险性的安全技术方案、措施，对易发生重大事故的作业，脚手架、施工用电、基坑支护、模板支撑、起重吊装、塔吊、物料提升机及其他垂直运输设备，爆破、拆除工程等应有专项技术方案并落实控制措施进行监控；制定施工现场生产安全事故应急救援预案，对可能发生的事故及随之引发的伤害和其他影响采取抢救行动。

实行施工总承包的，施工总承包单位要对施工现场的施工组织和安全生产进行统一管理和全面负责，因此工程项目的生产安全事故应急救援预案应由总承包单位统一组织、编制，分包单位应服从总承包单位的管理，总承包单位与分包单位按照事故应急救援预案，各自建立应急救援组织或配备应急救援人员，配备救援器材、设备，并定期组织演练。

二、建设工程重大事故报告制度

(一)建设工程重大事故的概念与等级

[做一做]
请列表排列重大事故 4个等级的划分。

根据建设部发布的《工程建设重大事故报告和调查程序规定》，重大事故是指在工程建设过程中由于责任过失造成工程倒塌或报废、机械设备毁坏和安全设施失当，造成人身伤亡或者重大经济损失的事故。

重大事故分为以下四个等级：

1. 具备下列条件之一者为一级重大事故：(1)死亡 30 人以上；(2)直接经济损失 300 万元以上。

2. 具备下列条件之一者为二级重大事故：(1)死亡 10 人以上；(2)直接经济损失 100 万元以上、300 万元以下。

3. 具备下列条件之一者为三级重大事故：(1)死亡 3 人以上、9 人以下；(2)重伤 20 人以上；(3)直接经济损失 30 万元以上、100 万元以下。

4. 具备下列条件之一者为四级重大事故：(1)死亡 2 人以下；(2)重伤 3 人以上、19 人以下；(3)直接经济损失 10 万元以上、30 万元以下。

(二)建设工程事故报告制度

《建筑法》第五十一条规定："施工中发生事故时，建筑施工企业应当采取紧急措施减少人员伤亡和事故损失，并按照国家有关规定及时向有关部门报告。"

《安全生产法》第七十条规定："生产经营单位发生生产安全事故后，事故现场有关人员应当立即报告本单位负责人。单位负责人接到事故报告后，应当迅速采取有效措施，组织抢救，防止事故扩大，减少人员伤亡和财产损失，并按照国家有关规定立即如实报告当地负有安全生产监督管理职责的部门，不得隐瞒不报、谎报或者拖延不报,不得故意破坏事故现场、毁灭有关证据。"

《安全生产管理条例》第五十条规定:"施工单位发生生产安全事故,应当按照国家有关伤亡事故报告和调查处理的规定,及时、如实地向负责安全生产监督管理的部门、建设行政主管部门或者其他有关部门报告;特种设备发生事故的,还应当同时向特种设备安全监督管理部门报告。接到报告的部门应当按照国家有关规定,如实上报。实行施工总承包的建设工程,由总承包单位负责上报事故"根据上述法律、法规的规定,在建筑施工中发生事故时,建筑施工企业除必须依法立即采取减少人员伤亡和财产损失的紧急措施外,还必须按照国家有关规定及时向有关主管部门报告。

[想一想]
建设工程事故的报告程序和要求是什么?

重大事故发生后,事故发生单位应当在 24 小时内写出书面报告。报告内容包括:事故发生的时间、地点、工程项目、企业名称、事故发生的简要经过、伤亡人数和直接经济损失的初步估计;事故发生原因的初步判断;事故发生后采取的措施及事故控制情况;事故报告单位。一次死亡 3 人以上的重大伤亡事故,应在事故发生后 2 小时内报建设部。负有安全生产监督管理职责的部门接到事故报告后,应当立即逐级上报,死亡事故报到省、自治区、直辖市负有安全生产监督管理职责的部门;重大死亡事故报至国务院负有安全生产监督管理职责的部门。对特大事故,应当立即报告所在地的省、自治区、直辖市人民政府和国务院有关部门。省、自治区、直辖市人民政府和国务院有关部门接到报告后,应当立即向国务院报告。事故发生地负有安全生产监督管理的部门、建设行政主管部门接到报告后,应立即向人民政府以及上级建设行政主管部门报告,并按国家有关规定逐级上报。

根据《特种设备安全监察条例》第六十二条:"特种设备发生事故,事故发生单位应当迅速采取有效措施,组织抢救,防止事故扩大,减少人员伤亡和财产损失,并按照国家有关规定,及时、如实地向负有安全生产监督管理职责的部门和特种设备安全监督管理部门等有关部门报告。不得隐瞒不报、谎报或者拖延不报。"因此,在特种设备发生事故时,应当同时向特种设备安全监督管理部门报告。这是因为特种设备的事故救援和调查处理专业性、技术性更强,由特种设备安全监督部门组织有关救援和调查处理更方便一些。

对于接到报告的部门,应当按照国家有关规定,如实上报。就真实性来看,如实上报要求:(1)客观上报,对事故情况如实报告,包括事故发生时间、地点、规模、伤亡人数、救援情况等;(2)全部上报,就是不得部分上报、部分不报,必须将事故发生的整体情况原本上报,并具体说明细节情况。

实行施工总承包的,在总承包工程中发生伤亡事故,应由总承包单位负责统计上报事故情况。

有关地方人民政府和负有安全生产监督管理职责的部门的负责人接到重大生产安全事故报告后,应当立即赶到事故现场,组织事故抢救。

(三)安全事故现场保护制度

《安全生产管理条例》第五十一条规定:"发生生产安全事故后,施工单位应当采取措施防止事故扩大,保护事故现场。需要移动现场物品时,应当做出标记和书面记录,妥善保管有关证物"

施工现场发生生产安全事故后,施工单位负责人应当组织对现场安全事故的抢救,实行总承包的项目,总承包单位应统一组织事故的抢救工作,要根据事故的情况按应急救援预案或企业有关事故处理的制度迅速采取有效措施,组织抢救,防止事故扩大,减少人员伤亡和财产损失。同时要保护事故现场,因抢救工作需要移动现场部分物品时,必须作出标志,绘制事故现场图,并详细记录,妥善保管有关证物,为调查分析事故发生的原因,提供真实的证据。

故意破坏事故现场、毁灭有关证据,为将来进行事故调查、确定事故责任制造障碍者,要承担相应的责任。分包单位要根据总承包单位统一组织的应急救援预案和各自的职责分工,投入抢救工作,防止事态扩大。

三、建设工程重大事故的调查处理

《安全生产法》第七十三条规定:"事故调查处理应当按照实事求是、尊重科学的原则,及时、准确地查清事故原因,查明事故性质和责任,总结事故教训,提出整改措施,并对事故责任者提出处理意见。事故调查和处理的具体办法由国务院制定。"

《安全生产管理条例》第五十二条规定:"建设工程生产安全事故的调查、对事故责任单位和责任人的处罚与处理,按照有关法律、法规的规定执行。"

[想一想]
建设工程重大事故的调查程序是什么?

重大事故的调查由事故发生地的市、县级以上建设行政主管部门或国务院有关主管部门组成调查组负责进行。调查组由建设行政主管部门、事故发生单位的主管部门和劳动、公安、检察、工会等有关部门的人员组成。必要时,调查组可以聘请有关方面的专家协助进行技术鉴定、事故分析和财产损失的评估工作。

重大事故调查组的组成应由人民政府批准同意。重大事故调查组的职责:组织技术鉴定;查明事故发生的原因、过程、人员伤亡及财产损失情况;查明事故的性质、责任单位和主要责任者;提出事故处理意见及防止类似事故再次发生所应采取措施的建议;提出对事故责任者的处理建议;写出事故调查报告。

[问一问]
建设工程重大事故的处理原则是什么?

调查组在调查工作结束后10日内,应当将调查报告报送批准组成调查组的人民政府和建设行政主管部门以及调查组其他成员部门。经组织调查的部门同意,调查工作即告结束。

对重大事故的处理,坚持"四不放过"的原则。"四不放过"是指原因不查清不放过;不采取改正措施不放过;责任人和广大群众不受到教育不放过;与事故有关的领导和责任人不受到查处不放过。

对造成重大事故的责任者,由其所在单位或上级主管部门给予行政处分;构成犯罪的,由司法机关依法追究刑事责任。对造成重大事故承担直接责任的建设单位、勘察设计单位、施工单位、构配件生产单位及其他单位,由其上级主管部门或当地建设行政主管部门,根据调查组的建议,责令其限期改善工程建设安全措施,并依据有关法规予以处罚。

工程建设重大事故中属于特别重大事故者,其报告、调查程序,执行国务院发布的《特别重大事故调查程序暂行规定》、《国务院关于特大安全事故行政责任追究的规定》及其他有关规定。

本章思考与实训

一、思考题

1. 建设工程安全生产管理的方针是什么？
2. 关于建设工程,法律确定了什么样的安全生产监督管理体制？
3. 简述建设单位、设计单位、施工单位和工程监理单位的安全责任和义务。
4. 简述施工现场消防管理、安全防护管理和环境保护的内容。
5. 简述施工现场生活区和作业区环境管理的内容。
6. 简述建筑装修和房屋拆除的安全生产管理内容。
7. 什么是建设工程重大事故？它分为哪几个等级？
8. 简述建设工程事故的报告程序和要求。
9. 简述建设工程重大事故的调查程序和处理原则。

二、案例分析题

案例 1

【背景资料】

某建筑工程公司因效益不好,公司领导决定进行改革,减员增效。经研究将公司安全部撤销,安全管理人员 8 人中,4 人下岗,4 人转岗,原安全部承担的工作转由工会中的两人负责。由于公司领导撤销安全部门,整个公司的安全工作仅仅由两名负责工会工作的人兼任,致使该公司上下对安全生产工作普遍不重视,安全生产管理混乱.经常发生人员伤亡事故。

【问题】

建筑公司是否应承担责任？要如何改进？

案例 2

【背景资料】

某高层办公楼,总建筑面积 137 500m²,地下 3 层,地上 25 层。业主与施工总承包单位签订了施工总承包合同,并委托了工程监理单位。

建设单位将深基坑支护工程的设计委托给了专业设计单位,施工总承包完成桩基工程后,自行决定将基坑的支护和土方开挖工程分包给了一家专业分包单位施工,专业设计单位根据业主提供的勘察报告完成了基坑支护设计后,即将设计文件直接给了专业分包单位,专业分包单位在收到设计文件后编制了基坑支护工程和降水工程专项施工组织方案,施工组织方案经施工总承包单位项目经理签字后即由专业分包单位组织了施工,专业分包单位在开工前进行了三级安全教育。

专业分包单位在施工过程中,由负责质量管理工作的施工人员兼任现场安全生产监督工作。土方开挖到接近基坑设计标高(自然地坪下 8.5m)时,总监理工程师发现基坑四周地表出现裂缝,即向施工总承包单位发出书面通知,要求停止施工,并要求立即撤离现场施工人员,查明原因后再恢复施工,但总承包单位认为地表裂缝属正常现象没有予以理睬。不久基坑发生严重坍塌,并造成 4 名施工人员被掩埋,经抢救 3 人死亡,1 人重伤。

事故发生后,专业分包单位立即向有关安全生产监督管理部门上报了事故情况,经事故调查组调查,造成坍塌事故的主要原因是由于地质勘察资料中未标明地下存在古河道,基坑支护设计中未能考虑这一因素而造成的。事故中直接经济损失 80 万元,于是专业分包单位要求设计单位赔偿事故损失 80 万元。

【问题】

1. 请指出上述整个事件中有哪些做法不妥,并写出正确的做法。

2. 三级安全教育是指哪三级?

3. 有人把本事故认定为 4 级事故,对吗? 请说明理由。

4. 这起事故的主要责任人是谁? 请说明理由。

第六章　建设工程质量管理法规

【内容要点】

1. 建设工程质量、建设工程质量管理体系的概念以及建设工程质量法规现状；

2. 各工程建设行为主体的质量责任和义务；

3. 政府对工程质量的监督、检测管理，工程建设的标准化管理以及工程建设竣工验收和质量保修制度。

【知识链接】

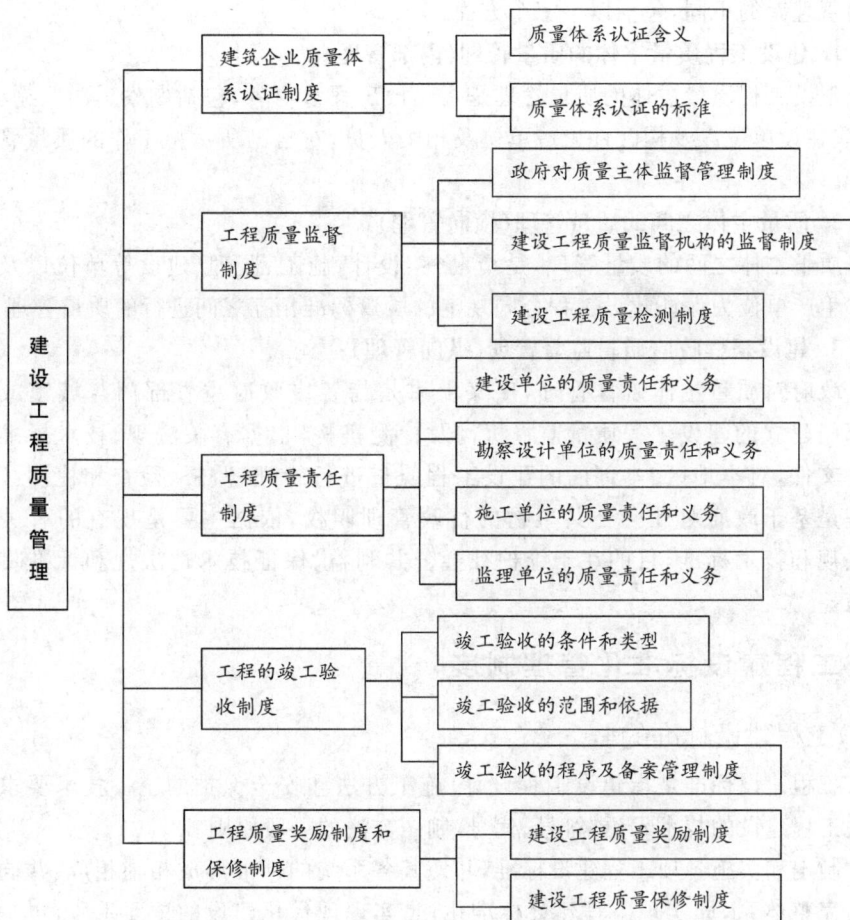

第一节　建设工程质量标准化管理制度

建设工程质量有狭义和广义两方面的含义。狭义的建设工程质量是指工程是否符合业主需要而具备的使用功能。这一概念强调的是工程的实体质量。比如工程主体结构是否符合国家强制性标准；地基是否达到规定的深度和强度；通风、采光、给排水是否合理等方面。广义的建设工程质量不仅包括工程的实体质量，还包括形成实体质量的服务质量和工作质量。它反映在他们的服务是否及时、主动，态度是否诚恳、守信，管理水平是否先进等等方面的内容。目前国内外都趋向于从广义上来理解建设工程质量，但本书的建设工程质量主要还是指工程本身的质量，即狭义上的建设工程质量。

一、建设工程质量管理体系

根据有关法规规定，我国建立的对建设工程项目质量进行管理的体系，按其实施管理者的不同，包括以下三个方面：

[想一想]

我国建设工程质量管理体系包括哪几个方面？

1. 建设工程质量主体的质量管理（内部管理）

建设工程质量主体的质量管理是指建设工程参与者，包括勘察、设计、施工、监理、建设单位以及构配件生产单位及相关人员，对自己所承担工作的质量管理负责。

2. 质量主体之间的质量管理（横向管理）

质量主体之间的质量管理，是指勘察、设计、施工、监理、建设等单位以及构配件生产单位为保证建设工程合同规定的质量标准相互之间进行的质量管理。

3. 建设工程政府质量监督管理（纵向管理）

政府对质量主体监督管理，广义上讲是指各级政府主管部门与城镇或专业部门建立的建设工程质量监督机构及检测机构，根据有关法规、技术标准及设计文件，对本地区、本部门的建设工程质量进行管理、监督、检查和检测。其管理是基于政府对社会公共事物的行政管理职权，依据主要是现有的有关法律法规和技术标准，目的在于维护社会公共利益、保证技术性法规和标准贯彻实施。

二、工程建设标准化管理制度

（一）工程建设标准的概念

工程建设标准是指建设工程设计、施工方法和安全保护的统一技术要求及有关工程建设的技术术语、符号、代号、制图方法的一般原则。

制定和实施各项工程建设标准，并使其各系统的标准形成相辅相成、共同作用的完整体系，即实现工程建设标准化，是实现现代化建设的重要手段，也是我国建设领域现阶段一项重要的经济、技术政策。它可保证工程建设的质量及安全生产，全面提高工程建设的经济效益、社会效益和环境效益。

工程建设标准化工作,一直受到党和政府的重视,国家陆续颁布了许多关于工程建设标准化的法律、法规、规章等。1988年12月29日第七届全国人民代表大会通过了《中华人民共和国标准化法》;1991年5月7日国务院颁布了《中华人民共和国产品质量认证管理条例》;1992年12月30日建设部颁布了《工程建设国家标准管理办法》和《工程建设行业标准管理办法》两部法规;2000年4月20日建设部颁布了《工程建设标准强制性条例》。这一系列法律、法规的颁布实施,使我国工程建设标准化工作进入了法制管理轨道。

(二)工程建设标准的种类

工程建设标准从不同的角度可有不同的分类:

1. 按标准的内容

工程建设标准可分为技术标准、经济标准和管理标准3类。

2. 按标准的级别

工程建设标准可分为国家标准、行业标准、地方标准和企业标准4级。

(1)工程建设国家标准

是指在全国范围内统一的技术要求。如通用的质量标准、通用的术语、符号、代号、建筑模数等。

(2)工程建设行业标准

是指在工程建设活动中,在全国某个行业范围内统一的技术要求。如行业专用的质量标准,专用的术语、符号、代号,专用的实验、检验、评定方法等。

(3)工程建设地方标准

是指工程建设活动中,根据当地的气候、地质、资源、环境等条件,在省、自治区、直辖市范围内统一的技术要求。它不得低于相应的国家标准或行业标准。

(4)工程建设企业标准

是指工程建设活动中,企业内部统一的技术要求。下级标准只能是上级标准的补充,它不得低于上级标准。当不同级别的标准发生矛盾时,以上级标准为准。国家鼓励企业制定优于国家标准、行业标准和地方标准的企业标准。

3. 按适用阶段

工程建设标准又分为设计标准和验收标准。

4. 按执行效力

工程建设标准可分为强制性标准和推荐性标准。

(1)强制性标准是指必须执行的标准。在工程建设国家标准、行业标准中,属于强制性标准的有:①工程建设勘察、规划、设计、施工(包括安装)及验收等的综合性标准和重要的质量标准;②工程建设中的有关安全、卫生和环境保护标准;③工程建设重要的技术术语、符号、代号、量与单位、建筑模数和制图方法标准;④工程建设重要的试验、检验和评定方法标准;⑤国家或行业需要控制的其他工程建设标准。如工程建设勘察、规划、设计、施工及验收等通用的综合标准和质量标准等。

(2)推荐性标准是指当事人自愿采用的标准,凡是强制性标准以外的标准皆

[想一想]
　工程建设的强制性标准包括哪些方面?

为推荐性标准。

(三)工程建设标准的制定与发布

1. 工程建设标准的制定

制定工程建设标准的原则是:(1)符合法律和行政法规的规定;(2)贯彻执行国家的技术经济政策,密切结合自然条件,合理利用资源,充分考虑使用和维修的要求,做到技术先进,经济合理,安全适用;(3)以生产、建设经验和科学技术综合成果为依据;(4)积极采用国际标准和国外先进标准;(5)与有关方面协调一致,共同确定;(6)相关标准之间应当协调配套,避免重复或矛盾;(7)行业标准不得与国家标准相抵触,企业标准不得与国家标准、行业标准相抵触。

工程建设国家标准、行业标准属下列情况之一的,应当及时进行局部修订:(1)标准的部分规定已制约科学技术成果的推广应用;(2)标准的部分规定经修订后可取得明显的经济效益、社会效益、环境效益;(3)标准的部分规定有明显缺陷或与相关的标准相抵触;(4)根据工程建设的需要而又可能对现行的标准作局部补充规定。

2. 工程建设标准的审批与发布

工程建设国家标准经有关部门制定后,由国务院建设行政主管部门审查批准,国务院标准化行政主管部门统一编号,国务院标准化行政主管部门和建设行政主管部门联合颁行。

工程建设行业标准由国务院有关行政主管部门审批、编号和发布,并报国务院建设行政主管部门备案。

工程建设地方标准的制定、审批、发布方法,由省、自治区、直辖市人民政府规定。但标准发布后应报国务院建设行政主管部门和标准化行政主管部门备案。

工程建设企业标准由企业组织制定,并按国务院有关行政主管部门或省、自治区、直辖市人民政府的规定报送备案。

三、工程建设国家标准的实施与监督

工程建设标准的实施,不仅关系建设工程的经济效益、社会效益和环境效益,而且直接关系到建设工程者、所有者和使用者的人身安全及国家、集体和公民的财产安全。因此,必须严格执行,认真监督。

各级行政主管部门在制定有关工程建设的规定时,不得擅自更改国家及行业的强制性标准;从事工程建设活动的部门、单位和个人,都必须执行强制性标准;对于不符合强制性标准的工程勘察成果报告和规划、设计文件,不得批准使用;不按标准施工,质量达不到合格标准的工程,不得验收。

工程质量监督机构和安全监督机构,应根据现行的强制性标准,对工程建设的质量和安全进行监督,当监督机构与被监督单位对适用的强制性标准发生争议时,由该标准的批准部门进行裁决。

各级行政主管部门应对勘察、设计、规划、施工单位及建设单位执行强制性标准的情况进行监督检查。国家机关、社会团体、企业、事业单位及全体公民均有权检举、揭发违反强制性标准的行为。

对于工程建设推荐性标准，国家鼓励自愿采用。采用何种推荐性标准，由当事人在工程合同中予以确认。

为了保证工程建设国家标准在制定、实施工作上的连续性，不断提高国家标准的技术水平，更有效地对国家标准进行监督检查，在国家标准发布后，由其管理单位组建国家标准管理组，负责国家标准的日常管理工作。

第二节　建筑企业质量体系认证制度

《建筑法》第53条规定：“国家对从事建筑活动的单位推行质量体系认证制度。从事建筑活动的单位根据自愿原则可以向国务院产品质量监督管理部门或者国务院产品质量监督管理部门授权的部门认可的认证机构申请质量体系认证。经认证合格的，由认证机构颁发质量体系认证证书。”

一、质量体系认证概述

质量体系，是指企业为保证其产品质量所采取的管理、技术等各项措施所构成的有机整体，即企业的质量保证体系。

质量体系认证，是指依据国际通用的质量管理和质量保证系列标准，经过国家认可的质量体系认证机构对企业的质量体系进行审核，对于符合规定条件和要求的，通过颁发企业质量体系认证证书的形式，证明企业的质量保证能力符合相应要求的活动。

质量体系认证的对象主要是各类企业；认证的过程是对质量体系的整体水平进行科学的评价，以证明企业的质量保证能力是否符合相应标准的要求；认证的依据是国际通用的质量管理的标准，我国已经对该国际标准等同采用并转化为我国的国家标准；认证的目的是为了使企业向用户提供可靠的质量信誉和质量担保。

推行企业质量体系认证制度的意义主要在于，通过开展质量体系认证，有利于促进企业在管理和技术等方面采取有效措施，在企业内部建立起可靠的质量保证体系，以保证产品质量，同时提高企业的质量信誉，扩大企业的知名度，增强企业竞争优势。

[想一想]

推行企业质量体系认证制度有何意义？

二、质量体系认证的标准

(一)质量管理和质量保证系列标准

1987年3月，国际标准化组织(ISO)正式发布 ISO 9000《质量管理和质量保证》系列标准，受到世界各国欢迎，已为各国广泛采用。

1992年，我国发布的等同采用国际标准的 GB/T 19000—ISO 9000《质量管理和质量保证》系列标准，既可作为生产企业质量保证工作的依据，也是企业申请质量体系认证的标准。如双方同意,它也可作为供需双方对产品质量的认证标准。

我国等同采用 ISO 9000 系列标准制定的 GB/T 19000 系列标准由五个标准组成:(1)GB/T 19000—ISO 9000《质量管理和质量保证——选择和使用指南》;(2)GB/T 19001—ISO 9001《质量体系——设计/开发、生产、安装和服务的质量保证模式》;(3)GB/T 19002—ISO 9002《质量体系——生产和安装的质量保证模式》;(4)GB/T 19003—ISO 9003《质量体系——最终检验和试验的质量保证模式》;(5)GB/T 19004—ISO 9004《质量管理和质量体系要素——指南》。

GB/T 19000—ISO 9000《质量管理和质量保证》系列标准是在总结国际成功经验的基础上,从质量管理的共性出发,阐述了质量管理工作的基本原则、基本规律和质量体系要素的基本构成,它适用于不同体制、不同行业的生产、服务企业开展质量管理工作,同样也适用于建筑业企事业单位的质量管理工作。

GB/T 19000 系列标准只是一套推荐性标准。编号中"T"就是"推荐"一词的汉语拼音首写字母。但其一旦被法规或合同确定采用后就具有强制性。如果供需双方或第三方选择某一质量保证模式作为产品认证标准,那么该质量保证模式在合同约定范围内就具有法律效力。

(二)质量保证体系系列标准内容

1. GB/T 19000—ISO 9000《质量管理和质量保证——选择和使用指南》

此标准阐明了质量方针、质量管理、质量体系、质量控制和质量保证五个重要质量术语的含义及其相互关系;阐述了企业应力求达到的质量目标及质量体系环境特点和质量体系标准的类型;规定了标准的应用范围、标准的应用程序;规定了正式文件应包括的内容以及供需双方签订合同前应做的准备。

2. GB/T 19001 至 GB/T 19003《质量保证模式》

质量保证模式是为了满足供需双方考虑产品特性、保证能力等多种因素的需求后所选择的用以签订合同的质量保证要求。这些要求不是企业质量体系的全部要素和内容,只是针对某项产品生产过程质量管理的要求,通过实施这些工作,用户(需方)相信生产企业可以持续稳定地生产质量满足合同规定的产品。

质量保证模式有不同水平的三个标准,

(1)GB/T 19003—ISO 9003《质量体系——最终检验和试验的质量保证模式》

该标准适用于相对简单或比较成熟的产品。它明确了产品形成过程检验工作、成品检验和实验的质量体系要求,强调检验工作与有效的检验系统对检验人员、检验程序和设备,都要进行严格的控制。该标准明确规定此范围的 12 项质量体系要素构成其主要内容,是三个模式标准中质量体系要素内容和数量相对较少的模式标准。

(2)GB/T 19002—ISO 9002《质量体系——生产和安装的质量保证模式》

该标准适用于设计已定型、生产过程复杂或产品价值昂贵的生产条件,阐述了从原材料采购至产品交付使用全过程的质量体系要求,是三个模式中应用率较高的模式标准。它要求生产企业质量体系提供能严格控制生产过程质量的证据,保证生产和安装阶段各环节符合规定的要求,及时解决生产过程中发现的问题。防止、避免不合格情况的发生和重复出现。该标准强调预防控制与检验相结合,并以此范围规定了18项质量体系要素的内容和工作程序。

(3)GB/T 19001—ISO 9001《质量体系——设计/开发、生产、安装和服务的质量保证模式》

该标准是三个质量保证模式中质量水平最高、覆盖环节(过程)最多,而且质量体系要素最多的质量保证标准,阐述了从产品设计、产品生产到售后服务全过程的质量体系要素的要求。遵照标准,企业产品质量体系提供对合同评审、设计、生产和安装过程(服务)各个阶段、各个环节的严格控制,防止发生不合格的情况,该标准较其他两个标准增加了对设计质量控制条款和售后服务条款的质量体系要素。

3. GB/T 19004—ISO9004《质量管理和质量体系要素——指南》

企业从自身发展与提高出发,需要建立一个比较完整的、用以控制企业内部各项工作或环节的质量体系,使企业质量管理最佳化,也可以使各项产品质量控制能力达到或接近产品质量要求。GB/T 19004—ISO 9004 标准是指导企业建立质量体系的指导标准。该标准在总结了不同行业、不同企业的基本要求后,提出了企业建立质量体系一般应包括的基本要素。该标准对基本质量要素的含义、目标、要素间的关系以及各项工作的内容、要求、方法、人员和文件记录都有明确的要求。该标准从建立质量体系的组织结构、责任、程序、过程和资源五个方面对人、技术、管理诸要素提出要求,明确企业质量体系的基本出发点是:应设计出有效的质量体系,以满足顾客的需要和期望,并保护公司的利益。完善的质量体系应在考虑风险、成本和利益的基础上使质量最佳化,并具有对质量加以控制的重要管理手段。

(三)质量保证体系标准的选择

不同生产企业质量工作的规律、原理、原则基本相同。但市场条件、产品状况、企业素质、管理机制、消费者需要等各方面条件却千变万化。企业要针对环境特点和主观因素影响,对照标准开展质量工作,对标准规定的要素及采用要素的程度进行研究,确定企业自身质量体系的构成,建立和完善质量体系。企业可以通过选择要素,组合出既符合质量管理原理,又适用于本企业条件的最佳状态的质量体系。

我国的建筑业所涉及的设计、科研、房地产开发、市政、施工、试验、质量监督、建设监理等企事业单位,在建立企业内部质量管理体系时,一般情况下,应该选择 GB/T 19004—ISO 9004 标准;但由于这些单位又有各自的特点,因此,其所建立的质量体系又是不相同的,这主要是质量形成的过程不同而造成的。这些企事业单位在按照 GB/T 19004—ISO 9004 标准建立质量体系的基础上,可以根据自己的要求和产品的特点,选择 GB/T 19001—ISO 9001 或 GB/T 19002—ISO 9002 或 GB/T 19003—ISO 9003 标准。一般来讲,设计、科研、房地产开发、总承包(集团)公司等单位可以选择 GB/T 19001—ISO 9001 标准;市政、施工(土建、安装、机械化施工、装饰、防腐、防水）等企业可以选择 GB/T 19002—ISO 9002 标准。

当然，这些单位对标准的选用，也可灵活掌握，上面说的只是一般情况。因为 GB/T 19001—ISO 9001 标准中包括了设计，因此对设计院、研究院和房地产开发公司等单位适用；而 GB/T 19002—ISO 9002 标准中只包括生产和安装，因此，只对施工企业适用；GB/T 19003—ISO 9003 标准涉及实验和检验，所以适用于实验室、质检站和监理公司等单位。对有些下设实验室的施工企业，可以选择 GB/T 19002—ISO 9002 和 GB/T 19003—ISO 9003 这两种标准的组合。

第三节 建设工程质量监督制度

一、政府对质量主体监督管理制度

根据《建设工程质量管理条例》规定，我国实行建设工程质量监督管理制度。政府对质量主体监督管理，广义上讲的是各级政府主管部门与城镇或专业部门建立的建设工程质量监督机构及检测机构，根据有关法规、技术标准及设计文件，对本地区、本部门的建设工程质量进行管理、监督、检查和检测；狭义上仅指各级政府主管部门对本地区、本部门的建设工程进行监督管理。

（一）政府部门监管的分工

1. 国务院建设行政主管部门对全国的建设工程质量实施统一监督管理。我国建设行政主管部门是建设部，其主要负责全国范围内的重大建设项目的质量监督管理，是建设工程质量监督的总部。

2. 国务院铁路、交通、水利等有关部门按照国务院规定的职责分工，负责对全国的有关专业建设工程质量的监督管理。国务院各主管部门分工明确，相互配合，负责各自范围内的建设工程质量监督管理。

3. 县级以上地方人民政府建设行政主管部门对本行政区域内的建设工程质量实施监督管理。县级以上地方人民政府对交通、水利等有关部门在各自的职责范围内，负责对本行政区域内的专业建设工程质量的监督管理。

4. 国务院发展改革计划部门按照国务院规定的职责，组织稽查特派员，对国家出资的重大建设项目实施监督检查。稽查特派员应具有坚定的政治作风和良好的专业知识，发现问题应及时上报有关部委。

5. 国务院经济贸易主管部门按照国家规定的职责，对国家重大技术发明项目实施监督检查。

6. 建设工程质量监督管理，可以由建设行政主管部门或者其他有关部门委托的建设工程质量监督机构具体实施。委托部门代行各部门职权，应在授权范围内实行质量监督管理，主要负责对建设单位、勘察设计单位、施工单位、房地产开发单位资格和资质进行监督，并负责职业工程师的注册。

(二)监管内容和职权

政府对建设工程质量管理的依据是现有法律、法规、强制性技术性规定,因而政府建设行政主管部门和铁路、交通、水利等有关部门,应当加强对有关建设工程质量的法律、法规和强制性标准执行情况的监督检查。

凡是新建、改建、扩建的工业、交通和民用、市政公共工程和构配件生产,均应由建设行政主管部门及其授权的部门或专业质量监督机构实施质量监督。县级以上人民政府建设行政主管部门和其他有关部门履行监督检查职责时,有权采取下列措施:(1)要求被检查的单位提供有关工程质量的文件和资料;(2)进入被检查单位的施工现场进行检查;(3)发现有影响工程质量的问题时,责令改正;(4)建设行政主管部门或者其他有关部门发现建设单位在竣工验收过程中有违反国家有关建设工程质量管理规定行为的,责令停止使用,重新组织竣工验收。

(三)在质量监管中有关部门和单位的权利和义务

1. 建设单位应当自建设工程竣工验收合格之日起 15 日内,将建设工程竣工验收报告和规划、公安消防、环保等部门出具的认可文件或者准许使用文件,报建设行政主管部门或者其他有关部门备案。

2. 有关单位和个人对县级以上人民政府建设行政主管部门和其他有关部门进行的监督检查应当支持与配合,不得拒绝或者阻碍建设工程质量监督检查人员依法执行任务。

3. 供水、供电、供气、公安消防等部门或者单位不得明示或者暗示建设单位、施工单位购买其指定的生产供应单位的建筑材料、建筑配件和设备。

4. 建设工程发生质量事故,有关单位应当在 24 小时内向当地建设行政主管部门和其他有关部门报告。对重大质量事故,事故发生地的建设行政主管部门和其他有关部门应当按照事故类别和等级向当地人们政府和上级建设行政主管部门报告。特别重大质量事故的调查程序按照国务院有关规定办理。

5. 任何单位和个人对建设工程的质量事故、质量缺陷都有权检举、控告、投诉。各有关单位接到检举、控告、投诉后,应立即对质量事故进行调查,依法定程序做出相应处理。

二、建设工程质量监督机构的监督制度

省、自治区、直辖市建委(建设厅)和国务院、交通等部门根据各部门实际需要,可设置从事管理工作的工程质量监督总站,市、县建委(建设局)依次建立监督站。市、县建设工程监督站和国务院工业、交通部门所设的专业建设工程质量监督站(以下简称监督站)为建设工程质量监督的实施机构。

(一)质量监督机构的考核

我国实行建设质量监督机构考核制度,考核的对象是监督站和监督员。

1. 设立监督站的考核条件

(1)监督机构、人员和经济,与建设、勘察设计、施工、材料设备供应单位无隶

属关系;

(2)人员专业机构要合理配备。其中,技术人员(不含兼职人员)不得少于全站工作人员的70%;

(3)站长应由取得工程师以上职称的相应工程类的技术人员担任。其中,特大城市和国务院工业、交通各部的监督站站长应由高级工程师担任,技术力量薄弱县的监督站站长可由助理工程师担任;

(4)必须具备下列制度:岗位责任制和技术责任制,监督员工作手册制度(包括记录、保管和检查),原始记录、检查报告、图纸和其他技术资料的存档制度,质量事故的报告、处理制度,检测仪器设备的管理、使用和维修制度,财务管理制度。监督站应至少符合前五项方能合格,其中前三项必须合格,后两项可基本合格。

2. 成为监督员的考核条件

(1)监督员应具备相应工程类中专以上学历并有从事设计或施工五年以上工作经历;技术力量薄弱县的监督员应具备相当于高中毕业文化程度或具有五年以上施工经验;

(2)具有质量管理、质量监督、标准和计量工作的基础知识;

(3)经过岗位培训、考试,取得合格证书。

[想一想]

建设质量监督站的主要职责是什么?

(二)建设质量监督站机构的主要职责

监督站实行站长负责制,站长对监督站的工作全面负责,监督员对受监工程负责。监督站的主要职责是:(1)检查受监督工程的勘察、设计、施工单位和建筑构件厂的资质等级和营业范围;(2)监督勘察、设计、施工单位和建筑构件厂严格执行技术标准,检查其工程(产品)质量;(3)检验工程的质量等级和建筑构件质量,参与评定本地区、本部门的优质工程;(4)参与重大工程质量事故的处理;(5)总结质量监督工作经验,掌握工程质量状况,定期向主管部门汇报。

(三)质量监督的工作程序和内容

1. 建设单位在开工前一个月,应到监督站办理监督手续,提交勘察设计资料的有关文件。监督站应在接到文件、资料的两周内,确定该工程的监督员,通知建设单位和勘察、设计、施工单位,并提出监督计划。

2. 工程开工前,监督员应对受监工程的勘察、设计和施工单位的资质等级及营业范围进行核查,凡不符合规定要求的,不得开工;

3. 工程施工中,监督员必须按照监督计划对工程质量进行抽查。房屋建筑和构筑物工程的抽查重点是地基基础、主体结构和决定使用功能、安全性能的重要部位,其他工程重点视工程性质而定;

4. 工程开工后,监督站在施工单位验收的基础上对工程质量等级进行核查。建筑构件质量的监督,重点是核查生产许可证、检测手段和构件质量。

(四)质量监督机构的权限和责任

1. 对不按技术标准和有关文件要求设计和施工的单位,给予警告或通报

批评;

2. 对发生严重工程质量问题的单位令其妥善处理,对情节严重的,按有关规定进行罚款,在建工程令其停工整顿;

3. 对于不合格的工程,做出返修加固的决定,直至达到合格,方准交付使用;

4. 对造成重大质量事故的单位,按建设部颁发的《工程建设重大事故报告和调查程序规定》办理;

5. 对工程优良的单位,提请当地建设主管部门给予奖励。

监督人员因失职、失误、渎职而出现重大事故或在核检工程质量过程中弄虚作假的,由主管部门视其情节严重程度给予批评、警告、记过直至撤职处分,触及刑法的,由司法机关追究刑事责任。

三、建设工程质量检测制度

(一)质量检测机构的性质

建设工程质量检测工作是对建设工程质量进行监督管理的重要手段之一。建设工程质量检测机构须经省级以上人民政府建设行政主管部门、国务院工业、交通行政主管部门或其授权的机构考核合格后,方可承担建筑工程质量的检测任务。它是对建设工程和建筑构件、制品及建筑材料和设备的质量进行检测的法定单位。它所具有的检测报告具有法定效力。国家级检测机构出具的检测报告,在国内为最终裁定,在国外具有代表国家的性质,依据国际私法原则决定其效力。地方各级检测所出具的检测报告具有法定效力,但相同建设工程的检测在层次更高的检测机构的检测报告优先于下级检测机构的检测报告。

(二)各级建设工程质量检测机构与任务

建设工程质量检测机构分为国家、省、市(地级市)、县四级。

建设工程质量国家检测中心是国家级的建设工程质量检测机构,其主要任务有:(1)承担国家重大建设工程质量的检测和实验任务;(2)负责建设工程所用的构件、制品及有关材料、设备的质量认证和仲裁检测;(3)负责对结构安全、建设功能的鉴定,参加重大工程质量事故的处理和仲裁检测工作等。

各省、自治区、直辖市的建设工程质量检测中心和市(地级市)、县级建设工程质量检测站主要承担本辖区内建设工程和建筑构件、制品及有关材料、设备的质量检测工作和参加本辖区内工程质量事故的处理和仲裁工作;此外,还可参与本辖区内建筑新结构、新技术、新产品的科技成果鉴定等工作。管辖范围内分别按建设工程在省、市、县中的重要性而定,其管辖分别是省重点建设工程及建筑构件、市重点建设工程及建筑构件和县重点建设工程及建筑构件。

(三)质量检测机构的权限

国家级检测机构受国务院建设行政主管部门的委托,有权对指定的国家级重点建设工程进行检测复核,并向国务院建设行政主管部门提出检测复核报告和建议。各地检测机构有权向本地区正在施工的建设工程所用的建筑材料、混凝土、砂浆和建筑构件等进行抽样检测,并接受同级建设行政主管部门和建设质量监督部门提出抽检报告和建议。

受国家建设主管部门和国家标准部门委托,国家级检测机构有权对建筑构件、制品及有关的材料、设备等产品进行抽样检验;省、市、县级检测机构受同级建设行政主管部门和标准部门委托,有权对本省、市、县的建筑构件、制品进行抽样检测。对违反技术标准、失去质量控制的产品,检测单位有权提出请主管部门做出责令其停止生产,不合格产品不准出厂,已出厂的不得使用的决定。

第四节　建设工程质量责任制度

建设工程质量管理受多种因素制约,必须从各个环节严把质量关。我国实行建设工程标准化管理,以确保建设工程勘察、设计、施工的质量。根据《建设工程质量管理条例》对于建设单位、勘察设计单位、施工单位和工程监理单位的质量责任分别作了具体的规定。

[想一想]
　建设单位的质量责任和义务有哪些?

一、建设单位的质量责任和义务

建设单位对其承担的建设工程质量负责,不得以任何理由,要求设计单位或者建设施工企业在工程设计或施工作业中,违反法律法规和建设工程质量的要求,降低安全标准,降低工程质量。建设单位负有以下责任和义务:

1. 必须向勘察设计、施工、监理单位提供与工程有关的原始资料,原始资料必须真实、准确、齐全。

2. 不得迫使承包方以低于成本价竞标,不得任意压缩合理工期,不得明示或暗示设计、施工单位违反工程建设强制性标准,降低工程质量。

3. 应将施工图设计文件报县级以上政府建设主管部门或其他部门审查,未经审查批准的,不得使用。

4. 实行监理的工程,应委托具有资质等级的监理单位或有相应资质等级并与施工单位没有隶属关系或利害关系的该工程的设计单位监理。

5. 在领取施工许可证或开工报告前,办理工程质量监督手续。

6. 应按合同约定,保证供料、构配件和设备,符合设计文件和合同要求。不得明示或暗示施工单位使用不合格材料、构配件和设备。

7. 涉及建筑主体和承重结构变动的装修工程,应在施工前委托原设计单位或有相应资质等级的设计单位提出设计方案。没有设计方案的,不得施工。

8. 收到建设工程竣工报告后,应组织设计、施工、工程监理等有关单位进行竣工验收。经验收合格的,方可交付使用。

9. 应严格按规定建立健全建设项目各环节文件资料的档案,在竣工验收后,及时向建设主管部门或其他有关部门移交建设项目档案。

二、勘察设计单位的质量责任和义务

建设工程勘察设计的质量是施工建设的前提条件,必须符合国家有关建设工程安全标准的要求,建设工程的勘察设计单位必须对其勘察设计的质量负责。勘察设计单位负有以下责任和义务:

1. 必须按工程强制性标准进行勘察设计,并对其质量负责。注册建筑师,注册结构工程师应当在文件上签字,对设计负责。

2. 勘察单位提供的地质、测量、水文等勘察成果必须真实、准确。

3. 设计单位应当根据勘察成果文件进行建设工程设计。设计文件应当符合国家规定的设计深度要求,注明工程合理使用年限。

4. 设计单位在设计文件中选用的建筑材料、建筑构配件和设备,应当注明规格、型号、性能等技术指标,其质量要求必须符合国家规定的标准。除有特殊要求的建筑材料、专用设备、工艺生产线等外,设计单位不得指定生产厂、供应商。

5. 设计单位应当就审查合格的施工图设计文件向施工单位作出详细说明。

6. 设计单位应当参与建设工程质量事故分析,并对因设计造成的质量事故,提出相应的技术处理方案。

三、施工单位的质量责任和义务

施工质量如何直接关系到工程的质量和安全,施工单位对其施工负责,其有以下责任和义务:

[问一问]
施工单位的质量责任有哪些?

1. 施工单位对建设工程的施工质量负责。施工单位应当建立质量责任制,确定工程项目的项目经理、技术负责人和施工管理负责人。

建设工程实行总承包的,总承包单位应当对全部建设工程质量负责;建设工程勘察、设计、施工、设备采购的一项或者多项实行总承包的,总承包单位应当对其承包的建设工程或者采购的设备的质量负责。

2. 总承包单位依法将建设工程分包给其他单位的,分包单位应当按照分包合同的约定对其分包工程的质量向总承包单位负责,总承包单位与分包单位对分包工程的质量承担连带责任。

3. 施工单位必须按照工程设计图纸和施工技术标准施工,不得擅自修改工程设计,不得偷工减料。施工单位在施工过程中发现设计文件和图纸有差错的,应当及时提出意见和建议。

4. 施工单位必须按照工程设计要求、施工技术标准和合同约定,对于建筑材料、建筑构配件、设备和商品混凝土进行检验,检验应当有书面记录和专人签字;未经检验或者检验不合格的,不得使用。

5. 施工单位必须建立、健全施工质量的检验制度,严格工序管理,作好隐蔽工程的质量检查和记录。隐蔽工程在隐蔽前,施工单位应当通知建设单位和建设工程质量监督机构。

6. 施工人员对涉及结构安全的试块、试件以及有关材料,应当在建设单位或者工程监理单位监督下现场取样,并给具有相应资质等级的质量检测单位进行检测。

7. 施工单位对施工中出现质量问题的建设工程或者竣工验收不合格的建设工程,应当负责返修。

8. 施工单位应当建立、健全教育培训制度,加强对职工的教育培训;未经教育培训或者考核不合格的人员,不得上岗作业。

四、监理单位的质量责任和义务

我国自1988年开始试行监理制度至今,监理工作有了很大发展,根据2000年1月30日国务院颁发的《建设工程质量管理条例》,规定了必须实行建设监理,即为法定监理。法定范围以外的工程项目,建设单位要求实行监理的,也可以委托实施监理。

[想一想]
监理单位有哪些质量义务?

监理单位应由行政主管部门审核,应取得相应资质等级;实行监理的建设工程,由建设单位委托具有相应资质条件的工程监理单位监理,再由监理单位委派监理工程师具体负责。建设单位与其委托的监理单位应当订立书面委托合同。具体而言,监理单位应负以下责任和义务:(1)监理单位与被监理工程的施工承包单位以及建筑材料、建筑构配件和设备供应单位有隶属关系或者其他利害关系的,不得承担该项建设工程的监理业务。(2)监理单位应当依照法律、法规以及有关技术标准、设计文件和建设工程承包合同,代表建设单位对施工质量实施监理,并对施工质量承担监理责任。(3)监理单位应当选派具备相应资格的总监理工程师和监理工程师进驻施工现场。未经监理工程师签字,建筑材料、建筑构配件和设备不得在工程上使用或者安装,施工单位不得进行下一道工序的施工。未经总监理工程师签字,建设单位不拨付工程款,不进行竣工验收。(4)监理工程师应当按照工程监理规范的要求,采取旁站、巡视和平行检查等形式,对建设工程实施监理。

第五节　建设工程的竣工验收制度

建设工程竣工验收是工程建设的最后一个阶段,是全面检验工程建设是否符合设计要求和施工质量的重要环节;也是检查承办合同执行情况,促进建设项目及时投产和交付使用,发挥投资效益的重要步骤;同时,通过竣工验收,总结建设经验,全面考核建设成果,为今后的建设工作积累经验。它是建设投资效益转入生产和使用的标志,也是施工项目管理的一项重要工作。

一、竣工验收的条件和类型

(一)竣工验收的条件和类型

工程竣工条件有:完成建设工程设计和合同规定的各项内容,有完整的技术档案和施工管理资料,有工程使用的主要建筑材料、构配件和设备进场试验报告,有勘察、设计、施工、工程监理等单位分别签署的质量合格文件,有施工单位签署的工程保修书。此外,根据工程项目性质不同,在进行竣工验收时,还有一些具体要求。

1. 工业项目验收的要求

(1)生产性建设项目及其辅助生产实施,已按设计的内容要求建成,能满足生产需要;

(2)主要工艺设计及配套设施已安装完成,生产线联动负荷试车合格,运转正常,形成生产能力,能够生产出设计文件规定的合格产品,并达到或基本达到设计生产能力;

(3)必要的生活设施,已按设计要求建成,生产准备工作和生活设施能适应投产的需要;

(4)环保设施、劳动、安全、卫生设施、消防设施等,已按设计要求与主体工程同时建成交付使用;

(5)按合同规定的内容建成,工程质量符合规范标准规定,满足合同要求。

2. 非工业项目验收的要求

已按设计内容建设完成,工程质量和使用功能符合规范规定和设计要求,并按合同规定完成了协议内容。其中住宅小区应做到:所有建设项目按批准的小区规划和有关专业管理及设计要求全部建成,并满足使用要求,住宅及公共配套设施、市政公用基础设施等单项工程全部验收合格,验收资料齐全;各类建筑物的平面位置、立面造型、装饰色调等符合批准的规划设计要求;施工机具、暂设工程、建筑残土、剩余构件全部拆除运走,达到场清地平;有绿化要求的要按绿化设计全部完成,按图施工达到树活草青等。

3. 遗留问题的处理

在工程项目建设过程中,由于各方面的原因,尚有一些零星项目不能按时完成的,应协商妥善处理。

(1)建设项目基本达到竣工验收标准,有一些零星土建工程和少数非主要设备未能按设计规定内容全部完成,但不影响正常生产时,也应办理竣工验收手续,剩余部分按内容留足资金,限期完成。

(2)有的建设项目和单项工程已建成、形成生产能力,但近期内不能按设计要求规模建成,可从实际出发,对已完成部分进行验收,并办理固定资产移交手续。

(3)对引进设备的项目,按合同建成,完成负荷试车,考核合格后,组织竣工验收。

(4)已建成具备生产能力的项目或工程,一般应在具备竣工验收条件三个月内组织验收。

(二)竣工验收的类型

在工程实践中,竣工验收一般有两种类型:

1. 单项工程验收

是指在一个总体建设项目中,一个单项工程或一个车间已按要求建设完成,能满足生产要求或具备使用条件,且施工单位已预检,监理工程师已初检通过,在此条件下进行的正式验收。由几个施工单位负责人负责施工的单项工程,当其中一个单位所负责的部分已按设计完成,也可组织正式验收,办理交工手续,交工时应请施工总承包单位参加。

2. 全部验收

是指整个建设项目已按设计要求全部建设完成,并已符合竣工验收标准,施工单位预验通过,监理工程师初验认可,由监理工程师组织以建设单位为主,有设计、施工等单位参加的正式验收。在整个项目进行全部验收时,对已验收通过的单项工程,可以不再进行正式验收和办理验收手续,但应将单项工程验收作为全部验收的附件而加以说明。

《建筑法》第六十一条规定:"建筑工程竣工经验收合格后,方可交付使用;未经验收或者验收不合格的,不得交付使用。"因此,无论是单项工程提前交付使用(例如单幢住宅),还是全部工程整体交付使用,都必须经过竣工验收这一环节,而且必须验收合格,否则不能交付使用。

二、竣工验收的范围和依据

1. 范围

按照国家颁布的建设法规规定,凡新建、扩建、改建的基本建设项目和技术改革项目,按批准的设计文件所规定的内容建成,符合验收标准的,即工业项目经过投料试车(带负荷运转)合格,形成生产能力的;非工业项目符合设计要求,能够正常使用的,都应及时组织验收,办理移交固定资产手续。

[问一问]
竣工验收的依据是什么?

2. 依据

竣工验收的依据是:批准的设计任务书、初步设计、技术设计文件、施工图、设备技术说明书、有关建设文件,以及现行的施工技术验收规范等,施工承包合同,协议及洽商等。

三、竣工验收的程序及备案管理制度

(一)竣工验收的程序

按国家现行规定,建设项目的验收阶段根据项目规模的大小和复杂程度可分为初步验收和竣工验收两个阶段进行。规模较大、较复杂的建设项目(工程)应先进行初验,然后进行全部建设项目(工程)的竣工验收。规模较小、较简单的项目(工程),可以一次进行全部项目(工程)的竣工验收。

建设项目(工程)全部完成,经过各单项工程的验收,符合设计要求,并具备竣工图表、竣工决算、工程总结等必要文件资料,由项目主管部门或建设单位向负责验收的单位提出竣工验收申请报告。

大中型和限额以上项目由国家发改委或由国家发改委委托项目主管部

门、地方政府组织验收,小型和限额以下项目(工程),由项目(工程)主管部门或地方政府部门组织验收,竣工验收要根据工程规模大小和复杂程度组成验收委员会或验收小组。验收委员会或验收小组由银行、物资、环保、劳动、统计及其他有关部门组成。建设单位、接管单位、施工单位、勘察设计单位参加验收工作。

验收委员会或验收小组负责审查工程建设的各个环节,听取各有关单位的工作,审阅工程档案并实地查验建筑工程和设备安装,并对工程设计、施工和设备质量等方面作出评价。不合格的工程不予验收;对遗留问题提出具体解决意见,限期落实完成。

(二)竣工验收备案管理制度

2000年4月7日建设部以部令78号的形式发布了《房屋建筑工程和市政基础设施工程竣工验收备案管理暂行办法》,对房屋建筑工程和市政基础设施工程的竣工验收备案管理作出了具体规定。

国务院建设行政主管部门负责全国房屋建筑工程和市政基础设施工程(以下统称工程)的竣工验收备案管理工作。

县级以上地方人民政府建设行政主管部门负责本行政区域内工程的竣工验收备案管理工作。

1. 备案时间

建设单位应当自工程竣工验收合格之日起15日内,按照规定向工程所在地的县级以上地方人民政府建设行政主管部门(以下简称备案机关)备案。

2. 建设单位办理工程竣工验收备案应当提交的文件

(1)工程竣工验收备案表;

(2)工程竣工验收报告。竣工验收报告应当包括工程报建日期,施工许可证号,施工图设计文件审查意见,勘察、设计、施工、工程监理等单位分别签署的质量合格文件及验收人员签署的竣工验收原始文件,市政基础设施的有关质量检测和功能性试验资料以及备案机关认为需要提供的有关资料;

(3)法律、行政法规规定应当由规划、公安消防、环保等部门出具的认可文件或者准许使用文件;

(4)施工单位签署的工程质量保修书;

(5)法规、规章规定必须提供的其他文件。如商品住宅还应当提交《住宅质量保证书》和《住宅使用说明书》。

备案机关收到建设单位报送的竣工验收备案文件,验证文件齐全后,应当在工程竣工验收备案表上签署文件收讫。

工程竣工验收备案表一式两份,一份由建设单位保存,一份留备案机关存档。工程质量监督机构应当在工程竣工验收之日起5日内,向备案机关提交工程质量监督报告。

第六节　建设工程质量奖励制度和保修制度

一、建设工程质量奖励制度

为鼓励建筑企业加强管理,搞好工程质量,争创国际先进水平,促进全行业工程质量的提高,我国实行优秀工程奖励制度,分别设立了国家优质工程奖、优秀工程勘察奖、优秀工程设计奖、建筑工程鲁班奖,还定期进行工程设计计算机优秀软件、工程建设优秀标准设计的评选。另外,中国建筑协会还设立了建筑工程鲁班奖。

(一)国家优质工程奖

[想一想]

国家优质工程奖与建设工程鲁班奖有何不同?

凡在中华人民共和国土地上建设具有独立的生产和使用功能的下列工程项目,都可申报参评。

(1)新建的大中型工业、交通、农林、水利、民用和国防军工等建设项目;

(2)10万平方米以上设施配套的住宅小区;

(3)投资在2 000万元以上的城市道路、桥梁、给排水、燃气、供热等市政基础设施工程;

(4)具有显著经济效益和社会效益的大中型改建、扩建和技术改造工程;

(5)对发展国民经济具有重大意义的其他工程。

参加评选的工程项目,必须同时满足下述条件:

(1)必须按规定通过了竣工验收,并经过一年的考验期;但自竣工验收至申报评选的期限,大型建设项目不得超过五年,中型建设项目不得超过三年,其他工程项目不得超过两年;

(2)必须是已经获得省、自治区、直辖市和国务院有关部门认定的优质工程;

(3)未按建设程序建设或在建设过程中发生过三级及三级以上重大工程建设事故的工程,不得参与评选。

国家优质工程每年评审一次,由国家优质工程审定委员会组织进行。日常工作则由其下设的办公室(设在建设部)负责。国家优质工程奖是国家级工程质量奖,每年数目控制在50项左右。

(二)优秀工程勘察奖

凡在工程竣工验收后经一年以上时间检验的新建、扩建、改建及技术改造的工业与民用建筑项目的勘察;经一年以上时间检验的工程地质与岩土工程项目;投产后的工程测量与城市测量项目;经过开采性抽水检验,抽水能力大于设计水量的50%,或低于设计水平、但有一年以上长期观测资料,或经国家储量委员会认可的水资源评估与钻井工程项目,均可申报参加评选。

优秀工程勘察奖,按地区、部门评选和全国评选两步进行。所有参评项目都必须先参加省、部级优秀工程勘察奖的评选,再由省、部有关部门从获奖项目中选择成效突出者,按获奖名次推荐上报,参加全国优秀工程勘察奖的评选。全国优秀工程勘察奖的评选由"全国优秀工程勘察设计评选委员会"负责,有关的具体事务和协调工作,则由中国工程勘察协会负责。如无特殊原因,每两年评选一次。

(三)优秀工程设计奖

凡已竣工投产、验收并经一年以上时间检验的完整的工业与民用工程建设项目或单项工程的设计,均可申报参加评选;单体构筑物、设备、技术、规程、规范、计算机应用程序等,不参加评选。申报评选的项目,原则上是近两年内竣工投产的工程建设项目,有特殊原因的,可放宽至五年内。

优秀工程设计奖,按地区、部门评选和全国评选两步进行。所有参评项目都必须先参加省、部级优秀工程设计奖的评选,再由各省、部从获奖项目中选出名列前茅者排好名次后,向建设部推荐参加全国评选。全国优秀工程设计奖的评选,由建设部邀请有关专家组成的评审委员会负责,有关具体事务,委托中国勘察设计协会办理。

全国优秀工程设计奖设金质奖、银质奖、铜质奖三种,每两年评选一次。如遇特殊情况则可提前或推后进行。

(四)建设工程鲁班奖

凡已列入国家或省、自治区、直辖市、计划单列市及国务院各部门建设计划,达到一定规模,并已形成生产能力和使用功能的新建的大型公共建筑和市政工程,大中型工业交通建设项目中的主要建筑工程或设备安装工程均可申请参加评选;个别工程规模较小达不到规模要求,但建筑风格独特、工程质量特别优良,且具有代表性、各界反映良好的工程,也可申报参评,但应从严掌握。

参评工程应按照建筑企业的隶属关系向各地建筑业协会申报,没有成立建筑业协会的向建设行政主管部门申报;经初审合格后上报中国建筑业协会,中国建筑业协会要组织复查小组,并会同有关地区或部门的相关人员共同进行复查;然后交评审委员会进行审议,并以无记名投票方式确定获奖工程。

建设工程鲁班奖是我国建筑行业在工程质量方面的最高荣誉鼓励,获奖工程质量应至少达到国内一流水平。鲁班奖每年评选一次,每次奖励的数额不超过 30 个。

二、建设工程质量保修制度

(一)建筑工程质量保修期限与起算时间

在正常使用条件下(因使用不当、第三方造成的质量缺陷、不可抗力造成的质量缺陷除外),房屋建筑工程保修期从工程竣工验收合格之日起计算,且房屋建筑工程的最低保修期限为:地基基础工程和主体结构工程为设计文件规定的该工程的合理使用年限;屋面防水工程、有防水要求的卫生间、房间和外墙面的防渗漏为 5 年;供热与供冷系统为 2 个采暖期、供冷期;电气管线、给排水管道、设备安装为 2 年;装饰装修工程为 2 年;其他项目的保修期限由建设单位和施工

[问一问]
建设工程质量保修期间是如何规定的?

单位约定。

(二)质量保修期间的责任规定

1. 在房屋建筑工程的保修期限内出现质量缺陷的处理方法

房屋建筑工程在保修期限内出现质量缺陷后,建设单位或者房屋建筑所有人应当向施工单位发出保修通知。施工单位接到保修通知后,应当到现场核查情况,在保修书约定的时间内予以保修。发生涉及结构安全或者严重影响使用功能的紧急抢修事故,施工单位接到保修通知后,应当立即到达现场抢修。发生涉及结构安全的质量缺陷,建设单位或者房屋建筑所有人应当立即向当地建设行政主管部门报告,采取安全防范措施;由原设计单位或者具有相应资质等级的设计单位提出保修方案,施工单位实施保修,原工程质量监督机构负责监督。保修完成后,由建设单位或者房屋建筑所有人组织验收。涉及结构安全的,应当报当地建设行政主管部门备案。

2. 建设工程质量保修责任的规定

(1)施工单位不按工程质量保修书约定保修的,建设单位可以另行委托其他单位保修,由原施工单位承担相应责任,保修费用由质量缺陷的责任方承担;

(2)在保修期内,因房屋建筑工程质量缺陷造成房屋所有人、使用人或者第三方人身、财产损害的,房屋所有人、使用人或者第三方可以向建设单位提出赔偿要求。建设单位向造成房屋建筑工程质量缺陷的责任方追偿;

(3)保修不及时造成新的人身、财产损害,由造成拖延的责任方承担赔偿责任;

(4)施工单位不履行保修义务或者拖延履行保修义务的,由建设行政主管部门责令改正,处 10 万元以上 20 万元以下的罚款;

(5)建设工程在保修范围和保修期限内发生质量问题的,施工单位应当履行保修义务,并对造成的损失承担赔偿责任。

3. 返修

(1)施工单位未按国家有关规范、标准和设计要求施工,造成的质量缺陷,由施工单位负责返修并承担经济责任;

(2)由于设计方面的原因造成的质量缺陷,由设计单位承担经济责任、由施工单位负责维修,其费用按有关规定通过建设单位索赔,不足部分由建设单位负责;

(3)因建筑材料、构配件和设备质量不合格引起的质量缺陷,属于施工单位采购的或经其验收同意的,由施工单位承担经济责任;属于建设单位采购的,由建设单位承担经济责任;

(4)因使用单位使用不当造成的质量缺陷,由使用单位自行负责;

(5)因地震、洪水、台风等不可抗力造成的质量问题,施工单位、设计单位不承担经济责任。

施工单位自接到保修通知书之日起,必须在 2 周内到达现场与建设单位共同明确责任方,属于施工单位责任的,如施工单位未能按期到达现场,建设单位应再次通知施工单位,施工单位自接到再次通知起的 1 周内仍不能到达时,建设单位有权自行返修,所发生的费用由原施工单位承担。不属于施工单位责任,建设单位应与施工单位联系,商议维修的具体期限。

4. 损害赔偿

因建设工程质量缺陷造成人身、财产损害的,侵害人应按有关规定,给予受害人赔偿;因建设工程质量存在缺陷造成损害要求赔偿的诉讼时效期限为 1 年,自当事人知道或应当知道其权益受到损害时起计算;因建设工程质量责任发生民事纠纷,当事人可以通过协商或调解解决。当事人不愿通过协商、调解解决或者协商、调解不成的,可以根据当事人双方的协议,向仲裁机构申请仲裁;当事人双方没有达成仲裁协议的,可以向人民法院起诉。

本章思考与实训

一、思考题

1. 广义的建设工程质量概念与狭义的建设工程质量概念有何区别?

2. 我国现行的《质量管理和质量保证》体系系列标准有哪些?

3. 建设工程质量监督站是什么机构? 它的权限和职责有哪些?

4. 建设单位的责任有哪些?

5. 竣工验收的工程应具备什么条件?

6. 竣工验收的程序应如何进行?

7. 建设工程的保修期限从何时算起? 我国现行规定的最低保修期限为多长?

二、案例分析题

案例 1

【背景资料】

某国家机关新建一办公楼,建筑面积 50 000 m²,通过招投标手续,确定了由某建筑公司进行施工,并及时签署了施工合同。双方签订施工合同后,该建筑公司又进行了劳务招标,最终确定江苏某劳务公司为中标单位,并与其签订了劳务分包合同,在合同中明确了双方的权利和义务。该工程由本市某监理单位实施监理任务。该建筑公司为了承揽该项施工任务,采取了低报价策略而获得中标,在施工中,为了降低成本,施工单位采用了一个小砖厂的价格便宜的砖,在砖进场前未向管理单位申报。在施工过程中,屋面带挂板大挑檐悬挑部分根部突然断裂。建设单位未按规定办理工程质量监督手续。经事故调查、原因分析,发现造成该质量事故的主要原因是施工队伍素质差,致使受力钢筋反向,构件厚度控制不严而导致事故发生。

【问题】

1. 该建筑公司对砖的选择和进场的做法是否正确? 如果是错误的,那么施工单位应如何做才为正确?

2. 施工单位的现场质量检查的内容有哪些?

3. 施工单位为了降低成本,对材料的选择应如何去做才能保证其质量?

4. 该市监理公司对该起质量事故是否应承担责任? 原因是什么?

5. 政府对建设工程质量监督的职能是什么?

案例 2

【背景资料】

某综合办公楼项目业主与承包商签订了工程施工承包合同,承包工作范围包括土建、机电安装和装修工程。该办公楼共 8 层,采用框架结构,开工日期为 2009 年 4 月 1 日,合同工期为 18 个月。在施工过程,发生如下几项事件:

事件 A:2009 年 4 月,在基础开挖过程中,个别部位实际土质与甲方提供的地质资料不符,造成施工费用增加 2.5 万元,相应工序持续时间增加了 4 天。

事件 B:2009 年 5 月,施工单位为保证施工质量,扩大基础底面,开挖量增加导致费用增加 3.0 万元,相应工序持续时间增加了 3 天。

事件 C:2009 年 8 月,进入雨期施工,恰逢 20 天大雨,造成停工损失 2.5 万元,工期增加了 4 天。

事件 D:2010 年 2 月,在主体砌筑工程中,因施工图设计有误,实际工程量增加导致费用增加 3.8 万元,相应工序持续时间增加了 2 天。

事件 E:外墙装修抹灰阶段,一抹灰工在 5 层贴抹灰用的分格条时,脚手板滑脱发生坠落事故。坠落过程中将首层兜网系结点冲开,撞在 1 层脚手架小横杆上,经抢救无效死亡。

事件 F:室内装修进行墙面涂料粉刷前,在检查装饰面基层时,发现墙面抹灰有大面积空鼓现象。

上述事件中,除第三项外,其他工序均未发生在关键线路上,并对总工期无影响。针对事件 A、事件 B、事件 C、事件 D,施工单位及时提出索赔要求为:增加合同工期 13 天;增加费用 11.8 万元。

【问题】

1. 施工单位对施工过程中发生的事件 A、事件 B、事件 C、事件 D 可否索赔? 为什么?

2. 如果在工程保修期间发生了由于施工单位原因引起的屋顶漏水、墙面剥落等问题,业主在多次催促施工单位修理而施工单位一再拖延的情况下,另请其他施工单位维修,所发生的维修费用该如何处理?

3. 事件 E 中发生的安全事故可定为哪种等级的重大事故? 依据是什么?

4. 对事件 F 中质量事故的处理应遵循什么程序?

第七章　建设工程造价管理相关法规

【内容要点】

1. 建设工程造价的含义和特点；
2. 建设工程造价管理的概念和内容；
3. 工程造价咨询企业及其资质等级与标准和业务范围；
4. 工程造价咨询企业管理制度；
5. 建设工程造价人员从业资格制度；
6. 建设工程发包与承包计价管理、工程价款结算办法的法律规定；
7. 建设工程质量保证金的管理。

【知识链接】

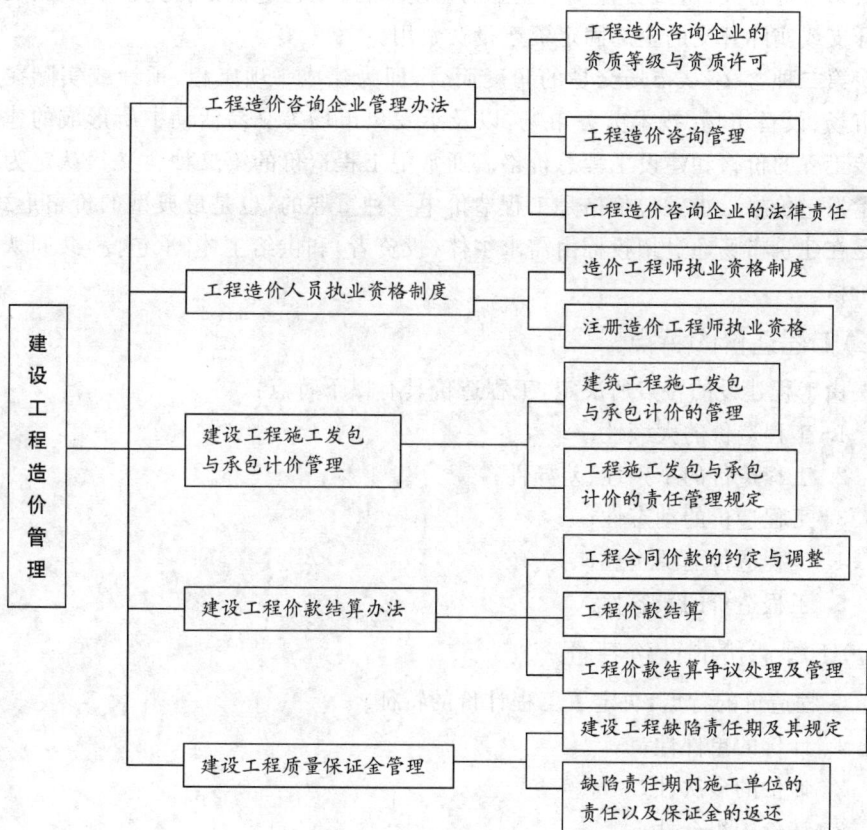

第一节　建设工程造价管理概述

工程造价管理是一项技术性、专业性很强的工作，工程造价管理贯穿于建设工程项目投资、设计、招标投标、施工等全过程。目前尚无一部规范建设工程造价管理的单行法律，国家对此的规定散见于《建筑法》《招标投标法》《价格法》、《建设工程质量管理条例》《建设工程价款结算暂行办法》及最高人民法院的相关司法解释等。为规范工程造价计价行为，维护工程建设各方的合法权益，各省市还颁布了编制和确定工程估算、概算、预算、标底、投标报价、承包合同价、结算时应遵守的相关规定。

一、建设工程造价

(一)工程造价的概念

工程造价通常是指工程的建造价格，其含义有两种：

第一种含义：从投资者——业主的角度而言，工程造价是指建设一项工程预期开支或实际开支的全部固定资产投资费用。

第二种含义：从市场交易的角度而言，即为建成一项工程，预计或实际在土地市场、设备市场、技术劳务市场，以及承发包市场等交易活动中所形成的建筑安装工程的价格和建设工程总价格。通常把工程造价的第二种含义只认定为工程承发包价格。承发包价格是工程造价中一种重要的，也是最典型的价格形式，它是在建筑市场通过招投标由需求主体(投资者)和供给主体(承包商)共同认可的价格。

(二)工程造价的特点

由工程建设的特点所决定，工程造价具有以下特点：

1. 工程造价的大额性；
2. 工程造价的个别性、差异性；
3. 工程造价的动态性；
4. 工程造价的层次性；
5. 工程造价的兼容性。

(三)工程造价的计价特征

工程造价的特点，决定了工程计价的特征。

1. 计价的单件性；
2. 计价的多次性；
3. 计价的组合性；
4. 计价方法的多样性；
5. 计价依据的复杂性。

二、建设工程造价管理

(一)工程造价管理含义

工程造价管理有两种含义,即建设工程投资费用管理和工程价格管理。

1. 建设工程投资费用管理

建设工程投资费用管理是为了实现投资的预期目标,在拟定的规划、设计方案的条件下,预测、计算、确定和监控工程造价及其变动的系统活动。

2. 工程价格管理

工程价格管理分两个层次。在微观层次上,是生产企业在掌握市场价格的基础上,为实现管理目标而进行的成本控制、计价、定价和竞价的系统活动。在宏观层次上,是政府根据社会经济发展的要求,利用法律、经济手段和行政手段对价格进行管理和调控,以及通过市场管理规范市场主体价格行为的系统活动。

(二)工程造价管理的基本内容

1. 工程造价管理的目标和任务

工程造价管理的目标是按照经济规律的要求,根据社会主义市场经济的发展形势,利用科学管理方法和先进管理手段,合理地确定造价和有效地控制造价,以提高投资效益和建筑安装企业经营效果。工程造价管理的任务是:加强工程造价的全过程动态管理,强化工程造价的约束机制,维护有关各方的经济利益,规范价格行为,促进微观效益和宏观效益的统一。

2. 工程造价管理的基本内容

工程造价管理的基本内容就是合理确定和有效控制工程造价。所谓工程造价的合理确定,就是在建设程序的各个阶段,合理确定投资估算、概算造价、预算造价、承包合同价、结算价、竣工决算价。所谓工程造价的有效控制,就是在优化建设方案、设计方案的基础上,在建设程序的各个阶段,采用一定的方法和措施把工程造价的发生控制在合理的范围和核定的造价限额以内。具体说,要用投资估算价控制设计方案的选择和初步设计概算造价;用概算造价控制技术设计和修正概算造价;用概算造价或修正概算造价控制施工图设计和预算造价。力求合理使用人力、物力和财力,取得较好的投资效益。控制造价在这里强调的是控制项目投资。

[想一想]
如何进行工程造价的有效控制?

3. 工程造价管理的组织

工程造价管理的组织,是指为了实现工程造价管理目标而进行的有效组织活动,以及与造价管理功能相关的有机群体,它是工程造价动态的组织活动过程和相对静态的造价管理部门的统一。具体来说,主要是指国家、地方、部门和企业之间管理权限和职责范围的划分。工程造价管理组织有三个系统:

(1)政府行政管理系统

政府在工程造价管理中既是宏观管理主体,也是政府投资项目的微观管理主体。政府对工程造价管理设置了多层管理机构,规定了管理权限和职责范围。国家建设行政主管部门的造价管理机构在全国范围内行使管理职能。省、自治区、直辖市和行业主管部门的造价管理机构,是在其管辖范围内行使管理职能;省辖市和地区的造价管理部门在所辖地区内行使管理职能。

(2)企、事业单位管理系统

企、事业单位对工程造价的管理,属微观管理的范畴。

(3)行业协会管理系统

在全国各省、自治区、直辖市及一些大中城市,先后成立了工程造价管理协会,对工程造价咨询工作和造价工程师实行行业管理。中国建设工程造价管理协会是我国建设工程造价管理的行业协会。

三、工程造价管理法规的立法概况

工程造价管理法规是指调整工程造价活动中所产生的各种社会关系的法律规范的总称。

目前,我国工程造价管理法规的立法主要由建设部发布的规章和各省、市、自治区发布的地方性规章组成。建设部发布的规章有:2006 年 2 月 22 日颁发的《工程造价咨询企业管理办法》;2001 年 12 月 1 日颁发的《建筑工程施工发包与承包计价管理办法》;建设部、财政部联合颁发的规章有:2004 年 10 月 20 日颁发的《建设工程价款结算暂行办法》;2005 年 1 月 12 日颁发的《建设工程质量保证金管理暂行办法》等规章制度。中国建设工程造价管理协会 2002 年 6 月 18 日颁发的"关于下发《工程造价咨询单位执业行为准则》、《造价工程师职业道德行为准则》的通知"对规范工程造价咨询单位执业行为及造价工程师的职业道德行为作出了专门规定。各省、市、自治区颁发工程造价规章有:《湖南省建设工程造价管理办法》、《贵州省建设工程造价管理办法》、《广东省建设工程造价管理规定》、《兰州市建设工程造价管理办法》等。这些法规,对加强工程造价管理发挥了重要作用。

第二节 工程造价咨询企业管理办法

为加强对工程造价咨询企业的管理,提高工程造价咨询企业工作质量,维护建设市场秩序和社会公共利益。根据有关法律、法规,建设部于 2006 年 2 月 22 日讨论通过了《工程造价咨询企业管理办法》,自 2006 年 7 月 1 日起施行。

《工程造价咨询企业管理办法》所称工程造价咨询企业,是指接收委托,对建设项目投资、工程造价的确定与控制提供专业咨询服务的企业。工程造价咨询企业从事造价咨询活动,应当遵守独立、客观、公正、诚实信用的原则,不得损害社会公共利益和他人合法权益。任何单位和个人不得非法干预依法进行的工程造价咨询活动。

一、工程造价咨询的概念与特点

工程造价咨询是受客户委托,在规定时间内,充分利用准确实用的信息,集中专家的群体智慧和经验,运用现代科学理论及工程技术、工程造价确定与控制方法及相关的经济、管理、法律等方面的专业知识,为工程建设特别是工程项目的决策、设计、施工、管理提供智力服务。工程造价咨询正扩展到国民经济各个领域,涵盖投资前期决策、设计、施工和竣工验收全过程。因此,现代的工程造价咨询方法与理论是融合了工程、技术、经济、管理、财务和法律等专业知识和分析方法在工程造价咨询领域的综合运用,并通过众多的工程造价咨询机构和大批工程造价咨询工程师,在长期的工程造价咨询实践和研究中不断总结,不断创新发展出来的方法体系和理论系统。工程造价咨询具有综合性、系统性和跨学科等性质。具有以下特点:

1. 工程造价咨询服务实际上就是完成客户委托的一次性、单独性的咨询任务,其任务可大可小,既可以是全过程咨询服务,也可以是只就某一项工作进行咨询;

2. 工程造价咨询涉及面比较广,包括政治、经济、技术、自然环境、政策与文化环境等各方面,影响咨询质量的因素较多,不确定的因素多且变数大;

3. 工程造价咨询时效性很强,时间是构成咨询成果的重要部分;

4. 工程造价咨询工作程序可固定也可非固定,工作有一定弹性;

5. 工程造价咨询不是以物流为中心,而是以智力服务为中心;

6. 工程造价咨询受工程复杂性和不确定性的影响,咨询工作必须充分分析和研究各方面的约束条件和风险,以及影响工程的市场因素;

7. 工程造价咨询方法是定性分析与定量分析的结合,静态分析和动态分析的结合,统计分析和预测分析的结合;

8. 工程造价咨询没有批发环节,产销直接见面,适应客户的个性化要求;

9. 工程造价咨询成果具有个别性和差异性。

二、工程造价咨询企业的资质等级与资质许可

(一)工程造价咨询企业资质等级与标准

工程造价咨询企业资质等级分为甲级、乙级。

1. 甲级标准

(1)已取得工程造价咨询企业乙级资质证书满3年;

(2)企业的出资人中,注册造价工程师人数不低于出资总人数的60%,且其出资额不低于注册资本总额的60%;

(3)技术负责人已取得造价工程师注册证书,并具有工程或工程经济类高级专业技术职称,且从事工程造价专业工作15年以上;

(4)专职从事工程造价专业工作的人员(以下简称专职专业人员)不得少于20人,其中,具有工程或者工程经济类中级以上专业技术职称的人员不得少于16人;取得造价工程师注册证书的人员不少于10人,其他人员应具有从事造价专业工作的经历;

(5)企业与专职专业人员签订劳动合同,且专职专业人员符合国家规定的职业年龄(出资人除外);

[想一想]
企业的资质是否可代替企业的营业执照?

（6）专职专业人员的人事档案关系必须由国家认可的人事代理机构代为管理；

（7）企业注册资本不得少于 100 万元；

（8）企业近 3 年工程造价咨询营业收入累计不低于人民币 500 万元；

（9）具有固定办公场所，人均办公建筑面积不得少于 10 平方米；

（10）技术档案管理制度、质量控制制度、财务管理制度齐全；

（11）企业为本单位专职人员办理的社会基本养老保险手续齐全；

（12）在申请核定资质等级之日前 3 年无下列禁止行为：①涂改、倒卖、出租、出借资质证书，或者以其他形式非法转让资质证书；②超越资质等级业务范围承接工程造价咨询业务；③同时接受招标人和投标人或两个以上投标人对同一工程项目的工程造价咨询业务；④以给予回扣、恶意压低收费等方式进行不正当竞争；⑤转包承接的工程造价咨询业务；⑥法律、法规禁止的其他行为。

2. 乙级标准

（1）企业出资人中，注册造价工程师人数不低于出资总人数的 60%，且其出资额不低于注册资本总额的 60%；

（2）技术负责人已取得造价工程师注册证书，并具有工程或工程经济类高级专业技术职称，且从事工程造价专业工作 10 年以上；

（3）专职专业人员不少于 12 人，其中，具有工程或者工程经济类中级以上专业技术职称的人员不少于 8 人；取得造价工程师注册证书的人员不少于 6 人，其他人员具有从事工程造价专业工作的经历；

（4）企业与专职专业人员签订劳动合同，且专职专业人员符合国家规定的职业年龄（出资人除外）；

（5）专职专业人员人事档案关系由国家认可的人事代理机构代为管理；

（6）企业注册资本不少于人民币 50 万元；

（7）具有固定的办公场所，人均办公建筑面积不少于 10 平方米；

（8）技术档案管理制度、质量控制制度、财务管理制度齐全；

（9）企业为本单位专职专业人员办理的社会基本养老保险手续齐全；

（10）暂定期内工程造价咨询营业收入累计不低于人民币 50 万元；

（11）申请核定资质等级之日前无规定的禁止行为（同甲级）。

申请甲级工程造价咨询企业资质的，应当向申请人工商注册所在地省、自治区、直辖市人民政府建设主管部门或者国务院有关专业部门提出申请。省、自治区、直辖市人民政府建设主管部门、国务院有关专业部门应当自受理申请材料之日起 20 日内审查完毕，并将初审意见和全部申请材料报国务院建设主管部门；国务院建设主管部门应当自受理之日起 20 日内作出决定。

申请乙级工程造价咨询企业资质的，由省、自治区、直辖市人民政府建设主管部门审查决定。其中，申请有关专业乙级工程造价咨询企业资质的，由省、自治区、直辖市人民政府建设主管部门商同级有关专业部门审查决定。乙级工程造价咨询企业资质许可的实施程序由省、自治区、直辖市人民政府建设主管部门依法确定。省、自治区、直辖市人民政府建设主管部门应当自作出决定之日起30日内,将准予资质许可的决定报国务院建设主管部门备案。

(二)承担的业务范围

甲级工程造价咨询企业可以从事各类建设项目的工程造价咨询业务。

乙级工程造价咨询企业可以从事工程造价5 000万元人民币以下的各类建设项目的工程造价咨询业务。

工程造价咨询业务范围包括:

1. 建设项目建议书及可行性研究投资估算、项目经济评价报告的编制和审核;

2. 建设项目概预算的编制与审核,并配合设计方案比选、优化设计、限额设计等工作进行工程造价分析与控制;

3. 建设项目合同价款的确定(包括招标工程工程量清单和标底、投标报价的编制和审核);合同价款的签订与调整(包括工程变更、工程洽商和索赔费用的计算)及工程款支付,工程结算及竣工结(决)算报告的编制与审核等;

4. 工程造价经济纠纷的鉴定和仲裁的咨询;

5. 提供工程造价信息服务等。

(三)申请工程造价咨询企业资质,应提交下列材料:

1.《工程造价咨询企业资质等级申请书》;

2. 专职专业人员(含技术负责人)的造价工程师注册证书、造价员资格证书、专业技术职称证书和身份证;

3. 专职专业人员(含技术负责人)的人事代理合同和企业为其交纳的本年度社会基本养老保险费用的凭证;

4. 企业章程、股东出资协议并附工商部门出具的股东出资情况证明;

5. 企业缴纳营业收入的营业税发票或税务部门出具的缴纳工程造价咨询营业收入的营业税完税证明;企业营业收入含其他业务收入的,还需出具工程造价咨询营业收入的财务审计报告;

6. 工程造价咨询企业资质证书;

7. 企业营业执照;

8. 固定办公场所的租赁合同或产权证明;

9. 有关企业技术档案管理、质量控制、财务管理等制度的文件;

10. 法律、法规规定的其他材料。

新申请工程造价咨询企业资质的,不需要提交前款第(5)项、(6)项所列材料。

工程造价咨询企业资质有效期为3年。资质有效期届满,需要继续从事工程造价咨询活动的,应当在资质有效期届满30日前向资质许可机关提出资质延续申请。资质许可机关应当根据申请作出是否准予延续的决定。准予延续的,资质有效期延续3年。

三、工程造价咨询管理

(一)工程造价咨询管理的一般规定

1. 工程造价咨询企业在承接各类建设项目的工程造价咨询业务时,应当与委托人订立书面工程造价咨询合同。该合同可参照《建设工程造价咨询合同》(示范文本)订立。

2. 工程造价咨询企业从事工程造价咨询业务,应当按照有关规定的要求出具工程造价成果文件。工程造价成果文件应当由工程造价咨询企业加盖有企业名称、资质等级及证书编号的执业印章,并由执行咨询业务的注册造价工程师签字、加盖执业印章。

3. 除法律、法规另有规定外,未经委托人书面同意,工程造价咨询企业不得对外提供工程造价咨询服务过程中获知的当事人的商业秘密和业务资料。

4. 工程造价咨询企业设立分支机构的,应当自领取分支机构营业执照之日起 30 日内,持下列材料到分支机构工商注册所在地省、自治区、直辖市人民政府建设主管部门备案:

(1)分支机构营业执照复印件;

(2)工程造价咨询企业资质证书复印件;

(3)拟在分支机构执业的不少于 3 名注册造价工程师的注册证书复印件;

(4)分支机构固定办公场所的租赁合同或产权证明。

[想一想]
监督检查机关对工程造价咨询企业进行监督检查时,可以采取哪些措施?

省、自治区、直辖市人民政府建设主管部门应当在接受备案之日起 20 日内,报国务院建设主管部门备案。分支机构从事工程造价咨询业务,应当由设立该分支机构的工程造价咨询企业负责承接工程造价咨询业务、订立工程造价咨询合同、出具工程造价成果文件。分支机构不得以自己名义承接工程造价咨询业务、订立工程造价咨询合同、出具工程造价成果文件。

5. 县级以上地方人民政府建设主管部门、有关专业部门应当依照有关法律、法规的规定,对工程造价咨询企业从事工程造价咨询业务的活动实施监督检查。

监督检查机关履行监督检查职责时,可以采取的措施有:

(1)要求被检查单位提供工程造价咨询企业资质证书、造价工程师注册证书,有关工程造价咨询业务的文档,有关技术档案管理制度、质量控制制度、财务管理制度的文件;

(2)进入被检查单位进行检查,查阅工程造价咨询成果文件以及工程造价咨询合同等相关资料;

(3)纠正违反有关法律、法规及执业规程规定的行为。

监督检查机关进行监督检查时,应当有两名以上监督检查人员参加,并出示执法证件,不得妨碍被检查单位的正常经营活动,不得索取或者收受财物、谋取其他利益。有关单位和个人对依法进行的监督检查应当协助与配合,不得拒绝或者阻挠。监督检查机关应当将监督检查的处理结果向社会公布。

(二)工程造价咨询企业资质撤销与吊销

1. 有下列情形之一的,资质许可机关或者其上级机关,根据利害关系人的请求或者依据职权,可以撤销工程造价咨询企业资质:

(1)资质许可机关工作人员滥用职权、玩忽职守作出准予工程造价咨询企业资质许可的;

(2)超越法定职权作出准予工程造价咨询企业资质许可的;

(3)违反法定程序作出准予工程造价咨询企业资质许可的;

(4)对不具备行政许可条件的申请人作出准予工程造价咨询企业资质许可的;

(5)依法可以撤销工程造价咨询企业资质的其他情形。

工程造价咨询企业以欺骗、贿赂等不正当手段取得工程造价咨询企业资质的,应当予以撤销。工程造价咨询企业取得工程造价咨询企业资质后,不再符合相应资质条件的,资质许可机关根据利害关系人的请求或者依据职权,可以责令其限期改正;逾期不改的,可以撤回其资质。

2. 有下列情形之一的,资质许可机关应当依法注销工程造价咨询企业资质:

(1)工程造价咨询企业资质有效期满,未申请延续的;

(2)工程造价咨询企业资质被撤销、撤回的;

(3)工程造价咨询企业依法终止的;

(4)法律、法规规定的应当注销工程造价咨询企业资质的其他情形。

工程造价咨询企业应当按照有关规定,向资质许可机关提供真实、准确、完整的工程造价咨询企业信用档案信息。工程造价咨询企业信用档案应当包括工程造价咨询企业的基本情况、业绩、良好行为、不良行为等内容。违法行为、被投诉举报处理、行政处罚等情况应当作为工程造价咨询企业的不良记录记入其信用档案。任何单位和个人有权查阅信用档案。

四、工程造价咨询企业的法律责任

申请人隐瞒有关情况或者提供虚假材料申请工程造价咨询企业资质的,不予受理或者不予资质许可,并给予警告,申请人在 1 年内不得再次申请工程造价咨询企业资质。

[想一想]
工程造价咨询企业的哪些行为是违法行为?

以欺骗、贿赂等不正当手段取得工程造价咨询企业资质的,由县级以上地方人民政府建设主管部门或者有关专业部门给予警告,并处以 1 万元以上 3 万元以下的罚款,申请人 3 年内不得再次申请工程造价咨询企业资质。

未取得工程造价咨询企业资质从事工程造价咨询活动或者超越资质等级承接工程造价咨询业务的,出具的工程造价成果文件无效,由县级以上地方人民政府建设主管部门或者有关专业部门给予警告,责令限期改正,并处以 1 万元以上 3 万元以下的罚款。

资质许可机关有下列情形之一的,由其上级行政主管部门或者监察机关责令改正,对直接负责的主管人员和其他直接责任人员依法给予处分;构成犯罪

的,依法追究刑事责任:

(1)对不符合法定条件的申请人准予工程造价咨询企业资质许可或者超越职权作出准予工程造价咨询企业资质许可决定的;

(2)对符合法定条件的申请人不予工程造价咨询企业资质许可或者不在法定期限内作出准予工程造价咨询企业资质许可决定的;

(3)利用职务上的便利,收受他人财物或者其他利益的;

(4)不履行监督管理职责,或者发现违法行为不予查处的。

第三节　工程造价人员执业资格制度

一、造价工程师执业资格制度概述

(一)造价工程师

造价工程师是指经全国造价工程师执业资格统一考试合格,并注册取得《造价工程师注册证》,从事建设工程造价业务活动的专业技术人员。

凡从事工程建设活动的建设、设计、施工、工程造价咨询及造价管理等单位和部门,必须在计价、评估、审查(核)、控制及管理等岗位配备有造价工程师执业资格的专业技术人员。《造价工程师注册管理办法》对造价工程师的执业资格做出了规定。

(二)造价工程师执业资格制度概述

根据党的十四届三中全会《关于建立社会主义市场经济体制若干问题的决定》中提出实行学历与职业资格两种证书制度的精神,政府要对事关国家和社会公众利益、技术性强的行业或专业,通过建立执业资格制度来规范行业的秩序。造价工程师执业资格制度属于国家统一规划的专业技术人员执业资格制度范围。

为了加强建设工程造价专业技术人员的执业准入控制和管理,确保建设工程造价管理工作质量,维护国家和社会公共利益,除在全国统一考试前,对已从事工程造价管理工作并具有高级专业技术职称的人员,经考核合格,可通过认定办法取得造价资格外,1997年3月建设部和人事部联合发布了《造价工程师执业资格认定办法》,定期举行全国统一考试。目前,取得造价工程师执业资格的人员达4万多人,造价工程师执业资格制度的框架已经建立。

为了加强对造价工程师的注册管理,规范造价工程师的执业行为,2000年3月建设部颁布了第75号部长令《造价工程师注册管理办法》,2002年7月建设部制定了《〈造价工程师注册管理办法〉的实施意见》,2002年6月中国工程造价管理协会制订了《造价工程师继续教育实施办法》和《造价工程师职业道德行为准则》,造价工程师执业资格制度逐步完善起来。

二、注册造价工程师执业资格

(一)造价工程师的考试

造价工程师执业资格考试实行全国统一大纲、统一命题、统一组织的方法，原则上每年举行一次。中华人民共和国公民，遵纪守法并具备下列条件之一者，均可申请参加造价工程师执业资格考试。

1. 工程造价专业大专毕业后，从事工程造价业务工作满 5 年。

2. 工程或工程经济类大专毕业后，从事工程造价业务工作满 6 年。

3. 工程或工程经济类本科毕业后，从事工程造价业务工作满 5 年。

4. 获上述专业第二学士学位或研究生班毕业或获硕士学位后，从事工程造价业务工作满 3 年或者获上述专业博士学位后，从事工程造价业务工作满 2 年。

申请参加造价工程师执业资格考试，需要提供的证明文件有：(1)造价工程师执业资格考试报名申请表；(2)学历证明；(3)工作实践经历证明。

通过造价工程师执业资格考试的合格者，由省、自治区、直辖市人事(职改)部门颁发人事部统一印制、人事部和建设部共同用印的造价工程师执业资格证书，该证书全国范围有效。

(二)造价工程师的注册

国务院建设主管部门负责全国造价工程师的注册管理工作，造价工程师注册的具体工作可以委托有关协会办理。省、自治区、直辖市人民政府建设主管部门(以下简称省级注册机构)负责本行政区域内造价工程师的注册管理工作。特殊行业的主管部门(以下简称部门注册机构)经国务院建设主管部门认可，负责本行业内造价工程师的注册管理工作。

[想一想]

造价工程师应如何进行注册？

1. 申请注册的人员必须同时具备下列条件

(1)遵纪守法，恪守造价工程师职业道德。

(2)取得造价工程师执业资格证书，身体健康，能坚持在造价工程师岗位上工作。

(3)所在单位考核同意。

2. 初始注册

经全国造价工程师执业资格统一考试合格的人员，应当在取得造价工程师执业资格考试合格证书后三个月内，到省级注册机构申请初始注册。申请初始注册应当提交的材料包括：造价工程师注册申请表；造价工程师执业资格考试合格证书；工作业绩证明。超过规定期限申请初始注册的，除提交上述材料外，还应当提交国务院建设主管部门认可的造价工程师继续教育证明。造价工程师申请初始注册，按照下列程序办理：

(1)申请人向聘用单位提出申请。

(2)聘用单位审核同意后，连同申请初始注册的有关资料报省级注册机构或者部门注册机构。

(3)省级注册机构或者部门注册机构对申请注册的有关材料进行初审，签署初审意见,报国务院建设主管部门。

(4)国务院建设主管部门对初审意见进行审核,对符合注册条件的,准予注册,并颁发《造价工程师注册证》和造价工程师执业专用章。国务院建设主管部门定期将核准注册的造价工程师名单向社会公布。造价工程师初始注册的有效期限为 2 年,自核准注册之日起计算。

造价工程师有下列情形之一的,不予注册:①丧失民事行为能力的;②受过刑事处罚,且自刑事处罚执行完毕之日起至申请注册之日不满五年的;③在工程造价业务中有重大过失,受过行政处罚或者撤职以上行政处分,且处罚、处分决定之日至申请注册之日不满 2 年的;④在申请注册过程中有弄虚作假行为的。

3. 续期注册

注册有效期满要求继续执业的造价工程师,应当在注册有效期满两个月内,向省级注册机构或者部门申请续期注册。造价工程师申请续期注册,应当提交从事工程造价活动的业绩证明和工作总结以及国务院建设主管部门认可的工程造价继续教育证明等材料。

造价工程师有下列情形之一的,不予续期注册:无业绩证明和工作总结的;同时在两个及两个以上单位执业的;未按照规定参加造价工程师继续教育或者继续教育未达到标准的;允许他人以本人名义执业的;在工程造价活动中有弄虚作假行为的;在工程造价活动中有过失,造成重大损失的。续期注册的有效期为两年(自准予注册之日起计算)。

4. 变更注册

造价工程师变更工作单位,应当在变更工作单位后两个月内到省级注册机构办理变更注册。变更注册的程序是:申请人向聘用单位提出申请;聘用单位审核同意后,连同申请人的申请与原聘用单位的解聘证明,一并上报省级注册机构或者部门注册机构;省级注册机构或者部门注册机构对有关情况进行审核,情况属实的,准予变更注册;省级注册机构或者部门注册机构应当在准予变更注册之日起 30 日内,将变更注册人员情况报国务院建设主管部门备案。未按规定办理变更的,其变更注册无效。造价工程师办理变更注册后 1 年内再次申请变更的,不予办理。

[想一想]

造价工程师有哪些权利和义务?

(三)造价工程师的执业

造价工程师只能在一个单位执业。造价工程师执业范围包括:建设项目投资估算的编制、审核及项目经济评价;工程概算、工程预算、工程结算、竣工决算、工程招标底价、投标报价的编制、审核;工程变更及合同价款的调整和索赔费用的计算;建设项目各阶段的工程造价控制;工程经济纠纷的鉴定;工程造价计价依据的编制、审核与工程造价业务有关的其他事项。

工程造价成果文件应当由造价工程师签字,并加盖执业专用章和单位公章。经造价工程师签字的工程造价成果文件,应当作为办理审批、报建、拨付工程价款和工程结算的依据。

造价工程师在执业中享有下列权利:使用造价工程师名称;依法独立执行业

务;签署工程造价文件,加盖执业专用章;申请设立工程造价咨询单位;对违反国家法律、法规的不正当计价行为,有权向有关部门举报。

造价工程师应履行的义务有:遵守法律、法规,恪守职业道德;接受继续教育,提高业务技术水平;在执业中保守技术和经济秘密;不得允许他人以本人名义执业;按照有关规定提供工程造价资料。

第四节　建设工程施工发包与承包计价管理

为了规范建筑工程施工发包与承包计价行为,维护建筑工程发包与承包双方的合法权益,促进建筑市场的健康发展,根据有关法律、法规,建设部于 2001年 12 月 1 日发布施行了《建筑工程施工发包与承包计价管理办法》。

《建筑工程施工发包与承包计价管理办法》所称建筑工程是指房屋建筑和市政基础设施工程。房屋建筑工程,是指各类房屋建筑及其附属设施和与其配套的线路、管道、设备安装工程及室内外装饰装修工程。市政基础设施工程,是指城市道路、公共交通、供水、排水、燃气、热力、园林、环卫、污水处理、垃圾处理、防洪、地下公共设施及附属设施的土建、管道、设备安装工程。凡在中华人民共和国境内的建筑工程施工发包与承包计价管理,均应遵守《建筑工程施工发包与承包计价管理办法》。

一、建筑工程施工发包与承包计价的管理

(一)工程承包计价管理的一般规定

工程发承包计价包括编制施工图预算、招标标底、投标报价、工程结算和签订合同价等活动。国务院建设行政主管部门负责全国工程发承包计价工作的管理。县级以上地方人民政府建设行政主管部门负责本行政区域内工程承发包计价工作的管理。其具体工作可以委托工程造价管理机构负责。

(二)施工图预算、招标标底和投标报价

施工图预算、招标标底和投标报价由成本直接费、间接费、利润和税金构成。其编制可以采用以下计价方法:

1. 工料单价法

分部分项工程量的单价为直接费。直接费以人工、材料、机械的消耗量及其相应价格确定。间接费、利润、税金按照有关规定另行计算。

2. 综合单价法

工程量清单计价法称为"综合单价法",就是说各个分部分项工程的费用不仅仅包括工料机的费用,还包括各个分部分项工程的间接费、利润、税金、措施费、风险费等,最后直接汇总所有分部分项工程的"完全价格",就可直接得出工程的工程造价。

招标标底编制的依据为:国务院和省、自治区、直辖市人民政府建设行政主管部门制定的工程造价计价办法以及其他有关规定以及市场价格信息。

投标报价除应当满足招标文件的要求,还应当依据企业定额和市场价格信息,并按照国务院和省、自治区、直辖市人民政府建设行政主管部门发布的工程造价计价办法进行编制。

招标人与中标人应当根据中标价订立合同,合同价可以采用固定价、可调价、成本加酬金三种方式:

1. 固定价

固定价格是指合同总价或者单价在合同约定的风险范围内不可调整的价格,以此作为计价的建设工程合同为固定价格合同。以固定价格作为计价方式的建设工程合同,工程价格在工程实施期间一般不因价格变化而调整,但是也不是绝对的不可调整,它只是在合同约定的风险范围内不可调整,也就是说在合同约定的风险范围之外的仍然可以调整价格。

2. 可调价

可调价格是指合同总价或者单价在合同实施期间内,根据合同约定的办法调整,以此作为计价方式的合同为可调价格合同。因此,在订立可调价格的建设工程合同时,必须对价格调整的范围和方法作出十分明确而具体的约定,若约定不明确、不具体,就可能引发合同价款纠纷。

3. 成本加酬金

所谓成本加酬金的计价方式,实际上指建筑产品的生产成本加上承包人的利润所构成的价格,其中成本包括直接费和间接费。以成本加酬金作为计价方式的建设工程合同称之为工程成本加酬金合同。在这种合同中,工程成本按现行计价依据以合同约定的方法计算,酬金按工程成本乘以通过竞争确定的费率计算,从而确定工程竣工结算价。

[想一想]

工程竣工结算有哪些程序?

(三)竣工结算的管理

工程竣工验收合格,应当按照下列规定进行竣工结算:

1. 承包方应当在工程竣工验收合格后的约定期限内提交竣工结算文件。

2. 发包方应当在收到竣工结算文件后的约定期限内予以答复。逾期未答复的,竣工结算文件视为已被认可。

3. 发包方对竣工结算文件有异议的,应当在答复期内向承包方提出,并可以在提出之日起的约定期限内与承包方协商。

4. 发包方在协商期内未与承包方协商或者经协商未能与承包方达成协议的,应当委托工程造价咨询单位进行竣工结算审核。

5. 发包方应当在协商期满后的约定期限内向承包方提出工程造价咨询单位出具的竣工结算审核意见。

发承包双方在合同中对上述事项的期限没有明确约定的,可认为其约定期限均为 28 日。发承包双方对工程造价咨询单位出具的竣工结算审核意见仍有异议的,在接到该审核意见后一个月内可以向县级以上地方人民政府建设行政主管部门申请调解,调解不成的,可以依法申请仲裁或者向人民法院提起诉讼。工程竣工结算文件经发包方与承包方确认即应当作为工程决算的依据。

二、工程施工发包与承包计价的责任管理规定

招标标底、投标报价、工程结算审核和工程造价鉴定文件应当由造价工程师签字，并加盖造价工程师执业专用章。造价工程师在招标标底或者投标报价编制、工程结算审核和工程造价鉴定中，有意抬高、压低价格，情节严重的，由造价工程师注册管理机构注销其执业资格。工程造价咨询单位在建筑工程计价活动中有意抬高、压低价格或者提供虚假报告的，县级以上地方人民政府建设行政主管部门责令改正，并可处以一万元以上三万元以下的罚款；情节严重的，由发证机关注销工程造价咨询单位资质证书。

县级以上地方人民政府建设行政主管部门应当加强对建筑工程发承包计价活动的监督检查。国家机关工作人员在建筑工程计价监督管理工作中，玩忽职守、徇私舞弊、滥用职权的，由有关机关给予行政处分；构成犯罪的，依法追究刑事责任。

第五节　建设工程价款结算办法

为加强和规范建设工程价款结算，维护建设市场正常秩序，根据有关法律、行政法规，财政部、建设部于 2004 年 10 月 20 日制定了《建设工程价款结算暂行办法》，对工程合同价款的约定与调整、工程价款结算、工程价款结算争议处理、工程价款结算管理等作了明确规定。

《建设工程价款结算暂行办法》所称建设工程价款结算，是指是指对建设工程的发承包合同价款进行约定和依据合同约定进行工程预付款、工程进度款、工程竣工价款结算的活动。

一、工程合同价款的约定与调整

(一)工程合同价款的约定

发包人、承包人在合同条款中涉及工程价款结算约定的主要事项有：预付工程款的数额、支付时限及抵扣方式；工程进度款的支付方式、数额及时限；工程施工中发生变更时，工程价款的调整方法、索赔方式、时限要求及金额支付方式；发生工程价款纠纷的解决方法；约定承担风险的范围及幅度以及超出约定范围和幅度的调整办法；工程竣工价款的结算与支付方式、数额及时限；工程质量保证(保修)金的数额、预扣方式及时限；安全措施和意外伤害保险费用；工期及工期提前或延后的奖惩办法；与履行合同、支付价款相关的担保事项。

发、承包人可以采用固定总价合同、固定单价合同、可调价格合同。

1. 固定总价合同

固定总价合同是指在合同中确定一个完成建设工程的总价，承包单位据此完成项目全部内容的合同。这种合同类型能够使建设单位在评标时易于确定报

价最低的承包商、易于进行支付计算。但这类合同仅适用于工程量不太大且能精确计算、工期较短、技术不太复杂、风险不大的项目。因而采用这种合同类型要求建设单位必须准备详细而全面的设计图纸(一般要求施工详图)和各项说明,使承包单位能准确计算工程量。

2. 固定单价合同

固定单价合同是发、承包双方在合同中约定综合单价包含的风险范围和风险费用的计算方法,在约定的风险范围内综合单价不再调整。风险范围以外的综合单价调整方法,应当在合同中约定。

这类合同的适用范围比较宽,其风险可以得到合理的分摊,并且能鼓励承包单位通过提高工效等手段从成本节约中提高利润。这类合同能够成立的关键在于双方对单价和工程量计算方法的确认,在合同履行中需要注意的问题则是双方对实际工程量计量的确认。

3. 可调价格合同

可调价格包括可调综合单价和措施费等,双方应在合同中约定综合单价和措施费的调整方法。调整因素包括:(1)法律、行政法规和国家有关政策变化影响合同价款;(2)工程造价管理机构的价格调整;(3)经批准的设计变更;(4)发包人更改经审定批准的施工组织设计(修正错误除外)造成费用增加;(5)双方约定的其他因素。

承包人应当在合同规定的调整情况发生后 14 天内,将调整原因、金额以书面形式通知发包人,发包人确认调整金额后将其作为追加合同价款,与工程进度款同期支付。发包人收到承包人通知后 14 天内不予确认也不提出修改意见,视为已经同意该项调整。

当合同规定的调整合同价款的调整情况发生后,承包人未在规定时间内通知发包人,或者未在规定时间内提出调整报告,发包人可以根据有关资料,决定是否调整和调整的金额,并书面通知承包人。

二、工程价款结算

(一)工程预付款结算的一般规定

1. 包工包料工程的预付款按合同约定拨付,原则上预付比例不低于合同金额的 10%,不高于合同金额的 30%,对重大工程项目,按年度工程计划逐年预付。计价执行《建设工程工程量清单计价规范》(GB 50500—2003)的工程,实体性消耗和非实体性消耗部分应在合同中分别约定预付款比例。

2. 在具备施工条件的前提下,发包人应在双方签订合同后的一个月内或不迟于约定的开工日期前的 7 天内预付工程款,发包人不按约定预付,承包人应在预付时间到期后 10 天内向发包人发出要求预付的通知,发包人收到通知后仍不按要求预付,承包人可在发出通知 14 天后停止施工,发包人应从约定应付之日起向承包人支付应付款的利息(利率按同期银行贷款利率计),并承担违约责任。

3. 预付的工程款必须在合同中约定抵扣方式,并在工程进度款中进行抵扣。

4. 凡是没有签订合同或不具备施工条件的工程,发包人不得预付工程款,不得以预付款为名转移资金。

(二)工程进度款结算与支付的一般规定

1. 工程进度款结算方式

(1)按月结算与支付。即实行按月支付进度款,竣工后清算的办法。合同工期在两个年度以上的工程,在年终进行工程盘点,办理年度结算。

(2)分段结算与支付。即当年开工、当年不能竣工的工程按照工程形象进度,划分不同阶段支付工程进度款。具体划分在合同中明确。

2. 工程量计算

(1)承包人应当按照合同约定的方法和时间,向发包人提交已完工程量的报告。发包人接到报告后 14 天内核实已完工程量,并在核实前 1 天通知承包人,承包人应提供条件并派人参加核实,承包人收到通知后不参加核实,以发包人核实的工程量作为工程价款支付的依据。发包人不按约定时间通知承包人,致使承包人未能参加核实,核实结果无效。

[想一想]

工程量计算的期间如何规定的?

(2)发包人收到承包人报告后 14 天内未核实完工程量,从第 15 天起,承包人报告的工程量即视为被确认,作为工程价款支付的依据,双方合同另有约定的,按合同执行。

(3)对承包人超出设计图纸(含设计变更)范围和因承包人原因造成返工的工程量,发包人不予计量。

3. 工程进度款支付

(1)根据确定的工程计量结果,承包人向发包人提出支付工程进度款申请,14 天内,发包人应按不低于工程价款的 60%,不高于工程价款的 90% 向承包人支付工程进度款。按约定时间发包人应扣回的预付款,与工程进度款同期结算抵扣。

(2)发包人超过约定的支付时间不支付工程进度款,承包人应及时向发包人发出要求付款的通知,发包人收到承包人通知后仍不能按要求付款,可与承包人协商签订延期付款协议,经承包人同意后可延期支付,协议应明确延期支付的时间和从工程计量结果确认后第 15 天起计算应付款的利息(利率按同期银行贷款利率计)。

(3)发包人不按合同约定支付工程进度款,双方又未达成延期付款协议,导致施工无法进行,承包人可停止施工,由发包人承担违约责任。

(三)竣工结算

竣工结算是指施工企业在单位(或单项)工程验收后,按合同规定向建设单位办理最后工程价款结算的经济文件。

竣工结算应根据编制期的预算定额、单位基价表、费用定额、工程类别费用核定书、价差调整等有关规定以及招标文件、承发包合同、施工图、施工组织设计方案、会审记录、开工报告、隐蔽验收和工程进度记录、设计变更资料、现场签证和竣工图等进行编制。国有、国有控股和集体投资建设的竣工工程结算实行审定制度。施工单位和建设单位应在工程竣工验收前完成编制和审核,并由建设单位向各级工程造价管理机构报审,报审的竣工工程结算文件必须由双方单位共同认定,签盖双方单位和批准人印章以及编制、审核人的相关资格证章。

1. 工程竣工结算方式

工程竣工结算分为单位工程竣工结算、单项工程竣工结算和建设项目竣工总结算。

[想一想]
    应如何编审工程竣工结算?

2. 工程竣工结算编审

单位工程竣工结算由承包人编制,发包人审查;实行总承包的工程,由具体承包人编制,在总包人审查的基础上,发包人审查;单项工程竣工结算或建设项目竣工总结算由总(承)包人编制,发包人可直接进行审查,也可以委托具有相应资质的工程造价咨询机构进行审查;政府投资项目,由同级财政部门审查。单项工程竣工结算或建设项目竣工总结算经发、承包人签字盖章后有效。承包人应在合同约定期限内完成项目竣工结算编制工作,未在规定期限内完成的并且提不出正当理由延期的,责任自负。

3. 工程竣工结算审查期限

单项工程竣工后,承包人应在提交竣工验收报告的同时,向发包人递交竣工结算报告及完整的结算资料,发包人应按以下规定时限进行核对(审查)并提出审查意见。工程竣工结算报告金额审查时间见表 8-1。

表 8-1 工程竣工结算报告金额审查时间表

	工程竣工结算报告金额	审查时间	
1	500 万元以下		20 天之内
2	500 万元~2 000 万元	从接到竣工结算报告和完整的竣工结算资料之日起	30 天之内
3	2 000 万元~5 000 万元		45 天之内
4	5 000 万元以上		60 天之内

建设项目竣工总结算在最后一个单项工程竣工结算审查确认后 15 天内汇总,送发包人后 30 天内审查完成。

4. 工程竣工价款结算

发包人收到承包人递交的竣工结算报告及完整的结算资料后,应按《建设工程价款结算暂行办法》规定的期限(合同约定有期限的,从其约定)进行核实,给予确认或者提出修改意见。发包人根据确认的竣工结算报告向承包人支付工程竣工结算价款,保留 5% 左右的质量保证(保修)金,待工程交付使用 1 年,质保期到期后清算(合同另有约定的,从其约定),质保期内如有返修,发生费用应在质量保证(保修)金内扣除。

5. 索赔价款结算

发包人或承包人未能按合同约定履行自己的各项义务或发生错误,给另一方造成经济损失的,由受损方按合同约定提出索赔,索赔金额按合同约定支付。

6. 合同以外零星项目工程价款结算

发包人要求承包人完成合同以外零星项目的,承包人应在接受发包人要求的 7 天内就用工数量和单价、机械台班数量和单价、使用材料和金额等向发包人提出施工签证,发包人签证后施工,如发包人未签证,承包人施工后发生争议的,责任由承包人自负。经建设工程造价管理机构审定的竣工工程结算可作为工程价款结算和调解、处理工程造价纠纷的依据。

三、工程价款结算争议处理及管理

(一)工程价款结算争议处理

工程造价咨询机构接受发包人或承包人委托,编审工程竣工结算,应按合同约定和实际履约事项认真办理,出具的竣工结算报告经发、承包双方签字后生效。当事人一方对报告有异议的,可对工程结算中有异议部分,向有关部门申请咨询后协商处理,若不能达成一致的,双方可按合同约定的争议或纠纷解决程序办理。

发包人对工程质量有异议,已竣工验收或已竣工未验收但实际投入使用的工程,其质量争议按该工程保修合同执行;已竣工未验收且未实际投入使用的工程以及停工、停建工程的质量争议,应当就有争议部分的竣工结算暂缓办理,双方可就有争议的工程委托有资质的检测鉴定机构进行检测,根据检测结果确定解决方案,或按工程质量监督机构的处理决定执行,其余部分的竣工结算依照约定办理。

当事人对工程造价发生合同纠纷时,可通过以下办法解决:

(1)双方协商确定;

(2)按合同条款约定的办法提请调解;

(3)向有关仲裁机构申请仲裁或向人民法院起诉。

[想一想]

如何解决因工程造价发生的合同纠纷?

(二)工程价款结算管理

工程竣工后,发、承包双方应及时办清工程竣工结算,否则,工程不得交付使用,有关部门不予办理权属登记。

发包人与中标的承包人不按照招标文件和中标的承包人的投标文件订立合同的,或者发包人、中标的承包人背离合同实质性内容另行订立协议,造成工程价款结算纠纷的,另行订立的协议无效,由建设行政主管部门责令改正,按《中华人民共和国招标投标法》第五十九条进行处罚。

接受委托承接有关工程结算咨询业务的工程造价咨询机构应具有工程造价咨询单位资质,其出具的办理拨付工程价款和工程结算的文件,应当由造价工程师签字,并应加盖执业专用章和单位公章。

第六节　建设工程质量保证金管理

为规范建设工程质量保证金(保修金)管理,落实工程在缺陷责任期内的维修责任,根据有关法律、相关规定,建设部、财政部于 2005 年 1 月 20 日通过施行了《建设工程质量保证金管理暂行规定》。

《建设工程质量保证金管理暂行规定》所称建设工程质量保证金(保修金)是指发包人与承包人在建设工程承包合同中约定,从应付的工程款中预留,用以保证承包人在缺陷责任期内对建设工程出现的缺陷进行维修的资金。

一、建设工程缺陷责任期及其规定

[想一想]

建设工程缺陷责任是如何规定的?

缺陷是指建设工程质量不符合工程建设强制性标准、设计文件,以及承包合同的约定。缺陷责任期从工程通过竣工交付验收之日起计。由于承包人原因导致工程无法按规定期限进行竣工交付验收的,缺陷责任期从实际通过竣工交付验收之日起计。由于发包人原因导致工程无法按规定期限进行竣工交付验收的,在承包人提交竣工交付验收报告 90 天后,工程自动进入缺陷责任期。缺陷责任期一般为六个月、十二个月或二十四个月,具体可由发、承包双方在合同中约定。

发、承包人在合同条款中涉及保证金约定的事项有:(1)保证金预留、返还方式;(2)保证金预留比例、期限;(3)保证金是否计付利息,如计付利息,利息的计算方式;(4)缺陷责任期的期限及计算方式;(5)保证金预留、返还及工程维修质量、费用等争议的处理程序;(6)缺陷责任期内出现缺陷的索赔方式。

缺陷责任期内,实行国库集中支付的政府投资项目,保证金的管理应按国库集中支付的有关规定执行。其他政府投资项目,保证金可以预留在财政部门或发包方。缺陷责任期内,如发包方被撤销,保证金随交付使用资产一并移交使用单位管理,由使用单位代行发包人职责。

社会投资项目采用预留保证金方式的,发、承包双方可以约定将保证金交由金融机构托管;采用工程质量保证担保、工程质量保险等其他保证方式的,发包人不得再预留保证金,并按照有关规定执行。

二、缺陷责任期内施工单位的责任以及保证金的返还

建设工程竣工结算后,发包人应按照合同约定及时向承包人支付工程结算价款并预留保证金。全部或者部分使用政府投资的建设项目,按工程价款结算总额 5％左右的比例预留保证金。社会投资项目采用预留保证金方式的,预留保证金的比例可参照执行。缺陷责任期内,由承包人原因造成的缺陷,承包人应负责维修,并承担鉴定及维修费用。如承包人不维修也不承担费用,发包人可按合同约定扣除保证金,并由承包人承担违约责任。承包人维修并承担相应费用后,不免除对工程的一般损失赔偿责任。由他人原因造成的缺陷,发包人负责组织

维修,承包人不承担费用,且发包人不得从保证金中扣除费用。缺陷责任期内,承包人认真履行合同约定的责任,到期后,承包人向发包人申请返还保证金。发包人在接到承包人返还保证金申请后,应于 14 日内会同承包人按照合同约定的内容进行核实。如无异议,发包人应当在核实后 14 日内将保证金返还给承包人,逾期支付的,从逾期之日起,按照同期银行贷款利率计付利息,并承担违约责任。发包人在接到承包人返还保证金申请后 14 日内不予答复,经催告后 14 日内仍不予答复,视同认可承包人的返还保证金申请。发包人和承包人对保证金预留、返还以及工程维修质量、费用有争议,按承包合同约定的争议和纠纷解决程序处理。

本章思考与实训

一、思考题

1. 我国甲级工程造价咨询企业单位资质的申请需要符合哪些条件?
2. 造价工程师申请初始注册的办理程序有哪些?
3. 造价工程师不予注册的情形有哪些?
4. 工程竣工验收合格后,进行竣工结算应该符合哪些规定?
5. 发包人与承包人在合同条款中对保证金的约定事项有哪些?

二、案例分析题

案例 1

【背景资料】

某工程由土建工程和设备安装工程两部分组成,业主与某建筑公司和某安装公司分别签订了施工合同和设备安装合同,土建工程包括桩基础,土建承包商将桩基础部分分包给某基础工程公司。桩为预制钢筋混凝土桩共计 1 200 根,每根的混凝土量 0.8 m³,承包商对此所报单价为 500 元/m³,预制桩由甲方供应,每根价格为 350 元/根。桩基础按施工进度计划规定从 7 月 10 日开工至 7 月 20 日结束。在桩基础施工过程中,由于业主方供应的预制桩不及时,使桩基础 7 月 13 日才开工,7 月 13 日至 18 日基础公司的打桩设备出现故障,7 月 19 日至 22 日出现了属于不可抗力的恶劣天气无法施工。合同约定:业主违约一天应补偿承包方 5 000 元;承包方违约一天应罚款 5 000 元。

【问题】

1. 在上述工程拖延中,哪些属于不可原谅的拖期?哪些属于可原谅而不予补偿费用的拖期?哪个属于可原谅但给予补偿费用的拖期?
2. 桩基部分的价格为多少?承包方此项应得款为多少?
3. 土建承包商应获得的工期补偿和费用补偿各为多少?
4. 设备承包商的损失由谁负责承担?应补偿的工期和费用为多少?

案例 2

【背景资料】

　　某电器设备厂筹资新建一生产流水线,该工程设计已完成,施工图纸齐备,施工现场已完成"三通一平"工作,已具备开工条件。工程施工招标委托招标代理机构采用公开招标方式代理招标。招标代理机构编制了标底(800 万元)和招标文件。招标文件中要求工程总工期为 365 天。按国家工期定额规定,该工程的工期应为 460 天。通过资格预审并参加投标的共有 A、B、C、D、E 5 家施工单位。开标会议由招标代理机构主持,开标结果是这 5 家投标单位的报价均高出标底近 300 万元,这一异常引起了业主的注意,为了避免招标失败,业主提出由招标代理机构重新复核和制定新的标底。招标代理机构复核标底后,确认是由于工作失误,漏算部分工程项目,使标底偏低。在修正错误后,招标代理机构重新确定了新的标底。A、B、C 3 家投标单位认为新的标底不合理,向招标人要求撤回投标文件。由于上述问题纠纷导致定标工作在原定的投标有效期内一直没有完成。为早日开工,该业主更改了原定工期和工程结算方式等条件,指定了其中一家施工单位中标。

【问题】

　　1. 根据该工程的具体条件,造价工程师应向业主推荐采用何种合同(按付款方式划分)? 为什么?

　　2. 根据该工程的特点和业主的要求,在工程的标底中是否应含有赶工措施费? 为什么?

　　3. 上述招标工作存在哪些问题?

　　4. A、B、C 3 家投标单位要求撤回投标文件的做法是否正确? 为什么?

　　5. 如果招标失败,招标人可否另行招标? 投标单位的损失是否应由招标人赔偿? 为什么?

第八章　建筑装饰装修法规

【内容要点】

1. 建筑装饰工程的特性及基本要求；
2. 建筑装饰设计、承包企业的资质登记，装饰装修专业人员的职业资格；
3. 住宅室内的装饰装修管理的一般规定；
4. 建筑装饰施工合同的特点及管理。

【知识链接】

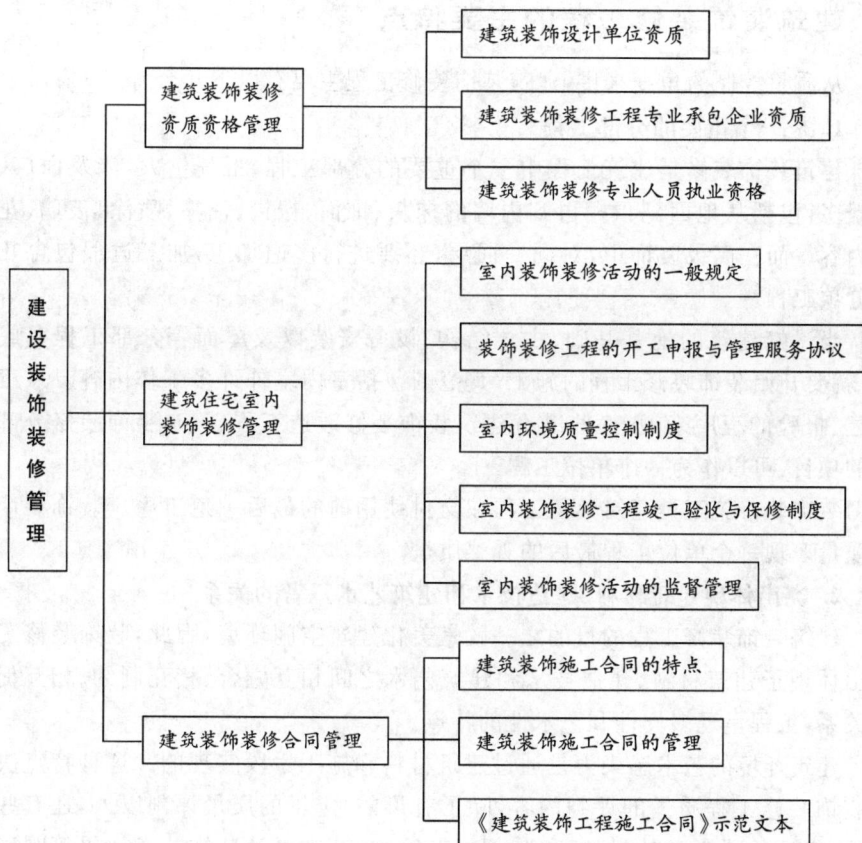

第一节　建筑装饰装修概述

建筑是人类通过改造自然以适应自己物质及精神需求所形成的环境。从原始人的山崖洞穴到现代人的摩天大厦,建筑无不凝聚着人类社会发展的历史,记载着人类改造自然的辉煌。同时,建筑装饰装修始终受到社会、经济、文化、制度、民俗、气候、材料、技术等多种因素的影响。

近年来,新的建筑装饰装修材料不断涌现,新的建筑装饰装修工艺方法不断产生,装饰装修的水平越来越高,在用建筑的装饰装修范围越来越广,伴随着这一切,建筑装饰装修行业也蓬蓬勃勃地发展起来。有鉴于此,国家将建筑装饰装修业确定为建筑业中的三大行业之一。这不仅意味着建筑装饰装修行业已成为建筑业的重要组成部分,而且意味着建筑装饰装修成为建筑产品质量的主要标志之一。

一、建筑装饰装修工程的主要特点

[想一想]

建筑装饰装修工程有何特点?

从质量控制的角度来讲,建筑装饰装修工程主要有以下几个特点:

1. 是一个重要的分部工程

建筑装饰装修是建筑工程中一个重要的分部工程,工程量大、涉及面广、项目繁多,包括从地面到顶棚再到内墙的抹灰、饰面、裱糊、油漆、喷涂、玻璃、花饰等内容。而在高级装饰中,对同一面层,还要进行多遍加工,加工过程包含几十个分项工程。

当一幢建筑的地基基础、主体结构、设备安装以及屋面等分部工程完成之后,就要开始装饰装修工程的施工,其范围包括室内室外许多工作内容。从工程报建、报验的程序来说,一些既有建筑装饰装修改造工程、又有装饰装修分部工程的项目,可以作为一个单位工程。

装饰装修施工是建筑单位工程在交付使用前的最后一道工序。装饰装修工程质量表现一个单位工程最后的观感质量。

2. 突出体现建筑材料、建造技术和建筑艺术三者的关系

建筑装饰装修工程的目的之一就是美化建筑空间环境,因此,装饰装修工程突出体现了建筑材料、建造技术和建筑艺术之间相互融合、相互制约、相互促进的关系,工程呈现多样性和艺术性的特点。

建筑环境的艺术感染力是通过建筑材料和施工手段实现的。这种特点决定了装饰装修工程质量的评判内容,除了有形的、定量的质量评判以外,还有些无形的、定性的或者是估量的评判,例如对涂饰、花饰以及装饰艺术效果等观感质量的评判。

3. 涉及安全等多种因素

建筑装饰装修工程与火灾、环境污染、装饰层坠落等涉及人身安全和健康的多种因素有着直接而密切的关系。装饰装修工程的质量,不仅影响到装饰效果,而且影响到人身安全。建筑装饰装修工程常常依附于建筑主体结构或围护结构，例如抹灰、轻质隔墙、吊顶、门窗、幕墙、涂饰、细部等部位部件的固定或装饰层粘结，必须与主体结构或围护结构连接牢固，以保证安全。

在建筑装饰装修工程中，常常会基于使用功能的变化对建筑主体结构或围护结构做一些改动；也可能由于装饰装修档次的提高，在原建筑楼板上铺一些垫层、石材或在围护结构上挂石材板，从而给原结构增加了荷载。在这些情况下，建筑装饰装修工程应当首先保证主体结构的安全，应对结构的安全性进行核验。

4. 对发挥和完善使用功能具有重要作用

建筑装饰装修工程的一个重要特性就是要发挥建筑使用功能。例如，轻质隔墙的隔声和防火功能；门窗和幕墙的保温、节能、防风、防雨、防空气渗透等功能；护角、涂饰的防碰撞、防菌、防霉、耐擦洗等功能；楼梯栏板、扶手的安全和防护功能等。建筑装饰装修首先要满足其特有的使用功能，同时美化建筑空间环境。

建筑装饰装修工程也常常会有一些特殊的功能要求，例如利用不同的装饰装修材料、不同的构造方式或不同的形体对不同的声频进行反射或吸收，以满足不同的建筑声学的功能要求。建筑装饰装修工程中也常常会利用各种不同特性的材料或构造，来满足超净、防辐射、保温、屏蔽、绝缘、防潮等特殊的使用功能。

5. 与多种有关专业工程交叉配合施工

建筑装饰装修工程的施工自始至终与设备安装专业交叉配合。设备安装专业的照明、通信、消防、自控、空调等管线安装工程与装饰装修的隐蔽工程常常同步施工，且二者相互影响，一方的质量直接影响到另一方的质量效果。现代建筑的设备安装专业也呈现出日趋复杂化的特点，大量的设备安装专业隐蔽工程与装饰装修隐蔽工程交叉作业、相互配合，设备终端几乎都是安装在建筑装饰装修的墙、顶、地的饰面板上。因此，施工工序的安排往往是多专业、多工种的统筹安排，操作中应避免相互影响以求得最大的效益。

6. 直接影响室内空气质量

过去建筑装饰装修工程大量采用有害物质超标的材料，造成了室内空气的污染问题。例如，人造木板、涂料、胶粘剂、化纤地毯、壁纸、花岗岩石材等，都可能引发室内空气污染。因此，建筑装饰装修工程必须从设计、材料选用、施工以及工程验收等环节着手对室内空气的污染进行有效控制，使之符合国家现行标准《民用建筑室内环境污染控制规范》(GB 50325)的规定。

7. 与建筑防火功能有密切联系

由于建筑装饰装修工程使用大量可燃、易燃以及在燃烧时产生大量浓烟和毒气的材料，例如，木板、人造板材、纺织品、油漆、化纤地毯、塑料制品、橡胶制品等，加大了建筑的火灾风险。一旦发生火情，火势容易迅速蔓延，从而造成人员伤亡和财产损失。因此，防火监控是装饰装修工程一个非常重要的方面。装饰装修工程必须符合国家现行标准《建筑内部装修设计防火规范》GB 50222 以及有关标准规范的要求。

8. 具有鲜明的施工特点

建筑装饰装修工程有其鲜明的施工特点,主要是手工作业多,操作的精细程度要求高以及对成品保护要求严格。

一个优秀的建筑装饰装修工程不仅应当是功能与形式完美和谐的统一体,也应当是做工精良的艺术品。装饰装修工程施工是对建筑艺术的深度创作,施工大多采用手工作业,可谓"精雕细琢"。

建筑装饰装修工程根据材料性能等的要求,施工中要求对环境的温度、环境的相对湿度、风力以及涂饰时的环境清洁度等进行控制。

9. 容易产生较多的质量通病

建筑装饰装修工程含有几十个分项工程,质量验收时发现在新建、改建、扩建的各种建筑的装饰装修工程中,质量通病时有发生,而这些质量通病又常在工程交付使用后,才逐渐显现并暴露在装饰装修层表面,由此引发的用户对工程质量的投诉比例逐年上升,相关建筑装饰装修管理部门面临更大压力的问题。为了更好地保证装饰装修工程的质量,使它满足时代的要求,必须对它预控、施工、验收的全过程进行严格的质量控制。装饰装修企业必须积极寻求促进技术进步的方法,努力攻克质量通病的难题,在保证工程质量和提高企业市场竞争能力的同时,推动整个装饰装修行业的进步。

10. 造价高

由于建筑装饰材料昂贵,例如使用天然大理石作为材料造价较高,会使得整个建筑装饰装修工程的费用增高。

二、建筑装饰装修法规的立法概况

建筑装饰装修法规是指调整建筑装饰装修活动中所产生的各种社会关系的法律规范的总称。

目前,我国建筑装饰装修方面的立法层次还较低,主要由建设部发布的规章和各省、市、自治区装饰装修行业协会发布的地方性规章组成。建设部发布的规章主要有:1992 年 11 月 9 日颁发的《建筑装饰设计资格分级标准》;1995 年 8 月 7 日发布的《建筑装饰装修管理规定》;2001 年 1 月 9 日发布的《建筑装饰设计资质分级标准》;2001 年 4 月 18 日建设部发布的《建筑业企业资质管理规定》中,对建筑装饰装修工程专业承包企业资质等级标准作出了专门规定;2002 年 3 月 5 日建设部又发布了《住宅室内装饰装修管理办法》。各地装饰装修行业协会发布的地方性规章主要有:上海市装饰装修行业协会建筑室内设计师从业资格认定暂行办法;北京市家庭居室装修装饰设计人员从业资格评审办法;大连市装饰装修企业资质管理暂行办法;无锡市住宅装饰装修施工企业资质就位实施意见;深圳市室内设计师从业资格评定办法等。这些法规,对规范我国建筑装饰装修工程活动,加强装饰装修管理发挥了重要作用。

第二节　建筑装饰装修资质资格管理

一、建筑装饰设计单位资质

从事建筑装饰设计活动的单位,应当按照其拥有的注册资本、专业技术人员、技术装备和建筑装饰设计业绩等条件申请资质,经审查合格,取得建筑装饰设计资质证书后,方可在资质等级许可的范围内从事建筑装饰设计活动。

2001年1月9日,建设部发布了《建筑装饰设计资质分级标准》,对建筑装饰设计单位的资质等级、资质标准、业务范围等作了明确规定。

(一)资质等级与资质标准

建筑装饰设计资质设甲、乙、丙三个级别。

[想一想]
哪些人员属于建筑装饰设计的技术人员?

1. 甲级标准

(1)从事建筑装饰设计业务6年以上,独立承担过不少于5项单位工程造价在1 000万元以上的高档建筑装饰设计(单位建筑装饰工程造价每平方米3 000元以上的项目,下同)并已建成,无设计质量事故。

(2)单位有较好的社会信誉并有相适应的经济实力,工商注册资本不少于100万元。

(3)单位专职技术骨干人员不少于15人,其中,从事建筑装饰设计(建筑学、室内设计、环境艺术、工艺美术;艺术设计专业)的人员不少于8人,从事结构、电气、给水排水、暖通、空调专业设计的人员各不少于1人。建筑装饰设计主持人应具有高级专业技术职称或相当于高级专业技术职称的任职资历。

(4)参加过国家或地方建筑装饰设计标准、规范及标准设计图集的编制工作或行业的业务建设工作。

(5)有完善的质量保证体系,技术、经营、人事、财务、档案等管理制度健全。

(6)达到国家建设行政主管部门规定的技术装备及应用水平考核标准。

(7)有固定工作场所,建筑面积不少于专职技术骨干每人15平方米。下列人员属于专职技术骨干:①国家注册建筑师、结构工程师;②取得高级或中级技术职称的专业人员;③大学本科毕业,从事本专业3年以上的人员;④大学专科毕业,从事本专业5年以上的人员;⑤中专毕业,从事本专业7年以上的人员。

2. 乙级标准

(1)从事建筑装饰设计业务4年以上,独立承担过不少于3项单位工程造价在500万元以上的建筑装饰设计并已建成,无设计质量事故。

(2)单位有较好的社会信誉并有相适应的经济实力,工商注册资本不少于50万元。

(3)单位专职技术骨干人员不少于10人,其中,从事建筑装饰设计(建筑学,室内设计、环境艺术、工艺美术、艺术设计专业)的人员不少于5人。从事结构、电气、给水排水专业设计的人员各不少于1人,其他专业人员配置合理。建筑装饰设计主持人应具有高级专业技术职称或相当于高级专业技术职称的任职资历。

(4)有完善的质量保证体系,技术、经营、人事、财务、档案等管理制度健全。

(5)达到国家建设行政主管部门规定的技术装备及应用水平的考核标准。

(6)有固定工作场所,建筑面积不少于专职技术骨干每人 15 平方米。

3. 丙级标准

(1)从事建筑装饰设计业务 2 年以上,独立承担过不少于 3 项单位工程造价在 250 万元以上的建筑装饰设计并已建成,无设计质量事故。

(2)单位有较好的社会信誉并有相适应的经济实力,工商注册资本不少于 20 万元。

(3)单位专职技术骨干人员不少于 6 人,其中,从事建筑装饰设计(建筑学、室内设计、环境艺术、工艺美术、艺术设计专业)的人员不少于 3 人,从事结构,电气专业设计的人员各不少于 1 人,其他专业人员配置合理。建筑装饰设计主持人应具有中级技术职称或相当于中级技术职称的任职资历。

(4)推行质量管理,有必要的质量保证体系及技术、经营、人事、财务、档案等管理制度。

(5)计算机数量达到专职技术骨干人均 1 台,计算机施工图出图率不低于 75%。

(6)有固定工作场所,建筑面积不少于专职技术骨干每人 15 平方米。

(二)承担业务范围

1. 甲级建筑装饰设计单位承担建筑装饰设计项目的范围不受限制。

2. 乙级建筑装饰设计单位可承担民用建筑工程设计等级二级及二级以下的民用建筑工程装饰设计项目。

3. 丙级建筑装饰设计单位可承担民用建筑工程设计等级三级及三级以下的民用建筑工程装饰设计项目。

二、建筑装饰装修工程专业承包企业资质

[想一想]
建筑装饰装修企业资质等级划分的主要依据是什么?

根据 2001 年 4 月 18 日建设部发布的《建筑业企业资质管理规定》,建筑装饰装修工程专业承包企业资质等级标准如下。

(一)资质等级与资质标准

建筑装饰装修工程专业承包企业资质分为一级、二级、三级三个级别:

1. 一级资质标准

(1)企业近 5 年承担过 3 项以上单位工程造价 1 000 万元以上或三星级以上宾馆大堂的装饰装修工程施工,工程质量合格。

(2)企业经理具有 8 年以上从事工程管理工作经历或具有高级职称;总工程师具有 8 年以上从事建筑施工技术管理工作经历并具有相关专业高级职称;总会计师具有中级以上会计职称。

企业有职称的工程技术和经济管理人员不少于 40 人,其中工程技术人员不

少于 30 人；且建筑学或环境艺术、结构、暖通、给排水、电气等专业人员齐全；工程技术人员中，具有中级以上职称的人员不少于 10 人。

企业具有的一级资质项目经理不少于 5 人。

(3)企业注册资本金1 000万元以上，企业净资产1 200万元以上。

(4)企业近 3 年最高年工程结算收入3 000万元以上。

2. 二级资质标准

(1)企业近 5 年承担过 2 项以上单位工程造价 500 万元以上的装饰装修工程或 10 项以上单位工程造价 50 万元以上的装饰装修工程施工，工程质量合格。

(2)企业经理具有 5 年以上从事工程管理工作经历或具有中级以上职称；技术负责人具有 5 年以上从事建筑施工技术管理工作经历并具有相关专业中级以上职称；财务负责人具有中级以上会计职称。

企业有职称的工程技术和经济管理人员不少于 25 人，其中工程技术人员不少于 20 人；且建筑学或环境艺术、结构、暖通、给排水、电气等专业人员齐全；工程技术人员中，具有中级以上职称的人员不少于 5 人。

企业具有的二级资质以上项目经理不少于 5 人。

(3)企业注册资本金 500 万元以上，企业净资产 600 万元以上。

(4)企业近 3 年最高年工程结算收入1 000万元以上。

3. 三级资质标准

(1)企业近 3 年承担过 3 项以上单位工程造价 20 万元以上的装饰装修工程施工，工程质量合格。

(2)企业经理具有 3 年以上从事工程管理工作经历，技术负责人具有 5 年以上从事建筑施工技术管理工作经历并具有相关专业中级以上职称；财务负责人具有初级以上会计职称。

(3)企业有职称的工程技术和经济管理人员不少于 15 人，其中工程技术人员不少于 10 人；且建筑学或环境艺术、结构、暖通、给排水、电气等专业人员齐全；工程技术人员中，中级以上职称的人员不少于 2 人。企业具有的三级资质以上项目经理不少于 2 人。

(4)企业注册资本金 50 万元以上，企业净资产 60 万元以上。

(5)企业近 3 年最高年工程结算收入 100 万元以上。

(二)承担业务范围

一级企业可承担各类建筑室内、室外装饰装修工程(建筑幕墙工程除外)的施工。

二级企业可承担单位工程造价 1200 万元及以下建筑室内、室外装饰装修工程(建筑幕墙工程除外)的施工。

三级企业可承担单位工程造价 60 万元及以下建筑室内、室外装饰装修工程(建筑幕墙工程除外)的施工。

三、建筑装饰装修专业人员执业资格

目前国家对从事建筑装饰装修专业技术人员，还没有发布统一的注册管理办法。各地建筑装饰装修行业协会根据当地的实际情况制定了地方建筑装饰装修专业人员执业资格评审认定制度。

以下简要介绍北京市装饰装修行业协会建筑室内设计师从业资格认定暂行办法。

(一)总则

为了规范家庭居室装修装饰设计人员队伍,加强管理,提高家装设计人员的专业水平,充分发挥家装设计人员的积极性,促进家装设计水平提高,结合北京市家装设计队伍实际情况,特制定本办法。

家庭居室装修装饰设计从业资格标准是为家装施工企业、中介机构、设计单位中从事家装设计人员设置的专业从业资格标准。

家庭居室装修装饰设计人员的从业资格标准定为:一、二、三、四级家装设计师。

家装设计人员对所承接家庭居室装修装饰工程的设计负责。其职责是根据用户的要求,对室内空间、室内建筑构件的装修、室内家具和陈设、室内照明和室内绿化进行技术与艺术的设计。达到既保证安全、满足使用功能,又提供温馨、舒适、符合环保生活空间环境的设计标准。

评审家庭居室装修装饰设计人员从业资格的依据是:取得家装设计从业资格合格证书的设计人员,必须具备履行相应职责的实际工作能力,专业知识和设计水平,应具有相应的专业学历或参加过规定的培训并取得合格证书。

(二)评审条件

针对北京市家装设计队伍的现状,对家装设计从业人员按照不同学历、资历、专业理论知识及论著分为 4 个等级,分别如下:

1. 四级家装设计师

(1)具有中专以上本专业学历,由所在单位推荐。

(2)具有中专以上非本专业学历,或通过国家中专以上本专业考试,或参加北京市建筑装饰协会举办的家装设计培训,经考试取得合格证书。

(3)具有高中学历,须参加北京市建筑装饰协会举办的家装设计培训,经考试取得合格证书。

(4)了解本专业的标准、规范、规程、技术规定和行业管理制度。

2. 三级家装设计师

(1)具有完成一般家装设计方案,辅助完成复杂设计方案的能力。

(2)初步掌握装修装饰业基础知识和专业技术知识。

(3)掌握本专业的标准、规范、技术规定和行业管理制度。

(4)学历、专业和工作要求:①具有大专、中专本专业学历,在家装设计岗位工作一年以上,参与工程设计项目两个以上;②具有中专以上非本专业学历,或通过国家中专以上本专业考试,或参加北京市建筑装饰协会举办的家装设计培训,经考试取得合格证书。在家装设计岗位工作两年以上,参与工程设计项目两个以上;③具有高中文化水平。参加北京市建筑装饰协会举办的家装设计培训,经考试取得合格证书。在家装设计岗位上工作 3 年以上,参与工程设计项目两个以上。

3. 二级家装设计师

(1)专业理论知识要求:①具有独立设计比较复杂类型如复式、越层、别墅等住宅装修装饰方案的能力;②全面掌握装修装饰业必备的基础理论知识和专业技术知识,了解相关专业理论知识;③了解国内外家装设计的现状和趋势,具有一定艺术修养;④熟悉本专业的标准、规范、规程、技术规定和与本专业有关的法律、法规、行业管理制度。

(2)工作经历与业绩要求:①主持设计家庭居室装修装饰综合项目 3 个以上;②独立设计过复式、越层、别墅等住宅工程项目两个以上。

(3)参考条件:①独立撰写已公开出版著作的部分章节;②在省市以上刊物公开发表过有价值的学术论文或设计作品;③曾获得经由北京市建筑装饰协会家装委员会认定的论文、设计作品奖项。

(4)学历要求:①中等专科毕业,从事本专业工作 5 年以上;②大学专科毕业,从事本专业工作 3 年以上;③大学本科毕业,从事本专业工作 2 年以上;④获得硕士以上学位,从事本专业工作 1 年以上;⑤具有中专以上学历非本专业学历,须通过国家中专以上本专业考试,取得合格证书。

4. 一级家装设计师

(1)专业理论知识要求:①具有主持设计各种类型住宅群居室装修装饰方案的能力,并有解决设计过程中本专业领域各类关键问题的能力;②具有系统坚实的家装设计专业基础理论知识和专业技术知识;③熟悉国内、外家装设计现状和发展趋势,并能在工作中应用;具有高水平的艺术修养;④熟练掌握装修装饰业的标准、规范、规程、技术规定和有关的法律、法规、行业管理制度;⑤参加全国职称外语等级考试,取得 C 级合格证书(有效期内),或通过高校外语四级考试

(2)工作经历:①主持设计综合家庭居室装修装饰项目 6 个以上;②独立设计别墅、复式住宅、四合院项目造价 100 万元以上。

(3)参考条件:①正式出版过专业著作;②在省市以上专业学术刊物上发表过学术论文或设计作品两篇以上;③在全国性专业会议上交流过学术论文;④曾获得经北京市建筑装饰协会家装委员会认定的论文、设计作品奖项。

(4)学历要求:①中等专科毕业,从事本专业工作 15 年以上;②大学专科毕业,从事本专业工作 10 年以上;③大学本科毕业,从事本专业工作 5 年以上;④获得硕士以上学位,从事本专业工作 3 年以上;⑤具有中专以上非本专业学历,须通过国家大学本科本专业考试,取得合格证书。

(三)从业资格评审和考核

北京市家装设计人员从业资格的评审和考核,由北京市建筑装饰协会家装委员会成立北京市家装设计人员从业资格评审、考核委员会统一组织进行。

北京市家装设计人员从业资格评审、考核委员会,由资深的建筑师、环境艺术师、室内设计师和工程师组成,并由北京市建筑装饰协会家装委员会按照有关规定组建。

家装设计人员申报家装设计从业资格,须经申请人所在单位推荐,出具同意

的意见,报北京市建筑装饰协会家装委员会家装设计人员从业资格评审、考核委员会进行评审、考核。

家装设计人员从业资格考核要求三、四级家装设计师写出并提交做本专业工作的体会文章,要求一、二级家装设计师写出并提交本专业内容的论文。

评审考核程序:报名—报送材料—资格审查—考验—向合格者发证。

申报人需向认定机关报送以下资料:

(1)家装设计人员从业资格评审表(1式3份);

(2)学历证明、培训合格证(原件、复印件各1份);

(3)外语考试成绩合格证(原件、复印件各1份);

(4)设计技术工作总结、论文(原件1份);

(5)已发表论文著作(原件、复印件各2份)

(6)获奖证明(原件、复印件各1份)

(7)其他有参考价值的材料(2份)

(四)取得家装设计从业资格合格证书人员的管理

北京市建筑装饰协会受北京市建设委员会委托负责全市家装行业管理工作。北京市建筑装饰协会委托家装委员会负责家装设计人员管理工作。

家装设计人员拟申报比自己现有从业资格等级高一级的从业资格,可向北京市建筑装饰协会家装委员会家装设计从业资格评审、考核委员会申请。

凡违反本办法的有关规定,以不正当手段取得家装设计从业资格合格证书者,北京市建筑装饰协会家装委员会有权收缴其证书。

取得家装设计从业资格合格证书的人员,如发生重大问题,所在单位须向北京市建筑装饰协会家装委员会上报,经审查属实,取消资格,收回证书。一年以后视本人表现方能重新申报。

家装设计从业资格评审、考核工作每年进行一次。

第三节　建筑住宅室内装饰装修管理

为加强住宅室内装饰装修管理,保证装饰装修工程质量和安全,维护公共安全和公众利益,根据有关法律、法规,建设部于2002年3月5日发布了《住宅室内装饰装修管理办法》,自2002年5月1日起施行。

《住宅室内装饰装修管理办法》所称住宅室内装饰装修,是指住宅竣工验收合格后,业主或者住宅使用人(以下简称装修人)对住宅室内进行装饰装修的建筑活动。在城市从事住宅室内装饰装修活动,实施对住宅室内装饰装修活动的监督管理,均应当遵守《住宅室内装饰装修管理办法》。

一、室内装饰装修活动的一般规定

(一)住宅室内装饰装修行为的禁止性规定

进行住宅室内装饰装修活动,禁止下列行为:

1. 未经原设计单位或者具有相应资质等级的设计单位提出设计方案,变动建筑主体和承重结构。建筑主体,是指建筑实体的结构构造,包括屋盖、楼盖、梁、柱、支撑、墙体、连接节点和基础等;承重结构,是指直接将本身自重与各种外加作用力系统地传递给基础的主要结构构件和其连接节点,包括承重墙体、立杆、柱、框架柱、支墩、楼板、梁、屋架、悬索等。

[想一想]

进行住宅室内的装饰装修,有哪些禁止性规定?

2. 将没有防水要求的房间或者阳台改为卫生间、厨房间。

3. 扩大承重墙上原有的门窗尺寸,拆除连接阳台的砖、混凝土墙体。

4. 损坏房屋原有节能设施,降低节能效果。

5. 其他影响建筑结构和使用安全的行为。

(二)装修人从事住宅室内装饰装修活动的行为规范

装修人从事住宅室内装饰装修活动,下列行为,须经有关部门批准;未经批准,严格禁止进行。

1. 搭建建筑物、构筑物以及改变住宅外立面,在非承重外墙上开门、窗,要报请城市规划行政主管部门批准后方能实施。

2. 拆改供暖管道和设施,要经过供暖管理部门批准后才能进行。

3. 拆改燃气管道和设施,要经过燃气管理部门批准后才能进行。

(三)室内装饰装修活动的义务性规定

1. 住宅室内装饰装修应当保证工程质量和安全,符合工程建设强制性标准。

2. 住宅室内装饰装修超过设计标准或者规范增加楼面荷载的,应当经原设计单位或者具有相应资质等级的设计单位提出设计方案。

3. 改动卫生间、厨房间防水层的,应当按照防水标准制订施工方案,并做闭水试验。

4. 装修人经原设计单位或者具有相应资质等级的设计单位提出设计方案变动建筑主体和承重结构的,或者装修活动涉及上述第(二)及第(三)中的1、2条内容的,必须委托具有相应资质的装饰装修企业承担。

5. 装饰装修企业必须按照工程建设强制性标准和其他技术标准施工,不得偷工减料,确保装饰装修工程质量。

6. 装饰装修企业从事住宅室内装饰装修活动,应当遵守施工安全操作规程,按照规定采取必要的安全防护和消防措施,不得擅自动用明火和进行焊接作业,保证作业人员和周围住房及财产的安全。

7. 装修人和装饰装修企业从事住宅室内装饰装修活动,不得侵占公共空间,不得损害公共部位和设施。

二、装饰装修工程的开工申报与管理服务协议

装修人在住宅室内装饰装修工程开工前,应当向物业管理企业或者房屋管理机构(以下简称物业管理单位)申报登记。非业主的住宅使用人对住宅室内进行装饰装修,应当取得业主的书面同意。

(一)申报登记应当提交下列材料

1. 房屋所有权证(或者证明其合法权益的有效凭证)。

2. 申请人身份证件。

3. 装饰装修方案。

4. 变动建筑主体或者承重结构的,需提交原设计单位或者具有相应资质等级的设计单位提出的设计方案。

5. 涉及城市规划及城市公共设施行为的,需提交有关部门的批准文件。涉及超过设计标准或者规范增加楼面荷载的,需提交设计方案;涉及改动卫生间、厨房间防水层的,需提交施工方案。

6. 委托装饰装修企业施工的,需提供该企业相关资质证书的复印件。

7. 非业主的住宅使用人,还需提供业主同意装饰装修的书面证明。

(二)室内装饰装修管理服务协议

装修人,或者装修人和装饰装修企业,应当与物业管理单位签订住宅室内装饰装修管理服务协议。

1. 装饰装修管理服务协议的内容

住宅室内装饰装修管理服务协议应当包括下列内容:(1)装饰装修工程的实施内容;(2)装饰装修工程的实施期限;(3)允许施工的时间;(4)废弃物的清运与处置;(5)住宅外立面设施及防盗窗的安装要求;(6)禁止行为和注意事项;(7)管理服务费用;(8)违约责任;(9)其他需要约定的事项。

2. 物业管理单位的权利义务

物业管理单位应当按照住宅室内装饰装修管理服务协议实施管理,发现装修人或者装饰装修企业有违规行为的,应当立即制止;已造成事实后果或者拒不改正的,应当及时报告有关部门。有关部门接到物业管理单位关于装修人或者装饰装修企业的违规报告后,应当及时到现场检查核实,依法处理。

物业管理单位不得向装修人指派装饰装修企业或者强行推销装饰装修材料。

3. 装修人的权利义务

装修人不得拒绝和阻碍物业管理单位依据住宅室内装饰装修管理服务协议的约定,对住宅室内装饰装修活动的监督检查。对装修人或者装饰装修企业违反住宅室内装饰装修管理服务协议的,要追究违约责任。

[想一想]

进行室内装饰装修,应如何对室内环境质量进行控制?

三、室内环境质量控制制度

1. 装饰装修企业从事住宅室内装饰装修活动,应当严格遵守规定的装饰装修施工时间,降低施工噪声,减少环境污染。

2. 住宅室内装饰装修过程中所形成的各种固体、可燃液体等废物,应当按照规定的位置、方式和时间堆放和清运。严禁违反规定将各种固体、可燃液体等废物堆放于住宅垃圾道、楼道或者其他地方。

3. 住宅室内装饰装修工程使用的材料和设备必须符合国家标准,有质量检验合格证明,有中文标识的产品名称、规格、型号、生产厂的厂名和厂址等。禁止使用国家明令淘汰的建筑装饰装修材料和设备。

室内装饰装修材料中的有害物质包括:氨,甲醛,挥发性有机化合物,苯、甲苯和二甲苯,游离甲苯二异氰酸酯,氯乙烯单体,苯乙烯单体,可溶性的铅、镉、铬、汞、砷等。这些有害元素如果超量就会对人体健康和人身安全构成严重危害,甚至危及人们的生命,必须加以限制。为此,国家发布了10项室内装饰装修材料有害物质限量标准;并将其确定为强制性国家标准。这10项标准是:(1)《室内装饰装修材料人造板及其制品中甲醛释放限量》(GB18580—2001);(2)《室内装饰装修材料溶剂型木器涂料中有害物质限量》(GB18581—2001);(3)《室内装饰装修材料内墙涂料中有害物质限量》(GB18582—2001);(4)《室内装饰装修材料胶粘剂中有害物质限量》(GB18583—2001);(5)《室内装饰装修材料木家具中有害物质限量》(GB18584—2001);(6)《室内装饰装修材料壁纸中有害物质限量》(GB18585—2001);(7)《室内装饰装修材料聚氯乙烯卷材地板中有害物质限量》(GB18586—2001);(8)《室内装饰装修材料地毯、地毯衬垫及地毯胶粘剂有害物质释放限量》GB18587—2001);(9)《混凝土外加剂中释放氨的限量》(GB18588—2001);(10)《建筑材料放射性核素限量》(GB6566—2001)。

4. 装修人委托企业对住宅室内进行装饰装修的,装饰装修工程竣工后,空气质量应当符合国家有关标准。装修人可以委托有资格的检测单位对空气质量进行检测。检测不合格的,装饰装修企业应当返工,并由责任人承担相应损失。

四、室内装饰装修工程竣工验收与保修制度

1. 住宅室内装饰装修工程竣工后,装修人应当按照工程设计合同约定和相应的质量标准进行验收。验收合格后,装饰装修企业应当出具住宅室内装饰装修质量保修书。

物业管理单位应当按照装饰装修管理服务协议进行现场检查,对违反法律、法规和装饰装修管理服务协议的,应当要求装修人和装饰装修企业纠正,并将检查记录存档。

2. 住宅室内装饰装修工程竣工后,装饰装修企业负责采购装饰装修材料及设备的,应当向业主提交说明书、保修单和环保说明书。

3. 在正常使用条件下,住宅室内装饰装修工程的最低保修期限为两年,有防水要求的厨房、卫生间和外墙面的防渗漏为五年。保修期自住宅室内装饰装修工程竣工验收合格之日起计算。

五、室内装饰装修活动的监督管理

国务院建设行政主管部门负责全国住宅室内装饰装修活动的管理工作。省,自治区人民政府建设行政主管部门负责本行政区域内的住宅室内装饰装修活动的管理工作。直辖市、市、县人民政府房地产行政主管部门负责本行政区域内的住宅室内装饰装修活动的管理工作。任何单位和个人对住宅室内装饰装修

中出现的影响公共利益的质量事故、质量缺陷以及其他影响周围住户正常生活的行为,都有权检举、控告、投诉。

第四节　建筑装饰装修合同管理

一、建筑装饰施工合同的特点

建筑装饰是附着在建筑物或构筑物上,且根据建筑主体的使用功能和具体要求而变化,这就使装饰施工合同具有一定的特殊性。

1. 合同的"标的物"特殊

装饰工程是固定在建筑物或构筑物上进行,因此,装饰工程具有工程的固定性和施工的流动性。

2. 合同履行期长短不同

装饰工程的装饰主体规模、面积大小不同,合同履行期长短不一。但无论施工期长短,在施工期限内应严格按照施工合同中双方约定的条款履行合同。

3. 合同内容条款多

装饰工程施工涉及材料种类多,构造做法繁杂,其条款应根据不同装饰项目的要求进行约定。故合同条款较多。

4. 合同的类型复杂

装饰工程合同可以根据工程特点,签订总包合同、分包合同和修缮合同等不同种类的合同,而工程条件等因素对项目合同条款也会带来影响。

二、建筑装饰施工合同的管理

建筑装饰装修工程施工合同的管理包括建设行政部门对合同的管理,监理工程师和业主方对合同的管理,以及承包商对合同的管理。

(一)建设行政部门对施工合同的管理

《建设工程施工合同管理办法》专门规定了建设行政主管部门对合同的管理,其管理职责是:(1)宣传贯彻国家有关经济合同方面的法律法规和方针政策;(2)贯彻国家制定的施工合同示范文本,并组织推广和指导使用;(3)组织培训合同管理人员,指导和交流合同管理工作;(4)审查施工合同的签订,监督检查合同的履行,依法处理存在的问题和违法行为;(5)制定合同签订和履行的考核指标,并进行考核;(6)确定损失赔偿范围;(7)调解施工合同纠纷。

(二)监理工程师对合同的管理

[想一想]
监理工程师应如何对装饰装修合同进行管理?

在施工合同管理工作中,甲方委托的总监理工程师按协议条款的规定,可部分或全部行使合同甲方代表的权利,履行甲方代表的职责。根据项目监理合同的规定,应做好以下合同管理工作。

1. 工期管理

按施工合同规定,对承包方的施工进度计划进行审核、批准,并检查督促实施。

2. 质量管理

对工程中所使用的装饰材料、成品、半成品质量进行及时检验,做好施工过程中隐蔽工程、中间及全部竣工工程的质量验收。

3. 结算管理

竣工结算是履行施工合同的重要步骤,也是施工合同管理的最后阶段。在工程办理完竣工结算手续后,发包方应按规定的工程价款结算方法和结算程序,办理工程价款结算拨付手续,终结双方的权利义务关系。如合同有保修期,在规定的保修期限内,承包方和发包方仍存在权利义务关系。

(三)业主方对合同的管理

业主方面的合同管理可分为合同签订过程中的管理和合同履行过程中的管理两个阶段。

1. 合同签订过程中的管理

合同签订过程中的管理主要包括三项:

(1)招标前期工作

组建招标机构,编制招标文件,发布招标公告,审查投标单位资质,并将结果通知投标单位。

(2)招标中期工作

组织召开开标会,开展评标工作,发出中标通知。

(3)招标后期工作

与中标单位进行谈判并签订装饰工程合同。

2. 合同履行过程中的管理

当工程开工后,业主需指定业主代表负责与监理工程师和承包商的联系,处理执行合同中的有关具体事宜。对一些重大问题,如工程的变更、工期的延长、工程款项的支付应由业主负责审批。在合同履行过程中,如承包商违约,业主有权终止合同并授权其他人完成合同。

(四)承包商对合同的管理

承包商方面的合同管理仍可分为合同签订过程中的管理和合同履行过程中的管理两个阶段。

1. 合同签订过程中的管理

合同签订过程管理主要指项目承揽前期的管理,依据投标顺序,这一阶段的管理工作可分为 3 项:

(1)投标前期工作

全面分析招标工程的招标书,结合项目承包条件、工程难度和企业自身情况,对投标作出慎重决策。

(2)投标中期工作

认真研究项目招标文件,发现并记录存在问题并及时求得解答,制订科学合理的施工方案,编制项目施工规划,制定标价,编制项目投标文件,依据要求按时报送招标单位。

(3)中标后工作

中标后与业主进行谈判,通过协商签订装饰施工合同。

2. 合同履行过程中的管理

合同履行过程中的管理主要包括:(1)建立合同管理机构,确定合同管理责任人;(2)建立合同管理档案,做好合同文件及其他资料的保管工作;(3)建立合同管理信息系统,及时核对相关信息;(4)做好工程记录及标书以外的用工记录,并由业主确认;(5)实行项目跟踪管理,积累合同索赔有关数据并及时向建设单位或保险公司索赔。

三、《建筑装饰工程施工合同》示范文本

为了规范建筑装饰工程市场行为,维护承发包双方权益,1996 年 11 月 12 日建设部和国家工商行政管理局共同制定了《建筑装饰工程施工合同》示范文本,它将有利于培养和发展装饰市场,规范交易行为,促使装饰工程合同走向制度化、规范化、科学化,保证装饰市场的健康发展。

建筑装饰工程施工合同示范文本分为甲种本和乙种本两个类型。甲种本适用于大、中型建筑装饰工程,乙种本适用于小型建筑装饰工程。大、中、小型工程的界定,以工程造价为界定依据,由各地区、各部门具体规定。由于甲种本基本上涵盖了乙种本的内容,所以下面仅介绍甲种本。

(一)装饰工程合同包括的主要文件

装饰工程项目承包合同包括的文件主要有:(1)建筑装饰工程施工合同;(2)中标函;(3)投标书;(4)施工与验收规范;(5)装饰施工图纸;(6)标价的工程量表;(7)其他文件。

(二)《建筑装饰工程施工合同》示范文本(甲种本)的主要内容

《建筑装饰工程施工合同》(甲种本),分为"合同条件"和"协议条款"两部分。

1. 第一部分"合同条件"是对建筑装饰工程承发包双方权利义务作出的约定,除双方协商同意对其中的某些条款做出修改、补充或取消外,都必须严格履行。"合同条件"共有 43 条,由以下 10 方面的内容组成:

(1)词语含义及合同文件。主要内容有:词语含义;合同文件及解释顺序;合同文件使用的语言文字、标准和适用法律;图纸。

(2)双方一般责任。主要内容有:甲方代表及甲方工作;乙方驻工地代表及乙方工作;委托监理。

(3)施工组织设计和工期。主要内容有:施工组织设计及进度计划;延期开工;暂停施工;工期提前及工期延误。

(4)质量与检验。主要内容有:工程样板;检查和返工;工程质量等级;隐蔽工程和中间验收;重新检验。

(5)合同价款及支付方式。主要内容有:合同价款与调整;工程款预付;工程量的核实确认;工程款支付。

(6)材料供应。主要内容有材料样品或样本;甲方提供材料;乙方供应材料;材料试验。

(7)设计变更。主要内容有:甲方变更设计;乙方变更设计;设计变更对工程的影响;确定变更合同价款及工期。

(8)竣工与结算。主要内容有:竣工验收;竣工结算;保修。

(9)争议、违约和索赔。

(10)其他。主要内容有:安全施工;专利技术和特殊工艺的使用;不可抗力;保险;工程停建或续建;合同的生效与终止;合同份数。

2. 第二部分"协议条款"是按"合同条件"的顺序拟定的,主要是为"合同条件"的修改、补充提供一个协议的格式。承发包双方针对工程的实际情况,把对"合同条件"的修改、补充和对某些条款不予采用的一致意见按"协议条款"的格式形成协议。"合同条件"和"协议条款"是双方统一意愿的体现,共同构成合同文件。

"协议条款"共由 44 条内容组成:工程概况;合同文件及解释顺序;合同文件使用的语言和适用标准及法律;图纸;甲方代表;监理单位及总监理工程师;乙方驻工地代表;甲方工作;乙方工作;进度计划;延期开工;暂停施工;工期延误;工期提前;工程样板;检查和返工;工程质量等级,隐蔽工程和中间验收;验收和重新检验;合同价款及调整;工程预付款;工程量的核实确认;工程款支付;材料样品或样本;甲方供应材料设备;乙方采购材料设备;材料设备;甲方变更设计;乙方变更设计;设计变更对工程的影响;确定变更价款;竣工验收;竣工结算;保修;争议;违约;索赔;安全施工;专利技术和特殊工艺的使用;不可抗力;保险;工程停建或缓建;合同的生效与终止;合同份数。

采用招标发包的工程,"合同条件"应是招标文件的组成部分,发包方对其修改、补充或对某些条款不予采用的意见,要在招标文件中说明。承包方是否同意发包方的意见及自己对"合同条件"的修改、补充和对某些条款不予采用的意见,也要在标书中一一列出。中标后,双方将协商一致的意见写入"协议条款"。不采用招标发包的工程,在要约和承诺时都要把对"合同条件"的修改、补充和对某些条款不予采用的意见一一提出,将达成的一致意见写入"协议条款"。

本章思考与实训

一、思考题

1. 简述建筑装饰设计的资质等级与资质标准。

2. 简述建筑装饰装修工程专业承包企业资质等级与资质标准。

3. 住宅室内装饰装修活动中哪些行为是被禁止的?哪些行为须经有关部门批准?

4. 住宅室内装饰装修工程申报登记时应当提交哪些材料?

5. 室内环境质量控制的内容有哪些？

6. 室内装饰装修工程竣工验收与保修的内容有哪些？

7. 简述《建筑装饰工程施工合同》示范文本（甲种本）的主要内容。

二、案例分析题

案例1

【背景资料】

咸阳某住宅小区内一业主张某购得该小区一套小高层商品房住宅后，遂进行房屋装饰装修。在房屋装修过程中张某擅自改变该房屋主体结构，并且经常在休息时间进行施工，影响到周围邻居的生活休息。小区物业管理公司得知上述情况后，找到张某告知其应当立即停止施工工程，同时告知张某根据该小区制定的管理公约中规定张某的行为应当受到罚款的处罚，限张某一周内到物业管理公司交纳罚款。张某认为其已购买了该房屋，怎样装修别人管不着，并且到法院起诉物业管理公司要求排除妨害。物业公司接到法院的应诉通知后向某律师事务所进行法律咨询，询问应如何进行答辩。房产部的曹律师给出如下法律意见：

【问题】

1. 张某进行房屋装饰装修是否可以擅自改变该房屋主体结构？

2. 物业管理公司是否有罚款权？为什么？

案例2

【背景资料】

2010 年 7 月，金某以某装饰施工队委托代理人身份与某建筑装饰工程公司签订了的《某大厦装饰装修施工分包合同》，合同约定的价款为 69 万元。嗣后，金某组织人员对大厦进行装饰装修施工。当年年底，该装饰装修工程完工，某建筑装饰工程公司对该工程验收合格，但一直并办理结算。2011 年元月，金某诉之法院，要求工程发包单位某建筑装饰工程公司给付工程款 69 万元并偿付工程款利息。法院经审理认为，金某以某装饰施工队的名义签订的《某大厦装饰装修施工分包合同》未得到某装饰施工队的追认，金某不具备相应的施工资质，该合同违反了法律规定，属无效合同。因工程已验收合格，故判令被告某装饰工程公司偿还原告金某工程款 69 万元，对原告金某追索工程款利息的诉讼请求，法院予以驳回。

原告金某不服一审判决，向上级法院提起上诉。金某上诉称工程款利息属法定孳息，工程款本金支持，利息也应予支持，要求法院改判。二审法院经审理后，驳回了金某的上诉，维持原判。

【问题】

1. 金某不具备相应的施工资质，合同是否有效？

2. 本案应如何处理？

案例 3

【背景资料】

2011 年 9 月 3 日,原告蒋某与被告褚某签订《房屋装修合同》。合同约定,原告将位于××路××家园的 205 号房交给被告装修,承包方式包工包料,工程总造价 56 000 元,施工期限为 2011 年 9 月 3 日至同年 11 月 3 日。同时约定,一方违约,另一方支付工程总造价 30% 的违约金,并赔偿损失。合同签订后,被告组织人员进行施工。施工中,原告和被告同时看样购买材料。原告委托其妹妹对施工质量进行检查。截止到 2011 年 11 月 6 日,原告共支付给被告工程款 30 200 元。后因材料质量及工程质量等问题,双方发生争执,被告停止施工。为此,原告于 2011 年 11 月 26 日申请××区公证处对施工现场进行了拍照、记录的公证证据保全(被告未到场)。之后,原告将被告尚未完成的装修工程另请他人进行了装修。

2011 年 11 月 28 日,原告以被告未按合同约定的期限完成装修工程为由,将被告诉至法院,请求法院判令被告支付违约金 16 800 元及公证费 700 元。

【问题】

1. 无装修资质的装修人员所签订的《房屋装修合同》是否有效? 为什么?

2. 被告是否应承担违约责任?

3. 为了避免装修纠纷,业主应注意哪些事项?

第九章 建设工程合同法规

【内容要点】

1. 合同的类别、格式条款、缔约过失责任、合同法律关系及其构成；
2. 有效合同、无效合同、效力待定合同、可撤销变更合同；
3. 合同的转让与合同履行中的债权债务转移；
4. 建设工程施工合同示范文本的形式；
5. 合同争议的解决，要约与承诺；
6. 合同的生效、变更与终止，合同履行、违约责任。

【知识链接】

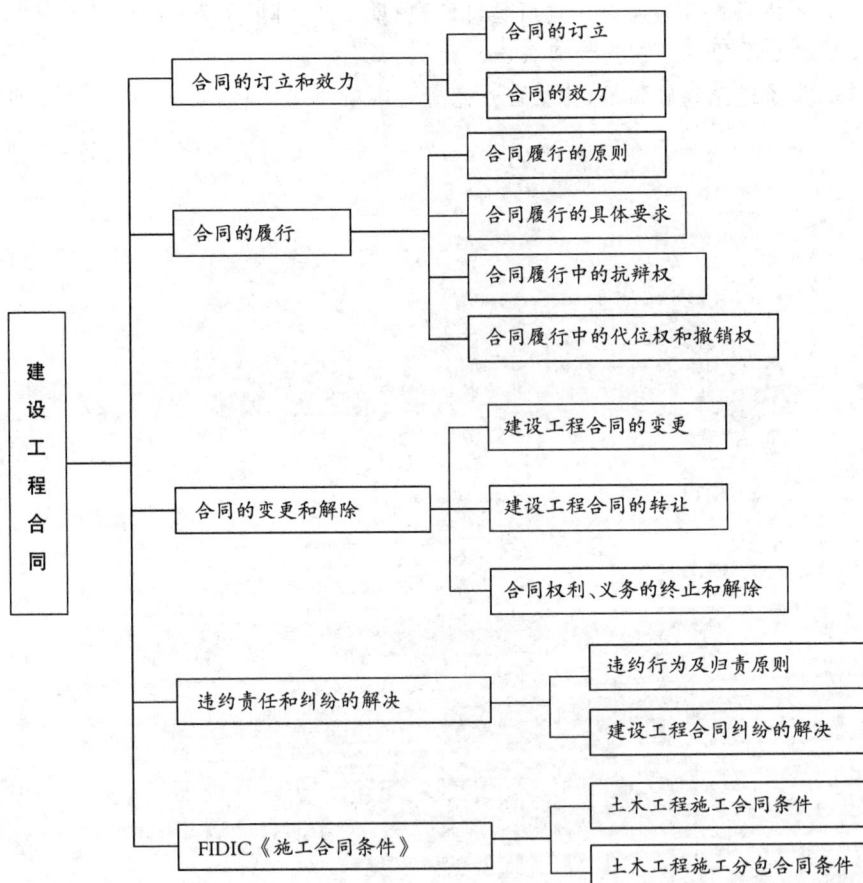

第一节　建设工程合同管理概述

一、合同的概念及其特征

(一)合同的概念

合同又称契约,《合同法》第 2 条规定:"本法所称合同是平等主体的自然人、法人、其他组织之间设立、变更、终止民事权利义务关系的协议。"这里的民事权利义务关系指的是债权债务关系。它有三个特征:

1. 合同必须是地位平等的当事人之间的合意

在合同的订立、履行和责任承担等合同法律关系中,当事人之间法律地位平等,彼此权利义务对等,不允许一方将自己的意志强加给其他方。

2. 合同在当事人之间是一个债的关系

债是指特定的当事人之间的一种民事法律关系。在债的法律关系中,享有权利的一方称债权人,负有义务的一方称债务人。债,反映了动态财产关系,即财产流转关系,也就是财产从一个主体转移给另一个主体的关系。物权主要反映静态财产关系,即财产归属关系。

3. 合同是以设立、变更、终止民事权利义务关系为目的的协议

合同是当事人设立、变更、终止民事关系的协议,以发生民事法律后果为目的。当事人可以通过订立合同设立民事权利义务,也可以通过订立合同来变更或者终止民事权利义务关系。《合同法》把它所调整的合同的范围仅限定在民事主体之间的有关财产流转关系的层面,婚姻、收养、监护等有关身份关系的协议不适用《合同法》,其他的诸如劳动合同、行政合同等也不属于《合同法》的调整范围。

4. 合同与意向书的区别

(1)概念不同

意向书是具有缔约意图的当事人就合同订立的相关事宜而进行的约定,一般不涉及合同的内容等细节问题;合同是平等主体的自然人、法人、其他组织之间设立、变更、终止民事权利义务关系的协议。

(2)效力不同

意向书不会对当事人实体权利、义务产生直接的影响,其签订并不必然导致合同的签订;而合同规定当事人的实体权利、义务,当事人应按合同约定行使权利、履行义务。

(3)后果不同

违反意向书的约定导致合同未能订立的,要承担缔约过失责任;而违反合同的约定,要承担违约责任。

(二)合同的分类

根据合同的法律特征,按照不同的标准,可以将合同作如下分类:

1. 双务合同和单务合同

根据合同当事人权利义务的分担方式,可将合同分为双务合同与单务合同。

双务合同是指当事人双方互享债权,互负债务,而且互为对价,如买卖合同。单务合同则是只有一方当事人负有义务,另一方不负有相对义务的合同,如在借用合同中,只有借用人负有按约定使用并按期归还借用物的义务,储蓄存款合同是一种单务合同,银行负有提供必要的安全防范设备,确保储户存款安全的特定义务。

2. 有偿合同与无偿合同

根据当事人取得权益是否须付相应对价为标准,可以将合同分为有偿合同与无偿合同。

有偿合同是指一方通过履行合同规定的义务而给对方某种利益,对方要得到该利益必须为此偿付相应对价的合同。有偿合同是商品交换最典型的法律形式,绝大多数反映交易关系的合同都是有偿的。无偿合同是指一方给付对方某种利益,对方取得该利益时并不必向对方当事人偿付相应对价的合同,如赠与合同。

3. 有名合同与无名合同

根据法律上是否设有规范并赋予一个特定合同名称为标准,可以将合同分为有名合同与无名合同。

有名合同又称典型合同,是指法律上已经确定了一定的名称及规则的合同。无名合同又称非典型合同,是指法律上尚未确定一定的名称与规则的合同。对于有名合同,应当直接适用《合同法》的规定。对于无名合同,首先应当考虑适用合同法总则规定,并且应当比照类似的有名合同的规则,参照合同的经济目的及当事人的意思表示等进行处理。

4. 诺成合同与实践合同

根据合同成立是否以交付标的物为要件,可将合同分为诺成合同与实践合同。

诺成合同是指当事人双方意思表示一致即告成立且生效的合同,即"一诺即成"的合同,如租赁、中介合同。实践合同指除当事人双方意思表示一致外,还须实际交付标的物才能成立的合同,如借贷、保管合同。

[想一想]

举例说明要式合同与实践合同的区别。

5. 要式合同与不要式合同

根据合同是否应以一定的形式为要件,可将合同分为要式合同与不要式合同。

要式合同是指必须履行特定方式才能成立的合同。不要式合同是指法律没有特别规定,当事人也没有特别约定必须采用特殊形式的合同。如《合同法》第270条规定:"建设工程合同应当采用书面形式"。

6. 主合同与从合同

根据合同相互间的主从关系,可以将合同分为主合同与从合同。

凡不依赖其他合同的存在而能独立存在的合同,称为主合同。凡以其他合同的存在为前提的合同,称为从合同。如为担保借款合同而订立的抵押合同,则借款合同为主合同,抵押合同为从合同。

(三)《合同法》的基本原则

基本原则是指《合同法》的主旨和根本准则,也就是制定、解释、执行和研究《合同法》的出发点。《合同法》基本原则的功能还在于:在合同约定不明或有漏洞时,可以依据《合同法》基本原则予以适当纠正,甚至可以以《合同法》的基本原则作为处理合同纠纷的依据。

1. 平等原则

《合同法》第 3 条规定:"合同当事人的法律地位平等,一方不得将自己的意志强加给另一方。"

2. 自愿原则

《合同法》第 4 条规定:"当事人依法享有自愿订立合同的权利,任何单位和个人不得非法干预。"自愿原则是指当事人依法享有缔结合同,选择相对人,决定合同内容、形式以及在变更和解除合同,选择合同补救方式等方面的自由。也有人称之为合同自由原则、契约自由原则、合同意思自治原则,它是《合同法》的核心原则。

3. 公平原则

《合同法》第 5 条规定:"当事人应当遵循公平原则确定各方的权利和义务。"公平原则是指本着社会公认的公平观念确定当事人之间的权利和义务。当事人订立合同时,应当按照公平合理的标准确定合同的权利和义务,不能使合同的权利和义务显失公平。同时也是当事人发生纠纷时,人民法院审理案件的评价标准。

4. 诚实信用原则

《合同法》第 6 条规定:"当事人行使权利、履行义务应当遵循诚实信用原则。"诚实信用原则是指当事人在从事民事活动时,应诚实守信,应以善意的方式履行其义务,不得滥用权利及规避法律或合同规定的义务。在大陆法系国家,它常常被称为债法中的最高指导原则或"帝王规则"。

[想一想]
诚实信用原则为什么称为债法中的"帝王规则"?

5. 守法与公序良俗原则

《合同法》第 7 条规定:"当事人订立、履行合同,应当遵守法律、行政法规,尊重社会公德,不得扰乱社会经济秩序,损害社会公共利益。"该条规定了守法与公序良俗原则,即当事人订立、履行合同,不得违反法律、法规的规定,不得违反公序良俗。

二、建设工程合同的概念与特征

(一)建设工程合同的概念

建设工程合同是承包人进行工程建设,发包人支付价款的合同。工程建设一般经过勘察、设计、施工等过程,因此,建设工程合同的发包人是业主或者业主委托的管理机构,而承担勘察设计、建筑施工任务的勘察人、设计人、施工人是工程承包人。

(二)建设工程合同的特征

建设工程合同是一种特殊的承揽合同。《合同法》第十六章为"建设工程合同",第 287 条明确规定:"本章没有规定的,适用承揽合同的有关规定。"建设工程合同与一般的承揽合同均为诺成合同、双务合同和有偿合同,但建设工程合同又具有区别于一般承揽合同的特殊性。

1. 合同标的的特殊性

建设工程合同的标的涉及建设工程的服务,而建设工程又具有产品固定,不能流动;产品多样,需单个完成;产品耗用材料多,所需资金大;产品使用时间长,对社会影响极大的特点。

2. 合同主体的特殊性

工程建设技术含量较高、社会影响很大,所以法律对建设工程合同主体的资格有严格的限制,只有经国家主管部门审查,具有相应资质等级并经登记注册,领有营业执照的单位,才具有签订承包合同的民事权利能力和民事行为能力。除此以外,任何单位及个人都不得承包工程,也不具有签约资格。

3. 合同形式的要式性

工程建设过程周期长、涉及因素多、专业技术性强,当事人之间的权利、义务关系十分复杂,不是简单的口头约定就能解决问题的,所以我国法律规定,建设工程合同应当采用书面形式。

4. 建设工程合同具有较强的国家管理性

由于建设工程的标的物为不动产,工程建设对国家和社会生活的方方面面影响较大,在建设工程合同的订立和履行上,都具有较强的国家干预色彩。

第二节　建设工程合同的订立和效力

一、建设工程合同的订立

合同是商品交换的载体,商品交换就是讨价还价、相互协商、妥协让步并达成共识的过程,转译为合同法术语,就是要约、承诺。《合同法》第 13 条规定:"当事人订立合同,采取要约、承诺的方式。"合同订立的过程,就是反复的要约与承诺的过程。

建设工程施工合同的订立也不例外,其订立方式分为两种:其一,直接发包即协商订立。这是多数合同订立的方式,也就是通过要约与承诺订立合同。其二,招标投标订立。招标投标是订立合同的特殊程序,《招标投标法》及有关法规规定的必须采用招标投标方式订立施工合同的,或依有关规定即使《招标投标法》未作强制要求的,当事人也可以采用招标投标方式订立,具体参见有关章节。采用招标投标方式订立合同的,一般要经过招标、投标、开标、评标和中标几个阶段。从法律性质上,招标属于要约邀请,投标属于要约,中标通知书是承诺。这里重点介绍一下要约、承诺规则。

(一)建设工程合同订立的方式

1. 建设工程合同订立的一般程序

当事人订立合同,采取要约、承诺方式。

(1)要约

① 要约的概念。要约是希望和他人订立合同的意思表示。

该意思表示应当符合下列规定:a. 内容具体确定;b. 表明经受要约人承诺,要约人即受该意思表示约束。

② 要约的生效。要约到达受要约人时生效,大致有以下三种情况:a. 口头形式的要约:自受要约人了解要约内容时发生效力;b. 书面形式的要约:自到达受要约人时发生效力;c. 采用数据电子文件形式的要约:当收件人指定特定系统接收电文的,自该数据电文进入该特定系统的时间(视为到达时间),该要约发生效力;若收件人未指定特定系统接收电文的,自该数据电文进入收件人任何系统的首次时间(视为到达时间),该要约发生效力。

③ 要约的撤回。要约撤回是指要约人阻止要约发生效力的意思表示。

要约可以撤回,但撤回通知应当在要约到达受要约人之前或者与要约同时到达受要约人。

④ 要约的撤销。要约撤销是要约人消灭要约效力的意思表示。

要约人可以撤销要约,但撤销要约的通知应当在要约人发出承诺通知之前到达受要约人。

有下列情形之一的,要约不得撤销:a. 要约人确定了承诺期限或者以其他形式明示要约不可撤销;b. 受要约人有理由认为要约是不可撤销的,并已经为履行合同作了准备工作。

⑤ 要约的失效。有下列情形之一的,要约失效:a. 拒绝要约的通知到达要约人;b. 要约人依法撤销要约;c. 承诺期限届满,受要约人未作出承诺;d. 受要约人对要约的内容作出实质性变更。

⑥ 要约邀请。要约邀请是希望他人向自己发出要约的意思表示。

寄送的价目表、拍卖公告、招标公告、招股说明书、商业广告等为要约邀请。商业广告的内容符合要约规定的,视为要约。

(2)承诺

① 承诺的概念。承诺是受要约人同意要约的意思表示。承诺应当以通知的方式作出,但根据交易习惯或者要约表明可以通过行为作出承诺的除外。

② 承诺的条件。承诺必须由受要约人向要约人发出;承诺必须在要约有效期限内作出承诺。

受要约人超过承诺期限发出承诺的,除要约人及时通知受要约人该承诺有效外,为新要约。

承诺的内容应当与要约的内容一致。

③ 承诺期限的起算。承诺应当在要约确定的期限内到达要约人。要约没有

[想一想]
要约和要约邀请有何区别?

确定承诺期限的,承诺应当依照下列规定确定:

要约以对话方式作出的,应当即时作出承诺,但当事人另有约定的除外。

要约以非对话方式作出的,承诺应当在合理期限内到达。要约以信件或者电报作出的,承诺期限自信件载明的日期或者电报交发之日开始计算。信件未载明日期的,自投寄该信件的邮戳日期开始计算。

要约以电话、传真等快速通讯方式作出的,承诺期限自要约到达受要约人时开始计算。

④ 承诺的生效。承诺生效时合同成立。承诺通知到达要约人时生效。承诺不需要通知的,根据交易习惯或者要约的要求作出承诺的行为时生效。采用数据电文形式订立合同的,承诺到达的时间适用《合同法》关于要约到达受要约人时间的规定。

⑤ 承诺的撤回。承诺的撤回是阻止承诺发生效力的意思表示。撤回承诺的通知应当在承诺通知到达要约人之前或者与承诺通知同时到达要约人。

⑥ 迟发的承诺与迟到的承诺。迟发的承诺是指受要约人主观上超过承诺期而发出的承诺。迟发的承诺,要约人可以承认其效力,但必须及时通知受要约人,若不通知时为新要约。

迟到的承诺是指承诺人发出承诺后,受外界影响而延误到达。迟到的承诺除要约人及时通知受要约人因该承诺超过期限不接受该承诺外,该承诺有效。

⑦ 受要约人对要约内容的实质性变更和承诺。对要约内容的非实质性变更受要约人对要约的内容作出实质性变更的,为新要约。有关合同标的、数量、质量、价款或者报酬、履行期限、履行地点和方式、违约责任和解决争议方法等的变更,是对要约内容的实质性变更。

承诺对要约的内容作出非实质性变更,是指受要约人在有关标的、数量、质量、价款或者报酬、履行期限、履行地点和方式、违约责任和解决争议方法等以外,对原要约内容作出某些补充、限制和修改。如承诺中增加有建议性条款、说明性条款以及在要约人的授权范围内对要约内容的非实质性变更。

承诺对要约的内容作出非实质性变更的,除要约人及时表示反对或者要约表明承诺不得对要约的内容作出任何变更的以外,该承诺有效,合同的内容以承诺的内容为准。

2. 订立建设工程合同的竞争程序

在订立合同中,可以竞争程序订立合同,主要指招标投标方式,具体内容见相关章节,这里仅作简要介绍。

招标是由多数竞争人各自提出条件,而由招标人从竞争者中选择一人与之订立合同的一种订约方式。一般要经过招标、投标、开标和决标几个阶段。

(1)招标

招标是指招标人通过一定方式公布一定的标准和条件,邀请有关人员参加投标。从法律性质上,招标属于要约邀请。

(2)投标

投标是指想同招标人订立合同的投标人按照招标人提出的要求,在指定期限内向招标人报送标函,提出交易条件。从法律性质上,投标属于要约。

(3)开标和决标

开标是指在规定的时间和地点,按照规定的方式公开各投标人标书的内容。决标是于开标后,在对各投标人的投标进行评标的基础上作出抉择,确定中标人。决标具有承诺性质。

(二)建设工程合同的成立

《合同法》规定:承诺生效时合同成立,承诺生效的地点为合同成立的地点。具体有以下几种情况:

(1)当事人采用合同书形式订立合同的,自双方当事人签字或者盖章时合同成立。

(2)当事人采用信件、数据电文等形式订立合同的,在合同成立之前要求签订确认书的,签订确认书时合同成立。

(3)当事人采用合同书形式订立合同的,双方当事人签字或者盖章的地点为合同成立的地点。

(4)法律、行政法规规定或者当事人约定采用书面形式订立合同,当事人未采用书面形式,但一方已经履行主要义务,对方接受的,该合同成立。

(5)采用合同书形式订立合同,在签字或者盖章之前,当事人一方已经履行主要义务,对方接受的,该合同成立。

通过直接发包方式订立的建设工程合同,自双方当事人签字或者盖章时合同成立,若当事人未采用书面形式,但一方已经履行主要义务,对方接受的,该合同成立。若采用合同书形式订立合同,在签字或者盖章之前,当事人一方已经履行主要义务,对方接受的,该合同成立。

通过招标投标方式订立的建设工程合同的成立时间有两种观点:一种认为,自中标通知书发出之日合同成立;另一种认为,自双方在合同上签字或盖章时合同成立。多数学者持第二种观点,本书也采用此说。

[想一想]
合同成立有哪几种情况?

(三)建设工程合同的内容

当事人依要约、承诺订立合同,便形成了合同条款。合同条款固定了当事人各方权利与义务,成为合同内容。为了减少合同争议,示范较完备的合同条款,《合同法》第 274、275 条规定了建设工程合同的一般条款,合同示范文本对于揭示合同的主要条款,减少合同纠纷,防范争议具有重要价值。《合同法》第 12 条规定:"当事人可以参照各类合同示范文本订立合同。"合同示范文本是将各类合同的主要条款、式样等制定出规范的指导性文本,在全国范围内积极宣传和推广,引导当事人采用示范文本签订合同,以实现合同签订的规范化。如建设部和国家工商行政管理局于 1999 年 12 月 24 日印发的《建设工程施工合同(示范文本)》(GF—2000—0204)。

(四)建设工程合同的形式

当事人订立合同,有书面形式、口头形式和其他形式。但《合同法》规定,建设工程合同应当采用书面形式。书面形式是当事人以书面文字表达协议内容订立合同的形式。它的表现形式包括合同书、信件和数据电文(包括电报、电传、传真、电子数据交换和电子邮件)等可以有形地表现所载内容的形式。书面形式可以分为普通书面形式和特殊书面形式。普通书面形式是指当事人以文字或有形表现所载内容的形式;特殊书面形式是指除文字表述内容外,还须履行某种特别程序方能成立的形式,它包括公证形式、签证形式、批准形式和登记形式。建设工程施工合同具有标的额大、履行时间长、不可预见因素多等特点,因此,建设工程施工合同书面文件一般包括以下几个组成部分:

1. 合同协议书;

2. 中标通知书;

3. 投标书及其附件;

4. 合同专用条款;

5. 合同通用条款;

6. 洽商、变更等明确双方权利、义务的纪要、协议;

7. 工程报价单或工程预算书、图纸;

8. 标准、规范和其他有关技术资料、技术要求。

[想一想]

1. 何谓缔约过失责任?

2. 缔约过失责任包括哪些构成要件?

(五)缔约过失责任

1. 缔约过失责任的概念

缔约过失责任是指一方因违背诚实信用原则所要求的义务而致使合同不成立,或者虽已成立但被确认无效或被撤销时,造成确信该合同有效成立的当事人信赖利益损失,而依法应承担的民事责任。这种责任主要表现为赔偿责任,其一般发生在订立合同阶段。这是违约责任与缔约过失责任的显著区别。

2. 缔约过失责任的构成要件

(1)当事人一方违反了诚实信用原则所要求的先合同义务

在订约阶段,依据诚实信用原则,当事人负有保密、说明、告知、注意等法定义务,这种义务也称先合同义务。若当事人因过失违反此义务,则可能产生缔约过失责任。

(2)对方当事人遭受损失

该损失为信赖利益损失,而非履行利益损失。所谓信赖利益损失,是缔约相对人因相信合同会有效成立而付出的费用或者直接财产的减少。履行利益是合同履行后会产生的利益,它是基于合同有效成立为前提的。信赖利益的损失包括缔约费用、准备履行合同所支付的费用、丧失与第三人另订合同机会所产生的损失。

(3)当事人有过错

主观过错是民事责任的归责原则,缔约过失责任也是以当事人于订立合同时有故意或过失作为前提条件。注意并不限于过失,还有过错责任。

3. 缔约过失责任适用的情形

违反先合同义务是认定缔约过失责任的重要依据,有以下几种情况:

(1)假借订立合同,恶意进行磋商

恶意磋商是在缺乏订立合同真实意愿情况下,以订立合同为名目与他人磋商。其真实目的可能是破坏对方与第三方订立合同,也可能是贻误竞争对手商机。

(2)故意隐瞒与订立合同有关的重要事实或者提供虚假情况

依诚实信用原则,缔约当事人负有如实告知义务,如告知自身财务状况和履约能力、告知标的物真实状况等。

(3)其他违背诚实信用原则的行为

违反有效要约或要约邀请,违反初步协议,未尽保护、照顾、通知、保密等附随义务,违反强制缔约义务。

当事人在订立合同过程中知悉的商业秘密,无论合同是否成立,不得泄露或者不正当地使用。泄露或者不正当地使用该商业秘密给对方造成损失的,应当承担损害赔偿责任。

二、建设工程合同的效力

(一)建设工程合同的有效要件

合同有效是指已经成立的合同在当事人之间产生了一定的法律约束力,也就是通常所说的法律效力。我国《合同法》第 8 条规定:"依法成立的合同,对当事人具有法律约束力。""依法成立的合同,受法律保护。"已经成立的合同,必须具备一定的有效要件,才能产生法律约束力。合同有效要件是判断合同是否具有法律效力的标准。根据《民法通则》和《合同法》的有关规定,合同有效的要件有:

1. 承包人具有相应的资质等级

在建设工程合同中,由于合同标的物的特殊性,合同当事人一般都应当具有法人资格,并且承包人还应当具备相应的资质等级。

2. 意思表示真实

意思表示真实是合同有效的重要构成要件。因为合同在本质上乃是当事人之间的一种合意,此种合意符合法律规定,依法律可以产生法律约束力;而当事人的意思表示能否产生此种约束力,则取决于此种意思表示是否同行为人的真实意思相符合,也就是说意思表示是否真实。

3. 不违反法律、行政法规和社会公共利益

这里的"法律"是狭义的法律,即全国人民代表大会及其常务委员会依法通过的规范性文件。这里的"行政法规"是国务院依法制定的规范性文件。社会公共利益是一个抽象的概念,内涵丰富、范围宽泛,包含了政治基础、社会秩序、社会公共道德要求,可以弥补法律、行政法规明文规定的不足。

4. 合同标的确定和可能

合同标的是当事人权利和义务共同指向的对象。标的的确定与可能是合同有效的重要条件。

(二)效力待定的建设工程合同

[想一想]

1. 成立的合同就一定生效吗？

2. 合同成立与合同生效有何区别？

效力待定的合同是指合同成立之后,是否具有效力还未确定,有待于其他行为或者事实使之确定的合同。效力待定的合同有以下几种:

1. 限制行为能力人订立的合同

限制民事行为能力人订立的合同,经法定代理人追认后,该合同有效,但纯获利益的合同或者与其年龄、智力、精神健康状况相适应而订立的合同,不必经法定代理人追认。

相对人可以催告法定代理人在一个月内予以追认。法定代理人未作表示的,视为拒绝追认。合同被追认之前,善意相对人有撤销的权利。撤销应以通知的方式作出。

2. 无权代理人以被代理人名义订立的合同

行为人没有代理权、超越代理权或者代理权终止后以被代理人名义订立的合同,未经被代理人追认,对被代理人不发生法律效力,由行为人承担责任。相对人可以催告被代理人在一个月内予以追认。被代理人未作表示的,视为拒绝追认。合同被追认之前,善意相对人有撤销的权利。撤销应当以通知的方式作出。

但是,行为人没有代理权、超越代理权或者代理权终止后以被代理人名义订立合同,善意相对人有理由相信行为人有代理权的,该代理行为有效。

3. 无处分权人擅自处分他人财产的合同

财产的处分权是财产所有权的一项重要权能,一般应由所有权人来行使,也可以授权他人行使。他人在处分所有人的财产时,必须经所有人授权,否则构成无权处分行为。无权处分行为是对他人财产权的严重侵害。

《合同法》第 51 条规定:"无处分权的人处分他人财产,经权利人追认或者无处分权的人订立合同后取得处分权的,该合同有效。"

但是,法人或其他组织的法定代表人、负责人超越权限订立合同,除相对人知道或应当知道其超越权限以外,该代表行为有效。

(三)无效建设工程合同

无效合同是指由于存在无效事由,虽已成立但自始不具有法律约束力的合同,即当事人不受合同条款的约束,也不能请求法院保护合同的履行,同时,不管合同有没有实际履行,也不管当事人是否知道无效,合同自成立时起就没有法律效力。

1. 导致建设工程合同无效的法定情形

(1)一方以欺诈、胁迫的手段订立的损害国家利益的合同

一方以欺诈、胁迫的手段订立的损害国家利益的合同按无效处理,如果损害了集体利益或他人利益,按不可撤销合同、可变更合同处理。例如,以国家禁止流通物或限制流通物为标的订立的合同是损害国家利益的合同。

(2)恶意串通,损害国家、集体或者第三人利益的合同

这一无效的原因有主观和客观两个因素。主观因素为恶意串通,即当事人

双方具有共同的目的,即通过订立合同损害国家、集体或第三人的利益。它可以表现为双方当事人事先达成的协议,也可以是一方当事人作出意思表示,对方当事人明知其目的非法而用默示的方式接受。它可以是双方当事人相互配合,也可以是双方共同的作为。客观因素为损害国家、集体或者第三人利益。

(3)以合法形式掩盖非法目的的合同

以合法形式掩盖非法目的,是指当事人在订立的合同形式上是合法的,但在缔约目的和内容上是非法的。例如订立联营合同,目的在于非法拆借资金。

(4)损害社会公共利益的合同

指危害社会的合同,例如,以从事犯罪或帮助犯罪作为内容的合同、规避课税的合同等。

(5)违反法律、行政法规的强制性规定的合同

这里所指的违反法律、行政法规的强制性规定,是指违反全国人民代表大会及其常务委员会颁布的强制性规定以及国务院颁布的行政法规中的强制性规范,不得任意扩大范围。从合同自身看,缔约目的、合同内容和形式违反了强制性规范,但有时形式违法不导致合同无效。建设工程合同中比较复杂的属施工合同,这里结合 2004 年 10 月 25 日最高人民法院公布的《关于审理建设工程施工合同纠纷案件适用法律问题的解释》,介绍施工合同无效的情形。

其一,承包人未取得建筑施工企业资质或者超越资质等级许可的业务范围的;

其二,没有资质的建筑施工企业借用有资质的建筑施工企业名义的;

其三,建设工程必须进行招标而未招标或者中标无效的;

其四,承包人非法转包、违法分包建设工程或者没有资质的实际施工人借用有资质的建筑施工企业名义与他人签订建设工程施工合同的。

同时注意两种例外:

① 承包人超越其资质等级许可的业务范围签订建设工程施工合同,在建设工程竣工前取得相应资质等级,当事人请求按照无效合同处理的,不予支持。

② 具有劳务作业法定资质的承包人与总承包人、分包人签订的劳务分包合同,当事人以转包建设工程违反法律规定为由请求确认无效的,不予支持。

2. 无效合同的处理

(1)建设工程合同无效,但建设工程经竣工验收合格,承包人请求参照合同约定支付工程价款的,应予支持。

(2)建设工程合同无效,且建设工程经竣工验收不合格的,按照以下情形分别处理:①修复后的建设工程经竣工验收合格,发包人请求承包人承担修复费用的,应予支持;②修复后的建设工程经竣工验收不合格,承包人请求支付工程价款的,不予支持;③因建设工程不合格造成的损失,发包人有过错的,也应承担相应的民事责任。

(3)承包人非法转包、违法分包建设工程或者没有资质的实际施工人借用有资质的建筑施工企业名义与他人签订建设工程合同的行为无效。人民法院可以

收缴当事人已经取得的非法所得。

另外,合同中的以下免责条款无效:一是造成对方人身伤害的;二是因故意或者重大过失造成对方财产损失的。生命健康权是不可转让、不可放弃的权利,因此不允许当事人以免责条款的方式事先约定免除这种责任。财产权是一种重要的民事权利,不允许当事人预先约定免除一方故意或重大过失而给对方造成的损失,否则会给一方当事人提供滥用权利的机会。

(四)可变更或可撤销的建设工程合同

1. 合同的撤销

合同的撤销是指意思表示不真实,通过撤销权人行使撤销权,使已经生效的合同归于消灭。它具有如下特征:

(1)可撤销的合同是指意思表示不真实的合同,现行法律把因欺诈、胁迫而成立的合同一分为二,将其中具有"损害国家利益"的特点作为无效的对象,缩小了可撤销的范围。

(2)合同的撤销是通过撤销权人行使撤销权来实现的。

(3)撤销权不行使,合同继续有效;撤销权行使,合同自始归于无效。

2. 可变更、可撤销合同的原因

根据《合同法》的规定,可变更或可撤销的合同有:

(1)因重大误解订立的合同;

(2)在订立合同时显失公平的合同;

(3)一方以欺诈、胁迫的手段或者乘人之危,使对方在违背真实意思的情况下订立的合同。

3. 撤销权及其行使

撤销权是指撤销权人以其单方的意思表示使合同等法律行为溯及既往地消灭的权利。它在性质上属于形成权。

重大误解的合同与显失公平的合同任何一方当事人,以欺诈、胁迫或乘人之危使对方在违背真实意思的情况下订立合同的,受损害方有权请求人民法院或者仲裁机构变更或者撤销合同。当事人请求变更的,人民法院或者仲裁机构不得撤销。

撤销权须在除斥期内行使。我国现行法律规定该除斥期间为1年,自撤销权人知道或者应当知道撤销事由之日起计算。但知道撤销事由后明确表示或以自己的行为放弃撤销权的,该权消灭。

4. 合同被确认无效或被撤销的后果

《合同法》第56条规定:"无效的合同或者被撤销的合同自始没有法律约束力。"因此合同被确认无效或被撤销后,自合同成立之日起就是没有效力的。

合同无效或者被撤销后,因该合同取得的财产应当予以返还;不能返还或者没有必要返还的,应当折价补偿。有过错的一方应当赔偿对方因此所受到的损失;双方都有过错的,应当各自承担相应的责任。

当事人恶意串通,损害国家、集体或者第三人利益的,因此取得的财产收归国家所有或者返还集体、第三人。

(五)附条件与附期限的建设工程合同

1. 附条件的建设工程合同

《合同法》第 45 条是对附条件合同的效力规定。根据本条规定，双方当事人可以对合同的效力约定条件，就是附条件合同。所附条件是合同当事人自己约定的、在合同履行过程中有可能发生的、用来限定合同效力的某种合法事实。

2. 附期限的建设工程合同

《合同法》第 46 条是对附期限合同的效力规定。根据本条规定，双方当事人可以对合同的效力约定期限，就是附期限合同。附期限合同的特征在原则上与附条件合同是相同的，但是两者又不完全相同。

当事人在订立合同时，对于确定的事实只能附期限不能附条件。例如建设工程施工合同中，双方当事人依照有关规定，约定的到期发包人应当支付的工程应付款、工程进度款，工程竣工验收后应当支付的工程竣工结算款等均应当属于附期限合同。

附期限合同的履行期限到来之前当事人之间没有债权、债务，只有期限到来之后合同的当事人之间才产生债权、债务。

[做一做]

请列表比较一下，附条件的合同与附期限的合同的区别。

第三节 建设工程合同的履行

订立合同是双方当事人为了达到一定的目的，通过订立合同明确双方的责任关系，明确双方的权利和义务。所以说订立合同是前提，履行合同才是达到目的的关键。为了保护当事人的合法利益，维护正常的交易行为、市场秩序，《合同法》规定了全面履行原则，包括履行约定义务和附随义务；为了防范欺诈，规定了完整的抗辩权制度；为了保护债权，规定了合同保全制度。

一、建设工程合同履行的原则

合同履行不仅是合同效力的内在要求，也是保障市场交易安全、实现各方主体经济利益的客观要求。合同履行的基本原则是当事人在履行合同债务时应遵循的基本原则。合同履行必须遵循两项原则：

(一)全面履行原则

全面履行原则又称适当履行原则、正确履行原则，是当事人按照合同规定的标的及其质量、数量，有适当的主体在适当的履行期限以适当的履行方式全面完成合同义务的履行原则。对以上几个方面的任何一个方面的违反，都违背了全面履行原则，从而构成违约行为。

注意：适当履行原则不同于实际履行原则，实际履行并非全面履行合同，仅是履行标的及其质量、数量符合合同的规定。

(二)诚实信用原则

诚实信用原则又称协作履行原则，指当事人不仅适当履行自己的主合同债

务,而且应基于诚实信用原则要求对方当事人协助其履行债务。其内容是:

1. 债务人履行合同债务,债权人应适当受领给付;

2. 债务人履行债务,时常要求债权人创造必要条件,提供方便;

3. 债务人应根据合同性质、目的和交易习惯,履行通知、协助、保密等附随义务;

4. 因故不能履行或不能完全履行的应积极采取措施避免或减少损失。

二、建设工程合同履行的具体要求

1. 履行主体

合同履行的主体包括完成履行的一方(履行人)和接受履行的一方(履行受领人)。

完成履行的一方首先是债务人,包括债务人的代理人,但是法律规定、当事人约定或者性质上必须由债务人本人亲自履行者除外。其次,当事人约定的债务人之外第三人也可为履行人,《合同法》第65条规定:"当事人约定由第三人向债权人履行债务的,第三人不履行债务或者履行债务不符合约定,债务人应当向债权人承担违约责任。"

接受履行的一方首先是债权人,由债权人享有给付请求权及受领权。但是,在某些情况下,接受履行者不是债权人,而是债权人之外的第三人,如果当事人约定由债务人向第三人履行债务,则根据《合同法》第64条规定:"债务人未向第三人履行债务或者履行债务不符合约定,应当向债权人承担违约责任。"

2. 履行标的、数量、质量

当事人在履行合同时,应当严格按照合同约定的标的履行自己的义务。债务人所交付的标的物及其数量应当与合同的约定一致。债权人可以拒绝债务人部分履行债务,但部分履行不损害债权人利益的除外。债务人部分履行债务给债权人增加的费用,由债务人负担。对于债务人超额履行的,债权人可以接受也可以拒绝接受多交部分;债权人接受的多交部分,依合同约定价格付款;债权人拒绝接受多交部分时,应及时通知债务人。

当事人应当按照约定的质量要求交付标的物。质量要求不明确的,首先,可以订立补充协议弥补合同漏洞。其次,在不能达成补充协议时,按照合同有关条款或者交易习惯确定。最后,在仍不能确定的情况下,按照国家标准、行业标准履行;没有国家标准、行业标准的,按照通常标准或者符合合同目的的特定标准履行。例如,建设工程施工合同中对质量标准约定不明,由发承包双方进行补充约定。如果未能达成补充协议,可参照合同其他条款(诸如保修条款、材料设备供应条款、检验条款),或者参照双方交易习惯(在长期交易中双方形成的非合同约定的质量默契),或者参照建筑施工行业内交易习惯(长期为业内各方所公认的质量准则)。施工质量标准根据上述办法无法确定时,按照国家标准、行业标准履行;没有国家标准、行业标准的,按照通常标准或者符合合同目的的特定标准履行。

3. 履行地点

合同履行地点具有重要的法律意义,它关系到履行费用的分配、风险的转移、违约的判断标准以及诉讼管辖的判定依据。履行地点不明确时,首先根据合同的明确约定,若没有约定或者约定不明确的,由当事人达成补充协议;如果合同没有约定而当事人又不能达成补充协议的,按照合同有关条款确定,或者按照交易习惯确定;如果合同没有约定而当事人又不能达成补充协议,也不能按照合同有关条款确定或者交易习惯确定,则依据《合同法》第 62 条第 3 项规定:"履行地点不明确,给付货币的,在接受货币一方所在地履行;交付不动产的,在不动产所在地履行;其他标的的,在履行义务一方所在地履行。"

4. 履行期限

当事人应当按照约定的期限交付标的物。首先根据合同的明确约定,若没有约定或者约定不明确的,由当事人达成补充协议。如果合同没有约定而当事人又不能达成补充协议的,按照合同有关条款确定,或者按照交易习惯确定;如果合同没有约定而当事人又不能达成补充协议,也不能按照合同有关条款确定或者交易习惯确定,则依据《合同法》第 62 条第 3 项规定:"履行期限不明确的,债务人可以随时履行,债权人也可以随时要求履行,但应当给对方必要的准备时间。"债权人可以拒绝债务人提前履行债务,但提前履行不损害债权人利益的除外。因提前履行给债权人增加的费用,由债务人负担。

5. 履行方式

当事人应按照合同约定的履行方式履行,合同没有约定或者约定不明确的,当事人可以协议补充,达不成协议时,按照合同有关条款或者交易习惯确定;还不能确定时,按照有利于实现合同目的的方式履行。如建设工程物资采购合同包装方式不明确的,应当按照通用的方式包装,没有通用方式的,应当采取足以保护标的物的包装方式。

6. 履行费用

合同履行费用是指履行合同所需要的必要费用。通常情况下,履行费用有运送费、包装费、汇费、通知费等。对于履行费用的负担,合同没有约定或者约定不明确的,当事人可以协议补充,达不成协议时,按照合同有关条款或者交易习惯确定;还不能确定时,由履行义务一方负担。

7. 价款或酬金

价款或酬金反映了当事人的核心利益,当事人应当按照约定数额支付价款。内容没有约定或者约定不明确的,可以订立补充协议弥补合同漏洞;在不能达成补充协议时,按照合同有关条款或者交易习惯确定;仍不能确定时,按照订立合同时履行地的市场价格履行,依法应当执行政府定价或者政府指导价的,在合同约定的交付期限内政府价格调整时,按照交付时的价格计价。逾期交付标的物的,遇价格上涨时,按照原价格执行;价格下降时,按照新价格执行。逾期提取标的物或者逾期付款的,遇价格上涨时,按照新价格执行;价格下降时,按照原价格执行。该规则的基本法理在于一定要执行对违约者不利的价格,不能让当事人因违约而获利。

三、建设工程合同履行中的抗辩权

抗辩权是指妨碍相对人行使请求权的权利,即双务合同一方当事人在法定条件下,对抗双务合同另一方当事人的请求权,拒绝履行其债务的权利。根据《合同法》,当事人行使双务合同履行中的抗辩权包括:同时履行抗辩权、先履行抗辩权和不安抗辩权。

(一)同时履行抗辩权

1. 同时履行抗辩权的概念

同时履行抗辩权是指当事人互负债务,没有先后履行顺序的,一方在对方履行之前或者履行债务不符合约定时,有权拒绝履行自己债务或者相应债务的权利。

2. 同时履行抗辩权的成立要件

［问一问］

何谓同时履行抗辩权?

(1)双方基于同一双务合同且互负债务

同时履行抗辩权的存在根据在于双务合同的牵连性,只有双务合同才会适用同时履行抗辩权制度,如买卖、租赁、承揽、保险,建设工程施工等合同。

行使同时履行抗辩权的双方的对等给付必须是基于同一双务合同。如果当事人之间的债务不是基于同一双务合同,即使在事实上存在关联,也不得主张同时履行抗辩权。

(2)双方债务无先后履行顺序之分

没有先后履行顺序意味着双方应同时履行,具体包括法律规定为同时履行、合同约定为同时履行、按照交易习惯产生的同时履行以及推定为同时履行。

(3)双方互负的债务均已届清偿期

只有互负的债务履行期限均已届至,才可能行使同时履行抗辩权。如果一方当事人履行期届满,而对方履行期未到,只可能适用先履行抗辩权或者不安抗辩权。

(4)对方未履行债务或者履行债务不符合约定

如果对方已经适当、全面地履行了债务,则双务合同的债务对立状态不复存在,本方不可能再向对方主张同时履行抗辩权。只有对方未履行债务或者履行债务不符合约定时,本方才可能主张同时履行抗辩权。

3. 同时履行抗辩权的行使与效力

同时履行抗辩权只能由当事人行使,法院不能依职权主动适用。

同时履行抗辩权属于延期抗辩权,不是永久抗辩权,可以阻却对方请求权的效力,没有消灭对方请求权的效力,即在对方没有履行或提出履行前,可以拒绝履行;当对方履行或提出履行时,应当恢复履行。

(二)先履行抗辩权

1. 先履行抗辩权的概念

先履行抗辩权是指当事人互负债务,有先后履行顺序,先履行一方未履行的或者先履行一方履行债务不符合约定的,后履行一方有权拒绝其履行要求或者有权拒绝其相应的履行要求。

2. 先履行抗辩权的成立要件

(1)双方基于同一双务合同且互负债务

先履行抗辩权存在于双务合同,而非单务合同。先履行抗辩权的双方债务应基于同一合同。

(2)履行债务有先后顺序

债务履行的顺序可能基于法律规定,也可能基于当事人约定。如果债务没有先后履行顺序,就应适用同时履行抗辩权而非先履行抗辩权。

(3)有义务先履行债务的一方未履行或者履行不符合约定

如果先履行一方已经适当、全面地履行债务,则后履行一方就没有先履行抗辩权,而应当依约履行自身义务,否则可能承担违约责任。

3. 先履行抗辩权的行使与效力

先履行抗辩权在当事人行使时,或采取明示或采取默示。

行使先履行抗辩权,在他方未先履行前,可拒绝自己履行,并不承担违约责任。行使先履行抗辩权没有消除合同的效力,在先履行方适当履行后,先履行抗辩权消灭。

(三)不安抗辩权

1. 不安抗辩权的概念

不安抗辩权是指先履行合同的当事人一方因后履行合同一方当事人欠缺履行债务能力或信用,而拒绝履行合同的权利。

2. 不安抗辩权的成立要件

(1)双方当事人基于同一双务而互负债务

不安抗辩权存在于双务合同,而非单务合同。不安抗辩权的双方债务应基于同一合同。

(2)债务履行有先后顺序,且由履行顺序在先的当事人行使

如果债务履行没有先后顺序,则只能适用同时履行抗辩权。在履行债务有先后顺序的情况下,先履行一方可能行使不安抗辩权,后履行一方只可能行使先履行抗辩权。

(3)履行顺序在后的一方履行能力明显下降,有丧失或者可能丧失履行债务能力的情形

不安抗辩权制度在于保护履行顺序在先的当事人,但不是无条件的,而是以该当事人的债权实现受到存在于对方当事人的现实危险威胁为条件。根据《合同法》第68条规定:"应当先履行债务的当事人,有确切证据证明对方有下列情形之一的,可以中止履行:(一)经营状况严重恶化;(二)转移财产、抽逃资金以逃避债务;(三)丧失商业信誉;(四)有丧失或者可能丧失履行债务能力的其他情形。当事人没有确切证据中止履行的,应当承担违约责任。"

(4)履行顺序在后的当事人未提供适当担保

履行顺序在后的当事人履行能力明显下降,可能严重危及履行顺序在先当

事人的债权。但是,如果后履行方提供适当担保,则先履行方的债权不会受到损害,所以就不得行使不安抗辩权。

3. 不安抗辩权行使与效力

中止履行的一方,即行使不安抗辩权的一方负有对相对人欠缺信用、欠缺履行能力的举证责任。

《合同法》第69条规定:"当事人依照本法第68条的规定中止履行的,应当及时通知对方。对方提供适当担保时,应当恢复履行。中止履行后,对方在合理期限内未恢复履行能力并且未提供适当担保的,中止履行的一方可以解除合同。"

四、建设工程合同履行中的代位权和撤销权

(一)代位权

代位权是指因债务人怠于行使其到期债权,对债权人造成损害的,债权人可以向人民法院请求以自己的名义代位行使债务人的债权的权利。但是,按照《合同法》的规定,该债权专属于债务人自身的除外。

代位权的行使范围以债权人的债权为限。债权人行使代位权的必要费用由债务人负担。

(二)撤销权

撤销权是指因债务人放弃其到期债权或者无偿转让财产对债权人造成损害的,债权人可以请求人民法院撤销债务人的行为。债务人以明显不合理的低价转让财产,对债权人造成损害,并且受让人知道该情形的,债权人也可以请求人民法院撤销债务人的行为。

撤销权的行使范围以债权人的债权为限。债权人行使撤销权的必要费用由债务人负担。

撤销权自债权人知道或者应当知道撤销事由之日起1年内行使。自债务人的行为发生之日起5年内没有行使撤销权的,该撤销权消灭。

(三)代位权与撤销权的区别

1. 构成要件不同

代位权的构成不但要求债权人与债务人之间要有真实、合法的到期债权存在,而且要求债务人与他的债务人之间也要有真实、合法的到期债权存在。而撤销权的构成只要求债权人与债务人之间要有真实、合法的债权存在,对债务人与第三人之间有无到期债权存在在所不问。

2. 目的不同

代位权的行使是为了防止债务人的财产不当减产;而撤销权的行使是为了恢复债务人的财产。

3. 主观过错不同

代位权中的"怠于行使"是从客观上予以判断,债务人主观上有无过错在所

不问;而撤销权成立的主观要件要求债务人与他人行为时具有恶意,明知自己的行为有害于债权人的债权而仍为之。在债务人无偿或低价转让财产时,债权人要行使撤销权要求受益人受益时知道债务人的行为将有害于债权,即受害人也要有恶意。

4. 诉讼时效不同

代位权的诉讼时效必须在债权履行期届满后两年内行使,并可适用时效中止、中断的规定;而撤销权应自债权人知道或者应当知道撤销事由之日起一年内行使,自债务人的行为发生之日起 5 年内没有行使撤销权的,该撤销权消灭。

[问一问]
诉讼时效中止和中断有何不同?

第四节 建设工程合同的变更和解除

一、建设工程合同的变更

建设工程合同的变更是指对已经依法成立的合同,在承认其法律效力的前提下,因为当事人的协商或者法定原因而将合同的权利和义务予以改变的情形。

由于建设工程合同的履行期长、涉及范围广、影响因素多,因此,一份建设工程合同签订得再好,签约时考虑得再全面,履行时也免不了因工程实施条件及环境条件的变化而需对合同约定的事项进行修正,即对建筑工程合同的内容进行变更。应该说,建筑工程合同不断进行变更是正常的、司空见惯的、合乎常理的。相反,一份合同履行到底,不作任何变更则是十分罕见的、不可思议的。

根据施工合同实践,这种变更可能是:

1. 合同项下任何工作数量上的改变;

2. 合同项下任何工作质量或者其他特性需要改变;

3. 合同约定的工程的技术规格(诸如标高、位置或尺寸)需要改变;

4. 合同项下任何工作的删减;

5. 工期改变;

6. 工作顺序的改变或者施工方法的改变。

尤其注意的是,因施工合同变更给承包人造成损失而要求索赔的,或因变更导致合同价款增减及造成承包人损失的,由发包人承担,延误的工期应相应顺延。

《合同法》第 77 条第 1 款规定:"当事人协商一致,可以变更合同"。工程签证是双方协商的结果,是对原合同进行变更的法律行为,具有与合同同等的法律效力,并构成整个工程合同的组成部分。

(一)建设工程合同变更的内容

一般主要是在合同主体不变的情况下(主体的变动称为合同的转让),对合同内容进行三个方面的变动:

1. 标的条款变更

主要包括标的本身、标的数量、质量、型号、规格以及标的其他方面的条款内

容发生变更;

2. 履行条款变更

主要包括价款或报酬、履行期限、地点、方式和所附条件等条款内容的变更;

3. 合同责任条款变更

主要是担保、违约责任形式、合同救济方式或争议解决方式等条款内容的变更。

(二)建设工程合同变更的原因

1. 基于法律直接规定变更合同,如债务人违约致使合同不能履行,履行合同的债务变为损害赔偿债务;

2. 在合同因重大误解而成立的情况下,有权认可诉请变更合同;

3. 在情势变更使合同履行显失公平的情况下,当事人诉请变更合同;

4. 当事人各方协商同意变更合同。

(三)合同变更的限制

合同变更的限制主要有以下几个:

1. 禁止单方擅自或者任意变更合同;

2. 当事人对合同变更的内容应当达到"约定明确"或者"裁判明确"的法定要求,否则不发生合同变更的法律效力;

3. 合同生效后,当事人不得因其主体名称的变更或者法定代表人、负责人、承办人的变动而主张和请求合同变更。

(四)合同变更的效力

合同的变更主要是在保持合同关系的基础上,使合同内容发生变化,合同变更的实质是以变更后的合同代替了原合同。因此,在合同发生变更以后,当事人应当按照变更后的合同内容作出履行,任何一方违反变更后的合同内容都将构成违约。

二、建设工程合同的转让

(一)合同转让的概念

合同转让是当事人一方取得另一方同意,将合同的权利、义务转让给第三方的法律行为。

合同权利、义务的转让是合同变更的一种特殊形式,它不是变更合同中规定的权利和义务的内容,而是变更合同主体。法律、行政法规规定转让合同权利或者义务应当办理批准、登记等手续的,依照其规定。

(二)债权人转让合同权利

《合同法》规定,债权人可以将合同中的权利全部或者部分转让给第三人,但有下列情形之一的除外:

1. 根据合同性质不得转让;

2. 按照当事人约定不得转让;

3. 依照法律规定不得转让。

债权人转让权利的,应当通知债务人。未经通知的,该转让对债务人不发生效力。债权人转让权利的通知不得撤销,但经受让人同意的除外。

债权人转让权利的,受让人取得与债权有关的从权利,但该权利专属于债权人自身的除外。债务人接到债权转让的通知后,债务人对让与人的抗辩,可以向受让人主张。

债务人接到债权转让的通知时,债务人对让与人享有债权,并且债权人的债权先于转让的债权到期或者同时到期的,债务人可以向受让人主张抵消。

(三)债务人转让合同义务

《合同法》规定,债务人将合同的义务全部或者部分转移给第三人的,应当经债权人同意。债务人转移义务的,新债务人应当承担与主债务有关的从债务,但该债务专属于原债务人自身的除外。债务人转移义务的,新债务人可以主张原债务人对债权人的抗辩。

(四)合同权利、义务一并转让

《合同法》规定,当事人一方经对方同意,可以将自己在合同中的权利和义务一并转让给第三人。权利和义务一并转让的,适用上述有关债权人和债务人转让的有关规定。

当事人订立合同后合并的,由合并后的法人或者其他组织行使合同权利,履行合同义务。当事人订立合同后分立的,除债权人和债务人另有约定的以外,由分立的法人或者其他组织对合同的权利和义务享有连带债权,承担连带债务。

三、建设工程合同权利、义务的终止

(一)建设工程合同的权利、义务终止的意义

合同的权利、义务终止是指合同权利和合同义务归于消灭,合同关系不复存在。合同终止使合同的担保等附属于合同的权利、义务也归于消灭。

根据诚实信用原则,合同终止后,虽然当事人之间合同上的权利、义务关系不存在,但是,当事人仍应为对方履行保密、通知等义务。例如,如果建设工程设计合同没有约定保密义务,在合同终止后,设计人一般应继续承担必要的保密义务。合同权利、义务的终止不影响合同中结算、清理条款和独立存在的解决争议方法的条款(如仲裁条款)的效力。

(二)建设工程合同权利、义务因解除而终止

1. 建设工程合同解除的概念

合同解除是指当具备解除条件时,因合同当事人一方或双方意思表示,使有效成立的合同效力消灭的行为。

2. 建设工程合同解除的分类

合同解除分为协议解除和单方解除。协议解除是当事人双方就消灭有效合

同达成意思表示一致。单方解除是当事人双方根据法律规定和合同事项约定，当出现特定情形时，以单方意思解除合同。单方解除又分为约定解除和法定解除。单方约定解除是指当合同约定的解除情形出现时，享有解除权的一方以单方意思表示使合同解除。单方法定解除是以法律的直接规定行使解除权。

3. 协议解除的条件与程序

协议解除又称双方解除、合意解除，严格来讲，协议解除不需要什么条件，只要当事人双方当事人协商一致即可。

以成立合同的方式解除原有合同，即通过要约、承诺的方式解除合同，依照合同订立程序，法律、行政法规规定解除合同应当办理批准、登记等手续的，依照其规定。

4. 单方解除的条件与程序

约定解除的条件是当事人在订立合同时可以预先设定，解除合同的条件成熟时，解除权人以通知对方解除合同。

法定解除的条件，依据《合同法》及有关解释规定，在建设工程施工合同中，承包方发生下情形之一的，发包方可以请求解除合同：

(1)表示或者以行为表明不履行合同明确主要义务的；

(2)合同约定的期限内没有完工，且在发包人催告的合理期限内仍未完工的；

(3)已经完成的建设工程质量不合格，并拒绝修复的；

(4)将承包的建设工程非法转包、违法分包的。

发包人具有下列情形之一，致使承包人无法施工，且在催告的合理期限内仍未履行相应义务的，承包人可以请求解除建设工程施工合同：

(1)未按约定支付工程价款的；

(2)提供的主要建筑材料、建筑构配件和设备不符合强制性标准的；

(3)不履行合同约定的协助义务的。

合同解除的程序为：法律规定或者当事人约定解除权行使期限，期限届满当事人不行使的，该权利消灭。法律没有规定或者当事人没有约定解除权行使期限，经对方催告后在合理期限内不行使的，该权利消灭。

当事人一方依照规定主张解除合同的，应当通知对方。合同自通知到达对方时解除。对方有异议的，可以请求人民法院或者仲裁机构确认解除合同的效力。解除人和相对人均有权请求法院或者仲裁机构确认解除合同的效力。法律、行政法规规定解除合同应当办理批准、登记等手续的，依照其规定。

5. 合同解除后的处理

(1)合同解除后，对尚未履行的债务，终止履行。

合同解除后，发生合同效力消灭的效果，因此，尚未履行的义务也随合同效力消灭而丧失履行的基础。

(2)合同解除后，如果已经履行的债务根据履行情况和合同性质可以恢复原状，就可以要求恢复原状；如果恢复原状已经不可能，可以要求采取其他补救措施。

(3)合同解除后,当事人有权依法要求赔偿。

① 如果当事人通过协议解除合同,并在协议内商定损失赔偿,就应依照协议赔偿。

② 因不可抗力造成合同不能履行的,当事人可以解除合同,并且一般不承担赔偿责任(根据《民法通则》第 107 条)。但是,如果是因一方当事人迟延履行后发生不可抗力,该方当事人就应向对方当事人承担赔偿责任(根据《合同法》第 117 条第 1 款)。

③ 因违约造成对方当事人解除合同的,守约方有权要求违约方赔偿损失。(注意:合同解除也是工程索赔的原因之一。)

(三)合同权利义务因其他原因而终止

1. 合同因履行而终止

通过履行,合同当事人按照合同的约定实现债权,该债权即因达到目的而消灭,相应的合同债务随之消灭,即合同因履行而终止,也称合同因清偿而终止。

2. 合同因抵消而终止

抵消指双方互负债务且种类相同时,一方的债务与对方的债务在对等范围内相互消灭。抵消分为法定抵消和约定抵消。

(1)法定抵消

① 法定抵消的概念。抵消是指合同双方当事人互负到期债务,且该债务标的物种类、品质相同时,任何一方作出的以其债权充当债务的清偿使相互间相当数额的债务同归消灭的意思表示。

② 法定抵消的要件。其一,双方当事人互负债务,互享债权;其二,抵消的债权应为合法存在的债权;其三,两项债权均须已届清偿期;其四,债务的标的物种类、品质相同;其五,当事人所负债务属于可以抵消的债务。

根据债务的性质和法律的规定,与人身不可分的债务如抚养费、抚恤金、退休金、生活补助费等不可抵消;因故意实施侵害他人权益产生的债务不得抵消;超过诉讼时效的债权不得抵消。超过诉讼时效的债权欠缺强制执行力,故原则上不得抵消。

③ 法定抵消的行使。主张抵消的当事人,应当将抵消的意思通知对方当事人,通知自到达对方当事人时即发生法律效力,不需要被抵消一方当事人的同意,抵消权人也不得撤回通知。同时,抵消不得附条件或者附期限,附条件或者附期限的抵消意思表示无效。

④ 法定抵消的效力。抵消发生债务清偿的效力,使双方互负的债务在数额相等的范围内消灭。双方债务数额相等时,全部债务债权因抵消而消灭;双方债务数额不相等时,债务数额较大的一方就超出的债务仍负有清偿的责任,可以采取支付差额的方法予以抵消。抵消的债务利息计算到抵消之日,抵消时未到期的债务,如系债权人提出抵消,可视为对期限权益的放弃,不再扣除未到期的利息。抵消的效力溯及至可以抵消时。

(2)合意抵消

合意抵消是指互负债务债权的当事人通过订立合同(称为抵消合同)而使债权归于消灭。《合同法》第 100 条规定:"当事人互负债务,标的物种类、品质不相同的,经双方协商一致,也可以抵消。"合意抵消适用合同成立、生效的一般条件。合意抵消的效力与法定抵消的效力基本相同,但由于合意抵消是双方协商一致的产物,当事人需特别约定抵消的效力。合意抵消中,无论当事人双方的债权是否到期,债务标的种类、品质是否相同,只要双方当事人协商同意,不损害他人的利益即可,没有太多的限制条件,与法定抵消相比,更加灵活机动。抵消合同可以附条件或者附期限。

[想一想]

举例说明什么叫提存?提存的标的物包括哪些?

3. 合同因提存而终止

所谓提存,是指由于债权人的原因导致债务人无法向其交付标的物,债务人将该标的物交给提存部门,从而使合同归于消灭的制度。债务履行需要债权人在受领等事项上的配合,如果债权人拒绝受领或者其他原因(诸如下落不明)导致债务人的债务未能消灭,可能给债务人带来长期财产上或者精神上的负担等弊害,这违背公平原则。

提存涉及三方主体:提存人(债务人)、提存受领人(债权人)、提存部门。我国《公证法》规定,提存部门是公证机构。

提存的标的物是债务人依合同应当交付给债权人的物,并以适合提存者为限,诸如货币、有价证券、珠宝等。有些标的物不适合提存或者提存费用过高,诸如易腐烂的新鲜水果、蔬菜、易燃易爆品、宠物等,债务人可以依法拍卖或者变卖标的物,再将所得款项提存。

自提存之日起,债务人的债务消灭,债权人的债权得到清偿,标的物所有权转归债权人。自提存起,标的物毁损、灭失的风险也转归债权人。

提存部门有保管提存标的物的权利和义务,应采取适当措施保管提存标的物,有权收取提存费用。

债权人有权随时领取提存物,但债权人对债务人负有到期债务的,在债权人未履行债务或者提供担保之前,提存部门根据债务人的要求应当拒绝其领取提存物。但是,债权人领取提存物的权利,自提存之日起 5 年内不行使而消灭,提存物扣除提存费用后归国家所有。

4. 合同因免除债务而终止

免除债务是指债权人可以依法全部或者部分抛弃自己的债权,从而全部或部分终止合同关系。免除是债权人处分自己权利的行为,但是,如果债权人对其债权丧失处分权(如债权人破产了),就不得有任意免除行为。

债权人免除债务意思应由债权人向债务人作出表示,方式没有限制:可以口头,也可以书面,或者以行为,或者默示。一旦债权人作出免除的意思表示,就产生效力,不得任意撤回。

5. 合同因混同而终止

混同是指合同债权和债务同归一人。根据《合同法》第 106 条,混同通常使合同关系消灭,但是涉及第三人利益的除外。

混同的原因有:继承(债权人继承债务人财产,或者债务人继承债权人的债权);作为债权人与债务人双方的企业合并;债务人的债务由债权人承担;债务人受让了债权人的债权。

第五节　建设工程合同的违约责任和纠纷的解决

一、建设工程合同违约行为

违约行为是指违反合同债务的行为,亦称为合同债务不履行。这里的合同债务,既包括当事人在合同中约定的义务,也包括法律直接规定的义务,还包括根据法律原则和精神的要求,当事人所必须遵守的义务。

违约行为包括各种不同的类型,首先可以分为两大类:其一,预期违约,即在履行期限到来之前明确表示不履行合同或者以行为表明不履行合同;其二,实际违约,即履行期到来后,当事人不履行合同或者不完全履行合同。其中,实际违约又包括拒绝履行合同、迟延履行合同、不适当履行合同、部分履行合同等违约行为形态。

二、建设工程合同违约责任

1. 建设工程合同违约责任的概念

建设工程合同违约责任是指建设工程合同当事人不履行合同义务或者履行合同义务不符合约定时,依法产生的法律责任。

2. 违约责任的性质

违约责任作为民事责任的一种,具有民事责任的一般属性,包括财产性、补偿性等。

(1)违约责任基本上是一种财产责任

在当事人不履行合同义务时,应当向另一方给付一定金钱或财物。

(2)违约责任的补偿性

承担违约责任的主要目的在于填补合同当事人因违约行为所遭受的损失。

(3)违约责任的相对性

违约责任只能是合同一方当事人向另一方合同当事人承担的民事责任,非合同当事人间一般不发生违约责任的请求与承担问题。

(4)违约责任的可约定性

这是合同自由原则的必然要求。

三、建设工程合同违约责任的归责原则与构成要件

《合同法》第 107 条规定:"当事人一方不履行合同义务或者履行合同义务不符合约定的,应当承担继续履行、采取补救措施或者赔偿损失等违约责任。"一般

认为是《合同法》总则采取了严格责任原则,同时,分则第 180、191 条等仍规定了过错责任原则。因此,我国合同法确立的归责原则可以概括为:以严格责任为基础,以合同法分则明文规定的过错责任为补充,也就是说,除非合同法分则有具体规定,否则应采用严格责任。建设工程合同根据《合同法》规定适用严格责任即无过错责任原则。

根据严格责任原则,过错不是违约责任的构成要件,当事人只要有违约行为一个条件就可以认定违约责任。据此建设工程合同违约责任的构成要件有两个:一是有违约行为;二是无免责事由。即有违约行为,无免责事由,则承担违约责任;有违约行为,有免责事由,则不承担违约责任。

1. 有违约行为

违约行为是指违反合同债务的行为,亦称为合同债务不履行。这里的合同债务,既包括当事人在合同中约定的义务,也包括法律直接规定的义务,又包括根据法律原则和精神的要求,当事人所必须遵守的义务。

2. 无免责事由

免责事由是指免除当事人承担违约责任的法定或约定原因和理由。免责事由有法定免责事由与约定免责事由两种。法定免责事由是直接由法律规定的免责事由,法定免责事由主要指不可抗力,详见后述;约定免责事由则是由当事人事先在合同中约定的免责事由。免责条款是限制或免除当事人未来违约责任的条款。免责条款必须由当事人明确订入合同并成为合同内容的组成部分,不允许采用默示方式作出或者事后推定;免责条款属于当事人意思自治范畴,虽然订入合同,要实际发生免责效果,还必须符合法律规定的有效条件,方产生免责效力。

[想一想]

违约责任与缔约过失责任有何区别?

不可抗力是严格责任归责原则下唯一的法定免责事由。《合同法》第 117 条规定:"因不可抗力不能履行合同的,根据不可抗力的影响,部分或者全部免除责任,但法律另有规定的除外。当事人迟延履行后发生不可抗力的,不能免除责任。"不可抗力是指不能预见、不能避免并不能克服的客观情况。不可抗力就其类型大致有三种:一是自然事件,如特大洪水及其他自然灾害事件;二是政府行为,主要是政策和法律的改变;三是社会异常事件,如战争、社会动乱等。除上述一般情形外,当事人还可以在合同中特别约定不可抗力的范围,只要该约定不违反法律的强制性规定即可。

四、建设工程合同违约责任形式及承担

1. 违约补救措施

违约补救措施是指消除或者减轻违约损害后果的特殊的救济措施。违约补救措施是一项极富弹性的违约救济措施,内容极为宽泛。它既可以表现为对违约后果的消除或减轻,如修理、重作或更换等,又可以是继续履行合同义务以实现当事人的缔约目的,如供方积极组织货源。

2. 强制实际履行

强制实际履行又称特定履行或标的履行,是指在债务人不履行合同义务时,

债权人请求法院或仲裁机关以国家强制力强制债务人履行合同义务的违约责任形式。强制实际履行是一种特殊的违约责任形式,其目的不在于强调损害的填补,而是强调债权人订约目的的实现,因为违约行为所导致的损失并非总是可以通过损害赔偿得到完全补偿,所以强制实际履行有时更有利于对债权人利益的保护。

3. 赔偿损失

赔偿损失也称损害赔偿,是指违约方不履行合同或不完全履行合同而给对方造成损失,依法或依约应向对方承担的补偿责任。赔偿损失的目的是补偿受害人因违约行为所遭受的损害,因而从本质上讲,赔偿损失是交换关系在违约责任领域的特殊表现,是违约责任的最常见也是最重要的违约责任形式。

4. 违约金责任

违约金责任是当事人事先约定的、一方违约后应向对方支付一定数额金钱的责任形式。违约金责任主要以约定而产生。违约金具有惩罚与补偿双重性质。当当事人违反合同但未给对方造成经济损失时,违约金具有惩罚的性质;如果已经给对方造成经济损失,违约金具有补偿的性质。

五、建设工程合同纠纷的解决

建筑工程合同的纠纷是指同当事人对合同规定的权利和义务发生争议而形成的纠纷。解决建筑工程合同纠纷的途径有四种:协商、调解、仲裁、诉讼。

1. 协商

协商,是指合同当事人依据有关法律规定和合同约定,在自愿友好的基础上,互相谅解,经过谈判和磋商,自愿对争议事项达成协议,从而解决合同争议的一种方法。协商应以合法、自愿、平等为原则。

2. 调解

调解,是在第三方的主持下,通过对当事人进行说服教育,促使双方作出适当的让步,自愿达成协议,从而解决合同争议的方法。调解也是以合法、自愿、平等为原则。在我国,调解作为法律概念,包括民间调解、仲裁机构调解和法院调解三种类型。

3. 仲裁

仲裁,亦称"公断",是双方当事人在合同争议发生前或发生后达成协议,自愿将争议交给仲裁机构作出裁决,并负有自觉履行义务的一种解决争议的方式。一方当事人不履行的,另一方当事人可以依照民事诉讼法的有关规定向人民法院申请强制执行。同时当事人以同一争议再向人民法院起诉的,法院将不再受理。

我国仲裁实行一裁终审制,并适用司法监督程序,即:当事人提出证据,证明符合撤销裁决条件的,可向仲裁委员会所在地中级人民法院申请撤销裁决;被申请人提出证据,证明有不予执行条件的,经人民法院合议庭审查核实,裁决不予执行。

4. 诉讼

诉讼,是通过司法程序解决合同争议,是合同当事人依法请求人民法院行使审判权,审理双方发生的合同争议,作出有国家强制保证实现其合法权益,从而解决争议的审判活动。向人民法院提起诉讼,应当遵循地域管辖、级别管辖和专属管辖的原则。建设工程合同纠纷,应由建设工程项目所在地或被告住所地有管辖权的人民法院管辖为宜。任何一方当事人都有权起诉,而无需征得对方当事人同意。人民法院审理案件,实行两审终审制。当事人对人民法院作出的一审判决、裁定不服的,有权上诉。对生效判决、裁定不服的,尚可向人民法院申请再审。

第六节 FIDIC《土木工程施工合同条件》简介

"国际咨询工程师联合会"简称 FIDIC,是国际上具有权威性的咨询工程师组织。为了规范国际工程咨询和建设承包活动,FIDIC 先后发表过很多重要的管理性文件和标准化的合同文本,已成为国际工程界公认的"惯例"。尤其是合同文本,不仅已被 FIDIC 组织成员国广泛采用,而且世界银行、亚洲开发银行、非洲开发银行等金融机构所编制的合同文本,也基本上以 FIDIC 文本为基础。FIDIC 在其合同条件的应用指南中明确指出,结合建设工程项目的地域特点和专业特点将专用条件细化后,FIDIC 合同条件的合同文本同样适用于国内招标的工程。但 FIDIC 合同条件主要是针对大型复杂工程项目,通过招标选择承包商为条件编制的合同。

一、土木工程施工合同条件概述

《土木工程施工合同条件》是 FIDIC 最早编制的合同文本,也是其他几个合同条件的基础。土木工程施工合同条件的主要特点表现为,条款中责任的约定以招标选择承包商为前提;合同履行过程中建立以工程师为核心的管理模式;以单价合同为基础(也允许部分工作以总价合同承包)。建设部颁发的《建设工程施工合同文本》采用了很多土木工程施工合同条件的条款,本节仅就其中部分未采用的合同条款予以介绍。

二、合同中的部分重要词语含义

(一)合同履行中涉及的几个阶段的概念

1. 合同工期

合同工期是所签合同内注明的完成全部工程或分步移交工程的时间,加上合同履行过程中因非承包商应负责原因导致变更和索赔事件发生后,经工程师批准顺延工期之和。合同内约定的工期指承包商在投标书附录中承诺的竣工时间。合同工期的日历天数作为衡量承包商是否按合同约定期限履行施工义务的标准。

2. 施工期

施工期,是指从工程师按合同约定发布的"开工令"中指明的应开工之日起,至工程移交证书注明的竣工日止的日历天数为承包商的施工期。用施工期与合同工期比较,判定承包商的施工是提前竣工,还是延误竣工。

3. 缺陷责任期

缺陷责任期即国内施工文本所指的工程保修期,自工程移交证书中写明的竣工日开始,至工程师颁发解除缺陷责任证书为止的日历天数。尽管工程移交前进行了竣工检验,但只是证明承包商的施工工艺达到了合同规定的标准,设置缺陷责任期是为了考验工程在动态运行条件下是否达到了合同中技术规范的要求。因此,从开工之日起至颁发解除缺陷责任证书日止,承包商要对工程的施工质量负责。合同工程的缺陷责任期及分阶段移交工程的缺陷责任期,应在专用条件内具体约定。次要部位工程通常为半年;主要工程及设备大多为一年;个别重要设备也可以约定为一年半。

4. 合同有效期

自合同签字日起至承包商提交给业主(建设单位,下同)的"结清单"生效日止,施工合同对业主和承包商均具有法律约束力。颁发解除缺陷责任证书只是表示承包商的施工义务终止,合同约定的权利义务并未完全结束,还剩有管理和结算等手续。结清单生效指业主已按工程师签发的最终支付证书中的金额付款,并退还承包商的履约保函。结清单一经生效,承包商在合同内享有的索赔权利也自行终止。

(二)合同价格

合同条件中,通用条件第1.1款规定,"合同价格指中标通知书中写明的,按照合同规定,为了工程的实施、完成及其任何缺陷的修补应付给承包商的金额"。但应注意,中标通知书中写明的合同价格仅指业主接受承包商投标书为完成全部招标范围内工程报价的金额,不能简单地理解为承包商完成施工任务后应得到的结算款额。因为合同条件内很多条款都规定,工程师根据现场情况发布非承包商应负责原因的变更指令后,如果导致承包商施工中发生额外费用所应给予的补偿,以及批准承包商索赔给予补偿的费用,都应增加到合同价格上去,所以签约时原定的合同价格在实施过程中会有所变化。大多数情况下,承包商完成合同规定的施工义务后,累计获得的工程款也不等于原定合同价格与批准的变更和索赔补偿款之和,可能比其多,也可能比其少。

(三)指定分包商

通用条件规定,业主有权将部分工程项目的施工任务或涉及提供材料、设备、服务等工作内容发包给指定分包商实施。所谓"指定分包商"是由业主(或工程师)指定、选定、完成某项特定工作内容并与承包商签订分包合同的特殊分包商。

合同内规定有承担施工任务的指定分包商,大多因业主在招标阶段划分合同包时,考虑到某部分施工的工作内容有较强的专业技术要求,一般承包单位不具备相应的技术能力,但如果以一个单独的合同对待又限于现场的施工条件,工程师无法合理地进行协调管理,为避免各独立承包商之间的施工干扰,则只能将这部分工作发包给指定分包商实施。由于指定分包商是与承包商签订分包合同,因而在合同关系和管理关系方面与一般分包商处于同等地位,对其施工过程中的监督、协调工作纳入承包商的管理之中。指定分包工作内容可能包括部分工程的施工;供应工程所需的货物、材料、设备;设计;提供技术服务等。

特殊专项工作的实施要求指定分包商拥有某方面的专业技术或专门的施工设备、独特的施工方法。业主和工程师往往根据所积累的资料、信息,也可能依据以前与之交往的经验,对其信誉、技术能力、财务能力等比较了解,通过议标方式选择。若没有理想的合作者,也可以就这部分承包商不善于实施的工作内容,采用招标方式选择指定分包商。

某项工作将由指定分包商负责实施是招标文件规定,并已由承包商在投标时认可,因此他不能反对该项工作由指定分包商完成,并负责协调管理工作。但业主必须保护承包商合法利益不受侵害是选择指定分包商的基本原则,因此当承包商有合法理由时,有权拒绝某一单位作为指定分包商。为了保证工程施工的顺利进行,业主选择指定分包商应首先征求承包商意见,不能强行要求承包商接受他有理由反对的,或是拒绝与承包商签订保障承包商利益不受损害分包合同的指定分包商。如果承包商有合法理由拒绝与业主选择的单位签订指定分包合同时,FIDIC在《土木工程施工合同条件应用指南》中说明,可由工程师采取以下的任何一种措施:(1)选择另一个单位作为指定分包商;(2)协助修改分包合同条款,保障承包商的合法权益不受侵害;(3)发布"变更指令",由承包商自己去安排该项工作的实施。

第(3)种情况是说,虽然承包商不适于完成指定分包工作,但由于采取的前两种措施都无法选出一个承包商可以接受的指定分包商,只能将这部分工作交给承包商,由他来选择分包商实施。承包商选择的实施单位即为一般分包商,必须经过工程师的审查批准方可承担该项工作。

三、风险责任的划分

(一)业主应承担的风险

合同履行过程中可能发生的某些风险是有经验的承包商在准备投标时无法合理预见的,就业主利益而言,不应要求承包商在其报价中计入这些不可合理预见风险的损害补偿费,以取得有竞争性的合理报价。合同履行过程中发生此类风险事件后,按承包商受到的实际影响给予补偿。

(二)合同条件规定的业主风险

通用条件第20.4子款规定,属于业主的风险包括:

1. 战争、敌对行动、入侵、外敌行动;
2. 叛乱、革命、暴动或军事政变、篡夺政权或内战;

3. 核爆炸、核废料、有毒气体的污染等;

4. 超音速或亚音速飞行物产生的压力波;

5. 暴乱、骚乱或混乱,但不包括承包商及分包商的雇员因执行合同而引起的行为;

6. 因业主在合同规定以外,使用或占用永久工程的某一区段或某一部分而造成的损失或损害;

7. 业主提供的设计不当造成的损失;

8. 一个有经验承包商通常无法预测和防范的任何自然力作用。

前5种风险都是业主或承包商无法预测、防范和控制的事件,损害的后果又很严重,因此合同条件又进一步将它们定义为"特殊风险"。因特殊风险事件发生导致合同的履行被迫终止时,业主应对承包商受到的实际损失(不包括利润损失)给予补偿。

(三)其他不能合理预见的风险

1. 如果遇到了现场气候条件以外的外界条件或障碍影响了承包商按预定计划施工,经工程师确认该事件属于有经验的承包商无法合理预见的情况,则承包商实际施工成本的增加和工期损失应得到补偿。

2. 汇率变化对支付外币的影响。当合同内约定给承包商的全部或部分付款为某种外币,或约定整个合同期内始终以投标截止日期前第28天承包商报价所依据的投标汇率为不变汇率按约定百分比支付某种外币时,汇率的实际变化对支付外币的计算不产生影响。若合同内规定按支付日当天中央银行公布的汇率为标准,则支付时需随汇率的市场浮动进行换算。由于合同期内汇率的浮动变化是双方签约时无法预计的情况,不论采用何种方式业主均应承担汇率实际变化对工程总造价影响的风险,可能对其有利,也可能不利。

3. 法令、政策变化对工程成本的影响,如果投标截止日期前第28天后,由于法律、法令和政策变化引起承包商实际投入成本的增加,应由业主给予补偿。若导致施工成本的减少,也由业主获得其中的好处。

(四)承包商应承担的风险

施工合同的当事人是业主和承包商,因此合同履行过程中发生的应由业主承担的风险以外的各种风险事件,均应由承包商承担。

四、工程师颁发证书程序

(一)颁发工程移交证书

工程移交证书在合同管理中有重要作用,一是证书中指明的竣工日期,将用于判定承包商应承担拖期违约赔偿责任,还是可获得提前竣工的奖励;二是颁发证书日,即为对已竣工工程照管责任的转移日期。

1. 颁发工程移交证书的程序

工程施工达到了合同规定的"基本竣工"要求后,承包商以书面形式向工程师申请颁发移交证书,同时附上一份在缺陷责任期内及时完成任何未尽事宜的书面保证。基本竣工是指工程已通过竣工检验,能够按照预定目的交给业主占用或使用,而非完成了合同规定的包括扫尾、清理施工现场及不影响工程使用的某些次要部位缺陷修复工作后的最终竣工,剩余工作允许承包商在缺陷责任期内继续完成。这样规定有助于准确判定承包商是否按合同规定的工期完成施工义务,也有利于业主尽早使用或占有工程,及时发挥工程效益。

工程师接到承包商申请后的 21 天内,如果认为已满足竣工条件,即可颁发工程移交证书;若不满意,则应书面通知承包商,指出还需完成哪些工作后才达到基本竣工条件。承包商按指示完成相应工作并被工程师认可后,不需再次申请颁发证书,工程师应在指示工作最后一项完成的 21 天内主动签发证书。工程移交证书应说明以下主要内容:

(1)确认工程已基本竣工;

(2)注明达到基本竣工的具体日期;

(3)详细列出按照合同规定承包商在缺陷责任期内还需完成工作的项目一览表。

如果合同约定工程不同区段有不同竣工日期时,每完成一个区段均应按上述程序颁发部分工程的移交证书。

2. 特殊情况下的证书颁发程序

(1)业主提前占用工程

工程师应及时颁发工程移交证书,并确认业主占用日为竣工日。提前占用或使用表明该部分工程已达到竣工要求,对工程照管责任也相应转移给业主。但承包商对该部分工程的质量缺陷仍负有责任,在缺陷责任期内出现的施工质量问题还属于承包商的责任。若是业主提前使用或照管责任导致的质量缺陷,则由业主负责。

(2)因非承包商原因导致不能进行规定的竣工检验

有时也会出现施工已达到竣工条件,但由于不应由承包商负责的主观或客观原因不能进行竣工检验。如果等条件具备进行竣工试验后再颁发移交证书;既会因推迟竣工时间而影响到对承包商是否按期竣工的合理判定,也会产生在这段时间内对该部分工程的使用和照管责任不明。针对此种情况,工程师应以本该进行竣工检验日签发工程移交证书,将这部分工程移交给业主照管和使用。工程虽已接收,仍应在缺陷责任期内进行补充检验。当竣工检验条件具备后,承包商应在接到工程师指示进行竣工试验通知的 14 天内完成检验工作。由于非承包商原因导致缺陷责任期内进行的补检,属于承包商在投标阶段不能合理预见到的情况,该项检查试验比正常检验多支出的费用应由业主承担。

(二)颁发解除缺陷责任证书

设置缺陷责任期的目的是检验已竣工的工程在运行条件下施工质量是否达到合同规定的要求。缺陷责任期内,承包商的义务主要表现在两个方面,一是按工程师颁发移交证书时开列的后续工作一览表,完成承包范围内的全部工作;二是对工程运行过程中发现的任何缺陷,按工程师的指示进行修复工作,以便缺陷责任期满时将符合合同约定条件(合理磨损除外)的工程进行最终移交。

缺陷责任期内工程圆满地通过运行考验,工程师应在期满后的 28 天内,向业主签发解除承包商承担工程缺陷责任的证书,并将副本送给承包商。解除缺陷责任证书是承包商已按合同规定完成全部施工义务的证明,因此该证书颁发后工程师就无权再指示承包商进行任何施工工作,承包商即可办理最终结算手续。但此时仅意味承包商与合同有关的实际施工义务已经完成,而合同尚未终止,剩余的双方合同义务只限于财务和管理方面的内容。业主应在证书颁发后的 14 天内,退还承包商的履约保证书。

缺陷责任期满时,如果工程师认为还存在影响工程运行或使用的较大缺陷,可以延长缺陷责任期推迟颁发证书;若认为剩余的工作无足轻重,则可以书面指示承包商必须在期满后的 14 天内完成,而后及时颁发证书。

合同内规定有分项移交工程时,工程师将颁发多个工程移交证书。但从解除缺陷责任证书的作用来看,一个合同工程只颁发一个解除缺陷责任证书,即在最后一项移交工程的缺陷责任期满后颁发。较早到期的部分工程,通常以工程师向业主报送最终检验合格证明的形式说明该部分已通过了运行考验,并将副本送给承包商。

五、对工程质量的控制

(一)对工程质量的检查和试验

1. 工程师可以进行合同内没有规定的检查和试验

为了确保工程质量,工程师可以根据工程施工的进展情况和工程部位的重要性进行合同没有规定的必要检查或试验。有权要求对承包商采购的材料进行额外的物理、化学、金相等试验;对已覆盖的工程进行重新剥露检查;对已完成的工程进行穿孔检查。合同条件规定属于额外的检验包括:

(1)合同内没有指明或规定的检验;

(2)采用与合同规定不同方法进行的检验;

(3)在承包商有权控制的场所之外进行的检验(包括合同内规定的检验情况),如在工程师指定的检验机构进行。

2. 检验不合格的处理

进行合同没有规定的额外检验属于承包商投标阶段不能合理预见的事件,如果检验合格,应根据具体情况给承包商以相应的费用和工期损失补偿。若检验不合格,承包商必须修复缺陷后在相同条件下进行重复检验,直到合格为止并由其承担额外检验费用。但对于承包商未通知工程师检查而自行隐蔽的任何工程部位,工程师要求进行剥露或穿孔检查时,不论检验结果表明质量是否合格,均由承包商承担全部费用。

(二)承包商执行工程师的有关指示

1. 承包商应执行工程师发布的与质量有关指令

除了法律或客观上不可能实现的情况以外,承包商应认真执行工程师对有关工程质量发布的指示,而不论指示的内容在合同内是否写明。例如,工程师为了探查地基覆盖层情况,要求承包商进行地质钻探或挖探坑。如果工程量清单中没有包括这项工作,则应按变更工作对待,承包商完成工作后有权获得相应补偿。

2. 调查缺陷原因

在缺陷责任期满前的任何时候,承包商都有义务根据工程师的指示调查工程中出现的任何缺陷、收缩或其他不合格之处的原因,将调查报告报送工程师,并抄送业主。调查费用由造成质量缺陷的责任方承担:

(1)施工期间,承包商应自费进行此类调查。除非缺陷原因属于业主应承担的风险、业主采购的材料不合格、其他承包商施工造成的损害等,应由业主负责调查费用。

(2)缺陷责任期内,只要不属于承包商使用有缺陷材料或设备、施工工艺不合格以及其他违约行为引起的缺陷责任,调查费用应由业主承担。

(三)对承包商设备的控制

工程质量的好坏和施工进度的快慢,很大程度上取决于投入施工的机械设备、临时工程在数量和型号上的满足程度。鉴于承包商投标书报送的设备计划是业主决标考虑的主要因素之一,因此合同条件规定承包商自有的施工机械、设备、临时工程和材料(不包括运送人员和材料的运输设备),一经运抵施工现场后就被视为专门为本合同工程施工所用。虽然承包商拥有所有权和使用权,但未经工程师批准不能将其中的任何一部分运出施工现场。

此项规定的目的是保证本工程的施工,并非在施工期内绝对不允许承包商将自有设备运出工地。某些使用台班数较少的施工机械在现场闲置期间,如果承包商的其他工程需要使用时,可以向工程师申请暂时运出。当工程师依据施工计划考虑该部分机械暂时不用同意运出时,应同时指示何时必须运回以保证本工程施工之用,要求承包商遵照执行。对后期不再使用的设备,经工程师批准后承包商可以提前撤出工地。

(四)工程照管责任

从开工之日起到颁发工程移交证书之日止,承包商负有照管工程的责任。在此期间,工程的任何部分、待用材料、设备如果出现任何损失或损坏,除了业主应承担责任事件导致的原因外,应由承包商自费弥补这些损失或损坏。办理工程移交时,工程的各方面均需达到合同规定的标准。尽管承包商不对业主风险造成的损坏负责,但当工程师提出要求时,仍应按指示修复缺陷,工程师也应批准给予相应的补偿。

缺陷责任期内,业主对移交工程承担照管责任。承包商不对工程运行条件下的正常维护或维修工作承担责任,只对缺陷责任期内应继续完成扫尾或修补缺陷部分的工程,以及供该部分工程使用的材料和设备负有照管责任。

本章思考与实训

一、思考题

1. 什么是合同? 建筑工程合同有哪些特征?
2. 简述建设工程合同的订立和履行。
3. 哪些合同属于可撤销的合同和无效合同? 其法律后果是什么?
4. 简述建设工程合同的变更和解除。
5. 建筑工程合同承担违约责任的方式主要有哪几种?
6. 什么是索赔? 建筑工程合同提出索赔的情由分别有哪些?

二、案例分析题

案例1

【背景资料】

某供销社与某建筑公司签订了一份建筑一栋6层营业、办公两用楼的工程承包合同。供销社作为发包方,以大包干方式(即包工、包料)承包给建筑公司。合同约定:开工时间为2000年5月10日,竣工时间为2000年12月20日。经双方和质量部门验收合格后交付使用。

【问题】

1. 假设2000年11月20日工程竣工,但经双方和质量部门检验,存在若干安全隐患并与承包合同要求不符。供销社提出,建筑公司应该改建部分工程。建筑公司认为,部分改建耗工费时,不如少收部分报酬,供销社不同意。就上述问题应如何处理?

2. 假如工程在2000年11月20日竣工后,由于供销社急于开业未经验收就提前使用工程,后发现了严重质量问题,质量责任由谁承担? 如后经查明,质量问题是由于某建材店销售的建材不合格所致,又经证明,建材质量不合格是由于建材生产企业的过错导致的,请问,可以根据《产品质量法》追究建材生产者的责任吗?

3. 由于供销社没有按合同规定的时间提供图纸,以致工程延期20天才竣工,而供销社没有按合同规定的时间提供图纸又是由于某工程设计院的责任,则应当如何处理?

案例2

【背景资料】

2005年1月1日,最高人民法院发布施行《关于审理建设工程施工合同纠纷案件适用法律问题的解释》,近期,人民法院根据最高人民法院的新司法解释对一起建设工程施工合同纠纷案作出判决,判决被告陈某(总承包商)给付原告宁某(分包商)建设工程款180 408元,同时责令被告某部门(发包人)在其欠付总承包商的工程款范围内对原告宁某承担付款责任。

1999年1月,被告某部门按上级政府要求承担某幢办公大楼重新修建的任务后,被告陈某以某建设公司名义与该部门进行协商,双方达成施工承包合同,约定由建设公司为该部门承建修建任务。

陈某承包上述工程后,又与原告宁某商定,并以建设公司的名义分别于2000年6月25日、同年10月10日及同年12月15日与宁某签订承包合同书各一份,共约定宁某分包总造价为238 100元的部分工程。

合同签订后,宁某组织人员施工,工程在合同签订次年即陆续完工交付,并投入使用。施工过程中,宁某从陈某处已结部分工程款尚欠工程款180 408元。2002年4月18日,陈某以建设公司法定代表人的身份向宁某发出信函,对未能及时给付工程款表示遗憾,认为未能及时给付的原因系有关单位领导的行为所致。宁某追索工程款多年未果,遂委托安徽安江律师事务所王红纪律师向区人民法院提起诉讼。原告宁某委托代理人王红纪律师经向工商部门查询发现,建设公司未到工商部门依法进行登记。向法院提出诉讼时,将建设公司列为被告。

案发后查明,2004年1月11日,陈某以建设公司的名义与发包部门签订备忘录一份,该备忘录载明:双方总工程款为560 900元,发包部门尚欠建设公司工程款230 000元。原告宁某诉称,被告陈某假借某建设公司名义与发包人某部门达成总承包协议后,又将其中的一段工程分包给我;但我按照协议施工完毕数年之后,仍被拖欠工程款180 408元,经多方交涉无结果;现请求法院判决被告陈某、某部门向我支付上述工程款,并相互承担连带责任。

被告陈某辩称,我单位是按上级的要求组建的联营企业,我本人并不是法定代表人;由于在实际施工过程中相关人员存在违法乱纪的行为,造成我单位严重亏损,资产和债权严重流失;我为此已多次向有关部门作过反映,至今没有结果;现请求法院驳回原告宁某对我的诉讼请求。

被告某部门辩称,我单位尚欠工程款是事实,但拖欠的责任不在我单位,且原告宁某与我单位并无直接的合同关系,请求法院依法判决。

区法院审理后认为,被告某部门将其承担的工程发包给未经工商登记的建设公司进行施工,被告陈某又以建设公司名义将部分工程分包给原告宁某个人施工,双方所签订的承包合同违反法律、行政法规的强制性规定,属无效合同。行为人陈某(被告)以至今未经工商登记的公司的名义进行民事活动,因此引发的民事责任应由其本人承担。鉴于宁某按合同约定完成了施工任务,工程已交付使用,且两被告对其施工质量未提出异议,故宁某要求陈某支付工程款的请求依法应予支持。某部门作为施工项目的发包人,依法应在欠付承包商陈某的工程款范围内对宁某承担责任。根据《中华人民共和国合同法》和最高人民法院《关于审理建设工程施工合同纠纷案件适用法律问题的解释》的有关规定,作出了前述判决。

【问题】

1. 分包无效的法律后果应该由谁承担?

2. 所谓承包单位建设公司的法律责任由谁承担?

3. 能否要求拖欠工程款的发包单位承担法律责任?

案例 3

【背景资料】

某施工单位根据领取的某 2 000 平方米两层厂房工程项目招标文件和全套施工图纸,采用低报价策略编制了投标文件,并获得中标。该施工单位(乙方)于某年某月某日与建设单位(甲方)签订了该工程项目的固定价格施工合同。合同工期为 8 个月。甲方在乙方进入施工现场后,因资金紧缺,口头要求乙方暂停施工一个月。乙方亦口头答应。工程按合同规定期限验收时,甲方发现工程质量有问题,要求返工。两个月后,返工完毕。结算时甲方认为乙方迟延交付工程,应按合同约定偿付逾期违约金。乙方认为临时停工是甲方要求的。乙方为抢工期,加快施工进度才出现了质量问题,因此迟延交付的责任不在乙方。甲方则认为临时停工和不顺延工期是当时乙方答应的。乙方应履行承诺,承担违约责任。

【问题】

1. 该工程采用固定价格合同是否合适?

2. 该施工合同的变更形式是否妥当? 此合同争议依据合同法律规范应如何处理?

3. 甲方、乙方应分别承担什么责任?

第十章　城乡规划法规

【内容要点】

1. 城乡规划法规的立法概况、城乡规划的概念；
2. 城乡规划制定的原则和内容；
3. 建设项目选址意见书制度、建设用地规划许可证制度和建设工程规划许可证、乡村建设规划许可证制度；
4. 风景名胜区、历史文化名城规划管理等方面的法律制度。

【知识链接】

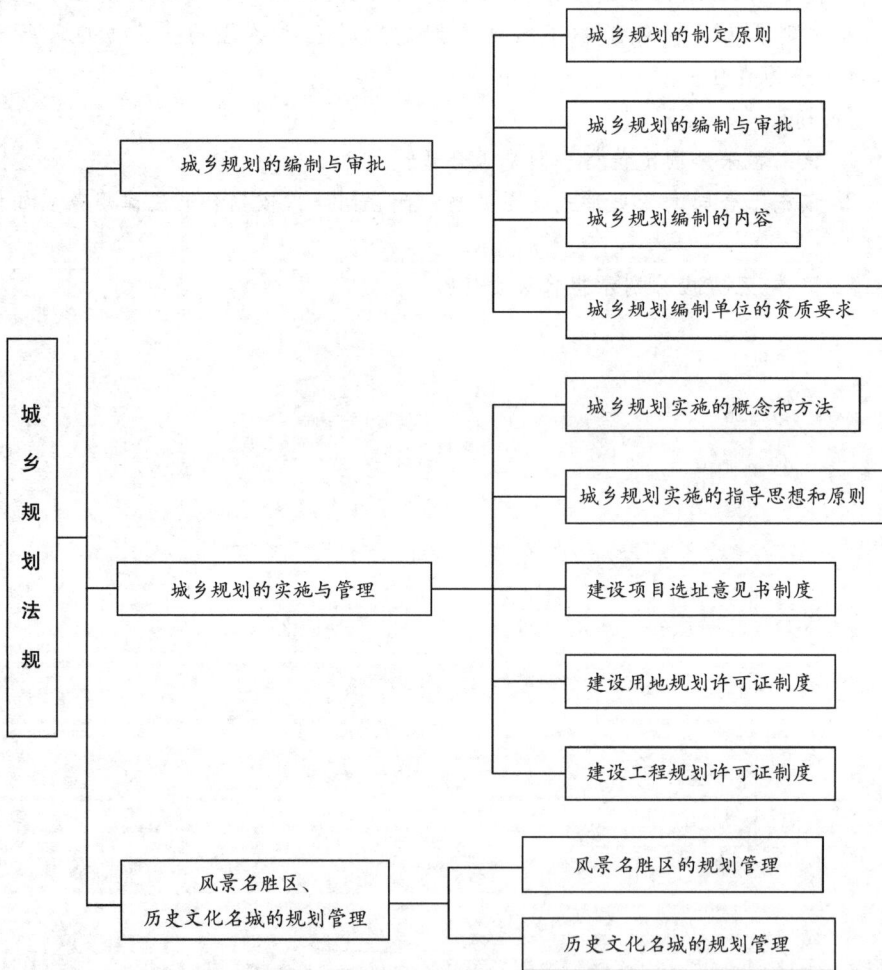

第一节　城乡规划法规概述

一、城乡规划法规的立法概况和立法宗旨

1989 年 12 月 26 日第七届全国人民代表大会常务委员会第十一次会议通过了《中华人民共和国城市规划法》（以下简称《城市规划法》），并自 1990 年 4 月 1 日起施行。《城市规划法》的发布与实施，是我国城市规划、建设和管理历程中的里程碑，标志着我国城市规划管理从此步入了法制轨道。之后，国家又陆续出台和修订了与之配套的相关行政法规、部门规章，主要有：建设部 1991 年 9 月 3 日颁布，2005 年 10 月 28 日修订的《城市规划编制办法》；1992 年 11 月 6 日经第 17 次建设部常务会议通过，自 1993 年 1 月 1 日起施行的《城市国有土地使用权出让转让规划管理办法》；国务院第三次常务会议通过，1993 年 11 月 1 日起施行的《村庄和集镇规划建设管理条例》；1994 年 9 月 1 日起施行的《城镇体系规划编制审批办法》；1995 年 7 月 1 日起施行的《建制镇规划建设管理办法》；1995 年 7 月 1 日起施行的《开发区规划管理办法》；中华人民共和国建设部令第 84 号，自 2001 年 3 月 1 日起施行的《城市规划编制单位资质管理规定》；经 2006 年 9 月 6 日国务院第 149 次常务会议通过，自 2006 年 12 月 1 日起施行的《风景名胜区条例》等。

[想一想]
《城乡规划法》的立法目的和作用是什么？

城乡规划法规的颁布与实施，对于加强城市和乡村的规划、建设与管理，遏制城市和乡村的无序建设等问题，起到了重要的作用。但随着中国经济社会的发展，现行的《城市规划法》和《村庄和集镇规划建设管理条例》的一些规定已不能适应当前形势的要求。在总结城乡规划实践中反映出的突出问题的基础上，2007 年 10 月 28 日第十届全国人民代表大会常务委员会第 30 次会议通过了《中华人民共和国城乡规划法》（以下简称《城乡规划法》），自 2008 年 1 月 1 日起施行，《中华人民共和国城市规划法》同时废止。

《城乡规划法》第一条开宗明义："为了加强城乡规划管理，协调城乡空间布局，改善人居环境，促进城乡经济社会全面协调可持续发展，制定本法。"这就是本法的立法宗旨或立法目的。

《城乡规划法》将统筹城乡建设和发展，确立科学的规划体系和严格的规划实施制度，正确处理近期建设和长远发展、局部利益与整体利益、经济发展与环境保护、现代化建设与历史文化保护等关系，促进合理布局、节约资源、保护环境、体现特色，充分发挥城乡规划在引导城镇化健康发展、促进城乡经济社会可持续发展中的统筹协调和综合调控作用。《城乡规划法》的颁布实施，将打破原有的城乡分割规划模式，使我国进入城乡总体规划的新时代。

二、城乡规划的概念

《城乡规划法》第二条规定："本法所称城乡规划，包括城镇体系规划、城市规

划、镇规划、乡规划和村庄规划。城市规划、镇规划分为总体规划和详细规划。详细规划分为控制性详细规划和修建性详细规划。

本法所称规划区,是指城市、镇和村庄的建成区以及因城乡建设和发展需要,必须实行规划控制的区域。规划区的具体范围由有关人民政府在组织编制的城市总体规划、镇总体规划、乡规划和村庄规划中,根据城乡经济社会发展水平和统筹城乡发展的需要划定。"

第三条规定:城市和镇应当依照《城乡规划法》制定城市规划和镇规划。城市、镇规划区内的建设活动应当符合规划要求。

县级以上地方人民政府根据本地农村经济社会发展水平,按照因地制宜、切实可行的原则,确定应当制定乡规划、村庄规划的区域。在确定区域内的乡、村庄,应当依照《城乡规划法》制定规划,规划区内的乡、村庄建设应当符合规划要求。

第二节 城乡规划的编制与审批

一、城乡规划的制定原则

［想一想］
城乡规划应遵循哪些基本原则?

《城乡规划法》第四条明确规定:制定和实施城乡规划,应当遵循城乡统筹、合理布局、节约土地、集约发展和先规划后建设的原则,改善生态环境,促进资源、能源节约和综合利用,保护耕地等自然资源和历史文化遗产,保持地方特色、民族特色和传统风貌,防止污染和其他公害,并符合区域人口发展、国防建设、防灾减灾和公共卫生、公共安全的需要。

在规划区内进行建设活动,应当遵守土地管理、自然资源和环境保护等法律、法规的规定。县级以上地方人民政府应当根据当地经济社会发展的实际,在城市总体规划、镇总体规划中合理确定城市、镇的发展规模、步骤和建设标准。

《城乡规划法》第五条进一步规定:城市总体规划、镇总体规划以及乡规划和村庄规划的编制,应当依据国民经济和社会发展规划,并与土地利用总体规划相衔接。这就是说国民经济发展规划和土地利用规划层次高于城乡规划。

二、城乡规划的编制与审批

1. 国务院城乡规划主管部门会同国务院有关部门组织编制全国城镇体系规划,用于指导省域城镇体系规划、城市总体规划的编制。

全国城镇体系规划由国务院城乡规划主管部门报国务院审批。

2. 省、自治区人民政府组织编制省域城镇体系规划,报国务院审批。

省域城镇体系规划的内容应当包括:城镇空间布局和规模控制,重大基础设施的布局,为保护生态环境、资源等需要严格控制的区域。

3. 城市人民政府组织编制城市总体规划。

直辖市的城市总体规划由直辖市人民政府报国务院审批。省、自治区人民政府所在地的城市以及国务院确定的城市的总体规划,由省、自治区人民政府审查同意后,报国务院审批。其他城市的总体规划,由城市人民政府报省、自治区人民政府审批。

4. 县人民政府组织编制县人民政府所在地镇的总体规划,报上一级人民政府审批。其他镇的总体规划由镇人民政府组织编制,报上一级人民政府审批。

5. 省、自治区人民政府组织编制的省域城镇体系规划,城市、县人民政府组织编制的总体规划,在报上一级人民政府审批前,应当先经本级人民代表大会常务委员会审议,常务委员会组成人员的审议意见交由本级人民政府研究处理。

镇人民政府组织编制的镇总体规划,在报上一级人民政府审批前,应当先经镇人民代表大会审议,代表的审议意见交由本级人民政府研究处理。

规划的组织编制机关报送审批省域城镇体系规划、城市总体规划或者镇总体规划,应当将本级人民代表大会常务委员会组成人员或者镇人民代表大会代表的审议意见和根据审议意见修改规划的情况一并报送。

6. 城市人民政府城乡规划主管部门根据城市总体规划的要求,组织编制城市的控制性详细规划,经本级人民政府批准后,报本级人民代表大会常务委员会和上一级人民政府备案。

7. 镇人民政府根据镇总体规划的要求,组织编制镇的控制性详细规划,报上一级人民政府审批。县人民政府所在地镇的控制性详细规划,由县人民政府城乡规划主管部门根据镇总体规划的要求组织编制,经县人民政府批准后,报本级人民代表大会常务委员会和上一级人民政府备案。

8. 乡、镇人民政府组织编制乡规划、村庄规划,报上一级人民政府审批。村庄规划在报送审批前,应当经村民会议或者村民代表会议讨论同意。

9. 城乡规划报送审批前,组织编制机关应当依法将城乡规划草案予以公告,并采取论证会、听证会或者其他方式征求专家和公众的意见。公告的时间不得少于三十日。组织编制机关应当充分考虑专家和公众的意见,并在报送审批的材料中附具意见采纳情况及理由。

10. 省域城镇体系规划、城市总体规划、镇总体规划批准前,审批机关应当组织专家和有关部门进行审查。

三、城乡规划编制的内容

(一)城市总体规划、镇总体规划

城市总体规划、镇总体规划的内容应当包括:城市、镇的发展布局,功能分区,用地布局,综合交通体系,禁止、限制和适宜建设的地域范围,各类专项规划等。

规划区范围、规划区内建设用地规模、基础设施和公共服务设施用地、水源地和水系、基本农田和绿化用地、环境保护、自然与历史文化遗产保护以及防灾减灾等内容,应当作为城市总体规划、镇总体规划的强制性内容。

城市总体规划、镇总体规划的规划期限一般为二十年。城市总体规划还应当对城市更长远的发展作出预测性安排。

1. 城市总体规划的强制性内容

(1)城市规划区范围。

(2)市域内应当控制开发的地域。包括:基本农田保护区,风景名胜区,湿地、水源保护区等生态敏感区,地下矿产资源分布地区。

(3)城市建设用地。包括:规划期限内城市建设用地的发展规模,土地使用强度管制区划和相应的控制指标(建设用地面积、容积率、人口容量等);城市各类绿地的具体布局;城市地下空间开发布局。

(4)城市基础设施和公共服务设施。包括:城市干道系统网络、城市轨道交通网络、交通枢纽布局;城市水源地及其保护区范围和其他重大市政基础设施;文化、教育、卫生、体育等方面主要公共服务设施的布局。

(5)城市历史文化遗产保护。包括:历史文化保护的具体控制指标和规定;历史文化街区、历史建筑、重要地下文物埋藏区的具体位置和界线。

(6)生态环境保护与建设目标,污染控制与治理措施。

(7)城市防灾工程。包括:城市防洪标准、防洪堤走向;城市抗震与消防疏散通道;城市人防设施布局;地质灾害防护规定。

[想一想]

城市中心城区规划应包括哪些内容?

2. 城市中心城区规划的内容

(1)分析确定城市性质、职能和发展目标。

(2)预测城市人口规模。

(3)划定禁建区、限建区、适建区和已建区,并制定空间管制措施。

(4)确定村镇发展与控制的原则和措施;确定需要发展、限制发展和不再保留的村庄,提出村镇建设控制标准。

(5)安排建设用地、农业用地、生态用地和其他用地。

(6)研究中心城区空间增长边界,确定建设用地规模,划定建设用地范围。

(7)确定建设用地的空间布局,提出土地使用强度管制区划和相应的控制指标(建筑密度、建筑高度、容积率、人口容量等)。

(8)确定市级和区级中心的位置和规模,提出主要的公共服务设施的布局。

(9)确定交通发展战略和城市公共交通的总体布局,落实公交优先政策,确定主要对外交通设施和主要道路交通设施布局。

(10)确定绿地系统的发展目标及总体布局,划定各种功能绿地的保护范围(绿线),划定河湖水面的保护范围(蓝线),确定岸线使用原则。

(11)确定历史文化保护及地方传统特色保护的内容和要求,划定历史文化街区、历史建筑保护范围(紫线),确定各级文物保护单位的范围;研究确定特色风貌保护重点区域及保护措施。

(12)研究住房需求,确定住房政策、建设标准和居住用地布局;重点确定经济适用房、普通商品住房等满足中低收入人群住房需求的居住用地布局及标准。

（13）确定电信、供水、排水、供电、燃气、供热、环卫发展目标及重大设施总体布局。

（14）确定生态环境保护与建设目标，提出污染控制与治理措施。

（15）确定综合防灾与公共安全保障体系，提出防洪、消防、人防、抗震、地质灾害防护等规划原则和建设方针。

（16）划定旧区范围，确定旧区有机更新的原则和方法，提出改善旧区生产、生活环境的标准和要求。

（17）提出地下空间开发利用的原则和建设方针。

（18）确定空间发展时序，提出规划实施步骤、措施和政策建议。

在城市总体规划的编制中，对于涉及资源与环境保护、区域统筹与城乡统筹、城市发展目标与空间布局、城市历史文化遗产保护等重大专题，应当在城市人民政府组织下，由相关领域的专家领衔进行研究。

（二）乡规划、村庄规划

乡规划、村庄规划应当从农村实际出发，尊重村民意愿，体现地方和农村特色。

乡规划、村庄规划的内容应当包括：规划区范围，住宅、道路、供水、排水、供电、垃圾收集、畜禽养殖场所等农村生产、生活服务设施、公益事业等各项建设的用地布局、建设要求，以及对耕地等自然资源和历史文化遗产保护、防灾减灾等的具体安排。乡规划还应当包括本行政区域内的村庄发展布局。

四、城乡规划编制单位的资质要求

《城乡规划法》第二十四条规定：城乡规划组织编制机关应当委托具有相应资质等级的单位承担城乡规划的具体编制工作。

从事城乡规划编制工作应当具备下列条件，并经国务院城乡规划主管部门或者省、自治区、直辖市人民政府城乡规划主管部门依法审查合格，取得相应等级的资质证书后，方可在资质等级许可的范围内从事城乡规划编制工作：

1. 有法人资格；

2. 有规定数量的经国务院城乡规划主管部门注册的规划师；

3. 有规定数量的相关专业技术人员；

4. 有相应的技术装备；

5. 有健全的技术、质量、财务管理制度。

规划师执业资格管理办法，由国务院城乡规划主管部门会同国务院人事行政部门制定。

编制城乡规划必须遵守国家有关标准，并应当具备国家规定的勘察、测绘、气象、地震、水文、环境等基础资料。

县级以上地方人民政府有关主管部门应当根据编制城乡规划的需要，及时提供有关基础资料。

[想一想]
城乡规划编制单位应具备什么条件？

第三节　城乡规划的实施与管理

一、城乡规划实施的概念和方法

　　城乡规划的实施,就是城乡规划设计方案的落实过程。城乡规划经法定程序批准生效后,即具有法律效力,未经法定程序不得修改。城乡规划区内的任何土地利用及各项建设活动,都必须符合城乡规划设计,满足城乡规划的要求,使生效的城乡规划得以实现。

　　为保证城乡规划的实施,城乡规划一经批准,就应向全社会公布,以便广大人民群众了解城乡规划的具体内容,以此作为各项建设活动的准则,自觉按照城乡规划的要求进行建设活动,并对各类违背城乡规划的违法行为及时举报,进行监督。

　　此外,《城乡规划法》还规定了在工程建设的不同阶段,建设单位必须向城市规划管理部门申领选址意见书、建设用地规划许可证、建设工程规划许可证等文件后,方可进行有关建设活动的制度,从制度上保证了每项建设工程都必须接受城乡规划管理部门的审核检查,从而保证城乡规划的全面实施。

二、城乡规划实施的指导思想和原则

　　地方各级人民政府应当根据当地经济社会发展水平,量力而行,尊重群众意愿,有计划、分步骤地组织实施城乡规划。

　　1. 城市的建设和发展,应当优先安排基础设施以及公共服务设施的建设,妥善处理新区开发与旧区改建的关系,统筹兼顾进城务工人员生活和周边农村经济社会发展、村民生产与生活的需要。

[想一想]
　旧城区的改建应考虑哪些因素?

　　镇的建设和发展,应当结合农村经济社会发展和产业结构调整,优先安排供水、排水、供电、供气、道路、通信、广播电视等基础设施和学校、卫生院、文化站、幼儿园、福利院等公共服务设施的建设,为周边农村提供服务。

　　乡、村庄的建设和发展,应当因地制宜、节约用地,发挥村民自治组织的作用,引导村民合理进行建设,改善农村生产、生活条件。

　　2. 城市新区的开发和建设,应当合理确定建设规模和时序,充分利用现有市政基础设施和公共服务设施,严格保护自然资源和生态环境,体现地方特色。

　　在城市总体规划、镇总体规划确定的建设用地范围以外,不得设立各类开发区和城市新区。

　　3. 旧城区的改建,应当保护历史文化遗产和传统风貌,合理确定拆迁和建设规模,有计划地对危房集中、基础设施落后等地段进行改建。

　　历史文化名城、名镇、名村的保护以及受保护建筑物的维护和使用,应当遵守有关法律、行政法规和国务院的规定。

　　4. 城乡建设和发展,应当依法保护和合理利用风景名胜资源,统筹安排风景

名胜区及周边乡、镇、村庄的建设。

风景名胜区的规划、建设和管理,应当遵守有关法律、行政法规和国务院的规定。

5. 城市地下空间的开发和利用,应当与经济和技术发展水平相适应,遵循统筹安排、综合开发、合理利用的原则,充分考虑防灾减灾、人民防空和通信等需要,并符合城市规划,履行规划审批手续。

6. 城市、县、镇人民政府应当根据城市总体规划、镇总体规划、土地利用总体规划和年度计划以及国民经济和社会发展规划,制定近期建设规划,报总体规划审批机关备案。

近期建设规划应当以重要基础设施、公共服务设施和中低收入居民住房建设以及生态环境保护为重点内容,明确近期建设的时序、发展方向和空间布局。近期建设规划的规划期限为五年。

7. 城乡规划确定的铁路、公路、港口、机场、道路、绿地、输配电设施及输电线路走廊、通信设施、广播电视设施、管道设施、河道、水库、水源地、自然保护区、防汛通道、消防通道、核电站、垃圾填埋场及焚烧厂、污水处理厂和公共服务设施的用地以及其他需要依法保护的用地,禁止擅自改变用途。

三、建设项目选址意见书制度

(一)建设项目选址意见书的意义、适用范围

选址意见书是指建设工程(主要是新建的大、中型工业与民用项目)在立项过程中,由城乡规划行政主管部门出具的该建设项目是否符合城市规划要求的意见书。依据《城乡规划法》的规定,建设单位在上报设计任务书前,其项目拟建地址必须先经城乡规划行政主管部门审查,并取得其核发的选址意见书,然后方可连同设计任务书一并上报,否则,有关部门对设计任务书将不予审批。

按照国家规定需要有关部门批准或者核准的建设项目,以划拨方式提供国有土地使用权的,建设单位在报送有关部门批准或者核准前,应当向城乡规划主管部门申请核发选址意见书。其他建设项目不需要申请选址意见书。

选址意见书一般包括项目的基本情况和对项目选址的意见两部分内容:

1. 建设项目的基本情况

包括建设项目名称、性质,用地与建设规模;供水、能源的需求量,采取的运输方式与运输量;废水、废气、废渣的排放方式和排放量等。

2. 建设项目选址意见

包括建设项目与城市规划布局是否协调;项目与城市交通、通信、能源、市政、防灾规划是否衔接与协调;该项目对于城市环境可能造成的污染;项目配套的生活设施与城市生活居住及公共设施规划是否衔接与协调;与城市环境保护规划和风景名胜、文物古迹保护规划是否协调等。

(二)选址意见书的办理程序

选址意见书按建设项目审批部门的不同,分别由各级规划行政主管部门

[想一想]

什么是项目选址意见书? 它包括哪些内容?

核发。

1. 国家审批的大中型和限额以上的建设项目,由项目所在地县、市人民政府城市规划行政主管部门提出审查意见,报省、自治区、直辖市、计划单列市人民政府城市规划行政主管部门核发选址意见书,并报国务院城市规划行政主管部门备案。

2. 中央各部门、公司审批的小型和限额以下的建设项目,其选址意见书由项目所在地县、市人民政府城市规划行政主管部门核发。

3. 省、自治区建设项目由项目所在地县、市人民政府城市规划行政主管部门提出审查意见,报省、自治区人民政府城市规划行政主管部门核发。

4. 其他建设项目,其选址意见书由批准该项目的同级人民政府城市规划行政主管部门核发。

四、建设用地规划许可证制度

(一)建设用地规划许可证的概念

建设用地规划许可证是城市、县人民政府城乡规划主管部门依据控制性详细规划,向提出用地申请的建设单位或者个人核定建设用地的位置、面积、允许建设的范围的法律凭证。

(二)建设用地规划许可证的办理程序

《城乡规划法》第三十七条规定:在城市、镇规划区内以划拨方式提供国有土地使用权的建设项目,经有关部门批准、核准、备案后,建设单位应当向城市、县人民政府城乡规划主管部门提出建设用地规划许可申请,由城市、县人民政府城乡规划主管部门核发建设用地规划许可证。

建设单位在取得建设用地规划许可证后,方可向县级以上地方人民政府土地主管部门申请用地,经县级以上人民政府审批后,由土地主管部门划拨土地。

《城乡规划法》第三十八条规定:在城市、镇规划区内以出让方式提供国有土地使用权的,在国有土地使用权出让前,城市、县人民政府城乡规划主管部门应当依据控制性详细规划,提出出让地块的位置、使用性质、开发强度等规划条件,作为国有土地使用权出让合同的组成部分。未确定规划条件的地块,不得出让国有土地使用权。

以出让方式取得国有土地使用权的建设项目,在签订国有土地使用权出让合同后,建设单位应当持建设项目的批准、核准、备案文件和国有土地使用权出让合同,向城市、县人民政府城乡规划主管部门领取建设用地规划许可证。

城市、县人民政府城乡规划主管部门不得在建设用地规划许可证中,擅自改变作为国有土地使用权出让合同组成部分的规划条件。

五、建设工程规划许可证制度

(一)建设工程规划许可证的概念

建设工程规划许可证是城市、县人民政府城乡规划主管部门或者省、自治

[问一问]
城镇建设用地规划许可证是如何办理的?

区、直辖市人民政府确定的镇人民政府向建设单位核发的,用以证明其有关建设工程符合规划要求的法律凭证。

(二)建设工程规划许可证的适用范围和办理程序

《城乡规划法》第四十条规定:在城市、镇规划区内进行建筑物、构筑物、道路、管线和其他工程建设的,建设单位或者个人应当向城市、县人民政府城乡规划主管部门或者省、自治区、直辖市人民政府确定的镇人民政府申请办理建设工程规划许可证。

申请办理建设工程规划许可证,应当提交使用土地的有关证明文件、建设工程设计方案等材料。需要建设单位编制修建性详细规划的建设项目,还应当提交修建性详细规划。对符合控制性详细规划和规划条件的,由城市、县人民政府城乡规划主管部门或者省、自治区、直辖市人民政府确定的镇人民政府核发建设工程规划许可证。

城市、县人民政府城乡规划主管部门或者省、自治区、直辖市人民政府确定的镇人民政府应当依法将经审定的修建性详细规划、建设工程设计方案的总平面图予以公布。

(三)乡村建设规划许可证和办理程序

《城乡规划法》第四十一条规定:在乡、村庄规划区内进行乡镇企业、乡村公共设施和公益事业建设的,建设单位或者个人应当向乡、镇人民政府提出申请,由乡、镇人民政府报城市、县人民政府城乡规划主管部门核发乡村建设规划许可证。

在乡、村庄规划区内进行乡镇企业、乡村公共设施和公益事业建设以及农村村民住宅建设,不得占用农用地;确需占用农用地的,应当依照《中华人民共和国土地管理法》有关规定办理农用地转用审批手续后,由城市、县人民政府城乡规划主管部门核发乡村建设规划许可证。

建设单位或者个人在取得乡村建设规划许可证后,方可办理用地审批手续。

(四)各类临时建设的规划行政许可

《城乡规划法》第四十四条规定:在城市、镇规划区内进行临时建设的,应当经城市、县人民政府城乡规划主管部门批准。临时建设影响近期建设规划或者控制性详细规划的实施以及交通、市容、安全等的,不得批准。

临时建设应当在批准的使用期限内自行拆除。

(五)变更规划条件应当遵循的原则和程序

《城乡规划法》第四十三条规定:建设单位应当按照规划条件进行建设;确需变更的,必须向城市、县人民政府城乡规划主管部门提出申请。变更内容不符合控制性详细规划的,城乡规划主管部门不得批准。城市、县人民政府城乡规划主管部门应当及时将依法变更后的规划条件通报同级土地主管部门并公示。

建设单位应当及时将依法变更后的规划条件报有关人民政府土地主管部门备案。

(六)关于建设工程竣工后的规划核实和竣工资料的规划管理

《城乡规划法》第四十五条规定:县级以上地方人民政府城乡规划主管部门按照国务院规定对建设工程是否符合规划条件予以核实。未经核实或者经核实不符合规划条件的,建设单位不得组织竣工验收。

建设单位应当在竣工验收后六个月内向城乡规划主管部门报送有关竣工验收资料。

第四节　风景名胜区和历史文化名城规划管理

一、风景名胜区的规划管理

(一)风景名胜区的概念和管理原则

风景名胜区,是指具有观赏、文化或者科学价值,自然景观、人文景观比较集中,环境优美,可供人们游览或者进行科学、文化活动的区域。

国家对风景名胜区实行科学规划、统一管理、严格保护、永续利用的原则。

[想一想]
应如何对风景名胜区进行规划管理?

风景名胜区所在地县级以上地方人民政府设置的风景名胜区管理机构,负责风景名胜区的保护、利用和统一管理工作。

国务院建设主管部门负责全国风景名胜区的监督管理工作。国务院其他有关部门按照国务院规定的职责分工,负责风景名胜区的有关监督管理工作。

省、自治区人民政府建设主管部门和直辖市人民政府风景名胜区主管部门,负责本行政区域内风景名胜区的监督管理工作。省、自治区、直辖市人民政府其他有关部门按照规定的职责分工,负责风景名胜区的有关监督管理工作。

(二)风景名胜区的设立

风景名胜区划分为国家级风景名胜区和省级风景名胜区。自然景观和人文景观能够反映重要自然变化过程和重大历史文化发展过程,基本处于自然状态或者保持历史原貌,具有国家代表性的,可以申请设立国家级风景名胜区;具有区域代表性的,可以申请设立省级风景名胜区。

设立国家级风景名胜区,由省、自治区、直辖市人民政府提出申请,国务院建设主管部门会同国务院环境保护主管部门、林业主管部门、文物主管部门等有关部门组织论证,提出审查意见,报国务院批准公布。

设立省级风景名胜区,由县级人民政府提出申请,省、自治区人民政府建设主管部门或者直辖市人民政府风景名胜区主管部门,会同其他有关部门组织论证,提出审查意见,报省、自治区、直辖市人民政府批准公布。

(三)风景名胜区的规划

风景名胜区规划分为总体规划和详细规划。风景名胜区总体规划的编制,应当体现人与自然和谐相处、区域协调发展和经济社会全面进步的要求,坚持保护优先、开发服从保护的原则,突出风景名胜资源的自然特性、文化内涵和地方特色。

风景名胜区总体规划应当包括下列内容：(1)风景资源评价；(2)生态资源保护措施、重大建设项目布局、开发利用强度；(3)风景名胜区的功能结构和空间布局；(4)禁止开发和限制开发的范围；(5)风景名胜区的游客容量；(6)有关专项规划。

风景名胜区应当自设立之日起2年内编制完成总体规划。总体规划的规划期一般为20年。

风景名胜区详细规划应当根据核心景区和其他景区的不同要求编制，确定基础设施、旅游设施、文化设施等建设项目的选址、布局与规模，并明确建设用地范围和规划设计条件。风景名胜区详细规划，应当符合风景名胜区总体规划。

国家级风景名胜区规划由省、自治区人民政府建设主管部门或者直辖市人民政府风景名胜区主管部门组织编制。国家级风景名胜区的总体规划，由省、自治区、直辖市人民政府审查后，报国务院审批。国家级风景名胜区的详细规划，由省、自治区人民政府建设主管部门或者直辖市人民政府风景名胜区主管部门报国务院建设主管部门审批。

省级风景名胜区规划由县级人民政府组织编制。省级风景名胜区的总体规划，由省、自治区、直辖市人民政府审批，报国务院建设主管部门备案。省级风景名胜区的详细规划，由省、自治区人民政府建设主管部门或者直辖市人民政府风景名胜区主管部门审批。

风景名胜区规划应当按照经审定的风景名胜区范围、性质和保护目标，依照国家有关法律、法规和技术规范编制。编制风景名胜区规划，应当采用招标等公平竞争的方式选择具有相应资质等级的单位承担，并应当广泛征求有关部门、公众和专家的意见；必要时，应当进行听证。

风景名胜区规划经批准后，应当向社会公布，任何组织和个人有权查阅。风景名胜区内的单位和个人应当遵守经批准的风景名胜区规划，服从规划管理。风景名胜区规划未经批准的，不得在风景名胜区内进行各类建设活动。

二、历史文化名城的规划管理

(一)历史文化名城和文物的概念

历史文化名城是指我国古代政治、经济、文化的中心或者近代革命运动和重大历史事件发生的重要城市。

文物是指遗存在社会上或埋藏在地下的历史文化遗物。它包括的内容很多，从建设规划角度理解，我们注重的文物主要是指革命遗址、纪念建筑物、古文化遗址、古墓葬、古建筑、古窟寺、石刻等。

(二)历史文化名城的规划内容

历史文化名城反映了城市的特定性质，应当在城市规划中体现出来，使历史文化名城和文物的价值进一步得到开发和利用。历史文化名城和文物保护应当突出保护重点，即保护文物古迹、风景名胜及其环境；对于具有传统风貌的商业、手工业、居住以及其他性质的街区,需要保护整体环境的文物古迹、革命纪念建筑集中连片的地区,或在城市发展史上有历史、科学、艺术价值的近代建筑群等,要划定为"历史文化保护区"予以重点保护。特别要注意对面临破坏的历史实物遗存的抢救和保护,使其不再继续遭到破坏。

编制历史文化名城保护规划应包括下列内容:(1)城市历史演变、建制沿革、城址兴废变迁;(2)城市现存地上和地下文物古迹、历史街区、风景名胜、古树名木、革命纪念地、近代代表性建筑,以及有历史价值的水系、地貌遗迹等;(3)城市特有的传统文化、手工艺、传统产业及民族精华等;(4)现存历史文化遗产及其环境遭受破坏威胁的状况;(5)历史文化名城保护规划的审批。

其一,单独编制的国家级历史文化名城保护规划,其中的总体规划是由国务院审批的,先由国务院城市规划行政主管部门审查通过后,再报国务院审批;其他的则由其所在地的省、自治区人民政府审批,并报国务院城市规划行政主管部门和文化保护行政主管部门备案。

其二,省级历史文化名城的保护规划,由其所在地的省、自治区、直辖市人民政府审批。

本章思考与实训

一、思考题

1.《城乡规划法》中所称的城乡规划、规划区是什么?

2. 我国城乡规划制定的原则是什么?

3. 城市总体规划的强制性内容有哪些?

4. 城市中心城区规划应当包括什么内容?

5. 我国城乡规划实施的原则是什么?

6.《城乡规划法》中对选址意见书、建设用地规划许可证、建设工程规划许可证作了哪些规定?

7. 何谓风景名胜区? 其规划由什么部门负责组织编制?

二、案例分析题

案例 1

【背景资料】

林某在未办理报批手续的情况下,于 2009 年 6 月擅自将其经营的精研塑料厂从某市某镇北海路迁至该镇新工业区,增设了八台切割机,新建了挤塑车间,且未取得建设工程许可证,未采取任何环境保护设施后擅自将主体工程正式投入生产。规划局和环保局联合执法,经过调查、取证和组织听证后,于 6 月 28 日作出了《行政处罚决定书》,认定上述行为违反了《城市规划法》、《某某市建设项目环境保护管理条例》对林某作出责令停止生产、补办手续并处罚款 3 万元的行政处罚决定,林某不服,于 2010 年 7 月 10 日向某市人民法院提起行政诉讼,请求判决撤销处罚决定。林某认为自己是个个体工商户,不属于建设单位,另外,工厂搬迁经营场所,增加小型设备不属于要经建设管理部门、计划管理部门批准的项目,故不属于建设项目。

【问题】

1. 林某认为自己是个体工商户,不属于建设单位。这个理由是否成立?
2. 林某认为自己的搬迁不是建设项目的理由是否成立?
3. 法院应当如何判决?为什么?

案例2

【背景资料】

在某大城市边缘的小河坝村委会为了加快农业结构调整,在村北约 3 330 平方米的用地上盖蔬菜大棚,蔬菜大棚占用了 1 500 平方米,经村委会集体研究,报镇政府同意,利用剩余 1 830 平方米建自用的工业厂房。该市规划监察大队发现后,责令其立即停止施工,等待处罚。

【问题】

1. 村委会建盖蔬菜大棚的行为是否合法?为什么?
2. 村委会建工业厂房的行为是否合法?为什么
3. 市规划局对此案应如何处理?

第十一章 建设法律责任

【内容要点】

1. 建设法律责任及其形式；

2.《建筑法》、《建设工程安全生产管理条例》、《建设工程质量管理条例》、《招标投标法》等关于建设法律责任的相关规定；

3. 建设法律责任的构成、形式及违反建设法律、法规的后果。

【知识链接】

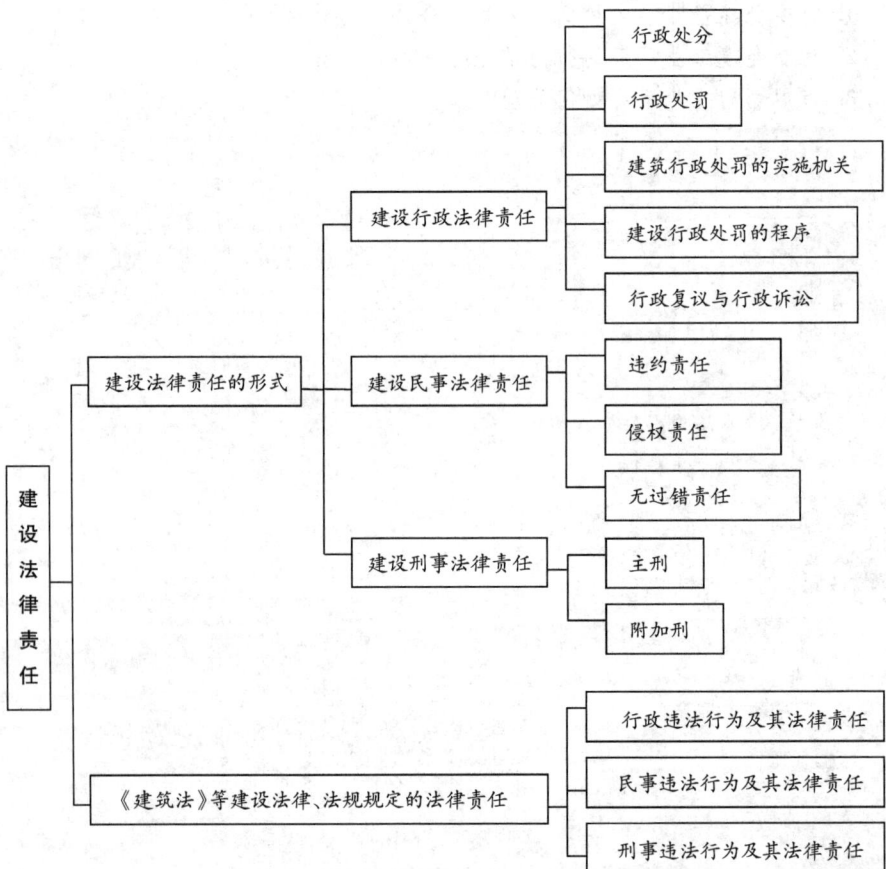

第一节　建设法律责任的形式

建设法律责任是建设法规中的重要组成部分。建设法律责任,是指在建设法律关系中的主体,违反建设法律制度,根据法律规定必须承担的消极的法律后果。建设法律关系中的管理机关、建设单位、勘察设计单位、施工单位和监理单位等是承担建设法律责任的主体。建设法律关系的主体违法法律规定,由国家机关依据其权限依法予以追究或者处理。

在建设法规中规定建设法律责任,是为了保证法定义务能够得以实现,包括建设法规中规定的作为的义务和不作为的义务。为了保护自然人、法人及其他经济组织的合法权益,法律责任必须在建设法规中明文规定。建设法律责任是具有强制性的,建设法律关系的主体不履行建设法规中规定的义务,由国家司法机关、建设行政主管部门或其他有关主管部门等专门机构予以追究。

在建设法律责任中,按照违法行为所违反法律的性质,可将建设法律责任分为建设行政法律责任、建设民事法律责任、建设刑事法律责任,其中以行政法律责任为最主要的责任形式。

一、建设行政法律责任

行政法律责任简称行政责任,是指行政法律关系的主体因违反行政法律规范但尚未构成犯罪的违法行为而依法应承担的消极性法律后果。行政法律责任一般分为行政处分和行政处罚两类。

(一)行政处分

行政处分是指国家机关、企事业单位和社会团体依照行政管理法规、规章、制度、纪律等,按干部、人事管理权限对机关工作人员和职工而给予的一种惩戒。它是一种内部处罚,对这种处罚不服,不能提起诉讼,只能向作出处罚决定的机关、单位或者上级主管部门提出申诉或者提请劳动仲裁。

[想一想]
行政处分与行政处罚有何异同?

1. 按照我国《国家公务员暂行条例》的规定,国家公务员的行政处分形式有6种:警告、记过、记大过、降级、撤职、开除。

2. 按照《国有企业厂长(经理)奖惩办法》的规定,国有企业厂长(经理)的行政处分形式有4种:降职、撤职、辞退和解聘。

3. 按照《企业职工奖惩条例》的规定,职工的行政处分形式有7种:警告、记过、记大过、降级、撤职、留用察看、开除。

(二)行政处罚

行政处罚是行政主体对违反行政法律规范的公民、法人或其他组织给予制裁的具体行政行为。行政处罚是行政法律责任的核心,是国家法律责任制度的重要组成部分,是行政机关依法管理的重要手段之一。

1. 行政处罚的一般分类

行政处罚的分类标准很多,一般按照行政处罚指向管理相对人权利内容或性质划分,可分为四种:

(1)人身罚

人身罚也称自由罚,是指特定行政主体限制和剥夺违法行为人的人身自由的行政处罚。这是最严厉的行政处罚。人身罚主要是指行政拘留和劳动教养。

① 行政拘留。也称治安拘留,是特定的行政主体依法对违反行政法律规范的公民,在短期内剥夺或限制其人身自由的行政处罚。

② 劳动教养。是指行政机关对违法或有轻微犯罪行为,尚不够刑事处罚且又具有劳动能力的人所实施的一种处罚改造措施。

(2)行为罚

行为罚又称能力罚,是指行政主体限制或剥夺违法行为人特定的行为能力的制裁形式。它是仅次于人身罚的一种较为严厉的行政处罚措施。

① 责令停产、停业。这是行政主体对从事生产经营者所实施的违法行为而给予的行政处罚措施。它直接剥夺生产经营者进行生产经营活动的权利,只适用于违法行为严重的行政相对方。

② 暂扣或者吊销许可证和营业执照。这是指行政主体依法收回或暂时扣留违法者已经获得的从事某种活动的权利或资格的证书,目的在于取消或暂时中止被处罚人的一定资格、剥夺或限制某种特许的权利。

(3)财产罚

财产罚是指行政主体依法对违法行为人给予的剥夺财产权的处罚形式。它是运用最广泛的一种行政处罚。

① 罚款。指行政主体强制违法者承担一定金钱给付义务,要求违法者在一定期限内交纳一定数量货币的处罚。

② 没收财物(没收违法所得、没收非法财物等)。是指行政主体依法将违法行为人的部分或全部违法所得、非法财物包括违禁品或实施违法行为的工具收归国有的处罚方式。

(4)申诫罚

申诫罚又称精神罚、声誉罚,是指行政主体对违反行政法律规范的公民、法人或其他组织的谴责和警戒。它是对违法者的名誉、荣誉、信誉或精神上的利益造成一定损害的处罚方式。

① 警告。指行政主体对违法者提出告诫或谴责。

② 通报批评。是对违法者在荣誉上或信誉上的惩戒措施。通报批评必须以书面形式作出,并在一定范围内公开。

2. 我国《行政处罚法》设定的行政处罚种类

我国《行政处罚法》对目前法律、法规中的行政处罚依照上述标准进行规范,将行政处罚分为 7 种:(1)警告;(2)罚款;(3)没收违法所得,没收非法财物;(4)责令停产停业;(5)暂扣或者吊销许可证,暂扣或者吊销执照;(6)行政拘留;

(7)法律、行政法规规定的其他行政处罚。

《行政处罚法》对行政处罚种类的规定并没有否认其他法律、行政法规在行政处罚种类之外设定其他处罚种类,但基本上应当以《行政处罚法》的规定来设置处罚种类。

(三)建筑行政处罚的实施机关

根据《行政处罚法》,行政处罚的机关,原则上应当是行政机关,并规定行政机关应当依照法定职权行使处罚权。《建筑法》第七十六条规定:责令停业整顿、降低资质等级和吊销资质证书的行政处罚,由颁发资质证书的机关决定;其他行政处罚,由建设行政主管部门或者有关部门依照法律和国务院规定的职权范围决定。被吊销资质证书的,由工商行政管理部门吊销其营业执照。

根据以上法律规定,对违反建设法律法规执行行政处罚的主体是县级以上人民政府的建设行政主管部门和水利、铁道、交通、信息产业、民航等有关专业部门。但是它们在权限上有明确的分工。行政处罚必须按各级建设行政主管部门和其他有关部门的分工分级实施。

(四)建设行政处罚的程序

1. 简易程序

行政处罚的简易程序又称当场处罚程序,指行政处罚主体对于事实清楚、情节简单、后果轻微的行政违法行为,当场作出行政处罚决定的程序。

(1)适用简易程序的行政处罚必须符合以下条件:第一,违法事实确凿;第二,对该违法行为处以行政处罚有明确、具体的法定依据;第三,处罚较为轻微,即对个人处以50元以下的罚款或者警告,对组织处以1 000元以下的罚款或者警告。

(2)行政执法人员当场作出行政处罚决定的,应遵守以下程序:第一,出示执法证件,表明执法人员身份;第二,告知作出行政处罚决定的事实、理由和根据;第三,听取当事人的陈述和申辩;第四,填写预定格式、编有号码的行政处罚决定书;第五,将行政处罚决定书当场交付当事人。

2. 一般程序

一般程序是行政机关进行行政处罚的基本程序。它适用于处罚较重或情节复杂的案件以及当事人对执法人员给予当场处罚的事实认定有分歧而无法作出行政处罚决定的案件。

一般程序的具体内容有:(1)调查取证;(2)告知处罚事实、理由、依据和有关权利;(3)听取陈述、申辩或者举行听证会;(4)作出行政处罚决定;(5)作出行政处罚决定书。

根据《行政处罚法》的规定,行政机关作出责令停产停业、吊销许可证或者执照、较大数额罚款等行政处罚决定之前,应当告知当事人有要求举行听证的权利。当事人要求听证的,行政机关应当组织听证。

3. 听证程序

行政处罚决定的听证程序是指行政机关在做出行政处罚决定前听取有关当

事人的陈述和申辩,由听证程序参加人就有关问题相互质证、辩论、反驳,从而查明事实的一种过程。其本质是一般程序中调查取证的特殊形式,能够为特定案件当事人提供更加充分、公平保护自己合法权益的机会。根据我国《行政处罚法》规定,行政机关做出责令停产停业、吊销许可证或者执照、较大数额罚款等行政处罚之前,应当告知当事人有要求举行听证的权利;当事人要求听证的,行政机关应当组织听证。当事人不承担行政机关组织听证的费用。

[想一想]

对哪些行政处罚,当事人可以要求适用听证程序?

《建筑法》中降低资质等级、吊销资质证书、责令停业整顿、吊销营业执照、责令停止施工,以及较大数额罚款等行政处罚,当事人可以要求适用听证程序。听证依照以下程序组织:

(1)当事人要求听证的,应当在行政机关告知后 3 日内提出;

(2)行政机关应当在听证的 7 日前,通知当事人举行听证的时间、地点;

(3)除涉及国家秘密、商业机密或者个人隐私外,听证公开进行;

(4)行政机关应指定非本案调查人员主持听证;

(5)当事人可以亲自参加听证,亦可以委托 1～2 人代理;

(6)举行听证时,调查人员提出当事人违法的事实、证据和行政处罚建议;当事人进行申辩和质证;

(7)听证应当制作笔录;笔录应当交当事人审核无误后签字或盖章;

(8)听证结束后,听证机关才可以依法做出处罚决定,制定处罚决定书,并送达当事人执行。

(五)行政复议与行政诉讼

当事人对建设行政处罚不服,发生争议时,根据我国《行政处罚法》的规定,有权向作出行政处罚决定的机关的上一级机关申请复议或者直接向人民法院提起行政诉讼。

1. 行政复议

(1)行政复议的概念

所谓行政复议,是指公民、法人或者其他组织不服行政主体作出的具体行政行为,认为行政主体的具体行政行为侵犯了其合法权益,依法向法定的行政复议机关提出复议申请,行政复议机关依法对该具体行政行为进行合法性、适当性审查,并作出行政复议决定的行政行为。

(2)行政复议的特点

第一,提出行政复议的人,必须是认为行政机关行使职权的行为侵犯其合法权益的法人和其他组织。

第二,当事人提出行政复议,必须是在行政机关已经做出行政决定之后,如果行政机关尚未做出决定,则不存在复议问题。复议的任务是解决行政争议,而不是解决民事或其他争议。

第三,当事人对行政机关的行政决定不服,只能按法律规定,向有行政复议权的行政机关申请复议。

第四,行政复议,以书面审查为主,以不调解为原则。行政复议的结论做出后,即具有法律效力。只要法律未规定复议决定为终局裁决的,当事人对复议决定不服的,仍可以按行政诉讼法的规定,向人民法院提请诉讼。

第五,行政复议的主体:作出行政行为的上一级行政单位;行政复议的客体:认为被侵犯其合法权益的法人和其他组织;被申请人:作出行政行为的行政单位。

(3)行政复议的申请程序

所有对行政处罚决定不服的行为均可以依行政复议条例申请复议。其程序大致分为以下 4 个步骤:

① 当事人在接到处罚通知之日起 15 日内,向做出行政处罚的机关的本级人民政府或上一级主管部门申请复议,递交复议申请书。对国务院各部门的具体行为不服申请复议,应向做出具体行政行为的部门申请复议。申请书应当载明下列内容:申请人的姓名;被申请人的名称;申请复议的要求和理由;提出复议申请的日期。

② 复议机关受理申请。复议机关自接到复议申请之日起 10 日内,做出受理申请或者不予受理的决定,并通知申请人。当事人向人民法院起诉,人民法院已经受理的,不得申请复议。当事人向有管辖权的复议机关申请复议,该复议机关已经受理的,不得再向其他有管辖权的复议机关申请复议。

③ 复议机关对申请进行审理。复议机关自受理申请之日起 7 日内将复议申请书副本发给被申请人。被申请人应当在收到复议申请书的副本起 10 日内,向复议机关提出有关材料或者证据,并提出答辩书。逾期不答辩的,不影响复议。复议除有必要采取其他方式外,一般实行书面审理。审理不适用调解。审理过程中具体行政行为不停止执行。

④ 作出复议决定。复议机关经过审理可以分别作出以下复议决定:具体行政行为适用法律、法规、规章和具有普遍约束力的决定,命令正确,事实清楚,符合法定权限和程序的,决定维持;对具体行政行为有程序上不足的,决定被申请人补正;被申请人不履行法律、法规和规章规定的职责的,决定其在一定期限内履行;具体行政行为主要事实不清,或适用法律不当,或滥用职权,或显失公平,明显不当的,决定撤销或变更处罚决定。复议机关作出复议决定后,应当制作复议决定书。复议决定书一经送达即发生法律效力。

2. 行政诉讼

行政诉讼,行政诉讼是指公民、法人或者其他组织认为行政机关和法律法规授权的组织作出的具体行政行为侵犯其合法权益,依法定程序向人民法院起诉,人民法院在当事人及其他诉讼参与人的参加下,对具体行政行为的合法性进行审查并作出裁决的制度。

(1)行政诉讼的特点

行政诉讼除了具有一般诉讼所共有的一些特点外,还有自身的特殊性:

① 行政诉讼的被告必须是国家行政机关(含法律、法规授权的组织)。这是行政诉讼区别于民事诉讼、刑事诉讼的主要特征,是行政诉讼的明显特点之一。

行政诉讼是因行政机关和行政机关工作人员的具体行为侵犯相对人合法权益有争议而发生的诉讼活动,行政机关只能处于被告地位。

[想一想]

行政复议与行政诉讼有何不同?

② 行政诉讼的原告只能是相对人,即公民、法人或者其他组织。因为行政机关拥有国家赋予的行政管理权,可以依职权作单方面的意思表示,无需与管理相对人商量。而管理相对人则有义务接受这种单方面的意思表示,如不愿意接受,可以向人民法院起诉,求助于法院拒绝这种意思表示。

③ 行政诉讼中,当事人争议的具体行为不因原告的起诉而停止执行,即诉讼期间不停止具体行政行为的执行。这是由行政管理的效率性、连续性、强制性决定的。

④ 被告负有举证责任。被告在诉讼中对争议事项有责任提供证明,如果不能提供足够的证据,则要承担败诉的风险。在行政诉讼过程中,被告(行政机关)不得向原告和证人收集证据。

⑤ 行政诉讼不适用调解。因为行政管理中,行政机关代表着社会公共利益,行使国家赋予的权力,这种权力只能依法行使,不能自由处分,否则就是滥用国家权力,损害公共利益。

(2)建设行政诉讼的适用情况

有关建设行政诉讼的适用情况有三种:①当事人对建设行政主管部门等机关作出的行政处罚不服,向人民法院起诉,被告是作出行政处罚的机关。②当事人对建设行政主管部门等机关拒绝颁发许可证、资质证书和营业执照的不作为行为不服,向人民法院起诉,被告是不作为的行政机关。③当事人申请复议后,对复议机关作出的行政复议决定不服,向人民法院起诉。复议机关维持原行政处罚决定的,作出行政处罚的机关是被告;复议机关变更原行政处罚决定的,复议机关是被告。

(3)行政诉讼的基本程序

行政诉讼的基本程序是起诉、受理和审理:

① 起诉。当事人对行政处罚决定不服,可以在接到处罚通知之日起 15 日内向人民法院起诉;当事人对复议机关作出的复议决定不服的,可以在接到复议决定之日起 15 日内向人民法院起诉;复议机关逾期不作出复议决定的,当事人可以在复议期满之日起 15 日内向人民法院起诉。

② 受理。人民法院接到起诉状,经审查,在 7 日内立案或者作出裁定不予受理。当事人向复议机关申请复议,复议机关已受理的,人民法院不予受理。原告对人民法院裁定不予受理不服,可以提起上诉。

③ 审理。人民法院应当在立案之日起 5 日内,将起诉状副本送被告。被告应当在收到起诉状副本之日起 10 日内向人民法院提交作出具体行政行为的有关材料,并提出答辩状。

人民法院应当在收到答辩状之日起 5 日内,将答辩状副本发送原告。被告不提出答辩状并不影响人民法院审理。人民法院组成合议庭对案件公开审理,但涉及国家秘密,个人隐私和法律另有规定的可以不进行公开审理。在上诉期满后未提出上诉的,法院判决即发生法律效力,当事人应当履行。

二、建设民事法律责任

民事法律责任,简称民事责任,民事法律责任是指违反民事法律规范,无正当理由不履行民事义务或因侵害他人合法权益所应承担的法律责任。

民事责任根据责任人违反民事义务的性质和内容不同,可分为违约责任、侵权责任和不履行其他义务的责任。建筑民事责任以侵权责任为主,但也有违约责任和违反相邻关系等其他义务的责任。

1. 违约责任

又称违反合同的民事责任,是指合同当事人同违反合同所应承担的责任。其构成要件是:第一,行为人主观上须有过错,即主观上有故意或过失的心理状态;第二,行为必须是具有民事违法性,违反了合同规定的义务;第三,责任人具有民事法律责任能力,即具有行为能力。

[想一想]
违约责任与侵权责任有何区别?

2. 侵权责任

侵权责任是侵权责任是指民事主体因实施侵权行为而应承担的民事法律后果。侵权责任是任何人都对他人承担这样一种义务,即不因为自己的错误(过错)行为而侵害了他人的合法权益,否则即能构成侵权行为,要对受害方承担责任。侵权行为基本上都是违法行为。侵权责任的构成要件是:第一,行为人主观上须有过错,即主观上有故意或过失的心理状态;第二,行为必须是具有民事违法性,即侵犯国家、集体、他人的合法权利;第三,责任人具有行为能力;第四,存在财产权利或人身权利损害的事实。没有损害事实,一般不承担侵权责任;第五,损害事实与违法行为之间有因果关系。违法行为是导致损害事实发生的直接原因。

3. 无过错责任

根据我国《民法通则》规定,无过错责任原则是指依照法律规定不以当事人的主观过错为构成侵权行为的必备要件的归责原则,即不论当事人在主观上有没有过错,都应当承担民事责任。对下列几种侵权责任,则不需要有主观过错,而实行无过错责任原则:第一,国家机关及其工作人员执行职务侵权责任;第二,产品质量责任;第三,高空作业对周围环境造成损害的责任;第四,饲养动物造成侵害的责任等。

三、建设刑事法律责任

刑事法律责任,简称刑事责任,是指行为人实施了刑法所禁止的犯罪行为而必须承担的法律后果。认定一个行为是否构成犯罪.要从行为是否违反刑法规定,是否侵害了刑法所保护的社会关系,行为人是否具有刑事责任能力,以及是否具有主观上的过错等方面进行考察。

通过刑事诉讼法程序对违法行为人所采取的刑事制裁措施,称为刑罚。刑罚是建筑法规关于法律责任中最严厉的一种处罚。根据我国《刑法》的规定,刑罚分为主刑和附加刑两大类。

1. 主刑

主刑是基本的刑罚方法，只能独立适用，不能附加适用，对一个罪只能适用一个主刑，不能同时适用两个或两个以上的主刑。主刑有管制、拘役、有期徒刑、无期徒刑和死刑五种类型。

2. 附加刑

附加刑是既可以独立适用又可以附加于主刑适用的刑罚方法。对一个罪可以适用一个附加刑，也可以适用多个附加刑。附加刑有罚金、剥夺政治权利和没收财产三种。

第二节 《建筑法》规定的法律责任

一、建筑行政违法行为及其法律责任

为了规范建筑市场秩序，纠正各种建筑违法行为，促进建筑业的健康发展，《建筑法》对建筑行政违法行为作出了严格而明确的处罚规定。

（一）关于行政处分方面的规定

《建筑法》第六十八条、第七十七条、第七十九条规定了行政处分这种处罚方式。主要是在工程发包与承包中索贿、受贿、行贿的行政处分以及有关部门在颁发资质证书、施工许可证、工程质量合格证中玩忽职守、滥用职权、徇私舞弊的行政处分。

1. 依据《建筑法》第六十八条规定，在工程发包与承包中索贿、受贿，不构成犯罪的，对直接负责的主管人员和其他直接责任人员给予处分。这里，不构成犯罪，是指两种情况：

一是违反《建筑法》，但不违反《刑法》；二是违反了《刑法》，但是情节显著轻微，危害不大，依《刑法》第三百八十三条规定可以给予行政处分。如个人受贿五千元以上不满一万元，犯罪后有悔改表现、积极退赃的，可以减轻处罚或者免予刑事处罚，由其所在单位或者上级主管部门给予行政处分；个人受贿不满五千元，情节较轻的，由其所在单位或者上级主管部门酌情给予行政处分。

2. 依据《建筑法》第七十七条、第七十九条的规定，对不具备相应资质等级条件的单位颁发该等级资质证书，不构成犯罪的，对直接负责的主管人员和其他直接责任人员给予处分；负责颁发建筑工程施工许可证的部门及其工作人员对不符合施工条件的建筑工程颁发施工许可证，负责工程质量监督检查或者竣工验收的部门及其工作人员对不合格工程出具质量合格文件或者按合格工程验收的，对责任人员给予行政处分。

（二）关于行政处罚方面的规定

《建筑法》第六十四条至第七十九条共有 16 条规定了建筑行政法律责任中行政处罚的种类，应当处罚的违法行为以及执行行政处罚的机关等。

1. 罚款

罚款是指有关主管部门强迫建筑活动违法行为人缴纳一定数额的货币,从而依法剥夺行为人某些财产权的一种财产罚。这里又分两种类型:

(1)可以处以罚款

对于未取得施工许可证或者开工报告未经批准擅自施工的(第十四条);建筑施工企业对建筑安全事故隐患不采取措施予以消除的(第七十一条);建设单位要求违反建筑工程质量、安全标准,降低工程质量的(第七十二条);建筑施工企业履行保修义务或者拖延履行保修义务的(第七十五条),可以处以罚款。也就是说对上述些违法行为,行政机关在处罚款时有一定的自由裁量权,是否处以罚款由有关行政执法部门根据违法行为的情节轻重予以处理。

(2)处以罚款或并处罚款

对于发包单位将工程发包给不具有相应资质的承包单位或者肢解发包的,超越资质等级或者无资质等级证书承揽工程的,以欺骗手段取得资质的行为(第六十五条);建筑施工企业转让、出借资质证书或者以其他方式允许他人以本单位名义承揽工程的行为(第六十六条);承包单位将承包的工程转包或者非法分包的行为(第六十七条);在工程发包与承包中索贿、受贿、行贿行为(第六十八条);工程监理单位与建设单位或者建筑施工企业恶意串通、弄虚作假,降低工程质量的行为(第六十九条)对涉及建筑主体或者承重结构变动的装修工程擅自施工的行为(第七十条);建筑设计单位不按照建筑工程质量、安全标准进行设计的行为(第七十三条);建筑施工企业在施工中偷工减料,使用不合格的建筑材料、建筑构配件和设备,或者不按工程设计图纸或施工技术标准施工的行为(第七十四条),是处以罚款或并处罚款,而不是"可以处以罚款"。也就是说,对于上述这些违法行为,必须处以罚款,考虑到我国各地经济发展的不平衡性,法律未作具体的规定,这有待行政法规和地方性法规予以具体化。

2. 没收非法所得

没收非法所得是有关主管部门对违法行为人非法获得的财产强制收归国有的一种财产罚。法律之所以要对上述违法行为作出没收非法所得的处罚,是因为这些行为能够牟取巨额非法收入,如果不予以没收,必将助长违法行为人的侥幸心理,去以身试法。规定了这种处罚方式,就能有效地遏止上述违法行为。法律规定了对下列违法行为要处以没收非法所得的处罚:

超越资质等级或者无资质等级证书承揽工程的行为(第六十五条);建筑施工企业转让、出借资质证书或者以其他方式允许他人以本单位名义承揽工程的行为(第六十六条);承包单位将承包的工程转包或者非法分包的行为(第六十七条);在工程发包与承包中索贿、受贿、行贿行为(第六十八条);工程监理单位与建设单位或者建筑施工企业恶意串通、弄虚作假,降低工程质量的行为(第六十九条);建筑设计单位不按照建筑工程质量、安全标准进行设计的行为(第七十三条)。

3. 责令停业整顿

停业整顿是指有关主管部门以命令形式对违法、犯罪单位在一定的期限内剥夺其从事工商活动的权利的一部或全部的处罚。这种处罚方式与降低资质等级、吊销资质证书、吊销营业执照适用的违法行为条件是相同的,只是处罚的程度不同。它仅适用于违法行为人违法情节不太严重,尚可通过教育、整顿改正的情况。停业整顿一般是 6 个月或 1 年,经过 6 个月或 1 年整顿,能够认识违法行为、改正并确保不再违法,可以重新开展业务的情况下,即可以恢复生产、经营。如经过整顿,还达不到规定条件,可以加重处罚,降低资质等级或吊销资质证书和吊销营业执照。

4. 责令停止施工

这里是指有关主管部门对违反《建筑法》第六十四条规定,不符合施工条件而擅自开工的违法行为人给予的惩戒和补救措施。其目的在于避免不具备施工条件的工程盲目上马,防止建筑活动各方面损失的继续扩大,杜绝建筑安全、工程质量事故的发生。这是《建筑法》的一个特别处罚措施。

5. 责令改正

责令改正是指有关主管部门对违反建筑法规的行为,以命令形式迫使违法行为人改正的措施。在《行政处罚法》实施后,责令改正是作为行政处罚前的行政措施而规定的,因而其适用范围比较广泛,在《建筑法》中从第六十四条至第六十七条、从第六十九条至第七十五条以及第七十八条、第七十九条共 13 条规定了这一行政措施。责令改正与第七十七对不具备相应资质等级条件单位颁发该资质证书的,责令收回资质证书是相同意思,这也是要求违法行为改正的具体措施。因此,将第七十七条也归入了责令改正方式之中。

6. 降低资质等级和吊销资质证书

降低资质等级和吊销资质证书是有关主管部门对违法行为人剥夺其部分或全部资格能力的一种能力罚。被处以这种处罚的单位和企业,也就相应的失去了部分或全部承揽工程的资格,业务范围也就相应缩小或丧失。这种处罚情况主要有:

(1)可以降低资质等级

超越本单位资质等级承揽工程的(第六十五条);建筑施工企业转让、出借资质证书或者以其他方式允许他人以本单位名义承揽工程的(第六十六条)承包单位将承包的工程转包或者非法分包的(第六十七条);承包单位在工程承包中行贿的(第六十八条)。这里的"可以降低资质等级",也就是说对上述这些违法行为,行政机关在处罚时有一定的自由量裁权,可以给予降低资质等级的处罚,也可以不给予降低资质等级的处罚。是否降低资质等级由有关行政执法部门根据违法行为的情节轻重、影响大小、是否及时改正等情况决定。

(2)降低资质等级

工程监理单位与建设单位或者建筑施工企业恶意串通、弄虚作假,降低工程质量的(第六十九条);建筑施工企业不采取措施消除建筑安全事故隐患,情节严重的(第七十一条);建筑设计单位不按照建筑工程质量、安全标准进行设计,造成工程质量事故的(第七十三条);建筑施工企业在施工中偷工减料,使用不合格的建筑材料、建筑构配件和设备,或者不按工程设计图纸或施工技术标准施工,情节严重的(第七十四条)。

(3)吊销资质证书

吊销资质证书是剥夺违法行为人资格能力的一种处罚方式。这种处罚方式与降低资质等级处罚适用的行为条件是相同的,只是处罚的程度不同。也就是说,吊销资质证书,同样是适用于第六十五条、第六十六条、第六十七条、第六十八条、第六十九条、第七十一条、第七十三条、第七十四条规定的违法行为,只是这些行为情节特别严重时,才适用吊销资质证书的处罚。一旦吊销资质证书,违法企业就丧失了承揽工程任务的资格。

7. 吊销营业执照

吊销营业执照是指工商行政主管部门对违反《建筑法》规定的行为人依法剥夺其营业资格的处罚。这种处罚在《建筑法》中是吊销资质证书的并罚措施。其适用行为条件与吊销资质证书适用行为条件是相同的。企业被吊销营业执照后,就失去了承揽工程的资格,也无法再继续营业,因此,相应的吊销其营业执照是十分必要的。

二、建筑民事违法行为及其法律责任

根据民事违法行为的情况不同,《民法通则》第一百三十五条将承担民事责任的方式规定为 10 种。它们是:停止侵害;排除障碍;消除危险;返还财产;恢复原状;修理、重作、更换;赔偿损失;支付违约金;消除影响、恢复名誉;赔礼道歉。

1. 根据《建筑法》第六十六条、第六十七条和第六十九条规定,以下行为要承担连带赔偿责任:建筑施工企业转让、出资质证书或者以其他方式允许他人以本企业的名义承揽工程造成损失的;承包单位将承包的工程转包的,或者违反规定进行分包造成损失的;工程监理单位与建设单位或者建筑施工企业串通,弄虚作假、降低工程质量的。所谓连带赔偿责任,是指违反连带债务或共同侵权行为产生的民事责任。法律作出这样的规定,就是为了全面保护被侵权人的合法权益,使之真正取得赔偿的权利。在这种情况下,被侵权人可以向任何一方提出赔偿,也可以向双方同时提出赔偿。

2. 根据《建筑法》第七十条规定,对涉及建筑主体或者承重结构变动的装修工程擅自施工而给他人造成损失的,应当承担赔偿对方损失的责任。

3. 根据《建筑法》第七十三条规定,建筑设计单位不按照建筑工程质量、安全标准进行设计,给对方造成损失的,应承担赔偿责任。这里的赔偿,应是全部损失赔偿,与设计单位违反合同约定发生设计错误的违约责任不同。设计错误的违约责任是设计单位除免收受损失部分的勘察设计费外,还应赔付与直接受损失部分设计费相等的赔偿金。

[做一做]

列表比较违约赔偿金与侵权赔偿损失的区别。

违约赔偿金与侵权赔偿损失是有区别的:

(1)在构成要件上

我国《合同法》规定的是无过错责任,而侵权行为一般是采用过错责任,仅产品、危险、环境污染、相邻关系等责任为无过错责任。因此,当事人以违约责任为诉讼理由的,无需举证对方有过错;以侵权责任为诉讼理由的,则需证明对方有过错。另外,侵权行为的构成必须以存在损害后果为必要,其所引起的侵权责任也以损害为构成要件,而违约行为和违约责任,与此不同,违约责任除赔偿损失以损害为构成要件外,其余均不以损害的实际发生为其构成要件。

(2)在赔偿范围上

违约责任的损失赔偿额可由当事人在合同中约定,如果没有这种约定,依我国《合同法》的规定,赔偿损失额应当相当于受害人因违约而受的损失,一般只包括直接损失。而在侵权责任中,赔偿范围原则上包括直接损失和间接损失,在侵害人格权时,可进行精神损害赔偿;不法造成他人死亡的,其赔偿范围可扩大到死者所抚养人的必要的生活费用等。

(3)在责任方式上

侵权责任既包括财产责任,如赔偿损失,也包括非财产责任,如消除影响,恢复名誉等;而违约责任主要是财产责任,如强制实际履行,支付违约金等。

(4)在免责条件上

违约责任中除了法定的免责条件外,合同当事人还可以事先约定不承担责任的情况。而在侵权责任中,免责条件或原因只能是法定的,当事人不能事先约定免责条件,也不能对不可抗力的范围事先约定。

(5)在对第三人的责任中有所不同

违约责任中,如果因第三人的过错致使合同债务不能履行,债务人首先应向债权人负责,然后才能向第三人追偿。而在侵权责任中,行为人仅对因自己的过错致使他人受损害的后果负责。

4. 根据《建筑法》第七十四条规定,建筑施工企业在施工中偷工减料的,使用不合格的建筑材料、建筑构配件和设备的,或者不按工程设计图纸或施工技术标准施工的行为,造成工程质量不符合规定的质量标准的,首先是返工、修理,如果造成损失的,还应当赔偿因此而造成的损失。返工、修理是一种违约责任,与恢复原状这种侵权责任不同。恢复原状是侵权人将损坏的财产恢复到原来状态的民事责任方式。而返工、修理则是为了补救违约,最大限度地实现订立合同的目的,保证当事人履行合同。违约而修理、返工之责任由违约方承担,同时造成损失的,还要承担赔偿损失之责任。

5. 根据《建筑法》第八十条规定,在建筑物的合理使用寿命内,因建筑工程质量不合格受到损害的,受损害方有权向责任者要求赔偿。这实质上是一种特殊侵权责任,也可以说是建筑工程质量责任,相当于民法的产品责任。只要建筑物质量有缺陷,对当事人人身或财产造成损害,则受害人可以向建筑活动各方要求赔偿损失。有关责任方的责任划分是:

(1)由于设计方的原因造成的损害,由设计单位承担赔偿责任;

(2)施工单位未按有关规范、标准和设计要求施工的,由施工单位负责返修并承担赔偿责任;

（3）因建筑材料、建筑构配件和设备质量不合格引起的质量问题，属于施工单位采购的或经其验收同意的，由施工单位承担赔偿责任；属于建设单位采购的，由建设单位承担赔偿责任；

（4）因监理方的原因造成的损害，由工程监理单位承担赔偿责任。

6. 根据《建筑法》第七十五条规定，在建筑工程保修期内因屋顶、墙面渗漏、开裂质量缺陷造成的损失，有关施工方应当承担赔偿责任。如果质量缺陷是由勘察设计原因、监理原因或者建筑材料构配件和设备质量等原因造成的，施工企业可以在保修和赔偿损失之后，向有关责任方追偿。有关责任方的责任划分是：

（1）由于设计方面的原因造成的质量缺陷，由设计单位承担赔偿责任，由施工单位负责维修，其费用按有关规定通过建设单位向设计单位索赔，不足部分由建设单位负责；

（2）施工单位未按有关规范、标准和设计要求施工而造成质量缺陷，由施工单位负责返修并承担赔偿责任；

（3）因建筑材料、构配件和设备质量不合格引起的质量缺陷，属于施工单位采购的或经其验收同意的，由施工单位承担赔偿责任；属于建设单位采购的，由建设单位负责；

（4）因监理方的原因造成的，由工程监理单位承担赔偿责任；

（5）因使用单位使用不当造成的质量缺陷，由使用单位自行负责；

（6）因地震、洪水、台风等不可抗力造成的质量问题，施工单位、设计单位不承担赔偿责任。

7. 因相邻关系引起的民事责任。相邻关系，两个或两个以上相互毗邻不动产的所有人或使用人，在行使占有、使用、收益、处分权利时发生的权利义务关系。也就是，在所有人或使用人在占有、使用、收益、处分权利时发生矛盾的，应当运用法律调节彼此间的矛盾，使他们有权从邻方得到必要的利益，并防止来自邻方的危险和危害。同时，对各自所有权的行使也应有所节制，不能损害邻方的合法权益。因此，相邻关系实际上是在斟酌相邻各方的利益和公共秩序后，对行使所有权的一种限制或节制。《建筑法》规定的引起此类民事责任的主要情况有：

［想一想］

什么叫相邻关系？

（1）施工现场对毗邻建筑物、构筑物和特殊作业环境可能造成损害的，建筑施工企业应当采取安全防护措施，确保相毗邻建筑物、构筑物和特殊作业环境的安全。否则，由此引起的民事责任，有关受害方有权要求排除危险和赔偿损失；

（2）施工现场的地下管线，建筑施工企业应当采取措施保护。否则，有关受害方有权要求停止侵害和索赔损失；

（3）施工现场因噪声、振动等妨碍邻人生产和生活时，建筑施工企业应当采取控制噪声、振动的措施。否则，邻人有权要求停止侵害；如有损失的，还应当赔偿因此造成的损失。

8. 根据《建筑法》第七十九条规定，负责颁发建筑工程施工许可证的部门及其工作人员对不符合施工条件的建筑工程颁发施工许可证，负责工程质量监督检查或竣工验收的部门及其工作人员对不合格的建筑工程出具质量合格文件或者按合格工程验收,造成损失的由该部门承担相应赔偿责任。这种赔偿就是行政赔偿。所谓行政赔偿,是指行政机关和行政机关工作人员违法行使职权侵犯公民、法人和其他组织的合法权益造成的损害通过法定赔偿义务机关给予的赔偿。其构成要件是:

(1)行政主体

所谓行政主体是指执行行政职务的行政机关及其工作人员。其中"行政机关"包括中央行政机关(如国务院及其所属部门)与地方行政机关(如地方级政府及其所属部门)。"工作人员"则既包括行政机关中的工作人员,也包括受上述机关委托从事公务的人员。

(2)职务违法行为

所谓职务违法行为是指违法执行职务的行为。它是行政赔偿责任中最根本的构成要件。在这个概念中,需要说明的是:什么是违法? 什么是"执行职务"? 对此,我国国家赔偿法未作规定,理论界认识也不一,但从行政赔偿的立法精神看,"违法"应包括违反宪法、法律、行政法规与规章、地方性法规与规章以及其他规范性文件和我国承认与参加的国际公约等。"执行职务"的范围应既包括职务行为本身的行为(如工商管理部门违法吊销许可证和执照),亦包括与职务有关联而不可分的行为(如讯问案件时,警察刑讯逼供、行政机关工作人员在执行公务途中违反交通规则将他人撞伤)。

(3)损害后果

确立行政赔偿责任的目的在于对受害人受到的损害进行赔偿。因此,损害的发生是行政赔偿责任产生的前提。损害包括人身损害与财产损害、物质损害与精神损害、直接损害与间接损害。需要指出的是,根据我国国家赔偿法,损害仅指物质损害与直接损害,而不含精神损害与间接损害。

(4)因果关系

因果关系是连接违法行为与损害后果的纽带,是责任主体对损害后果承担赔偿责任的基础与前提。如果缺少这种因果关系,则行为人就无义务对损害后果负责。因果关系的苛严程度会直接影响到相对人一方合法权益救济的范围,我国行政赔偿责任构成要件中的的因果关系应采取什么样的因果关系呢? 理论上歧见纷纷,但最具代表性的观点是采用直接因果关系,即指行为与结果间存在着逻辑上的直接关系,其中行为并不要求是结果的必然的或根本原因,但应是导致结果发生的一个较近的原因,至于其关联性紧密程度,则完全要依据案情来决定。

三、建筑刑事违法行为及其法律责任

为了加强对建筑活动的监督管理,维护市场秩序,消除建筑市场的腐败现象和不正之风,保证建筑工程质量和安全,减少工程质量和安全事故,《建筑法》共有11条规定了依法追究刑事法律责任的内容,主要体现在:

1. 根据《建筑法》第六十五条规定,以欺骗手段取得资质证书,发生重大质量、安全事故的,依《刑法》第一百三十七条追究刑事责任。构成诈骗罪的,依《刑法》第二百六十条追究刑事责任,处三年以下有期徒刑、拘役或者管制,并处或者单处罚金;数额巨大或者其他严重情节的,处三年以上十年以下有期徒刑,并处罚金;数额特别巨大或者其他特别严重情节的,处十年以上有期徒刑或者无期徒刑,并处罚金或者没收财产。

2. 根据《建筑法》第七十一条一款规定,建筑施工企业对安全事故隐患不采取措施予以消除,因而发生重大伤亡事故或者造成其他严重后果的,要追究刑事责任。依照《刑法》第一百三十五条,建筑施工企业的劳动安全设施不符合国家规定,经有关部门或者职工提出后,对事故隐患仍不采取措施,因而发生重大伤亡事故或者其他严重后果的,对直接责任人员,处三年以下有期徒刑或者拘役;情节特别恶劣的,处三年以上七年以下有期徒刑。

3. 根据《建筑法》第七十一条二款规定,建筑施工企业的管理人员违章指挥、强令职工冒险作业,因而发生重大伤亡事故或者造成其他严重后果构成重大责任事故罪的要追究刑事责任。《刑法》第一百三十四条的具体规定是:对管理人员处三年以下有期徒刑或者拘役;情节特别恶劣的,处三年以上七年以下有期徒刑。《建筑法》第七十一条没有规定建筑施工企业的职工不服从管理、违章作业的刑事责任,但依据《刑法》第一百三十四条也同样要追究刑事责任。

4. 根据《建筑法》第六十九条、第七十二条、第七十三条、第七十四条规定,工程监理单位与建设单位或者建筑施工企业串通,弄虚作假、降低工程质量的;建设单位要求建筑设计单位或者建筑施工企业在工程设计或者施工作业中违反建筑工程质量、安全标准,降低工程质量的;建筑设计单位不按照建筑工程质量、安全标准进行设计的;建筑施工企业在施工中偷工减料,使用不合格的建筑材料、建筑构配件和设备的,或者有其他不按照工程设计图纸或者施工技术标准施工的行为的,造成重大安全事故,依《刑法》第一百三十七条追究刑事责任。对直接责任人员,处五年以下有期徒刑或者拘役,并处罚金;后果特别严重的,处五年以上十年以下有期徒刑,并处罚金。

5. 根据《建筑法》第七十条规定,涉及建筑主体或承重结构变动的装修工程擅自施工,造成重大安全事故的,依《刑法》第一百三十七条追究刑事责任。对直接责任人员,处五年以下有期徒刑或者拘役,并处罚金;后果特别严重的,处五年以上十年以下有期徒刑,并处罚金。

6. 根据《建筑法》第六十八条规定,在工程发包与承包中索贿、受贿、行贿,构成犯罪的,分别依《刑法》第一百六十三条、第一百六十四条、第三百八十五条、第三百八十六条、第三百九十条追究刑事责任。公司、企业工作人员利用职务上便利,索取他人财物或者非法收受他人财物,数额较大的,处五年以下有期徒刑或者拘役;数额巨大的,处五年以上有期徒刑,并可以没收财产。为谋取不正当利益,给予公司、企业工作人员以财物,数额较大的,处三年以下有期徒刑或者拘役;数额巨大的,处三年以上十年以下有期徒刑,并处罚金。国家机关、国有公司、企业、事业单位、人民团体工作人员受贿的,根据受贿所得数额及情节,依照贪污罪的规定处罚。索贿的,从重处罚。具体规定是:个人受贿十万元以上的,处十年以上有期徒刑或者无期徒刑,并可以没收财产;情节特别严重的,处以死刑,并没收财产。个人受贿五万元以上不满十万元的,处五年以上有期徒刑,并可以没收财产;情节特别严重的,处无期徒刑,并没收财产。个人受贿一万元以上不满五万元的,处一年以上七年以下有期徒刑;情节严重的,处七年以上十年以下有期徒刑,并没收财产。个人受贿五千元以上不满一万元的,犯罪后有悔改表现,积极退赃的,可以减轻处罚或者免予刑事处罚,由其所在单位或上级主管部门给予行政处分。个人受贿不满五千元,情节较重的,处二年以下有期徒刑或者拘役;情节较轻的,由其所在单位或上级主管部门酌情给予行政处分。单位受贿的,对单位判处罚金,并对直接负责的主管人员和其他直接责任人员,处五年以下有期徒刑或者拘役。对国家机关工作人员行贿的,处五年以下有期徒刑或者拘役;因行贿谋取不正当利益,情节严重的,或者使国家利益遭受重大损失的,处五年以上十年以下有期徒刑;情节特别严重的,处十年以上有期徒刑或无期徒刑,并可以没收财产。给国家机关、国有公司、企业、事业单位、人民团体受贿的,处三年以下有期徒刑或者拘役。

[问一问]

刑事法律责任是如何划分的?

7. 根据《建筑法》第七十七条、第七十八条、第七十九条规定,对不具备相应资质等级条件的单位颁发该等级资质证书的或者对不符合施工条件的建筑工程颁发施工许可证,对不合格的建筑工程出具质量合格文件或者按合格工程验收的,或者政府及其所属部门工作人员限定发包单位将招标发包的工程发包给指定的承包单位的,构成滥用职权罪、玩忽职守罪或徇私舞弊罪,依《刑法》第三百九十七条追究刑事责任。其中滥用职权或者玩忽职守致使公共财产、国家和人民利益遭受重大损失的,处三年以下有期徒刑或者拘役;情节特别严重的,处三年以上七年以下有期徒刑。徇私舞弊致使公共财产、国家和人民利益遭受重大损失的,处五年以上十年以下有期徒刑。

第三节 《建设工程安全生产管理条例》规定的法律责任

一、《建设工程安全生产管理条例》所设定的法律责任的特点

《建设工程安全生产管理条例》,已于 2003 年 11 月 12 日经国务院第 28 次常务会议通过,自 2004 年 2 月 1 日起施行。《建设工程安全生产管理条例》的发布与施行,对于加强建设工程安全生产监督管理,保障人民群众生命和财产安全,具有十分重要的意义。《建设工程安全生产管理条例》作为《建筑法》、《安全生产法》的配套法规,在行为和处罚种类、处罚幅度上必须和这两个法保持一致。同时,国务院已经颁布实行的《建设工程质量管理条例》对工程建设中的一些违法行为,已经规定了处罚措施,本条例有关法律责任的规定同样需要和该条例相适应。《建设工程安全生产管理条例》中还涉及特种设备的安全管理问题,《特种设备安全监察条例》第 3 条规定:"房屋建筑工地和市政工程工地用起重机械的安

装、使用的监督管理,由建设行政主管部门依照有关法律、法规的规定执行。"这样,对于这一条规定中涉及的特种设备,《建设工程安全生产管理条例》虽然可以作出一些特殊的规定,但是在法律责任的设定上,仍然应当和《特种设备安全监察条例》保持衔接,这些都是保持国家法制统一、同样行为同样责任原则的体现。

二、建设单位的违法行为及其法律责任

1. 建设单位违反《建设工程安全生产管理条例》的规定,未提供有关费用、未将有关资料报送相关部门备案的法律责任。

根据《建设工程安全生产管理条例》第五十四条,建设单位违反《建设工程安全生产管理条例》第八条的规定,未提供建设工程安全生产作业环境及安全施工措施所需费用的,

责令限期改正;逾期未改正的,责令该建设工程停止施工。建设单位违反《建设工程安全生产管理条例》第十条、第十一条的规定,未将保证安全施工的措施或者拆除工程的有关资料报送有关部门备案的,责令限期改正,给予警告。

2. 建设单位在安全生产中违反《建设工程安全生产管理条例》的有关规定,应当承担的法律责任。

根据《建设工程安全生产管理条例》第五十五条,建设单位在安全生产中违反《建设工程安全生产管理条例》第七条、第十一条及其他相关法条的规定,有下列行为之一的,责令限期改正,处二十万元以上五十万元以下的罚款;造成重大安全事故,构成犯罪的,对直接责任人员,依照刑法有关规定追究刑事责任;造成损失的,依法承担赔偿责任:

(1)对勘察、设计、施工、工程监理等单位提出不符合安全生产法律、法规和强制性标准规定的要求的;

(2)要求施工单位压缩合同约定的工期的;

(3)将拆除工程发包给不具有相应资质等级的施工单位的。

三、勘察、设计单位的违法行为及其法律责任

根据《建设工程安全生产管理条例》第五十六条,勘察单位、设计单位在勘察、设计中违反《建设工程安全生产管理条例》第十二条、第十三条的规定,有下列行为之一的,责令限期改正,处十万元以上三十万元以下的罚款;情节严重的,责令停业整顿,降低资质等级,直至吊销资质证书;造成重大安全事故,构成犯罪的,对直接责任人员,依照刑法有关规定追究刑事责任;造成损失的,依法承担赔偿责任:

1. 未按照法律、法规和工程建设强制性标准进行勘察、设计的;

2. 采用新结构、新材料、新工艺的建设工程和特殊结构的建设工程,设计单位未在设计中提出保障施工作业人员安全和预防生产安全事故的措施建议的。

四、工程监理单位的违法行为及其法律责任

《建筑法》第三十条规定:"国家推行建筑工程监理制度。""国务院可以规定

实行强制监理的建筑工程的范围。"监理单位是建设单位聘请的,按照双方合同的约定,监理单位代表建设单位对工程进度、质量和资金进行监督。从表面上看,工程监理单位只对建设单位负责,其在工程建设中的角色,完全来自于它和建设单位的合同关系。但是从国家以法律的形式正式确立这项制度来看,特别是国家对特定的工程推行强制监理这一做法来看,国家对监理单位赋予了一定的社会责任。作为一项制度,当然就不是简单的民事关系了,制度是一个系统的东西,国家确立一项制度是从公共利益的角度出发,是为了达到一定的社会目的。因此,工程监理单位在安全生产领域应当承担一定的社会责任。如果工程监理单位违反了法律、法规的要求,就要承担法律责任。

根据《建设工程安全生产管理条例》第五十七条,工程监理单位在实施监理工作中违反《建设工程安全生产管理条例》第十四条的规定,有下列行为之一的,责令限期改正;逾期未改正的,责令停业整顿,并处 10 万元以上 30 万元以下的罚款;情节严重的,降低资质等级,直至吊销资质证书;造成重大安全事故,构成犯罪的,对直接责任人员,依照刑法有关规定追究刑事责任;造成损失的,依法承担赔偿责任:

1. 未依照法律、法规和工程建设强制性标准实施监理的;
2. 未对施工组织设计中的安全技术措施或者专项施工方案进行审查的;
3. 发现安全事故隐患未及时要求施工单位整改或者暂时停止施工的;
4. 施工单位拒不整改或者不停止施工,未及时向有关主管部门报告的。

五、建筑施工企业的违法行为及其法律责任

(一)施工单位未履行法定安全义务的法律责任

施工现场的安全管理是整个建设工程安全生产的核心环节,因此,条例对于施工单位的安全责任作了比较具体和详细的规定。对于施工单位承担的这些法定安全义务,都是对建设工程安全生产有着直接影响的,如果有违反,都需要承担法律责任。根据《建设工程安全生产管理条例》第六十二条,施工单位未履行法定的安全义务,有下列行为之一的,责令限期改正;逾期未改正的,责令停业整顿,依照《安全生产法》的有关规定处以罚款;造成重大安全事故,构成犯罪的,对直接责任人员,依照刑法有关规定追究刑事责任:

1. 未在施工现场的危险部位设置明显的安全警示标志,或者未按照国家有关规定在施工现场设置消防通道、消防水源、配备消防设施和灭火器材的;
2. 施工单位的主要负责人、项目负责人、专职安全生产管理人员、作业人员或者特种作业人员,未经安全教育培训或者经考核不合格即从事相关工作的;
3. 未设立安全生产管理机构、配备专职安全生产管理人员或者分部分项工程施工时无专职安全生产管理人员现场监督的;
4. 未向作业人员提供安全防护用具和安全防护服装的;
5. 未按照规定在施工起重机械和整体提升脚手架、模板等自升式架设设施验收合格后进行登记的;

6. 使用国家明令淘汰、禁止使用的危及施工安全的工艺、设备、材料的。

(二)施工单位挪用有关安全费用的法律责任

资金是安全的保证,创造良好的安全环境,采取足够的安全措施都需要一定的安全投入。根据《建设工程安全生产管理条例》的规定,安全投入实际上包含了3个方面的义务:(1)建设单位在工程概算中应当列入用于安全生产的费用;(2)施工单位应当保证本单位正常生产经营所需的必要安全投入;(3)对于已经列入工程概算的安全生产费用,施工单位不能挪用。根据《建设工程安全生产管理条例》第六十三条,施工单位违反《建设工程安全生产管理条例》第八条和第二十二条的规定,挪用列入建设工程概算的安全生产作业环境及安全施工措施所需费用的,责令限期改正,处挪用费用 20% 以上 50% 以下的罚款;造成损失的,依法承担赔偿责任。

(三)施工单位未采取安全技术措施、环境保护措施等的法律责任

根据《建设工程安全生产管理条例》第六十四条,施工单位违反《建设工程安全生产管理条例》第二十七条至第三十条的规定,有下列行为之一的,责令限期改正;逾期未改正的,责令停业整顿,并处五万元以上十万元以下的罚款;造成重大安全事故,构成犯罪的,对直接责任人员,依照刑法有关规定追究刑事责任:

1. 施工现场临时搭建的建筑物不符合安全使用要求的;

2. 未根据不同施工阶段和周围环境及季节、气候的变化,在施工现场采取相应的安全施工措施,或者在城市市区内的建设工程的施工现场未实行封闭围挡的;

3. 在尚未竣工的建筑物内设置员工集体宿舍的;

4. 施工前未对有关安全施工的技术要求作出详细说明的;

5. 未对因建设工程施工可能造成损害的毗邻建筑物、构筑物和地下管线等采取专项防护措施的。施工单位有前款规定第 4 项、第 5 项行为,造成损失的,依法承担赔偿责任。

(四)施工单位施工过程中的违法行为及法律责任

根据《建设工程安全生产管理条例》第六十五条,施工单位在施工过程中违反《建设工程安全生产管理条例》第十七条、第三十四条、第三十五条的规定,有下列行为之一的,责令限期改正;逾期未改正的,责令停业整顿,并处十万元以上三十万元以下的罚款;情节严重的,降低资质等级,直至吊销资质证书;造成重大安全事故,构成犯罪的,对直接责任人员,依照刑法有关规定追究刑事责任;造成损失的,依法承担赔偿责任:

1. 委托不具有相应资质的单位承担施工现场安装、拆卸施工起重机械和整体提升脚手架、模板等自升式架设设施的;

2. 安全防护用具、机械设备、施工机具及配件在进入施工现场前未经查验或者查验不合格即投入使用的;

3. 使用未经验收或者验收不合格的施工起重机械和整体提升脚手架、模板

等自升式架设设施的；

4. 在施工组织设计中未编制安全技术措施、施工现场临时用电方案或者专项施工方案的。

(五)施工单位负责人、作业人等有关人员的违法行为及法律责任

根据《建设工程安全生产管理条例》第六十六条,施工单位的主要负责人、项目负责人未履行安全生产管理职责的,责令限期改正;逾期未改正的,责令施工单位停业整顿;造成重大安全事故、重大伤亡事故或者其他严重后果,构成犯罪的,依照刑法有关规定追究刑事责任。作业人员不服管理、违反规章制度和操作规程冒险作业造成重大伤亡事故或者其他严重后果,构成犯罪的,依照刑法有关规定追究刑事责任。施工单位的主要负责人、项目负责人有上述违法行为,尚不够刑事处罚的,处二万元以上二十万元以下的罚款或者按照管理权限给予撤职处分;自刑罚执行完毕或者受处分之日起,五年内不得担任任何施工单位的主要负责人、项目负责人。

(六)施工单位不具备安全生产条件的法律责任

安全生产条件是企业取得施工资质以及决定资质等级的条件,行政机关在进行颁发建筑企业资质证书的行政许可时,应当审查企业的安全生产条件。根据行政许可的理论,一个行政许可一旦作出,作出许可的行政机关和被许可的管理相对人就都承担了一定的义务。

对于许可机关而言,其应当承担一种事后监督的义务,也就是说,必须对获得许可的主体是否符合许可条件进行监督。对于被许可人而言,其应当承担保证自己始终符合许可事项要求的条件。安全生产条件是一个建筑企业必备的条件,也是一项很容易被忽视的条件,因此,加强对安全生产条件的事后监督尤其重要。

根据《建设工程安全生产管理条例》第六十七条的规定,施工单位取得资质证书后,降低安全生产条件的,责令限期改正;经整改仍未达到与其资质等级相适应的安全生产条件的,责令停业整顿,降低其资质等级,直至吊销资质证书。

六、其他情况的违法行为和法律责任

(一)行政管理部门及其工作人员的违法行为及其法律责任

行政机关在行政管理中的违法行为包括作为和不作为。行政机关的作为违法,是指行政机关在行政管理活动中的管理行为违反法律规范或者其行政行为违反了为其设定的不为某种行为的义务,它通常体现为一定的积极的违法行为。行政机关违法不作为,是指行政机关依法应当履行法定职责、负有特定的作为义务,并且具备履行职责、义务的能力,却故意或者过失地不履行或者拖延履行的行为,它通常体现为一定的消极的违法行为。无论是作为还是不作为的违法,都违反了法定的义务,都对管理相对人、国家管理秩序造成了损害。因此,都应当承担法律责任。

根据《建设工程安全生产管理条例》第五十三条,县级以上人民政府建设行

政主管部门或者其他有关行政管理部门的工作人员,违反《建设工程安全生产管理条例》第二十条、第四十二条及其他相关法条的规定,有下列行为之一的,应当承担降级或者撤职的行政处分;构成犯罪的,依照刑法有关规定追究刑事责任:

　　1. 对不具备安全生产条件的施工单位颁发资质证书的;

　　2. 对没有安全施工措施的建设工程颁发施工许可证的;

　　3. 发现违法行为不予查处的;

　　4. 不依法履行监督管理职责的其他行为。

(二)注册执业人员的违法行为及其法律责任

　　建设活动是直接由相关人员从事的,虽然所在单位应当承担起对这些人员的管理,并对他们的行为后果负责,但是,当这些人员的活动对建设活动有着直接影响时,加强对有关人员的法律责任的要求,就有特殊的意义。《建设工程质量管理条例》第七十二条确立了相关执业人员在建设工程生产领域内的法律责任,对于加强执业人员的管理,保障工程质量起到了很好的作用。国家目前正在逐步推进建设领域专业人员的执业资格制度,目的在于提高有关人员的素质,规范有关人员的行为。随着社会经济的发展,从以单位管理为主,过渡到以人员管理为主是一个必然的趋势。根据这一思想,《建设工程安全生产管理条例》在安全生产领域继续强调了相关执业人员的责任问题。

　　根据《建设工程安全生产管理条例》第五十八条,注册执业人员在执业中未执行法律、法规和工程建设强制性标准的,责令停止执业 3 个月以上 1 年以下;情节严重的,吊销执业资格证书,5 年内不予注册;造成重大安全事故的,终身不予注册;构成犯罪的,依照刑法有关规定追究刑事责任。这里所称的注册执业人员是指与建设工程安全生产有关的、取得相关建设领域执业资格的人员,具体而言,包括有注册建筑师、注册结构工程师、监理工程师以及注册建造师等。

(三)为建设工程提供机械设备和配件的单位的违法行为及其法律责任

　　根据《建设工程安全生产管理条例》第五十九条,为建设工程提供机械设备和配件的单位,违反第十五条的规定,未按照安全施工的要求配备齐全有效的保险、限位等安全设施和装置的,责令限期改正,处合同价款 1 倍以上 3 倍以下的罚款;造成损失的,依法承担赔偿责任。

(四)机械设备和施工机具及配件的出租单位的违法行为及其法律责任

　　施工单位需要使用的机械设备和施工机具及配件,有些是承租来的。机械设备和施工机具及配件作为生产中的硬件设施,对于安全生产有着直接的影响。因此《建设工程安全生产管理条例》要求这些机械设备和施工机具及配件的出租单位,必须承担安全性能检测的义务。出租单位不履行这样的义务,构成违法行为时,应当承担相应的法律责任。

　　根据《建设工程安全生产管理条例》第六十条,出租单位违反《建设工程安全生产管理条例》第十六条的规定,出租未经安全性能检测或者经检测不合格的机械设备和施工机具及配件的,责令停业整顿,并处 5 万元以上 10 万元以下的罚款;造成损失的,依法承担赔偿责任。

(五)施工起重机械和整体提升脚手架、模板等自升式架设设施安装、拆卸单位的违法行为及其法律责任

由于施工起重机械和整体提升脚手架、模板等自升式架设设施在施工现场属于危险性较大的机械、设施,因此,对于安装、拆卸这些机械、设施的单位,《建设工程安全生产管理条例》对其在安全生产方面的权利和义务作了规定,违反这些规定的行为,应当承担法律责任。

[问一问]
《建设工程安全生产管理条例》对哪些主体设定了法律责任?

根据《建设工程安全生产管理条例》第六十一条,施工起重机械和整体提升脚手架、模板等自升式架设设施安装、拆卸单位,违反《建设工程安全生产管理条例》第十七条的规定,有下列行为之一的,责令限期改正,处 5 万元以上 10 万元以下的罚款;情节严重的,责令停业整顿,降低资质等级,直至吊销资质证书;造成损失的,依法承担赔偿责任:

1. 未编制拆装方案、制定安全施工措施的;
2. 未由专业技术人员现场监督的;
3. 未出具自检合格证明或者出具虚假证明的;
4. 未向施工单位进行安全使用说明,办理移交手续的。

施工起重机械和整体提升脚手架、模板等自升式架设设施安装、拆卸单位有上述规定的第 1 项、第 3 项行为,经有关部门或者单位职工提出后,对事故隐患仍不采取措施,因而发生重大伤亡事故或者造成其他严重后果,构成犯罪的,对直接责任人员,依照刑法有关规定追究刑事责任。

第四节 《建设工程质量管理条例》规定的法律责任

一、《建设工程质量管理条例》所设定的法律责任的特点

《建设工程质量管理条例》,已于 2000 年 1 月 10 日国务院第 25 次常务会议通过,同年 1 月 30 日发布实施。《建设工程质量管理条例》的发布实施,对于强化政府质量监督,规范建设工程各方主体的质量责任和义务,维护建筑市场秩序,全面提高建设工程质量,具有重要意义。针对现实生活中存在的参与建筑活动各方主体缺乏相应的工程质量责任,《建设工程质量管理条例》分别设定了建设单位、勘察设计单位、施工单位、工程监理单位的质量责任和义务,完善了责任追究制度,加大了处罚力度。所设定的罚款幅度和具体数额,有以下几个特点:

1. 根据对工程建设资金数额的估算,按照足以起到惩戒作用的原则,设定具体罚款;
2. 根据违法行为的严重程度设定罚款,违法行为越重,处罚就越重;
3. 将质量责任落实到单位直接负责的主管人员和其他直接责任人员的身

上,对其处以单位罚款数额一定比例的罚款;

4. 实行建设工程质量终身责任制,明确建设、勘察、设计、施工、工程监理单位的工作人员离任后,被发现在该单位工作期间违反国家有关建设工程质量管理规定,造成工程质量重大工程事故的,仍要依法追究法律责任。

二、建设单位的违法行为及其法律责任

(一)建设单位将建设工程发包给不具有相应资质等级的勘察、设计、施工、工程监理单位应负的法律责任

建筑活动是一种技术密集、专业性强、投资巨大,对社会有重大影响的活动,不是任何单位都可以承担的,必须有相应资质才能承担。因此,《建设工程质量管理条例》第七条第一款规定,建设单位应当将工程发包给具有相应资质条件的勘察、设计、施工和工程监理单位。

根据《建设工程质量管理条例》第五十四条的规定,建设单位若违反上述规定,应当承担如下的法律责任:

1. 责令改正

即建设行政主管部门或其他有关部门发现建设单位有上述违规行为,要以行政命令的方式及时制止其违规行为,并宣布确定的承包单位无效,责令建设单位重新将建设工程发包给具有相应资质条件的勘察、设计、施工、工程监理单位。

2. 罚款

在责令改正的同时,视情节对建设单位处以五十万元以上一百万元以下的罚款。

(二)建设单位将建设工程肢解发包应负的法律责任

《建设工程质量管理条例》第七条第一款规定:"建设单位不得将建设工程肢解发包。"因为肢解发包是建设单位将本不可再分开承包的单位工程发包给不同单位承包。这样做不利于工程的统一协调,难以保证工程质量和施工现场的安全。因此,根据《建设工程质量管理条例》第五十五条的规定,建设单位若有上述违规行为,应当承担如下的法律责任:

1. 责令改正

一旦建设行政主管部门或其他有关部门发现,则应及时向建设单位发出通知,命令其改正,将不应肢解的建设工程重新发包给一个承包单位。

2. 罚款

在责令改正的同时,视情节对建设单位处以工程合同价款 0.5% 以上 1% 以下的罚款。工程合同价款是指发包人用以支付承包人按照合同约定完成承包范围内全部工程并承担质量保修责任的款项。

3. 对全部或者部分使用国有资金的项目,并可以暂停项目执行或者暂停资金拨付

国有资金,是指国家财政性资金(包括预算内资金和预算外资金),国家机关、国有企事业单位和社会团体的自有资金及借贷资金。其中,国有企业是指国有独资公司和国有控股企业。国有控股企业包括国有资本占企业资本 50% 以上的企业

以及虽不足 50％,但国有资产投资者实质上拥有控制权的企业。全部或者部分使用国有资金的项目,是指一切使用国有资金(不论其在总投资中所占比例大小)进行建设的项目。建设行政主管部门或其他有关部门若发现全部或者部分使用国有资金的项目的工程肢解发包的,除责令改正、处工程合同价款 0.5％以上 1％以下的罚款外,并可以暂停项目执行或者通知有关部门暂停资金拨付。

(三)建设单位不履行或不正当履行其工程管理的有关职责应负的法律责任

建设单位是建筑市场的重要责任主体,是工程建设过程和建设效果的负责方,拥有按照法律、法规规定选择勘察、设计、施工、工程监理单位,确定建设项目的规模、功能、外观、使用材料设备等权利。在工程建设各个环节负责综合管理工作,居于主导地位。建设单位的行为在整个建设工程活动中是否规范,是影响建设工程质量的关键因素。对建设单位有下列不规范行为之一的,根据《建设工程质量管理条例》第五十六条的规定,要受到责令改正并处二十万元以上五十万元以下罚款的处罚:

1. 违反《建设工程质量管理条例》第十条第一款之规定,迫使承包方以低于其企业成本的价格竞标的;

2. 违反《建设工程质量管理条例》第十条第一款之规定,任意压缩合理工期的;

3. 违反《建设工程质量管理条例》第十条第二款之规定,明示或暗示设计单位或施工单位违反工程建设强制性标准,降低工程质量的;

4. 违反《建设工程质量管理条例》第十一条之规定,施工图设计文件未经审查或审查不合格即施工的;

5. 违反《建设工程质量管理条例》第十二条之规定,建设项目必须实行工程监理而未实行工程监理的;

6. 违反《建设工程质量管理条例》第十三条之规定,未按国家规定办理工程质量监督手续的;

7. 违反《建设工程质量管理条例》第十四条之规定,要求施工单位使用不合格的建筑材料、建筑构配件和设备的;

8. 违反《建设工程质量管理条例》第四十九条之规定,未按照国家规定将竣工验收报告、有关认可文件或者准许使用文件报送备案的。

(四)建设单位未取得施工许可证或者开工报告未经批准擅自施工应负的法律责任

依据《建筑法》第七条和《建设工程质量管理条例》第十三条规定,建设工程开工前,建设单位必须领取施工许可证才能施工。未取得施工许可证或者开工报告未经批准擅自施工的,会使工程前期准备不足,给建设工程造成事故隐患,也可能使建设工程因资金不落实而中途下马,成为"半拉子工程",更易引起建设纠纷。因此,根据《建设工程质量管理条例》第五十七条的规定,建设单位若有上述违规行为,应当承担如下的法律责任:

1. 责令停止施工,限期改正,尽快补办有关手续。

2. 在责令改正的同时,视情节对建设单位处工程合同价款 1% 以上 2% 以下的罚款。

(五)建设单位在竣工验收中有不规范行为应负的法律责任

竣工验收是工程交付使用前的一道关键程序,根据《建设工程质量管理条例》第十六条第三款之规定:"建设工程经验收合格的,方可交付使用。"如果建设单位:未组织竣工验收就擅自交付使用;或虽进行了验收程序,但验收不合格擅自交付使用;或验收时,把不合格工程按合格工程验收,根据《建设工程质量管理条例》第五十八条之规定,建设单位则要承担下列法律责任:

1. 责令改正。即没有经过竣工验收的,停止使用,补办验收手续;验收不合格就使用的,停止使用,进行返修,重新组织验收;把不合格工程按合格工程验收的,进行返修,重新组织验收。

2. 责令改正的同时,视情节处工程合同价款 2% 以上 4% 以下的罚款。

3. 造成损失的,依法承担赔偿责任。

(六)建设单位未向有关部门移交建设项目档案应负的法律责任

《建设工程质量管理条例》第十七条和《房屋建筑工程和市政基础设施工程竣工验收备案管理暂行办法》,对建设单位向有关部门移交建设项目档案做了明确的规定,建设单位应当及时收集、整理建设项目各环节的文件资料,建立健全建设项目档案,并在建设项目竣工验收后,及时向建设行政主管部门或其他有关部门移交建设项目档案。建设单位若有违规行为,则要承担下列法律责任:

1. 建设单位在竣工验收过程中有违反国家有关建设工程质量管理规定行为的,在收清竣工验收备案文件 15 日内,责令停止使用,重新组织竣工验收。

2. 建设单位在工程竣工验收合格之日起 15 日内未办理工程竣工验收备案的,备案机关责令限期改正,处二十万元以上八十万元以下罚款。

3. 建设单位将备案机关决定重新组织竣工验收的工程,在重新组织竣工验收前,擅自使用的,备案机关责令停止使用,处工程合同价款 2% 以上 4% 以下罚款。

4. 建设单位采用虚假证明文件办理工程竣工验收备案的,工程竣工验收无效,备案机关责令停止使用,重新组织竣工验收,处二十万元以上五十万元以下罚款;构成犯罪的,依法追究刑事责任。

5. 备案机关决定重新组织竣工验收并责令停止使用的工程,建设单位在备案之前已投入使用或者建设单位擅自继续使用造成使用人损失的,由建设单位依法承担赔偿责任。

三、施工单位的违法行为及其法律责任

(一)施工单位偷工减料,使用不合格建筑材料、建筑构配件、设备或不按设计图纸和施工技术标准施工应承担的法律责任

《建设工程质量管理条例》第二十八条第一款规定:"施工单位必须按照设计

图纸和施工技术标准施工,不得擅自修改工程设计,不得偷工减料。"《建设工程质量管理条例》第二十九条规定:"施工单位必须按照工程设计要求、施工技术标准和合同约定,对建筑材料、建筑构配件、设备和商品混凝土进行检验,检验应当有书面记录和专人签字;未经检验或检验不合格的,不得使用。"施工单位若违反上述规定进行施工,则势必会严重危及工程质量,损害国家和公众利益。为了确保工程质量和安全,保护国家利益和人民群众的合法权益,《建设工程质量管理条例》加大了对此类违法行为的处罚力度。这是《建筑法》第七十四条规定的具体体现。

根据《建设工程质量管理条例》第六十四条的规定,对上述违规行为的处罚是:

1. 责令改正,处工程合同价款 2‰以上 4‰以下的罚款;

2. 情节严重的,责令停业整顿,降低资质等级,或者吊销资质证书;

3. 因上述违法行为已造成工程质量不符合规定的质量标准,还要承担负责返工、修理,并赔偿因此造成的损失的民事法律责任。

(二)施工单位未按规定对建筑材料、建筑构配件和设备等进行检验应负的法律责任

施工过程中的检测和检验,是防止把不合格材料、构配件等用到工程上的重要手段,是保证工程质量的重要环节。否则,就会失去这一重要的质量控制手段。在一般部位则会造成工程的使用功能缺陷,在结构关键部位,就会留下隐患,严重时会造成倒塌事故,直接危及人民生命财产安全。《建设工程质量管理条例》的第二十九条、第三十一条对此作出了严格规定。施工单位若违反上述两条之规定,未对建筑材料、建筑构配件、设备和商品混凝土进行检验,或者未对涉及结构安全的试块、试件以及有关材料取样检测的,根据《建设工程质量管理条例》第六十五条的规定,则要承担下列法律责任:

1. 责令改正,处十万元以上二十万元以下的罚款;

2. 情节严重的,责令停业整顿,降低资质等级,或者吊销资质证书;

3. 因上述违法行为造成损失的还要依法承担赔偿责任。

(三)施工单位不履行保修义务或者拖延履行保修义务应承担的法律责任

《建设工程质量管理条例》第四十一条规定:"建设工程在保修范围和保修期限内发生质量问题的,施工单位应当履行保修义务,并对造成的损失承担赔偿责任。"不履行保修义务或者拖延履行保修义务的,根据《建设工程质量管理条例》第六十六条的规定,施工单位要受到如下的处罚:

1. 责令改正,视情节处十万元以上二十万元以下的罚款;

2. 对在保修期内因质量缺陷造成的损失还要承担赔偿责任。在量大面广的住宅工程中工程质量缺陷比较突出,广大住户对此感受深、意见大。施工单位应当依其实际损失给予补偿,可以实物给付,也可以金钱给付。如果质量缺陷是由

勘察设计原因、工程监理原因或者建筑材料、构配件和设备等原因造成的,施工单位可以向有关单位追偿。

四、工程监理单位的违法行为及其法律责任

(一)工程监理单位在监理过程中弄虚作假应负的法律责任

工程监理单位在监理过程中不能公正执行监理业务,与建设单位恶意串通,弄虚作假,通常是损害国家利益或公众利益以及施工单位的利益;如果与施工单位恶意串通,弄虚作假,降低工程质量,通常是损害建设单位利益。这两种情况有时是同时并存,有时是单独存在。

将不合格的建设工程、建筑材料、建筑构配件和设备按照合格签字,其要害也是监理失去了公正性,并且给工程质量造成损害或隐患。根据《建设工程质量管理条例》第六十七条的规定,对工程监理单位上述违规行为的处罚是:

1. 责令改正,视情节处五十万元以上一百万元以下的罚款;

2. 降低资质等级,或者吊销资质证书;被吊销资质证书后,工商行政主管部门应当吊销其营业执照;

3. 有违法所得的,予以没收;

4. 上述违法行为给建设单位、施工单位或其他方面造成损失的,监理单位应依法承担连带赔偿责任。要求赔偿时,可以直接向监理方提出,也可以向其他责任方提出。监理单位履行了赔偿义务后,可根据约定向有关单位追偿。

(二)监理单位与被监理单位有隶属关系或其他利害关系应负的法律责任

《建设工程质量管理条例》第三十五条规定:"工程监理单位与被监理工程的施工承包单位以及建筑材料、建筑构配件和设备供应单位有隶属关系或其他利害关系的,不得承担该项工程的监理业务。"监理单位若违反上述规定,根据《建设工程质量管理条例》第六十八条,则要承担下列法律责任:

1. 责令改正,视情节处五万元以上十万元以下的罚款,降低资质等级,或者吊销资质证书;被吊销资质证书后,工商行政主管部门应当吊销其营业执照;

2. 有违法所得的,予以没收。

五、建设、勘察、设计、施工、工程监理单位单独或共同的违法行为及其法律责任

(一)勘察、设计单位在勘察设计中有违规行为应承担的法律责任

《建设工程质量管理条例》第十九条规定:"勘察、设计单位必须按照工程建设强制性标准进行勘察、设计。"《建设工程质量管理条例》第二十一条规定:"设计单位应当根据勘察成果文件进行建设工程设计。"《建设工程质量管理条例》第二十二条规定:除有特殊情况外,设计单位不得指定生产厂、供应商。勘察、设计单位在勘察设计中若违反上述规定,根据《建设工程质量管理条例》第六十三条,

则要承担下列法律责任:

1. 责令改正,处 10 万元以上 30 万元以下的罚款。

2. 因上述违法行为造成工程质量事故的,责令停业整顿,降低资质等级;情节严重的,吊销资质证书;造成损失的,依法承担赔偿责任。

(二)勘察、设计、施工、工程监理单位在承包活动中有违规行为应承担的法律责任

依照《建筑法》第二十六条,《建设工程质量管理条例》第十八条、第二十五条、第三十四条的规定,从事建设工程的勘察、设计、施工、工程监理单位应当依法取得相应等级的资质证书,并在其资质等级许可的范围内承揽工程。禁止超越其资质等级许可的范围承揽工程。这些单位若在承包活动中违反了上述法律、法规的规定,则要承担下列法律责任:

1. 勘察、设计、施工、工程监理单位超越本单位资质等级承揽工程的,要受到如下的行政处罚:

(1)责令停止违法行为并处罚款。罚款的幅度和数额分别为:①对勘察、设计、监理单位视情节处合同约定的勘察费、设计费、监理酬金 1 倍以上 2 倍以下的罚款;②对施工单位视情节处工程施工合同价款 2% 以上 4% 以下的罚款。

(2)视情节可责令以上单位停业整顿,降低资质等级;情节严重的,可吊销资质证书;有违法所得的,予以没收。

2. 未取得资质证书承揽工程勘察、设计、施工、监理任务的,因其本身就不具备行为资格能力,其行为是严重违法行为,无论是否造成危害后果都应当给予取缔,同时按照上面的规定处以罚款。有违法所得的,予以没收。

3. 以欺骗手段取得资质证书承揽工程的,由于其本身就不够资质条件,就不能有行为资格,因此,无论是否造成危害后果都应当吊销资质证书。与此同时,对于这种明知违法而采取不正当的行为,还应按照上面的规定处以罚款。有违法所得的,予以没收。

(三)勘察、设计、施工、工程监理单位允许他人以本单位名义承揽工程应承担的法律责任

根据《建筑法》第二十六条,《建设工程质量管理条例》第十八条、第二十五条、第三十四条的规定,禁止勘察、设计、施工、工程监理单位允许其他单位或者个人以本单位名义承揽工程。勘察、设计、施工、工程监理单位转让、出借资质证书或以其他方式允许他人以本单位名义承揽工程业务,将造成建设工程实际需要的资金、人才、设备、技术、管理等保证能力达不到预期的要求,从而工程质量保证体系失控,质量保证能力下降。如果借用名义承包的单位和个人不熟悉建设技术业务的,将导致工程质量失控,甚至产生严重质量事故,危及国家、公众、投资者的利益,因此,根据《建设工程质量管理条例》第六十一条,不仅要对违法行为责令改正,还要给以必要的处罚:

1. 由主管部门责令违法单位改正违法行为。

2. 有违法所得者，没收违法所得。

3. 对违法单位罚款。罚款的幅度和数额分别为：(1)勘察、设计、监理单位视情节处合同约定的勘察费、设计费、监理酬金1倍以上2倍以下的罚款；(2)施工单位视情节处工程施工合同价款2％以上4％以下的罚款。

4. 对违法单位并处其他行政处罚，视情节可责令停业整顿，降低资质等级；严重的，吊销资质证书。

(四)勘察、设计、施工、工程监理等承包单位转包工程或者进行非法分包应承担的法律责任

根据《建筑法》第二十八条、第二十九条，《建设工程质量管理条例》第十八条、第二十五条的规定，勘察、设计、施工单位不得转包或者违法分包所承揽的工程。工程监理单位也不得转让工程监理业务。一旦工程转包和非法分包，将造成低资质单位或者无资质单位从事应由高资质单位承担的建筑活动，导致工程质量保证力下降，容易造成工程质量事故，危及建筑安全功能，损害国家利益和投资者的利益。因此，必须改正其违法行为，并给予必要的处罚。

1. 承包单位将承包的工程转包的，或者将不可再分的部分工程进行分包的，将工程分包给不具备相应资质条件的单位承包的，根据《建设工程质量管理条例》第六十二条第一款的规定，处罚措施为：

(1)由主管部门责令改正；

(2)没收其违法所得；

(3)并处罚款。罚款的幅度分别为：对勘察、设计单位处合同约定的勘察费、设计费25％以上50％以下；对施工单位处工程合同价款0.5％以上1％以下；

(4)视情节可责令停业整顿，降低资质等级；严重的，吊销资质证书。

2. 工程监理单位转让工程监理业务的，根据《建设工程质量管理条例》第六十二条第二款的规定，处罚措施为：

(1)由主管部门责令改正；

(2)没收其违法所得；

(3)并处罚款。罚款的幅度为合同约定的监理酬金25％以上50％以下；

(4)视情节可责令停业整顿，降低资质等级；严重的，吊销资质证书。

(五)建设、设计、施工、工程监理单位降低工程质量标准，造成重大安全事故应承担的法律责任

质量是工程领域一个永恒的话题。建设工程质量关系到国家和社会的公共利益，关系到广大人民群众切身的利益。当前，在建设工程中存在的质量问题仍然比较严重，其原因是多方面的，它既与建筑市场上勘察、设计、施工、监理单位的行为有直接关系，也与建设单位的关系极为密切。为了维护国家和人民利益，规范包括业主在内的各方的行为，《建设工程质量管理条例》第三条规定建设单位、勘察单位、设计单位、施工单位、工程监理单位应当依法对建设工程的质量负

责,不得违反国家有关建设工程质量强制性标准,降低工程质量。但是由于质量意识的淡薄,客观上建筑市场不断发生建设单位任意压低造价、缩短工期,强行要求设计、施工、监理单位违反规定降低质量标准,以及设计单位、施工单位、工程监理单位违反市场规定,违反强制性标准,违反基本建设规律,粗制滥造,造成严重后果的违法行为,导致一些重大质量和安全事故的发生,给国家带来巨大财产和信誉损失。根据我国《刑法》规定,建设工程参与各方违反建设法律法规;建设单位要求设计、施工单位违反质量标准;设计单位不按标准、任意设计的;施工单位违反施工规范、劣质施工的;监理单位玩忽职守、不负责任等,导致发生重大安全事故的,必须对其直接责任人员追究刑事责任。依照《刑法》第一百三十七条的规定,处 5 年以下有期徒刑或者拘役,并处罚金;后果特别严重的,处 5 年以上 10 年以下有期徒刑,并处罚金。

六、工程质量直接主管人员和直接责任人员的法律责任

(一)发生重大工程质量事故隐瞒不报、谎报或者拖延报告期限的直接主管人员和直接责任人员的法律责任

《建设工程质量管理条例》第五十二条规定:"建设工程发生质量事故,有关单位应当在 24 小时内向当地建设行政主管部门报告;对重大质量事故,事故发生地的建设行政主管部门和其他有关部门应当按照事故类别和等级向当地人民政府和上级建设行政主管部门及其他有关部门报告。"发生重大工程质量事故后,有关责任单位和政府部门必须及时、准确、完整地逐级向上报告,才能采取紧急措施,减少人员伤亡和经济损失,以及及时对事故进行总结,加强管理,挽回社会的负面影响。若发生重大工程质量事故隐瞒不报、谎报或者拖延报告期限,必将给国家和人民的生命财产造成更严重的损失和后果。因此,根据《建设工程质量管理条例》第七十条的规定,对上述情况的直接主管人员和直接责任人员给以行政处分,教育本人,也教育大家,以减少和杜绝今后此类事情的发生。

这里需要说明的是,处分的对象应该包括事故发生单位直接负责工程质量的主管人员或者其他直接责任人员;也包括各级建设行政主管部门失职的主管人员和直接责任人员。

(二)注册建筑师、注册结构工程师、监理工程师等注册执业人员因过错造成质量事故应承担的法律责任

1. 注册建筑师、注册结构工程师、监理工程师等注册执业人员违反《建设工程质量管理条例》的有关规定,由于本身的过错造成质量事故的,责令停止执业 1 年;

2. 造成重大质量事故的,吊销执业资格证书,5 年内不予注册,情节特别恶劣的,终身不予注册。凡注册执业人员一经吊销执业资格证书,就不得再从事该项业务活动,因此,是一项很严重的处罚。

(三)备案机关及其工作人员不办理备案手续应承担的法律责任

对于竣工验收备案文件齐全的工程,备案机关及其工作人员应当及时予以

办理备案手续。不给办理的,由有关机关责令改正,对直接责任人员给予行政处分。

(四)建设工程参与各方中受到罚款的单位的主管人员和其他直接责任人员的处罚规定

为了确保建设工程的质量保证体系能够有效实施,必须强化建设工程质量责任制,明确单位主管人员和其他直接责任人员的质量责任,并对其质量行为的后果进行奖惩。如果对违反建设法律法规的,只处罚单位,不处罚主管人员和直接责任人员,责任不明确,不利于违法行为的纠正和教育责任者。所以,根据《建设工程质量管理条例》第七十三条的规定,凡因违反建设法律法规,单位受到罚款处罚的,其单位直接负责的主管人员和其他直接责任人员,也必须同时受到罚款处罚。这里的单位直接负责的主管人员是指在单位违法行为中负有领导责任的人员,包括违法行为的决策人,事后对单位违法行为予以认可和支持的领导人员,以及由于疏于管理或放任,对单位违法行为负有不可推卸责任的领导人员。其他直接责任人员是指直接实施单位违法行为,具体完成单位违法行为的人员。罚款的幅度是,视情节处单位罚款数额的5%以上10%以下。

七、其他情况的违法行为和法律责任

(一)国家机关工作人员玩忽职守、滥用职权、徇私舞弊应负的法律责任

1. 国家机关工作人员在建设工程质量监督管理中玩忽职守、滥用职权、徇私舞弊构成犯罪的,依法追究刑事责任。根据《刑法》规定,玩忽职守、滥用职权构成犯罪的,处3年以下有期徒刑或者拘役;情节特别严重的,处3年以上7年以下有期徒刑。徇私舞弊构成犯罪的,处5年以下有期徒刑或者拘役;情节特别严重的,处5年以上10年以下有期徒刑。

2. 国家机关工作人员玩忽职守、滥用职权、徇私舞弊,造成后果,但尚不构成犯罪的,由其所在单位或上级主管部门依法给予行政处分。

(二)建设工程参与各方人员违反建设法规造成严重后果者应负的法律追溯责任

根据《建设工程质量管理条例》第七十七条的规定,建设、勘察、设计、施工、工程监理单位的工作人员因调动工作、退休等原因离开该单位后,被发现在该单位工作期间违反国家有关建设工程质量管理规定,造成重大工程质量事故的,仍应当依法追究刑事责任。这是对建设工程参与各方人员违反法律法规,造成严重后果者的法律处罚行为进行追溯处罚的规定,也是国务院以行政法规的方式对工程质量终身责任制的表述。

涉及建筑主体和承重结构变动的装修工程擅自施工应负的法律责任

《建设工程质量管理条例》第十五条规定:"涉及建筑主体和承重结构变动的装修工程,建设单位应当在施工前委托原设计单位或者具有相应资质等级的设计单位提出设计方案,没有设计方案的,不得施工。"如果违反该条规定,涉及建筑主体结构和承重结构变动的装修工程,包括修建、装饰工程,未采取必要的技术设计措施,擅自变动,改变原有工程结构受力体系,就可能引发使用安全问题,甚至造成屋塌人亡的重大安全事故,给国家和投资者利益以及人民生命财产带来严重威胁。因此,建设工程的产权所有人,包括住宅工程等房屋建筑的使用者,在装修过程中,擅自变动房屋建筑主体结构和承重结构的,都是违法的行为。

[问一问]
《建设工程质量管理条例》明确了哪些主体的法律责任?

根据《建设工程质量管理条例》第六十九条的规定,有上述违法行为的,应负下列行政责任和民事责任:

1. 决定擅自施工的建设单位,视情节处 50 万元以上 100 万元以下的罚款;对在装修工程中擅自变动房屋建筑主体和承重结构的,责令改正,处 5 万元以上10 万元以下的罚款。

2. 因上述违法行为造成损失的,依法承担赔偿责任。

第五节 《招标投标法》规定的法律责任

一、招标投标活动中的违法行为及其法律责任

(一)招标人违法行为应承担的法律责任

《招标投标法》中有 4 条规定了招标人违法行为应承担的法律责任。

1. 根据《招标投标法》第四十九条的规定,必须进行招标的项目而不招标的,将必须进行招标的项目化整为零或者以其他任何方式规避招标的,责令限期改正,可以处项目合同金额 5‰以上 10‰以下的罚款;对全部或者部分使用国有资金的项目,可以暂停项目执行或者暂停资金拨付;对单位直接负责的主管人员和其他直接责任人员依法给予处分。

2. 根据《招标投标法》第五十一条的规定,招标人以不合理的条件限制或者排斥潜在投标人的,对潜在投标人实行歧视待遇的,强制要求投标人组成联合体共同投标的,或者限制投标人之间竞争的,责令改正,可以处 1 万元以上 5 万元以下的罚款。

3. 根据《招标投标法》第五十二条的规定,依法必须进行招标的项目的招标人向他人透露已获取招标文件的潜在投标人的名称、数量或者可能影响公平竞争的有关招标投标的其他情况的,或者泄露标底的,给予警告,可以并处 1 万元以上 10 万元以下的罚款;对单位直接负责的主管人员和其他直接责任人员依法给予处分;构成犯罪的,依法追究刑事责任。若该行为影响中标结果的,中标无效。

4. 根据《招标投标法》第五十七条的规定,招标人在评标委员会依法推荐的中标候选人以外确定中标人的,依法必须进行招标的项目在所有投标被评标委员会否决后自行确定中标人的,中标无效,责令改正,可以处中标项目金额 5‰以上 10‰以下的罚款;对单位直接负责的主管人员和其他直接责任人员依法给予

处分。

(二)投标人违法行为应当承担的法律责任

《招标投标法》第五十三条和第五十四条规定了投标人违法行为应承担的法律责任。

1. 根据《招标投标法》第五十三条的规定,投标人相互串通投标或者与招标人串通投标的,投标人以向招标人或者评标委员会成员行贿的手段谋取中标的,中标无效,处中标项目金额5‰以上10‰以下的罚款,对单位直接负责的主管人员和其他直接责任人员处单位罚款数额5%以上10%以下的罚款;有违法所得的,并处没收违法所得;情节严重的,取消其1年至2年内参加依法必须进行招标项目的投标资格并予以公告,直至由工商行政管理机关吊销营业执照;构成犯罪的,依法追究刑事责任。给他人造成损失的,依法承担赔偿责任。

2. 根据《招标投标法》第五十四条的规定,投标人以他人名义投标或者以其他方式弄虚作假,骗取中标的,中标无效;给招标人造成损失的,依法承担赔偿责任;构成犯罪的,依法追究刑事责任。

依法必须进行招标的项目的投标人有以上行为尚未构成犯罪的,处中标项目金额5‰以上10‰以下的罚款,对单位直接负责的主管人员和其他直接责任人员处单位罚款数额5%以上10%以下的罚款;有违法所得的,并处没收违法所得,情节严重的,取消其1年至3年内参加依法必须进行招标的项目的投标资格并予以公告,直至由工商行政管理机关吊销营业执照。

(三)中标人违法行为应承担的法律责任

《招标投标法》第五十八条和第六十条规定了中标人违法行为应承担的法律责任。

1. 根据《招标投标法》第五十八条的规定,中标人将中标项目转让给他人的,将中标项目肢解后分别转让给他人的,违反《招标投标法》规定将中标项目的部分主体、关键工作分包给他人的,或者分包人再次分包的,转让、分包无效,并处转让、分包项目金额5‰以上10‰以下的罚款,有违法所得的,并处没收违法所得,可以责令停业整顿;情节严重的,由工商行政管理机关吊销营业执照。

2. 根据《招标投标法》第六十条的规定,中标人不履行与招标人订立的合同的,履约保证金不予退还,给招标人造成的损失超过履约保证金数额的,还应当对超过部分予以赔偿;没有提交履约保证金的,应当对招标人的损失承担赔偿责任。中标人不按照与招标人签订的合同履行义务,情节严重的,取消其2年至5年内参加依法必须进行招标项目的投标资格并予以公告,直至由工商行政管理机关吊销营业执照。

(四)招标人与投标人或中标人共同违法行为应承担的法律责任

《招标投标法》第五十五条和第五十九条规定了招标人与投标人或中标人共同违法行为应承担的法律责任:

1. 根据《招标投标法》第五十五条的规定,依法必须进行招标的项目,招标人违反规定,与投标人就投标价格、投标方案等实质性内容进行谈判的,给予警告,对单位直接负责的主管人员和其他直接责任人员依法给予处分。若该行为影响中标结果的,中标无效。

2. 根据《招标投标法》第五十九条的规定,招标人与中标人不按照招标文件和中标人的投标文件签订合同的,或者招标人、中标人订立背离合同实质性内容的协议的,责令改正;可以处中标项目金额5‰以上10‰以下的罚款。

(五)招标代理机构违法行为应当承担的法律责任

根据《招标投标法》第五十条的规定,招标代理机构违反规定,泄露应当保密的与招标投标活动有关的情况和资料的,或者与招标人、投标人串通损害国家利益、社会公共利益或者他人合法权益的,处5万元以上25万元以下的罚款,对单位直接负责的主管人员和其他直接责任人员处数额5%以上10%以下的罚款;有违法所得的,并处没收违法所得;情节严重的,暂停直至取消招标代理资格;构成犯罪的,依法追究刑事责任;给他人造成损失的,依法承担赔偿责任;若该行为影响中标结果的,中标无效。

(六)评标委员会违法行为应承担的法律责任

根据《招标投标法》第五十六条的规定,评标委员会成员收受投标人的财物或者其他好处的,评标委员会成员或者参加评标的有关工作人员向他人透露对投标文件的评审和比较,中标候选人的推荐以及与评标有关的其他情况的,给予警告,没收财物,可以并处3000元以上5万元以下的罚款,对有所列违法行为的评标委员会成员取消担任评标委员会成员的资格,不得再参加任何依法必须进行招标的项目的评标;构成犯罪的,依法追究刑事责任。

(七)国家机关工作人员违法行为应当承担的法律责任

根据《招标投标法》第六十三条的规定,对招标投标活动依法负有行政监督职责的国家机关工作人员徇私舞弊、滥用职权或者玩忽职守,构成犯罪的,依法追究刑事责任;不构成犯罪的,依法给予行政处分。

(八)单位或个人非法干涉招标投标活动应负的法律责任

根据《招标投标法》第六十二条的规定,任何单位和个人违反法律规定,限制或者排斥本地区、本系统以外的法人或者其他组织参加投标的,为招标人指定招标代理机构的,强制招标人委托招标代理机构办理招标事宜的,或者以其他方式干涉招标投标活动的,责令改正;对单位直接负责的主管人员和其他直接责任人员依法给予警告、记过、记大过的处分;情节较重的,依法给予降级、撤职、开除的处分。

二、中标无效的情况及其法律后果

(一)导致中标无效的情况

1. 违法行为直接导致中标无效

这类情况有:

(1)投标人相互串通投标或者与招标人串通投标的,投标人以向招标人或者评标委员会成员行贿的手段谋取中标的,中标无效(《招标投标法》第五十三条);

(2)投标人以他人名义投标或者以其他方式弄虚作假,骗取中标的,中标无效(《招标投标法》第五十四条);

(3)招标人在评标委员会依法推荐的中标候选人以外确定中标人的,依法必须进行招标的项目在所有投标被评标委员会否决后自行确定中标人的,中标无效(《招标投标法》第五十七条)。

2. 只有在违法行为影响了中标结果时,中标才无效

这类情况有:

(1)招标代理机构违反本法规定,泄露应当保密的与招标投标活动有关的情况和资料,或者与招标人、投标人串通损失国家利益、社会公共利益或者他人合法权益的行为,影响中标结果的,中标无效(《招标投标法》第五十条);

(2)依法必须进行招标的项目的招标人向他人透露已获取招标文件的潜在投标人的名称、数量或者可能影响公平竞争的有关招标投标的其他情况,或者泄露标底的行为,影响中标结果的,中标无效(《招标投标法》第五十二条);

(3)依法必须进行招标的项目,招标人违反规定,与投标人就投标价格、投标方案等实质性内容进行谈判的行为,影响中标结果的,中标无效(《招标投标法》第五十五条)。

[做一做]

请用表格列出招标和投标过程中的一些违法行为,并指出它们违反哪些法律条文。

(二)依法必须进行招标的项目在中标无效后的处理办法

1. 依照招标投标法规定的中标条件从其余投标人中重新确定中标人。这是指在招标投标活动中出现违法行为,导致中标无效后,招标人应当依照《招标投标法》第四十一条规定的中标条件,从其余投标人中重新确定中标人。

2. 依法重新进行招标。这是指在招标投标活动中出现违法行为导致中标无效后,招标人从其余投标人中重新确定中标人有可能违反公平、公正原则或者其余投标人都不符合中标条件时,招标人应当重新进行招标。

三、《招标投标法》规定的行政处罚机关

《招标投标法》第六十一条规定:"本章规定的行政处罚,由国务院规定的有关行政监督部门决定。本法已对实施行政处罚的机关作出规定的除外。"根据这一规定,实施《招标投标法》规定的行政处罚的行政机关包括:

1. 按照国务院的规定对招标投标活动实施行政监督的有关主管部门。根据《招标投标法》的授权,应由国务院规定有关行政主管部门对招标活动的监督职权,对招标活动中的违法行为的行政处罚也由具有相应的行政监督权的行政监督机关作出。

2.《招标投标法》直接规定的可以作出行政处罚决定的行政监督机关是:

(1)暂停直至取消从事工程建设项目招标代理业务的招标代理机构的招标代理资格,由国务院或者省、自治区、直辖市人民政府的建设行政主管部门作出。

(2)吊销营业执照的行政处罚,由工商行政管理机关作出。

第六节 《住宅室内装饰装修管理办法》
规定的法律责任

一、装修人的违法行为及其法律责任

1. 装修人违反规定,将住宅室内装饰装修工程委托给不具有相应资质等级企业的,由城市房地产行政主管部门责令改正,处五百元以上一千元以下的罚款。

2. 装修人因住宅室内装饰装修活动侵占公共空间,对公共部位和设施造成损害的,由城市房地产行政主管部门责令改正,造成损失的,依法承担赔偿责任。

3. 因住宅室内装饰装修活动造成相邻住宅的管道堵塞、渗漏水、停水停电、物品毁坏等,装修人应当负责修复和赔偿;属于装饰装修企业责任的,装修人可以向装饰装修企业追偿。装修人擅自拆改供暖、燃气管道和设施造成损失的,由装修人负责赔偿。

4. 装修人未申报登记进行住宅室内装饰装修活动的,由城市房地产行政主管部门责令改正,处五百元以上一千元以下的罚款。

5. 擅自拆改供暖、燃气管道和设施的,由城市房地产行政主管部门责令改正,并对装修人处五百元以上一千元以下的罚款。

二、装饰装修企业的违法行为及其法律责任

1. 装饰装修企业自行采购或者向装修人推荐使用不符合国家标准的装饰装修材料,造成空气污染超标的,由城市房地产行政主管部门责令改正,造成损失的,依法承担赔偿责任。

2. 损坏房屋原有节能设施或者降低节能效果的,由城市房地产行政主管部门责令改正,并对装饰装修企业处 1 千元以上 5 千元以下的罚款。

3. 装饰装修企业违反国家有关安全生产规定和安全生产技术规程,不按照规定采取必要的安全防护和消防措施,擅自动用明火作业和进行焊接作业的,或者对建筑安全事故隐患不采取措施予以消除的,由建设行政主管部门责令改正,并处 1 千元以上 1 万元以下的罚款;情节严重的,责令停业整顿,并处 1 万元以上 3 万元以下的罚款;造成重大安全事故的,降低资质等级或者吊销资质证书。

三、装修人和装饰装修企业共同违法的行为及其法律责任

1. 将没有防水要求的房间或者阳台改为卫生间、厨房间的,或者拆除连接阳台的砖、混凝土墙体的,由城市房地产行政主管部门责令改正,并对装修人处五百元以上一千元以下的罚款,对装饰装修企业处一千元以上一万元以下的罚款。

2. 未经原设计单位或者具有相应资质等级的设计单位提出设计方案,擅自超过设计标准或者规范增加楼面荷载的,由城市房地产行政主管部门责令改正,

对装修人处五百元以上一千元以下的罚款,对装饰装修企业处一千元以上一万元以下的罚款。

[想一想]
装饰装修过程中的哪些行为是违法行为?

四、其他情况的违法行为和法律责任

1. 未经城市规划行政主管部门批准,在住宅室内装饰装修活动中搭建建筑物、构筑物的,或者擅自改变住宅外立面、在非承重外墙上开门、窗的,由城市规划行政主管部门按照《城市规划法》及相关法规的规定处罚。

2. 装修人或者装饰装修企业违反《建设工程质量管理条例》的,由建设行政主管部门按照有关规定处罚。

3. 物业管理单位发现装修人或者装饰装修企业有违反本办法规定的行为不及时向有关部门报告的,由房地产行政主管部门给予警告,可处装饰装修管理服务协议约定的装饰装修管理服务费 2~3 倍的罚款。

4. 有关部门的工作人员接到物业管理单位对装修人或者装饰装修企业违法行为的报告后,未及时处理,玩忽职守的,依法给予行政处分。

本章思考与实训

一、思考题

1. 建筑法律责任主要有哪几种形式?什么是行政责任、民事责任、刑事责任?它们又各分为哪几种类型?

2. 建筑行政违法行为有哪些表现形式?其法律责任是什么?

3. 建筑民事违法行为有哪些表现形式?其法律责任是什么?

4. 建筑刑事违法行为有哪些表现形式?其法律责任是什么?

5. 简述招标投标活动中的违法行为及其法律责任。

6. 简述建设单位、勘察单位、设计单位、工程监理单位和建筑施工企业违反《建设工程质量管理条例》的行为及其法律责任。

7.《建设工程质量管理条例》对其他违规行为及其有关责任人员的法律责任作了哪些规定?

8. 简述建设单位、勘察设计单位、工程监理单位和建筑施工企业违反《建设工程安全生产管理条例》的行为及其法律责任。

9.《住宅室内装饰装修管理办法》对哪些行为设置了罚则?

二、案例分析题

案例 1

【背景资料】

某市城建公司违反质量标准使用劣质水泥建造居民楼,居民入住后,发现楼板塌落、墙壁变形现象。该居民小区的居民遂申请城建局与质量监督局作出处理,两局责令该城建公司赔偿该小区居民经济损失210 000元;对该城建公司罚款10 000元;城建公司立即停产停业,限期治理整顿,该城建公司对行政处罚决定不服,申请复议。

【问题】

1. 城建公司以城建局与质量监督局作出行政处罚决定未告知当事人可申请听证为由,主张行政处罚决定违法,是否成立? 为什么?

2. 城建局与质量监督局作出的处理决定中都是行政处罚吗? 都可以申请行政复议吗?

3. 复议期间,城建公司建造的居民小楼发生严重坍塌,致使一儿童死亡,复议机关认为该城建公司的行为已构成了责任事故罪,应依法追究刑事责任,此时应如何处理?

案例2

【背景资料】

赵某 2008 年 5 月向某市郊区某村申请建房,经同意后,在该村的地界上修建了 100 平方米的平房。同年 9 月,市城市管理监察大队某区中队在检查中认定该建筑为违章建筑。随后,在无确凿证据的情况下,作出了责令赵某拆除该平房的行政决定,并将有关处理决定送达给赵某。赵某认为该行政决定不合法,不予履行。同年 11 月 10 日,该区中队带领民工数人将赵某新建 6 间平房强行拆除。在实施强行拆除时,将赵某部分合法财产损坏。赵某于 2009 年 1 月向某区法院起诉,要求确认某区城管中队行为违法并赔偿违法造成的损失 52 000 元。

【问题】

1. 原告赵某是否有取得赔偿的权利? 为什么?

2. 原告提出赔偿请求的程序是否合法? 为什么?

案例3

【背景资料】

某市规划局批准该市的公安机关在某居民小区旁盖了一栋高大的办公楼,由于距离过近,致使大批居民的住宅无法采光,于是居民将城市规划局诉至人民法院。

【问题】

1. 规划局的行为应如何认定?

2. 该居民小区的居民能否提起行政诉讼,为什么?

3. 如果该居民小区的居民可以提起行政诉讼,法院应作出何种判决?

第 一 章

【案例 1 分析】

根据《中华人民共和国建筑法》,国务院《建设工程质量管理条例》及某省建筑市场、建筑工程质量管理的有关规定,对某中学教学楼质量事故有关责任单位和责任人处理如下:

1. 对事故主要责任方 A 市规划设计院责令停业整顿,整顿经 A 市建设局验收合格后,方可承接新的设计任务。收回该项目设计负责人宋某二级注册建筑师资格证书,5 年内不得承接设计任务。

2. 对事故次要责任方 B 市建筑工程总公司黄牌警告,收回项目经理三级项目经理资格证书,1 年内不得担任施工项目经理。

3. 对未认真履行建设单位职责、向 B 市建筑工程总公司介绍不符合条件的联营单位,并对事故负有一定责任的某中学,由某县委、县政府调查处理。

4. 对既无施工企业资质又无企业法人营业执照的某县东关建筑队,由某县政府依法处理。

5. 对在质量监督过程中把关不严的某县质监站予以通报批评。

【案例 2 分析】

1.《建筑法》第七条规定,建筑工程开工前,建设单位应当按照国家有关规定向工程所在地县级以上人民政府建设行政主管部门申请领取施工许可证。建设单位在未领取施工许可证的情况下,要求项目监理机构签发施工单位报送的《工程开工报审表》,建设单位此做法违背了这一规定,不妥。

建设单位以打桩施工分包单位资质未经其认可就进场施工为由,不再允许施工单位将防水工程分包,不妥。因为施工单位是按照投标书中打桩工程及防水工程的分包计划,安排打桩工程施工分包单位进场施工的。

2.项目监理机构应审查打桩施工分包单位资质,符合要求的,允许其继续施工;对不符合要求的,要重新选择分包单位。

第 二 章

【案例 1 分析】

1. 规定如下：

(1)承包人负责采购材料设备的,应按照专用条款约定及设计和有关标准要求采购,并提供产品合格证明,对材料设备质量负责。承包人在材料设备到货前24小时通知工程师清点。

(2)承包人采购的材料设备与设计或标准要求不符时,承包人应按工程师要求的时间运出施工场地,重新采购符合要求的产品,承担由此发生的费用,由此延误的工期不予顺延。

(3)承包人采购的材料设备在使用前,承包人应按工程师的要求进行检验或试验,不合格的不得使用,检验或试验费用由承包人承担。

(4)工程师发现承包人采购并使用不符合设计或标准要求的材料设备时,应要求由承包人负责修复、拆除或重新采购,并承担发生的费用,由此延误的工期不予顺延。

2. 规定如下：

(1)发包人按约定的内容提供材料设备,并向承包人提供产品合格证明,对其质量负责。发包人在所供材料设备到货前24小时,以书面形式通知承包人,由承包人派人与发包人共同清点。

(2)发包人供应的材料设备,承包人派人参加清点后由承包人妥善保管,发包人支付相应保管费用。因承包人原因发生丢失损坏,由承包人负责赔偿。

(3)发包人未通知承包人清点,承包人不负责材料设备的保管,丢失损坏由发包人负责。

(4)发包人供应的材料设备与一览表不符时,发包人承担有关责任。

(5)发包人供应的材料设备使用前,由承包人负责检验或试验,不合格的不得使用,检验或试验费用由发包人承担。

3. A承包商应承担质量责任,因为承包单位购进了不合格材料。B分包商向A承包商索赔工期和费用。如果该事件影响合同工期,业主可能向A承包商索赔误期损失赔偿费。

【案例 2 分析】

1.合同有效性的判定：

(1)甲与乙签订的总承包合同有效。理由:根据《合同法》和《建筑法》的有关规定:"发包人可以与总承包单位订立建设工程合同,也可以分别与勘察人、设计人、施工人订立勘察、设计、施工承包合同。"

(2)乙与丙签订的分包合同有效。理由:根据《合同法》和《建筑法》的有关规定,总承包人或者勘察、设计、施工承包人经发包人同意,可以将自己承包的部分工作交由第三人完成。

(3)乙与丁签订的分包合同无效。理由:根据《合同法》和《建筑法》的有关规定,"承包人不得将其承包的全部建设工程转包给第三人或者将其承包的全部建设工程肢解以后以分包的名义分别转包给第三人。建设工程主体结构的施工必须由承包人自行完成"。因此,乙将由自己总承包部分的施工工作全部分包给丁,违反了合同法及建筑法的强制性规定,导致乙与丁之间的施工分包合同无效。

2.甲以丙为被告向法院提起诉讼不妥。理由:甲与丙不存在合同关系,因为乙作为该工程的总承包单位与丙建筑设计院之间是总包和分包的关系,根据《合同法》及《建筑法》的规定,总承包单位依法将建设工程分包给其他单位的,分包单位应当按照分包合同的约定对其分包工程的质量向总承包单位负责,总承包单位与分包单位对分包工程的质量承担连带责任。

3.根据《建筑法》和《建设工程质量管理条例》规定,承包单位将承包的工程转包或者违法分包的,现令改正,没收违法所得,对勘察、设计单位处合同约定的勘察费、设计费百分之二十五以上百分之五十以下的罚款;对施工单位处工程合同价款百分之零点五上以上百分之一以下的罚款;可以责令停业整顿,降低资质等级,情节严重的,吊销资质证书。

工程监理单位转让工程监理业务的,责令改正,没收违法所得,处合同约定的监理酬金百分之二十五以上百分之五十以下的罚款;可以责令停业整顿,降低资质等级;情节严重的,吊销资质证书。

第 三 章

【案例1分析】

1.在招标投标过程中的不妥之处和理由如下:

(1)不妥之处:开标时,由招标人检查投标文件的密封情况。理由:《招标投标法》规定,开标时,由投标人或者其推选的代表检查投标文件的密封情况,也可以由招标人委托的公证机构检查并公证。

(2)不妥之处:评标委员会由招标人确定。理由:一般招标项目的评标委员会采取随机抽取方式。该项目属一般招标项目。

(3)不妥之处:评标委员会的组成不妥。理由:根据《招标投标法》规定,评标委员会由招标人的代表和有关技术、经济等方面的专家组成,成员人数为 5 人以上单数,其中技术经济等方面的专家不得少于成员总数的 2/3.

2.B单位向招标人递交的书面说明有效。根据《招标投标法》的规定,投标人在招标文件要求提交投标文件的截止时间前,可以补充、修改或者撤回已提交的投标文件,补充、修改的内容作为投标文件的组成部分。

3.在开标后,招标人应对 C 单位的投标书作废标处理;因为 C 单位因投标书只有单位公章未有法定代表人印章或签字,不符合招标投标法的要求。

4.投标书在下列情况下,可作废标处理:(1)逾期送达的或者未送达指定地点的;(2)未按招标文件要求密封的;(3)无单位盖章并无法定代表人签字或盖章的;(4)未按规定格式填写,内容不全或关键字迹模糊、无法辨认的;(5)投标人递交两份或多份内容不同的投标文件,或在一份投标文件中对同一招标项目报有两个或多个报价,且未声明哪一个有效(按招标文件规定提交备选投标方案的除外);(6)投标人名称或组织机构与资格预审时不一致的;(7)未按招标文件要求提交投标保证金的;(8)联合体投标未附联合体各方共同投标协议的。

5.招标对 E 单位的投标书作废标的处理是正确的。因为 E 单位未能在投标截止时间前送达投标文件。

【案例 2 分析】

1.《招标投标法》中规定的招标方式有公开招标和邀请招标两种。

2.违反有关规定。因为根据《招标投标法》的规定,该工程是由政府全部投资兴建的省级重点项目,所以应采取公开招标。

3.本案例中的要约邀请是招标人的招标公告,要约是投标人提交的投标文件,承诺是招标人发出的中标通知书。

4.招标人对投标单位进行资格预审应包括以下内容:投标单位组织与机构和企业概况;近三年完成工程的情况;目前正在履行的合同情况;资源方面,如财务状况、管理人员情况、劳动力和施工机械设备等方面的情况;其他情况(各种奖励和处罚等)。

5.该项目在招标投标过程中的不妥之处及理由如下:

(1)不妥之处:决定对该项目进行施工招标。理由:本项目征地工作尚未全部完成,不具备施工招标的必要条件,因而尚不能进行施工招标。

(2)不妥之处:招标人委托咨询单位编制了两个标底。理由:不应编制两个标底《招标投标法》规定,一个工程只能编制一个标底,不能对不同的投标单位采用不同的标底进行评标。就招标文件提出的所有问题统一作了书面答复

(3)不妥之处:招标人对投标单位就招标文件提出的所有问题统一作了书面答复后组织各投标单位进行了现场踏勘。理由:现场踏勘应安排在书面答复投标单位提问之前,因为投标单位对施工现场条件也可能提出问题。

(4)不妥之处:招标人宣布有 B、C、D、E 四家承包商投标。理由:招标人不应仅宣布四家承包商参加投标。按国际惯例,虽然承包商 A 在投标截止时间前撤回投标文件,但仍应作为投标宣读其名称,但不宣读其投标文件的其他内容。

(5)不妥之处:评标委员会委员由招标人直接确定。理由:评标委员会委员不应全部由招标人直接确定。按规定,评标委员会中的技术、经济专家,一般招标项目应采取(从专家库中)随机抽取方式,特殊招标项目可以由招标人直接确定。本项目显然属于一般招标项目。

(6)不妥之处:双方于 10 月 13 日签订了书面合同。理由:订立书面合同的时间过迟。按《招标投标法》的规定,招标人和中标人应当自中标通知书发出之日(不是中标人收到中标通知书之日)起 30 日内订立书面合同,而本案例已超过 30 日。

【案例 3 分析】

这份招投标日程安排表,不妥之处如下:

1. 公开接受施工企业报名应在发布公开招标信息 5 天后进行;

2. 现场踏勘与答疑会颠倒,应先踏勘后答疑;

3. 投标截止时间距发布公开招标信息时间不少于 20 天;

4. 询标应为评标;

5. 投标截止时间应与开标时间一致;

6. 中标通知书应在决标公开 7 天后下发;

7. 施工合同签订应在发中标通知书后 30 天进行;

8. 进场施工应取得建设工程施工许可证后进行;

9. 决标后即可领取补偿费,保证金。

第 四 章

【案例 1 分析】

1. 总监理工程师不应直接致函设计单位。因为监理人员无权进行设计变更。正确处理:发现问题应向建设单位报告,由建设单位向设计单位提出变更要求。

2. 甲施工单位回函所称,不妥。因为分包单位的任何违约行为导致工程损害或给建设单位造成的损失,总承包单位承担连带责任。

总监理工程师签发的整改通知,不妥。因为整改通知应签发给甲施工单位,因乙施工单位与建设单位没有合同关系。

3. 专业监理工程师无权签发《工程暂停令》。因为这是总监理工程师的权力。下达工程暂停令的程序有不妥之处。理由是专业监理工程师应报告总监理工程师,由总监理工程师签发工程暂停令。

4. 甲施工单位的说法不正确。因为乙施工单位与建设单位没有合同关系,乙施工单位的损失应由甲施工单位承担。

5. 建设单位的说法不正确。因为监理工程师在是合同授权内履行职责,施工单位所受的损失不应由监理单位承担。

【案例 2 分析】

1. 监理工程师进行施工过程质量控制的手段包括:(1)通过审核有关技术文件、报告或报表等手段进行控制;(2)通过下达指令文件和一般管理文书的手段进行控制(一般是以通知的方式下达);(3)通过进行现场监督和检查的手段进行控制(包括旁站监督、巡视检查和平等检验);(4)通过规定质量监控工作程序,要求按规定的程序工作和活动;(5)利用支付控制权的手段进行控制。

2.针对题目中提出的6种情况,监理工程师应采用以下手段进行控制(逐项对应解答):

(1)首先通过审核分包商的资质证明文件控制分包商的资质(审核文件、报告的手段);然后通过审查总包商提交的施工方案(实际为分包商提出的基础施工方案)控制基础施工技术,以保证基础施工质量。

(2)保证进场材料、设备的质量可采取以下手段:①通过审查进场材料、设备的出厂合格证、材质化验单、试验报告等文件、报表、报告进行控制;②通过平行检验方式进行现场监督检查控制。

(3)通过规定质量监控程序严把每道工序的施工质量关;通过现场巡视及旁站监督严把施工过程关。

(4)通过旁站监督和见证取样控制混凝土拌和料、砂浆及承重结构质量。

(5)通过下达暂停施工的指令中止不合格填方继续扩大;通过停止支付工程款的手段促使承包方返工。

(6)通过下达暂停施工的指令的手段,防止质量问题恶化与扩大;通过下达质量通知单进行调查、检查,提出处理意见;通过审查与批准处理方案,下达返工或整改的指令,进行质量控制。

3.在出现下列情况下,总监理工程师有权下达停工令,及时进行质量控制:

(1)施工中出现质量异常,承包方未能扭转异常情况者;

(2)隐蔽工程未依法检验确认合格,擅自封闭者;

(3)已发生质量问题迟迟不作处理,或如不停工,质量情况可能继续发展;

(4)未经监理工程师审查同意,擅自变更设计或修改图纸;

(5)未经合法审查或审查不合格的人员进入现场施工;

(6)使用的材料、半成品未经检查认可,或检查认为不合格的进入现场并使用;

(7)擅自使用未经监理方审查认可或资质不合格的分包单位进场施工。

第 五 章

【案例1分析】

本案中,建筑公司领导撤销安全生产管理机构,违反了《安全生产法》的上述规定,应当承担相应的法律责任。

《安全生产法》第19条第1款明确规定:"矿山、建筑施工单位和危险物品的生产、经营、储存单位,应当设置安全生产管理机构或者配备专职安全生产管理人员。"建筑公司应当提高生产经营单位对安全生产的重视程度,健全生产经营单位安全生产管理机构和增加安全管理方面的人员。

【案例 2 分析】

1.整个事件中存在如下不妥之处:

(1)施工总承包单位自行决定将基坑支护和土方开挖工程分包给了一家专业分包单位施工是不妥的,工程分包应报监理单位经建设单位同意后方可进行;

(2)专业设计单位完成基坑支护设计后,直接将设计文件给了专业分包单位的做法是不妥的,设计文件的交接应经建设单位交付给施工单位;

(3)专业分包单位编制的基坑工程和降水工程专项施工组织方案,经施工总承包单位项目经理签字后即组织施工的做法是不妥的,专业分包单位编制了基坑支护工程和降水工程专项施工组织方案后,应经总监理工程师审批后方可实施;

(4)事故发生后专业分包单位直接向有关安全生产监督管理部门上报事故的做法是不妥的,应经过总承包单位;

(5)专业分包单位要求设计单位赔偿事故损失是不妥的,专业分包单位和设计单位之间不存在合同关系,不能直接向设计单位索赔,专业分包单位可通过总包单位向建设单位索赔,建设单位再向设计单位索赔。

2.三级安全教育是指公司、项目经理部、施工班组三个层次的安全教育。三级安全教育的内容、时间及考核结果要有记录。按照建设部《建筑业企业职工安全培训教育暂行规定》的规定如下:

(1)公司教育的内容是:国家和地方有关安全生产的方针、政策、法规、标准、规范、规程和企业的安全规章制度。

(2)项目经理部教育内容是:工地安全制度、施工现场环境,工程施工特点及可能存在的不安全因素等。

(3)施工班组教育内容是:本工种的安全操作规程,事故案例剖析,劳动纪律和岗位奖评等。

3.本起事故中 3 人死亡,1 人重伤,事故应定为三级重大事故。因为满足下列条件之一就认定为三级重大事故:(1)死亡 3 人以上,10 人以下;(2)重伤 20 人以上;(3)直接经济损失 30 万元以上,不足 100 万元。

4.本起事故的主要责任应由施工总承包单位承担。在总监理工程师发出书面通知要求停止施工的情况下,施工总承包单位继续施工,直接导致事故的发生,所以本起事故的主要责任应由施工总承包单位承担。

第 六 章

【案例 1 分析】

1.施工单位在砖进场前未向监理申报的做法是错误的。正确的做法是:施工单位运进砖前,应向项目监理机构提交《工程材料报审表》,同时附有砖的出厂合格证、技术说明书、按规定要求进行送检的检验报告,经监理工程师审查并确认其质量合格后,方准进场。

2.施工单位现场质量检查的内容:(1)开工前检查;(2)工序交接检查;(3)隐蔽工程检查;(4)停工后复工前的检查;(5)分项分部工程完工后,应经检查认可,签署验收记录后,才允许进行下一工程项目施工;(6)成品保护检查。

3.施工单位为了降低成本,对材料的选择应该这样做才能保证质量:(1)掌握材料信息,优选供货厂家;(2)合理组织材料供应,确保施工正常进行;(3)合理组织材料使用,减少材料损失;(4)加强材料检查验收,严把材料质量关;(5)要重视材料的使用认证,以防错用或使用不合格的材料;(6)加强现场材料管理。

4.对该起质量事故该市双源监理公司应承担责任。其原因是:监理单位接受了建设单位委托,并收取了监理费用,具备了承担责任的条件,而施工过程中,监理人员未能发现钢盘位置反向,构件厚度不严等质量问题,因此必须承担相应责任。

5.政府质量监督的职能包括两大方面:一是监督工程建设的各方主体(包括建设单位、施工单位、材料设备供应单位、设计勘察单位和监理单位等)的质量行为是否符合国家法律法规及各项制度的规定;二是监督检查工程实体的施工质量,尤其是地基基础、主体结构、专业设备安装等涉及结构安全和使用功能的施工质量。

【案例 2 分析】

1.事件 A 费用索赔成立,工期不予延长。因为业主提供的地质资料与实际情况不符是承包商不可预见的,所以索赔成立;从提供的背景资料看,因为事件 A 未发生在关键线路上,所以工期不予延长。

事件 B 费用索赔不成立,工期索赔不成立。该工作属于承包商自己采取的质量保证措施。

事件 C 费用索赔不成立,工期可以延长。因为气候条件的异常变化承包商不应得到费用补偿。

事件 D 费用索赔成立,工期不予延长。因为设计方案有误,所以费用索赔成立,又因为该工作未在关键线路上,所以工期不予延长。

2.所发生的维修费应从乙方保修金中扣取。

3.按照建设部《工程质量重大事故报告和调查程序规定》,事件 E 中发生的这起安全事故可定为四级重大事故。

根据《工程质量重大事故报告和调查程序规定》,具备下列条件之一者为四级重大事故:(1)死亡 2 人以下;(2)重伤 3 人以上,19 人以下;(3)直接经济损失10 万元以上,不满 30 万元。

4.应遵循的程序如下:(1)进行事故调查,了解事故情况,并确定是否需要采取防护措施;(2)分析调查结果,找出事故的主要原因;(3)确定是否需要处理,若要处理,施工单位确定处理方案;(4)事故处理;(5)检查事故处理结果是否达到要求;(6)事故处理结论;(7)提交处理方案。

第 七 章

【案例 1 分析】

1.从 7 月 10 日至 12 日共 3 天,属于不可原谅且补偿费用的拖期(业主原因);

从 7 月 13 日至 18 日共 6 天,属于不可原谅的拖期(分包商原因);

从 7 月 19 日至 22 日共 4 天,属于不可原谅但不予补偿费用的拖期(不可抗力原因)。

2.计算如下:

(1)桩基部分价格=122×0.8×500=48 万元。

(2)承包方此项应得款:

①可原谅且给予补偿费用的拖期为 3 天,应给承包商补偿 3×5000=1.5 万元;

②不可原谅的拖期共 6 天,对承包商罚款 6×5000=3.0 万元;

③承包商此项应得款为 48-(1200×350/10000)+1.5-3.0=4.5 万元。

3.计算如下:

(1)土建承包商应获得的工期补偿为 3+4=7 天。

(2)土建承包商应获得费用补偿为 3×5000-65000=-15000 元,即应扣款 1.5 万元。

4.计算如下:

(1)设备安装承包商的损失应由业主负责承担。因为设备安装承包商与业主有合同关系,而土建承包商与设备安装承包商无合同关系。

(2)设备安装承包商应获工期为 3+6+5=13 天。

(3)设备安装承包商应获费用补偿为 13×5000=6.5 万元。

【案例 2 分析】

1.应推荐采用总价合同。因为该工程施工图齐备,现场条件满足开工要求,工期为 1 年,风险较小。

2.应该含有赶工措施费。因为该工程工期压缩率(460-365)/460×100%=20.7%(>20%)

3.在招标工作中,存在以下问题:(1)开标以后,又重新确定标底。(2)在投标有效期内没有完成定标工作。(3)更改招标文件的合同工期和工程结算条件。(4)直接指定施工单位。

4.不正确。因为投标是一种要约行为。

5.招标人可以重新组织招标;招标人不应给予赔偿,因招标属于要约邀请。

第 八 章

【案例1分析】

1. 张某进行房屋装修不可以擅自改变该房屋的主体结构。

根据我国《城市新建住宅小区管理办法》有关规定,房地产产权人、使用人不得实施四种禁止性行为,并规定了物业管理公司对发生的违禁行为有权制止、批评教育、责令恢复原状、赔偿损失。这四种行为有:(1)擅自改变小区内土地用途的;(2)擅自改变房屋、配套设施的用途、结构、外观,毁损设施、设备,危及房屋安全的;(3)私搭乱建,乱停乱放车辆,在公共部位乱堆乱放,随意占用、破坏绿化、污染环境,影响小区景观,噪声扰民的;(4)不照章交纳各种费用的。

同时建设部《建筑装饰装修管理规定》中明确规定:房屋装修时,凡涉及拆改主体结构和明显加入荷载的,房屋所有权人、使用人必须向房屋所在地的房地产行政主管部门提出申请,并由房屋安全鉴定单位对装饰装修方案的使用安全性进行审定,经批准后,申请人还要向建设行政主管部门办理报建手续,并领取施工许可证。

2. 如果张某的装修行为危及房屋的安全,构成改变房屋主体结构的行为,物业公司有权制止张某继续装修。但是,对于物业公司提出的根据自己制定的管理公约对张某进行处罚,这不符合法律规定。

根据我国《行政处罚法》的规定,只有法律、行政法规和规章才能设定行政处罚,小区管理公约这种自律性规章是不能设定行政处罚的。小区公约中可以规定责令恢复原状、赔偿损失等民事责任方式。因为物业管理是基于委托合同而产生的管理权限,且行政处罚的主体只能为法律规定的有执法权的行政主体。

【案例2分析】

1. 建设工程(含装修工程)因其施工技术的专业性与复杂性及事关人民生命财产的安全,故我国法律对施工承包方的资质要求有着严格的规定。本案中,金某不具备相应的施工资质,已是不争的事实。而工程发包单位某建筑装饰工程公司将某大厦装饰装修工程分包给原告金某,违反了《合同法》第二百七十二条"禁止承包人将工程分包给不具备相应资质条件的单位"的强制性规定,根据《合同法》第五十二条第(五)项"违反法律、行政法规强制性规定的合同无效"之规定,双方所签订的《某大厦装饰装修施工分包合同》因违反行政法规、法律的强制性规定而导致无效。

2. 对于无效合同,《合同法》第五十八条规定:"合同无效或者被撤销后,因该合同取得的财产,应当予以返还;不能返还或者没有必要返还的,应当折价补偿;有过错的一方应当赔偿对方因此所受到的损失,双方都有过错的,应当各自承担相应的责任。"因此,某建筑装饰工程公司因无效的装饰装修合同取得的财产,应当予以返还,不能返的应当折价补偿。鉴于装饰装修合同的特殊性,装饰装修款只能折价偿还。法院参照原被告双方对工程价款的约定,判令被告支付 69 万工程款本金是正确的。

对于金某所主张的工程款利息,属于金某的经济损失,但因金某明知自己不具备相应的装饰装修施工资质,却以装饰施工队的名义签订合同,该合同无效,原告金某也有过错,故对其工程款利息损失,依法应由金某自己承担。

【案例 3 分析】

1. 根据《中华人民共和国建筑法》、《建设工程质量管理条例》中关于从业资格的规定,其适用范围是从事建筑活动的建筑施工企业、勘察单位、设计单位和工程监理单位,以及从事建筑活动的专业技术人员,应当依法取得相应等级的资质证书、执业资格证书的规定。

本案中,被告褚某是一无营业执照、二无装修资质证书的进城务工个体人员,其是否要具有从事私人住宅室内装饰装修资质证书,目前尚无法律、法规的明文规定。因此,本案应适用合同法调整。被告褚某与原告蒋某签订的《房屋装修合同》,系双方当事人真实意思表示,且不违反有关法律、法规的强制性规定,属有效合同。被告褚某以其一无营业执照、二无装修资质而主张合同无效,没有法律依据。

2. 被告未按合同约定的期限完成装修工程,又不能提供不可抗拒因素延期的相应证据,属单方违约,应承担违约责任。

3. 业主在乔迁新居时,通常都要做一些家庭装修。为了避免日后出现有关装修的纠纷,需注意以下事项:

(1)如果是对房屋进行全面装修,应找具备装修资质的正规装修公司,因此在签订合同前,一定要仔细查验公司的装修资质及相关施工人员的职业证书。

(2)如果系包工包料,则在签订装修合同时,一定要将材料、饰件的品质、等级、品牌、产地、颜色、质地等作出详细约定,并写入合同。

(3)合同中要对工期、价款、支付方式作出明确约定。为更好地维护自己权益,业主最好采取先预付部分工程款,然后根据工程进度分批次支付工程款,最后保留 10%～20% 的价款作为质保金的支付方式,使自己掌握主动。

(4)合同中一定要约定违约条款,并且要明确约定违约金或计算方式。

第 九 章

【案例 1 分析】

1. 工程质量不符合规定,供销社有权要求限期无偿修理或返工、改建,供销社的要求是合法的。如果建筑公司改建后,使工程交付期限超过合同规定的竣工交付期,视为承包方违约,其应当偿付逾期违约金。

2. 未经验收就提前使用,后发现了严重质量问题,该责任由供销社自己承担。

可以根据《产品质量法》追究建材生产者的责任。因为《产品质量法》第 2 条规定:"建设工程不适用本法规定。但是,建筑工程使用的建筑材料、建筑构配件和设备,属于前款规定的范围的,适用本法规定。"

3. 建筑公司对工程逾期不负责任。供销社应当偿付建筑公司因顺延工期造成的停工、窝工的实际损失;建筑公司的停工、窝工损失先由供销社赔偿,然后由供销社向设计院追偿。

【案例 2 分析】

1. 关于本案分包无效的法律后果问题。《合同法》第 279 条规定"建设工程竣工后,发包人应当根据施工图纸及说明书、国家颁发的施工验收规范和质量检验标准及时进行验收。验收合格的,发包人应当按照约定支付价款,并接收该建设工程。建设工程竣工经验收合格后,方可交付使用;未经验收或者验收不合格的,不得交付使用。"2005 年 1 月 1 日起施行的最高人民法院《关于审理建设工程施工合同纠纷案件适用法律问题的解释》第 1 条规定:"建设工程施工合同具有下列情形之一的,应该根据合同法第五十二条第(五)项的规定,认定无效:(一)承包人未取得建筑施工企业资质或者超越资质等级的。"该解释第 2 条同时规定:"建设工程施工合同无效,但建设工程经竣工验收合格,承包人请求参照合同约定支付工程款的,应予支持。"根据上述法律和司法解释的精神,分包合同即便无效,只要建设工程经竣工验收合格的,仍应参照合同约定支付工程款。

2. 关于所谓承包单位建设公司的法律责任由谁承担问题。最高人民法院《关于适用〈中华人民共和国民事诉讼法〉若干问题的意见》第 49 条规定:"法人或者其他组织应登记而未登记即以法人或者其他组织名义进行民事活动,或者他人冒用法人、其他组织名义进行民事活动,或者法人或者其他组织依法终止后仍以其名义进行民事活动的,以直接责任人为当事人。"故本案应列行为人陈某为被告。

3. 关于能否要求拖欠工程款的发包单位承担法律责任问题。最高人民法院《关于审理建设工程施工合同纠纷案件适用法律问题的解释》第 26 条第 2 款规定:"实际施工人以发包人为被告主张权利的,人民法院可以追加转包人或者违法分包人为本案当事人。发包人只在欠付工程价款范围内对实际施工人承担责任。"本案发包人至今仍拖欠工程款,法院理应依据最新的司法解释,判其在欠付工程款范围内对分包人直接承担责任。

【案例 3 分析】

1. 因为固定价格合同适用于工程量不大且能够较准确计算、工期较短、技术不太复杂、风险不大的项目。该工程基本符合这些条件,故采用固定价格合同是合适的。

2. 根据《中华人民共和国合同法》和《建设工程施工合同(示范文本)》的有关

规定,建设工程合同应当采取书面形式,合同变更亦应当采取书面形式。若在应急情况下,可采取口头形式,但必须事后予以书面确认。否则,在合同双方对合同变更内容有争议时,只能以书面协议的内容为准。本案例中甲方要求临时停工,乙方亦答应,是甲、乙方的口头协议,且事后并未以书面的形式确认,所以该合同变更形式不妥,在竣工结算时双方发生了争议,对此只能以原合同规定为准。

3. 施工期间,甲方未能及时支付工程款,应对停工承担责任,故应当赔偿乙方停工一个月的实际经济损失,工期顺延一个月。

工程因质量问题返工,造成逾期交付,责任在乙方,故乙方应当支付逾期交工一个月的违约金,因质量问题引起的返工费用由乙方承担。

第 十 章

【案例 1 分析】

1. 根据城市规划法,规划区范围内任何建设都必须符合城市规划,都必须按法定程序进行报批,这包括单位和个人(个体经济和其他各种不同经济类型的开发活动)因此,林某以个体工商户为借口。想跳过规划报建程序,这明显不符合城市规划法的要求。

2. 林某工厂的搬迁是不是属于建设项目,依据城市规划管理条例,城市建设项目是指一切新建、扩建、改建、翻建的房屋建筑(包括工业建筑、公共建筑、住宅建筑、仓储建筑等)地下建筑、围墙建筑、大门建筑、小品建筑、人防工程、消防工程、防洪工程、公共设施、铁路、地铁、公路、城市道路、桥梁、涵洞、机场、码头、广场、停车场、公园、城市绿化、市政管线等。林某工厂异地搬迁,涉及建设用地的重新选址、建筑工程的重新设计、建设项目的环境保护、建设工程竣工验收等问题,均需要重新按照新建建设项目的规划审批程序进行报建。否则就是属于违法建设,违法生产,必须依法处罚。

3. 法院应作出维持判决。因为,城建局和环保局的行政处罚行为证据确凿,适用法律、法规正确,符合法定程序。

【案例 2 分析】

1. 村委会利用集体土地盖蔬菜大棚,进行农业生产,属于农业结构内部的产业调整,是允许。

2. 建设工业厂房则属于违法建设。因为该地区位于城市规划区用地范围内,按照城市规划法,规划区内任何建设活动,必须经城市规划主管部门批准同意才能建设。

3. 建设工业厂房属于非农建设。虽然村委会报镇政府同意,但未经上级规划行政主管部门的批准,未履行合法的报批手续,因此属于违法建设,应给予立即拆除。

第十一章

【案例 1 分析】

1. 成立。在做出停产停业、较大数额罚款的行政处罚决定前,应通知当事人有申请听证的权利。

2. 赔偿经济损失的决定不是行政处罚,对该决定不服不能申请行政复议。

3. 应移送司法机关处理。

【案例 2 分析】

1. 原告有取得行政赔偿的权利。因为本案中赵某的合法财产权因违法行政行为受到了损害,符合国家赔偿法规定的行政赔偿范围。

2. 赵某提出赔偿请求的程序合法。根据国家赔偿法的规定,原告可以在申请行政复议或提起行政诉讼时一并提出行政赔偿的请求。

【案例 3 分析】

1. 市规划局的行为是违法的。因其作出批准行为时未考虑建房之间的间距问题,导致公安局的办公楼建好后严重影响了其他居民的采光权。

2. 居民小区的居民可以对市规划局的批准行为提起诉讼。因为居民小区的居民虽然不是市规划局的批准行为所直接针对的对象,但其相邻权(采光权)却受到了该行为的侵害,因此与市规划局的批准行为有法律上的利害关系。

3. 法院应做出确认违法判决,并责令行政机关采取其他措施对居民小区的居民所受到的损失予以补救。因为市规划局的行为违法理应撤销,但撤销将给国家利益造成重大损失,因此从维护国家利益的角度出发,法院应确认市规划局的行为违法,同时判令被诉行政机关采取相应的补救措施。

参考文献

1. 高正文. 建设工程法规与合同管理 . 北京:机械工业出版社,2008
2. 徐广舒. 建设法规 . 北京:机械工业出版社,2008
3. 陈东佐. 建筑法规概论 . 北京:中国建筑工业出版社,2005
4. 金国辉 . 建筑法规概论与案例 . 北京:北方交通大学出版社,2006
5. 陈正 . 建筑法规原理与实务 . 北京:电子工业出版社,2006
6. 生青杰 . 建设工程法 . 武汉:武汉理工大学出版社,2007
7. 董玉学 . 建设项目建设监理 . 北京:中国建筑工业出版社,1995
8. 韩明 . 土木工程建设监理 . 天津:天津大学出版社,2002
9. 王立久 . 建设法规 . 北京:中国建材工业出版社,2000
10. 朱宏亮 . 建设法规(第二版). 武汉理工大学出版社,2003
11. 柯国军 . 建筑材料质量控制监理 . 北京:中国建筑工业出版社,2003